Éditions l'Etudiant

Directeur de la rédaction : Emmanuel Davidenkoff.
Directrice de collection : Maëlla Ruellan.
Directeur de collection délégué : Bernard Montelh.
Assistante de collection : Marion Quentin.

Secrétariat de rédaction :
Christine Chadirac.

Visuel :
Directrice artistique : Evelyne Voillaume.
Conception graphique et couverture : Christian Kirk-Jensen.
Maquette : Eliane Degoul.

Fabrication :
Sabine Enders.

Diffusion :
Directrice : Emmanuelle Ould-Aoudia.
Élise Abib.

Communication :
Directrice : Delphine Cantat.

Commercial :
Directrice : Chrystèle Mercier.

23, rue de Châteaudun, 75308 Paris cedex 09
Dépôt légal : novembre 2008
Imprimé en France

Imprimerie Normandie Roto Impression s.a.s.
N° d' impression : 083577
ISBN 978-2-84624-915-7
ISSN 1262-327X

Comprendre la philosophie

Olivier Dhilly

letudiant.fr

Introduction

À quoi servent les philosophes et la philosophie ? « À rien ! » Un couteau sert à couper, le feu à se chauffer, une chaise à s'asseoir, mais dans ces domaines, la philosophie ne peut pas grand-chose. Voici la question vite réglée et la philosophie jetée au panier. Pourtant, les philosophes nous répondent. Épicure, les stoïciens ou encore Spinoza nous disent que la philosophie permet d'atteindre le bonheur, Kant qu'elle permet de vivre en homme libre et Hegel de penser le réel. Mais nous rencontrons là une autre difficulté : les philosophes ne semblent pas s'entendre. Aristote n'a cessé de discuter Platon, Pascal a dit de Descartes qu'il était « inutile et incertain », Schopenhauer a affirmé que Hegel était un « charlatan plat, sans esprit, répugnant, ignorant » et Nietzsche a appelé Kant le « fossoyeur de Königsberg » !

Une simple affaire de points de vue ?

Non seulement la question de l'utilité de la philosophie se pose, mais en plus les philosophes ne sont pas d'accord entre eux ! De quoi nous faire penser que la philosophie est une affaire de points de vue et que son histoire n'est qu'une galerie d'opinions.

Mais une galerie est un lieu dans lequel on se promène en tant que spectateur, jetant un regard extérieur sur ce qui est exposé. Or, ici, il est peut-être bien difficile d'être simple spectateur. On pourrait indéfiniment essayer de définir la philosophie et confronter des positions différentes mais, finalement, le mieux n'est-il pas d'en faire ? Au lieu de discuter, passons donc directement au problème.

Qu'est-ce qu'un philosophe ?

Qui sont donc ces gens un peu bizarres au langage particulier qu'on nomme les philosophes ? Des individus qui ont commencé par se poser des questions, par s'interroger en considérant que tout n'allait pas de soi ; des personnages qui ont trouvé beaucoup plus essentiel de passer leur temps à réfléchir et à écrire que d'aller se promener toute la journée, de partir à la chasse ou de jouer aux cartes. Mais quelles sont ces questions qu'ils se sont posées et qui leur tenaient tant à cœur ?

Des questions essentielles

Ce livre ne vous propose pas une galerie vous racontant que Platon dit ceci puis Aristote cela et enfin Descartes autre chose. Le pari est ici de s'installer, pendant quelques pages, avec un philosophe et de se poser avec lui les questions qui lui paraissent essentielles. Parce que finalement ces questions sont aussi les nôtres :

Pourquoi y a-t-il quelque chose ? Qu'est-ce que le monde ? De quoi est-il constitué ? Comment pouvons-nous y vivre heureux ? Notre existence a-t-elle un sens ? Notre âme est-elle immortelle ? Dieu existe-t-il ? Que pouvons-nous connaître ? Comment vivre avec les autres ? Quels sont nos droits, quels sont nos devoirs ?

Ces questions, nous sommes tous un jour ou l'autre amenés à nous les poser.

D'autres se les sont posées avant nous et ont souvent passé leur vie à tenter d'y répondre. Nous allons donc essayer, le plus simplement possible, de les suivre, de réfléchir avec eux et de saisir pourquoi on peut y prendre plaisir.

Des repères pour aujourd'hui

Cet ouvrage est constitué de chapitres qui suivent l'histoire de la philosophie, des présocratiques à nos jours.

Bien sûr, tous les philosophes ne sont pas abordés – il a fallu faire des choix. Mais vous y trouverez les grands penseurs et les grands courants qui ont ponctué cette aventure. Une aventure qui n'est pas terminée.

Car enfin, il ne s'agit pas seulement de savoir ce qu'a dit untel ou untel, mais de saisir ce qu'on peut en faire, maintenant, dans notre vie quotidienne, dans nos interrogations de tous les jours. C'est peut-être ainsi que chacun pourra répondre à la question : à quoi servent les philosophes ?

Une « navigation » facile

Chaque partie commence par une chronologie concise, afin de mieux se repérer, et une petite introduction générale tentant de résumer la question centrale de chacun. Vous trouverez aussi au fil des pages des repères rapides qui précisent le sens d'un terme un peu technique ou qui rappellent un contexte, une anecdote révélatrice, ainsi que les biographies des philosophes. Les chapitres peuvent être lus de manière indépendante, de nombreux renvois vers les pages précédentes permettant de s'y retrouver lorsque c'est nécessaire.

Les quiz

Nous avons choisi – comme dans les autres volumes de cette collection – d'introduire chaque chapitre par un quiz. Autant le dire tout de suite : ils ont été conçus pour vous piéger, même s'il y a aussi des questions faciles – d'ailleurs, ce qui est facile pour l'un ne l'est pas forcément pour l'autre ! Si nous les avons placés au début, et non à la fin des chapitres, c'est justement pour exciter votre curiosité, pour vous inciter à lire la suite. Il ne s'agit pas de savoir si vous avez « bien lu » les pages qui précèdent : nous ne sommes pas à l'école ! C'est, au contraire, une introduction ludique à ce qui suit. Ne cherchez donc pas les réponses à la fin du livre : elles n'y sont pas ! Chaque question renvoie seulement à une ou plusieurs pages du chapitre ; en principe, vous ne devriez avoir aucun mal à y trouver la ou les bonnes réponses. Une autre façon d'explorer le livre… et l'histoire de la pensée.

Il n'y a pas d'âge pour…

Calliclès, personnage d'un dialogue de Platon, se moquait de Socrate en disant que la philosophie était une occupation d'adolescent. Pour les affaires sérieuses – et il discutait de ce qui définit la justice – il n'est plus utile de philosopher. Cela lui permettait d'ailleurs de soutenir que les lois établies sont à bannir car elles ne servent qu'à sauver les faibles. Suivons la loi de la nature, laissons les forts dominer les faibles, pensait-il ! Eh bien, donnons tort à Calliclès : il n'y a pas d'âge pour philosopher !
Alors, bonne lecture et bonne aventure…

Partie 1

Des origines à l'ère des monothéismes

La philosophie naît lorsque s'instaure une nouvelle façon de penser, en rupture avec les traditions orales uniquement mythiques et religieuses. La raison se met à explorer ce qui organise le monde. Nous sommes alors au VIIe siècle av. J.-C., en Asie Mineure. Et c'est dans le bassin méditerranéen, en Italie du sud et en Sicile (alors sous domination grecque) que ces questions vont se développer. Qu'est-ce qui persiste dans tout ce qui change ? Qu'est-ce qui organise, donne le sens de tout ce qui existe ? L'eau, les atomes, le feu, le nombre ? Les premiers philosophes, **les présocratiques**, cessent de répéter et de commenter les grands poèmes mythologiques pour proposer une explication rationnelle du cosmos.

Puis, au Ve siècle av. J.-C., en Grèce, s'opère un nouveau renversement : l'homme et le discours deviennent le centre de toutes choses et une nouvelle manière d'interroger apparaît. Ainsi naît l'opposition entre **Socrate** et les sophistes. La philosophie devient alors autant une interrogation sur l'homme qu'une interrogation sur l'être.

Mais cela ne va pas très bien se passer pour l'homme Socrate, qui va finir condamné à mort.

Comment bien vivre ?

Platon, son disciple ne supporte pas cette injustice : comment a-t-on pu ainsi tuer le plus juste des hommes ? Pour qu'un tel crime ne puisse plus être commis, il faut construire une cité juste. Mais pas n'importe comment. Encore faut-il définir ce qu'est la justice, indépendamment des opinions de chacun. Il faut définir son essence.

C'est ainsi que Platon définit les Idées : ce qui est vraiment, les essences qui existent indépendamment de notre esprit. Certes, rétorque **Aristote**, son disciple, mais quel est le lien entre ces Idées et le monde qui nous entoure ? Au lieu de tourner notre regard vers le ciel, ne vaut-il pas mieux regarder le monde qui nous entoure ? Que pouvons-nous en dire ? Aristote apparaît ainsi comme le premier grand encyclopédiste.

Toutefois, il ne s'agit pas seulement de s'interroger sur ce qui est, mais aussi sur la manière dont nous vivons au sein de ce qui est. Comment vivre ensemble ? Comment bien vivre ? Comment vivre heureux ? À partir de ces questions va se développer toute une réflexion éthique. Car si nous définissons l'homme comme un être de raison, il a aussi des désirs, des angoisses… Les **cyniques** voient dans la vie en commun, la civilisation, la cause de nos malheurs. Pour les **épicuriens**, ce sont l'ignorance et la superstition. Les **stoïciens**, pour leur part, pensent que le malheur vient de l'insatisfaction : plutôt que de vouloir changer le monde, apprenons plutôt à le connaître, et soumettons-nous à son ordre. Mais que pouvons-nous vraiment connaître ? se demandent les **sceptiques**.

Philosophie et monothéismes

Au IIe siècle, Alexandrie a détrôné Athènes comme capitale de la pensée. Les sectes s'y sont développées, opposant les principes du bien et du mal. Peut-on ainsi séparer les choses ? Opposer le monde matériel, mauvais, au monde spirituel ? Le rationalisme grec va s'unir au mysticisme oriental. Le monde est-il si mauvais ? s'interroge **Plotin**.

Certes, la satisfaction de nos désirs nous aliène, et nous conduit à notre perte. Comment nous retrouver ? N'est-ce pas en arrêtant de nous disperser et en nous tournant vers le principe de toute chose ? Nous sommes en 330 apr. J.-C. Après trois siècles de lutte, l'empereur romain Constantin reconnaît le christianisme comme religion légale. En 380, pour tenter d'unifier l'empire qui se délite, il en fait sa religion officielle. Et le christianisme devient la force politique dominante. En 410, Rome l'invincible tombe. Les païens, encore nombreux, imputent sa chute au monothéisme qui n'offre plus de sacrifices aux dieux.

Comment fonder alors le christianisme ? Comment comprendre notre histoire ? Ce sera toute l'œuvre de **saint Augustin**.
Mais avec le développement des religions monothéistes (judaïsme, christianisme, puis islam) se pose alors la question de la place de la philosophie. Comment penser les rapports entre la foi et la raison ? Faut-il mettre la raison au service de la foi ? La philosophie a-t-elle encore sa place ? Telles sont les questions qui traverseront le Moyen Âge…

Les philosophes de l'Antiquité

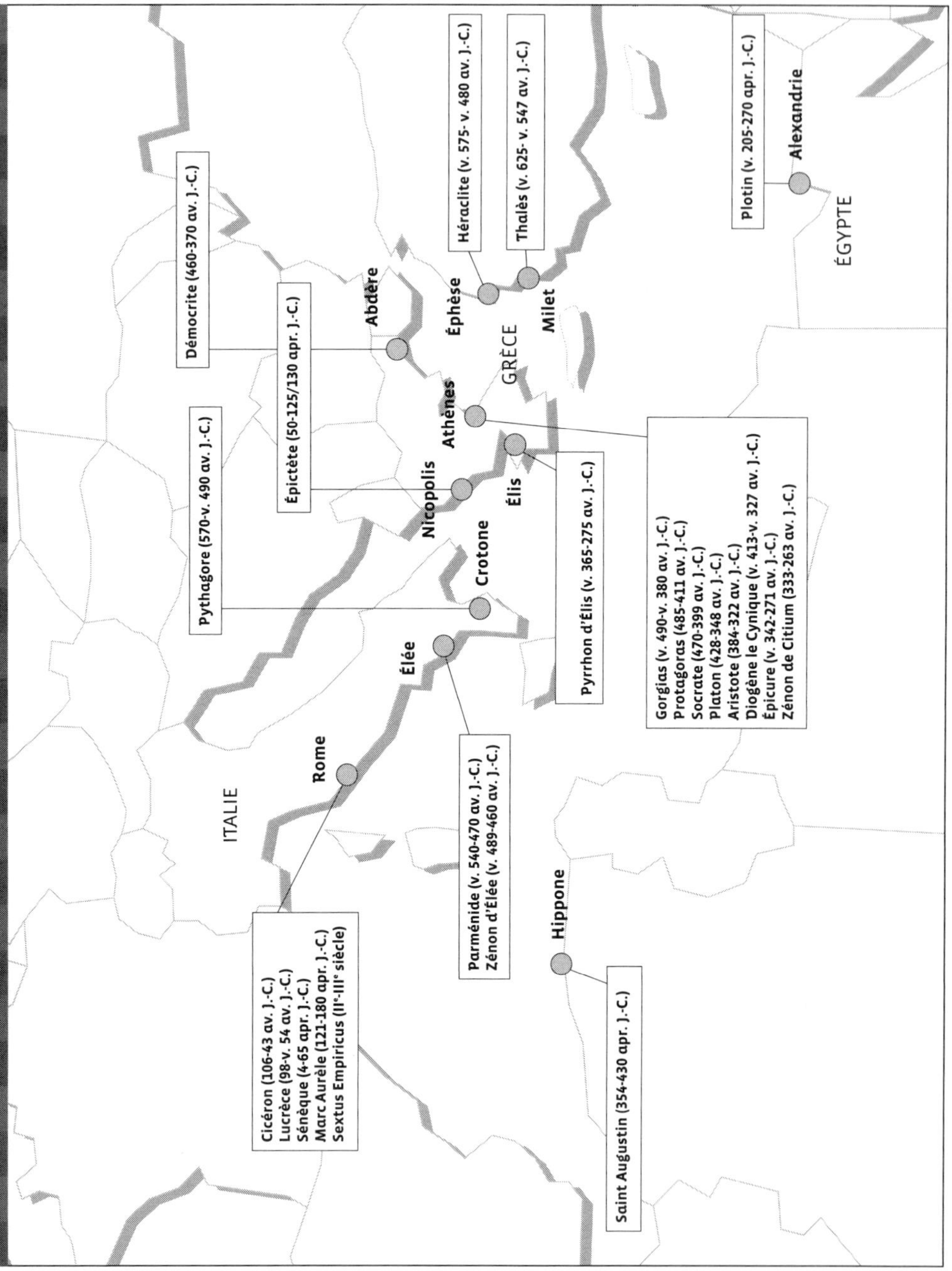

Chronologie

- 800

Vers – 800 • Apparition de l'alphabet grec adapté de l'écriture phénicienne

Vers – 750 • Début de la colonisation grecque sur le pourtour méditerranéen

- 700

Vers – 625 • Naissance de Thalès à Millet

- 600

Vers – 575 • Naissance d'Héraclite

Vers – 570 • Naissance de Pythagore sur l'île de Samos

Vers – 540 • Naissance de Parménide à Élée

Vers – 540 • Les Perses soumettent les 12 cités grecques d'Ionie, dont Milet et Éphèse

Vers – 508 • Constitution démocratique d'Athènes

- 500

Vers – 494 • Soulèvement des cités grecques ioniennes contre les Perses. Exil des penseurs grecs vers l'Italie du sud

Vers – 489 • Naissance de Zénon d'Élée (mort vers – 430)

Vers – 487 • Naissance de Gorgias en Sicile (mort vers – 380)

Vers – 485 • Naissance de Protagoras (mort vers – 411)

Vers – 484 • Naissance d'Hérodote, premier historien

Vers – 470 • Naissance de Socrate

– 469 à – 405 • Tragédies de Sophocle

Vers – 460 • Naissance de Démocrite

– 450 à – 406 • Tragédies d'Euripide

Vers – 428 • Naissance de Platon

– 427 à – 388 • Comédies d'Aristophane

– 407 • Platon devient l'élève de Socrate

– 404 • Athènes battue par Sparte

- 400

– 399 • Mort de Socrate

– 387 • Platon fonde l'Académie

– 384 • Naissance d'Aristote en Macédoine

– 343 • Aristote devient le précepteur d'Alexandre de Macédoine

– 341 • Naissance d'Épicure à Samos

– 335 • Aristote fonde le Lycée à Athènes

– 336 • Alexandre devient roi de Macédoine
– 334 à – 323 • Conquête de l'Asie par Alexandre
– 323 • Mort d'Alexandre le Grand

– 322 • Mort d'Aristote
– 306 • Épicure fonde le Jardin à Athènes

– 300

– 290 • Fondation de la bibliothèque d'Alexandrie
– 287 • Naissance d'Archimède
– 275 • Rome domine toute l'Italie

– 271 • Mort d'Épicure

– 200

– 102 • Naissance de César

– 100

– 49 • César franchit le Rubicon
– 44 • Assassinat de César
– 31 • Conquête de l'Égypte par les Romains

0

4 • Naissance du Christ
4 • Naissance de Sénèque
54 • Début du règne de Néron
64 • Incendie de Rome et persécution des chrétiens
65 • Mort de Sénèque
79 • Éruption du Vésuve, destruction de Pompéi et Herculanum

100

121 • Naissance de Marc Aurèle
161 • Marc Aurèle devient empereur
180 • Mort de Marc Aurèle

200

202 • Édit de l'empereur Septime Sévère qui interdit le prosélytisme juif et chrétien.
205 • Naissance de Plotin
216 • Naissance de Mani, fondateur du manichéisme
250 • Persécution contre les chrétiens ordonnée par l'empereur Dèce

300

303-305 • Persécution des chrétiens ordonnée par l'empereur Dioclétien
306 • Constantin proclamé empereur
313 • Constantin donne la liberté de culte aux chrétiens
330 • Byzance devient la capitale de l'Empire romain
354 • Naissance de saint Augustin en Numidie (Afrique du Nord)
360 • Achèvement de la première église Sainte-Sophie à Constantinople

		380 • Baptême de l'empereur Théodose qui décrète l'interdiction du paganisme
391 • Augustin est ordonné prêtre		
		395 • Mort de Théodose : l'empire est divisé entre ses deux fils, l'empire romain d'Occident (capitale Rome) et l'empire romain d'Orient (capitale Constantinople)
	400	**410** • Sac de Rome par le Goth Alaric
430 • Mort de saint Augustin		
		476 • Chute de l'empire d'Occident
		496 • Clovis, roi des Francs, adhère au christianisme
	500	**Vers 570** • Naissance de Mahomet
	600	**630** • Prise de La Mecque par Mahomet
		696 • L'arabe devient langue officielle de l'Islam
	700	**711** • Les musulmans prennent pied en Espagne
		751 • Fondation de la dynastie carolingienne
		762 • Fondation de Bagdad
		768 • Règne de Charlemagne
	900	**987** • Début du règne des capétiens
1033 • Naissance de saint Anselme à Aoste	**1000**	
		1037 • Mort d'Avicenne
		1096-1099 • Première croisade
		1085 • Prise de Tolède, début de la reconquête chrétienne de l'Espagne
1109 • Mort de saint Anselme à Cantorbéry	**1100**	
1126 • Naissance d'Averroès à Cordoue		
1135 • Naissance de Maïmonide à Cordoue		
		1144 • Début de la contre-offensive des musulmans contre les croisés
1198 • Mort d'Averroès		
1204 • Mort de Maïmonide	**1200**	
		1215 • Le pape Innocent III met en place une législation antijuive
		1215 • Naissance de saint Louis
1225 • Naissance de saint Thomas d'Aquin près de Naples		
		1238 • Édification de l'Alhambra à Grenade
1274 • Mort de saint Thomas d'Aquin		
	1300	**1337** • Début de la guerre de Cent Ans
	1400	**1452** • Chute de l'empire byzantin
		1492 • Chute de Grenade, fin du dernier califat musulman en Espagne

Chapitre 1

Les présocratiques sont-ils des philosophes ?

Pour Thalès, le principe fondamental est…

- ☐ La géométrie.
- ☐ Les nombres.
- ☐ L'eau.
- ☐ La matière.

Voir pages 30

Pourquoi Pythagore pense-t-il (déjà !) que la terre est ronde ?

- ☐ Parce qu'il l'a calculé.
- ☐ Parce que la sphère est une forme parfaite, divine.
- ☐ Cela découle de sa théorie sur l'harmonie des nombres.

Voir page 35

Héraclite est le précurseur…

- ☐ De la dialectique.
- ☐ De la théorie du chaos.
- ☐ Du principe : « Rien ne se perd, rien ne se crée… »
- ☐ Du stoïcisme.

Voir page 35

Le paradoxe d'Achille et la tortue a été formulé par…

- ☐ Héraclite.
- ☐ Parménide.
- ☐ Zénon d'Élée.
- ☐ Démocrite.

Voir page 37

« Le hasard et la nécessité », formule de Démocrite, est aussi le titre d'un livre…

- ☐ Du philosophe Gottfried Leibniz (XVIIe siècle).
- ☐ Du philosophe Georg Friedrich Hegel (XIXe siècle).
- ☐ Du psychanalyste Jacques Lacan (XXe siècle).
- ☐ Du biologiste Jacques Monod (XXe siècle).

Voir page 41

Les sophistes croient avant tout à la force…

- ☐ Des dieux.
- ☐ De la technique.
- ☐ De la parole.
- ☐ De la liberté.

Voir page 41

Thalès, une histoire d'eau

Le nom de Thalès est bien connu depuis le collège pour son fameux théorème... qu'il ne connaissait pas ! C'est Euclide, plus tard, qui en fera la démonstration. Mais Thalès n'était pas qu'un mathématicien...

La tête dans les nuages...

Thalès est né vers 625 av. J.-C. à Milet, cité grecque d'Asie Mineure (la Turquie actuelle) qui était alors l'une des plus actives et comptait plus de 100 000 habitants. On prétend qu'il se passionnait de gymnastique et Diogène nous raconte qu'on l'aurait retrouvé mort par déshydratation dans les gradins d'un stade (vers 547 av. J.-C.). Où avait-il la tête ?

Dans un de ses dialogues, le *Théétète*, Platon nous raconte qu'une servante, originaire de la ville de Thrace, aurait croisé Thalès tellement absorbé à contempler le ciel qu'il en serait tombé dans un puits, ne regardant pas le sol qu'il avait sous les pieds. Appelée par les cris de cet homme qui, à cause de son inattention, se retrouvait prisonnier au fond d'un trou, la servante ne put s'empêcher de rire. Le savant qui plane, le philosophe la tête dans les nuages, perdu dans ses abstractions, prête certes à rire. Mais Thalès est-il vraiment tombé dans le puits ? Car s'il a la tête tournée vers le ciel, c'est bien de notre monde qu'il nous parle...

... et les pieds dans l'eau

Qu'est-ce donc que ce monde, et de quoi est-il fait ? Thalès se représente le monde comme une sorte de bulle hémisphérique flottant sur l'eau. On peut le comprendre, la forme hémisphérique permet de rendre compte des mouvements des astres, mais pourquoi de l'eau ?

L'eau est fondamentale pour l'être vivant, elle est ce qui entretient la vie. Thalès en fait alors le principe, le premier élément : tout vient de l'eau. D'ailleurs, il s'agit bien d'un élément qui peut passer par plusieurs états : le solide, le liquide et le gazeux. Il doit donc être conçu comme l'élément premier. Nos ancêtres n'étaient-ils pas les poissons ? Et l'eau n'est-elle pas ce qui nourrit les plantes et les êtres vivants ?

Ainsi, Thalès opère ici une grande réduction. Réduire une chose, c'est la traduire en un langage plus intelligible. C'est ce qu'il nous propose ici, non sans raison : les propriétés de tous les objets du monde peuvent être ramenées à un seul ensemble de propriétés, celles de l'eau. De quoi mieux le comprendre...

Repère

Les théorèmes de Thalès

Si Thalès n'est pas l'auteur de son théorème, les historiens lui attribuent toutefois cinq théorèmes de géométrie élémentaire :

1. Un cercle est partagé en deux parties égales par tout diamètre.
2. Les angles à la base d'un triangle isocèle sont égaux.
3. Les angles opposés par le sommet sont égaux.
4. Deux triangles sont égaux s'ils ont deux angles et le côté compris égaux.
5. Un angle inscrit dans un demi-cercle est droit.

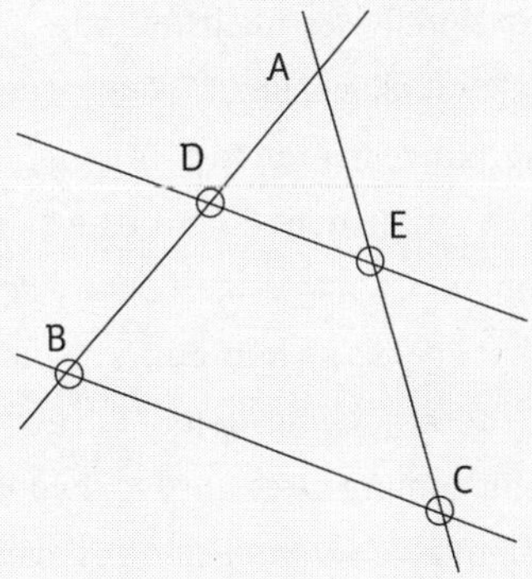

Théorème de Thalès : DE/BC = AD/AB = AE/AC

On peut expliquer le monde sans faire appel aux dieux

Le 28 mai 585, Milet vit un événement extraordinaire : Thalès a prévu ce jour-là une éclipse de soleil. On a de gros doutes, mais le soleil devient noir. Thalès a gagné. Surtout, il sait que cette éclipse provient de ce que la Lune fait écran devant le Soleil.

La servante qui voyait en Thalès un homme ayant la tête dans les nuages avait-elle vraiment de quoi rire ? La servante qui rit se moque de celui qui est déconnecté du monde, de celui dont les efforts ne mènent à rien sinon à ne même pas voir le sol qui est sous ses pieds. Quelle activité inutile et ridicule se dit la servante ! Mais Thalès vit-il dans un autre monde ? Non, car s'il est descendu dans le puits, c'est pour mieux calculer la projection des ombres et le mouvement des astres. Ce sont les mesures et les mathématiques qui permettent de comprendre aussi le monde. Ces activités ne sont d'ailleurs peut-être pas si inutiles que cela car on raconte que Thalès aurait même fait fortune en prédisant que la récolte des olives serait abondante, et en louant plusieurs pressoirs, dont il retira de grosses sommes d'argent. Les événements de la nature ne doivent alors plus être expliqués par des interventions surnaturelles.

Anecdote

La mesure des pyramides

Le pharaon Amasis ayant mis les connaissances de Thalès à l'épreuve en lui disant que personne n'était en mesure de savoir quelle était la hauteur de la grande pyramide, Thalès partit simplement du principe qu'à un certain moment de la journée, l'ombre de tout objet devient égale à sa hauteur. Il ne lui restait qu'à déterminer le moment exact.
Il fallait tenir compte de ce que les rayons du soleil devaient être perpendiculaires avec l'un de ses côtés, ce qui ne se produisait que deux fois par année (le 21 novembre et le 20 janvier). La raison est que la pyramide de Kheops se trouve à Gizeh (30° de latitude dans l'hémisphère Nord) et pour que l'ombre soit égale à l'objet, il faut que les rayons solaires soient inclinés à 45°. En outre, pour que l'ombre soit perpendiculaire à la base, elle doit être orientée nord-sud. En se servant de sa propre taille comme unité de mesure, Thalès obtint les résultats suivants : 18 thalès pour l'ombre, puis il mesura le côté de la base qu'il divisa par deux et obtint 67 thalès ; la pyramide de Kheops mesure alors 85 thalès. Or en mesure locale, le thalès valait 3,25 coudées égyptiennes, ce qui fait 276,25 coudées au total.
Aujourd'hui, nous savons que la hauteur de la pyramide de Kheops est de 280 coudées soit 147 mètres. La mesure de Thalès est donc loin d'être imprécise.
Les prêtres furent impressionnés par le calcul et cela permit à Thalès, en récompense, d'avoir accès à la bibliothèque sans limites…

Pythagore, une histoire de nombre

« Dans un triangle rectangle, le carré de l'hypoténuse est égal à la somme des carrés des deux autres côtés. » Le théorème de Pythagore, avec celui de Thalès, a hanté les cours de mathématiques au collège. Or, que nous montre ce théorème ? Une proportion entre les différents côtés d'un triangle. Voilà ce qui passionne Pythagore : les rapports entre les nombres peuvent être harmonieux et, dans la nature, nous pouvons constater cette harmonie. D'ailleurs, le nombre géométrique ne préside-t-il pas aux arrangements du ciel ?

Biographie

Mathématicien et… végétarien

Né dans l'île de Samos en 570 av. J.-C., Pythagore rencontre Thalès à Milet et suit l'enseignement de son élève Anaximandre. En 535, il s'installe en Égypte, où il est capturé par les Perses qui envahissent le pays en 525. Prisonnier durant cinq ans à Babylone, il y apprend l'arithmétique et les autres sciences mathématiques. De retour à Samos, il fonde une école, le « demi-cercle », puis émigre, en 518, à Crotone, en Italie du Sud où il crée son école philosophique et religieuse. Il y meurt vers 490.

Ses disciples doivent vivre dans un souci de pureté. Ils doivent s'abstenir de verser le sang, sont végétariens et ne peuvent sacrifier des animaux dotés d'une âme. Pythagore croit en effet à la réincarnation. Pour lui, les âmes sont d'origine céleste et ont chuté dans les corps. Immortelles, elles migrent d'un être vivant à un autre, toutes les âmes étant reliées à l'âme du monde.

Pythagore ne va cesser de montrer que le nombre est au fondement de toute chose. S'il y a de l'harmonie dans la nature, c'est parce que le nombre l'ordonne de manière harmonieuse. Cette affirmation peut sembler bien étrange et mystérieuse. Pourtant, c'est encore cette idée qui, au XVIe siècle, permettra à la science physique de naître et de se développer. Galilée nous dira ainsi que si nous pouvons faire une science de la nature (*physis* en grec), c'est parce que la nature est mathématisable, parce que le « grand livre de la nature est écrit en langage mathématique » (lire page 143).

Superstition ou connaissance?

On pourrait penser que cette qualité accordée au nombre relève d'une approche superstitieuse. Si les nombres gouvernent le monde, alors 13 porte bien malheur ou bonheur, ça dépend des jours…

Mais il y a une différence entre dire que les nombres structurent le monde et permettent de rendre compte de son harmonie et prétendre qu'ils vont influencer ma vie au point que je devrais gagner au loto ou rencontrer le grand amourle 13 du mois. Car je ne suis pas le monde… mais celui-ci semble bien être structuré par le nombre. La science contemporaine

Repère

Pourquoi le nombre d'or fait-il rêver ?

Le nombre d'or fascine les esprits depuis des millénaires. On le désigne par la lettre grecque ø (Phi) en référence au sculpteur grec Phidias (500 av. J.-C.), qui l'utilisa pour travailler sur la statue d'Athéna décorant le Parthénon à Athènes, mais il rendrait compte aussi de la proportion des pyramides, bien avant Pythagore donc…

Qualifié de nombre divin par Léonard de Vinci – car on estime, à la Renaissance, qu'il régit les proportions de la nature –, il a été très employé par les peintres (il est à la base de la plupart des formats de tableaux) et les architectes pour trouver des proportions harmonieuses.

Mais il a aussi été étudié par beaucoup de brillants mathématiciens. Car le nombre d'or n'est pas réellement un nombre, mais un rapport entre deux nombres dont la valeur exacte est :

$$\emptyset = \frac{1+\sqrt{5}}{2} \approx 1{,}6180339887\ldots$$

Et qui possède un nombre surprenant de propriétés mathématiques. Ainsi, pour calculer le carré du nombre d'or, il suffit de lui ajouter 1 : $\emptyset^2 = \emptyset + 1$; et pour calculer son inverse, il suffit de lui retrancher 1 : $1/\emptyset \approx \emptyset - 1$.

validerait d'ailleurs plutôt la thèse de Pythagore : la physique quantique décrit bien les transferts d'énergie des électrons par des multiples entiers de la constante de Planck. Elle est utilisée pour décrire les phénomènes de quantification qui se produisent avec les particules et dont certaines propriétés physiques ne prennent que des valeurs multiples de valeurs fixes au lieu d'un ensemble continu de valeurs possibles.

Il connaît la musique !

Une anecdote raconte que dans une forge, Pythagore écoute résonner une enclume frappée par des marteaux de masses différentes. Il comprend que les différences de résonances de l'enclume répondent à une loi mathématique. Il établit ainsi la gamme musicale, qui repose principalement sur les quatre intervalles consonants (unisson, octave, quinte, quarte). De même, la musique résulte d'une certaine proportion entre les cordes. Si l'on

prend une corde de référence sonnant en *do*, une corde deux fois plus courte donnera encore un *do*, trois fois plus courte un *sol*, quatre fois plus courte un *do*, cinq fois plus courte un *mi*, etc. On retrouve les notes de l'accord parfait de *do* majeur.
Pythagore est aussi l'un des premiers à affirmer que la Terre est sphérique et qu'elle gravite avec d'autres planètes autour d'un feu central. Mais cette théorie repose plus sur des concepts philosophiques, voire esthétiques, que mathématiques – même s'ils sont extrapolés à partir de sa théorie sur l'harmonie des nombres.
Pythagore considère en effet la sphère comme le solide le plus parfait. La Terre, qu'il voit comme une création de Dieu, ne peut donc avoir qu'une forme parfaite, donc sphérique et le mouvement des planètes répond à une harmonie musicale. C'est ce qu'on nomme l'« harmonie des sphères ».

Héraclite, au milieu coule une rivière

Continuons donc à interroger la nature. Qu'avons-nous sous les yeux? Des changements, des transformations : « On ne se baigne jamais deux fois dans le même fleuve. » Il devient alors bien difficile de prétendre parler du monde sans prendre en compte ce mouvement qui semble être principe de tout ce qui est.
Le monde est semblable au flux incessant d'un fleuve. Les choses bougent en permanence : le jour devient nuit, la jeunesse vieillesse et tout se transforme en son contraire. Sans mouvement, rien n'est possible, ni la vie ni la mort. Lui seul est capable de tout expliquer, de rendre compte de tout.
Dès lors, le mouvement n'est pas les apparences, mais le principe, et il n'y a rien en dehors de lui. Il y a donc une intelligence universelle qui gouverne le monde et enchaîne les objets mouvants tels qu'ils nous apparaissent. Et être sage, c'est connaître cette pensée qui régit toutes choses.

La dialectique, de l'équilibrisme?

Le monde se présente comme un jeu perpétuel de contraires, dans lequel l'équilibre – l'harmonie – se crée grâce à la tension entre des opposés. Ainsi, qu'est-ce que la paix, si ce n'est un équilibre entre des peuples qui pourraient se faire la guerre? Cette approche

Biographie

Héraclite, pas très marrant

On ne connaît pas grand-chose de la vie d'Héraclite, sinon qu'il est né à Éphèse... à une date incertaine. Certains calculs placent son « acmé » (environ la quarantième année de sa vie) dans la première décennie du Ve siècle av. J.-C., ce qui situerait sa naissance vers 540.
Mais d'après les témoignages parvenus jusqu'à nous, ce n'était pas un personnage très gai. Il était surnommé « l'obscur » par son entourage. Peut-être y a-t-il là une relation avec sa philosophie qui, dans ce jeu des tensions, prend immédiatement la forme d'une pensée tragique... Mais c'est aussi son style qui explique ce surnom, une écriture sans ponctuation et des versets qui miment le mouvement de contradiction du cosmos.

qu'Héraclite a du monde inspirera Hegel pour penser la dialectique. Vous vous souvenez sans doute de cette bête noire qui devait animer toute dissertation : thèse, antithèse, synthèse ! Mais c'est aussi une vision du monde qui continue à régir bien des rapports entre groupes humains aux intérêts contradictoires, qu'il s'agisse de diplomatie, de commerce ou même... de négociations salariales. Toute la difficulté étant, bien sûr, de savoir où se situe l'équilibre !

Mais quel est le principe de ce mouvement universel ?

Si tout se transforme, cela ne signifie pas que le monde est chaotique. Les contraires s'affrontent, certes, mais ces tensions sont aussi équilibre et harmonie. Quel est donc le principe de ce mouvement, de ces tensions, de cet équilibre ? Le feu. Tout n'est finalement que transformation du feu, qui est à la fois principe matériel et cause efficiente (comme le sculpteur est la cause efficiente de la statue).
Le feu est à la fois guerre et raison harmonieuse, à la fois synonyme de tension (n'est-il pas ce qui peut tout détruire ?) et harmonie (puisque les contradictions peuvent se dépasser en harmonie).
Être sage, c'est alors vivre selon ce mouvement de l'univers, idée que nous retrouverons finalement dans la sagesse des stoïciens (lire page 84).

Parménide : Achille court toujours après la tortue

Parménide n'est absolument pas d'accord avec les thèses d'Héraclite. Tout est mouvement? Mais non : le mouvement n'est que l'apparence des choses et non l'être, la véritable réalité. Et si nous voyons bien les choses changer, cela ne nous dit rien de ce qui est. D'ailleurs, Héraclite se trompe : de ce qui change, on ne peut rien dire… puisque cela change sans cesse!

Il faut donc aller au-delà des apparences pour trouver l'être. C'est ce qu'on nomme l'« ontologie ». L'ontologie, c'est le discours sur l'être (*ontos* = être; *logos* = discours). Au lieu de demander qu'est-ce que ceci ou qu'est-ce que cela, l'ontologie pose la question : qu'est-ce que l'être? Il ne s'agit plus alors d'interroger simplement la nature que nous avons sous les yeux, mais de se demander ce qui est en dehors de tout changement : l'être immuable et éternel.

Pas d'erreur possible?

L'être est, le non-être n'est pas. Cette phrase est bien énigmatique et en même temps, dès que nous la regardons attentivement, elle semble relever d'une évidence. C'est comme si nous disions 2 = 2. Mais dire que l'Être est, c'est dire aussi que le mouvement, c'est l'erreur. Quand 2 devient 4, on ne peut pas dire 2 = 4! De même, si les figures géométriques ne demeuraient pas conformes à leur définition, il n'y aurait pas de géométrie.

Jusque-là, on peut se dire que Parménide ne dit pas grand-chose! Pourtant, il dit une chose essentielle : la pensée est incapable de rendre compte de ce qui change. Penser, c'est penser ce qui est, c'est-à-dire ce qui est stable. Pourquoi? Parce que penser et être, c'est la même chose. Si on pense ce qui change, on se contredit. Parménide énonce ici le principe de non-contradiction. C'est ce que va nous montrer son disciple, Zénon d'Élée (né aux environs de l'an 500 av. J.-C.), avec le fameux paradoxe d'Achille et la tortue. Nous sommes incapables de penser le mouvement et le changement.

Biographie

Parménide d'Élée

Parménide est né à Élée, dans une famille riche, vers 540 av. J.-C., mais les données sont peu sûres, pas plus que les autres bribes d'informations à son sujet. Et il ne nous reste de lui qu'un poème, *De la nature*, d'environ 150 vers.

Achille rattrapera-t-il la tortue ?

Prenons comme point de départ deux hypothèses : soit le monde est infiniment divisible, soit il ne l'est pas.

Un objet mobile part du point A pour se rendre au point B. Pour ce faire, il devra obligatoirement passer par le milieu de AB, soit le point C. Pour aller du point A au point C, il devra passer par le milieu de AC, soit le point D. Pour aller du point A au point D il devra passer par le milieu de AD, soit le point E, etc. Si l'espace est infiniment divisible, le mobile devra passer par une infinité de points… et donc ne parviendra jamais au point B !

Achille, héros le plus rapide, fait une course avec une tortue, animal très lent. Parce qu'elle n'est pas avantagée par la nature, on donne à la tortue un peu d'avance. Donc au moment du départ T0, Achille est au point A et la tortue au point B.

Au temps T1, Achille est arrivé à l'endroit où était la tortue au temps T0, mais pendant ce temps-là, la tortue a avancé ; au temps T2, Achille est arrivé à l'endroit où la tortue était au temps T1, mais pendant ce temps, la tortue a encore avancé. Achille devra toujours passer par l'endroit où était la tortue au temps précédent. Si le mouvement est infiniment divisible, Achille ne rattrapera jamais la tortue.

On peut alors se dire simplement qu'on sait bien, dans les faits, que le mobile finit toujours par arriver au point B, et qu'Achille rattrape la tortue. Ce serait donc l'hypothèse de départ qui est fausse. Supposons donc que le mouvement n'est pas infiniment divisible.

Et la flèche finira-t-elle dans la cible ?

Suivons donc la trajectoire d'une flèche. Pour aller d'un point A, endroit où se trouve l'archer, à un point B, sa cible. Au temps T0, la flèche est au point A. Au temps T1, elle est dans une position, puis au temps T2 dans une autre position, etc. À chaque instant, T0, T1, T2, la flèche est immobile, chose qu'on pourrait saisir de manière évidente si on prenait une série de clichés photographiques. Si, à chaque instant la flèche occupe la totalité de son volume dans l'espace et est immobile, et si le mouvement

> **Anecdote**
>
> **Un peu de poésie…**
>
> Zénon ! Cruel Zénon ! Zénon d'Élée !
> M'as-tu percé de cette flèche ailée
> Qui vibre, vole, et qui ne vole pas !
> Le son m'enfante et la flèche me tue !
> Ah ! le soleil… Quelle ombre de tortue
> Pour l'âme, Achille immobile à grands pas !
> Paul Valéry, *Le Cimetière marin*

n'est pas infiniment divisible, cela signifie que la flèche ne se déplace jamais. On ne voit pas de flèche bouger sur la photo!
Ainsi, selon l'hypothèse 2, on ne peut pas rendre compte du mouvement le plus simple par le raisonnement. Zénon sait bien que la flèche se déplace, mais la question n'est pas là. Elle est là où nous avons laissé le raisonnement de Parménide : le changement c'est l'erreur, la pensée ne peut pas en rendre compte. L'Être est. Penser, c'est penser ce qui est.
Il faudra attendre un philosophe français de la fin du XIXe siècle, Bergson (lire page 337), pour parvenir à réfuter ces paradoxes. Car nous savons tous qu'Achille rattrape la tortue, que la flèche se déplace... Mais nous ne parvenons pas à le penser! Et Diogène, le cynique (page 77), croira bien prouver le mouvement en se mettant à marcher, mais il ne prouve rien du tout...

Démocrite, une vraie bombe... atomique

Parménide a affirmé l'unité de l'être et son immobilité. Zénon nous met face au mur avec ses paradoxes : en dehors de l'être, ne reste que le non-être, le néant, et nous ne pouvons pas rendre compte du mouvement. Pourtant, l'expérience nous révèle bien que plusieurs éléments constituent le monde. En outre, en disant que l'être est et le non-être n'est pas, il devient difficile de rendre compte de l'expérience que nous faisons de la multitude des êtres et des objets.
Comment alors affirmer l'éternité et l'immuabilité de l'être et rendre compte du mouvement? Démocrite trouve la solution grâce à une notion qui nous est devenue familière : l'atome. Qu'est-ce qu'un atome? Un être insécable qui constitue les autres êtres.

Le non-être existe-t-il?

Démocrite s'inscrit bien dans la suite de Parménide : l'être est. Mais s'il faut rendre compte du mouvement, on ne peut finir comme Parménide en disant que le non-être n'est pas. L'être et le non-être sont tout aussi réels, et le non-être s'appelle tout simplement le vide. Le vide est le non-être dans lequel se meuvent les atomes : il y a du vide non seulement dans

Biographie

Démocrite, à mourir de rire

Contemporain de Socrate, Démocrite serait né à Abdère, en Thrace (Turquie actuelle) vers 460-468 av. J.-C. et serait mort très vieux, entre 366 et 356 (mais tout le monde n'est pas d'accord avec cette date, certains le faisant mourir beaucoup plus jeune, vers 399).
On raconte que de nombreux citoyens s'étaient inquiétés de sa santé mentale. En effet, tous les jours, Démocrite, alors âgé, descendait au port et se tordait de rire, incapable de s'arrêter. Ils envoyèrent donc chercher Hippocrate dans l'espoir de guérir Démocrite de sa folie. Après s'être entretenu avec lui, Hippocrate revint auprès des citoyens et leur dit que Démocrite n'était absolument pas fou. Ce que ce dernier venait observer, en descendant sur le port, n'était que les allées et venues de la vie humaine, le débarquement de marchandises dénichées et transportées depuis les coins les plus reculés du monde. Cela lui paraissait si inutile et ridicule qu'il se tordait de rire, tout en éprouvant un profond mépris. Comment ne pas rire, en effet, de l'absurdité des affaires humaines lorsqu'on conçoit un monde qui n'est fait que d'atomes et duquel le sens semble être absent?

le monde (l'intervalle entre les atomes), mais en dehors de lui. Autrement dit, le non-être a une existence : il est ce qui permet le mouvement. Il y a bien des êtres éternels, les atomes, et il y a bien du mouvement, qui permet aux atomes de se composer.

Tous les corps sont le résultat d'une combinaison d'atomes dans le vide et la diversité des apparences dépend de leur combinaison, mais aussi de leurs formes différentes. Tous les êtres sont donc composés des mêmes éléments que la nature, de manière plus ou moins complexe. De ces atomes composant des objets émanent des éléments qui viennent s'imprimer sur la surface de l'œil ; c'est pour cela que nous les voyons.

Citation

« Rien ne vient du néant, et rien, après avoir été détruit, n'y retourne. Les atomes se déplacent dans tout l'univers en effectuant des tourbillons et c'est de la sorte que se forment les composés : feu, eau, air et terre. »
Démocrite

Repère

De Démocrite à Marie Curie

Si Démocrite est le père de l'atome, la notion actuelle d'atome est plus complexe que ce qu'il décrit – qui semblera bien élémentaire aux spécialistes. Mais il ne faut pas oublier que notre connaissance des atomes est très récente : leur structure était totalement inconnue jusqu'en 1895 ! C'est la découverte des rayons X par Röntgen, puis celle de la radioactivité par Henri Becquerel, en 1896, et Pierre et Marie Curie, à partir de 1898, qui ont permis de commencer à la comprendre.

Le hasard et la nécessité

Le réel est donc composé de « quelque chose » et de « non quelque chose ». En dehors des êtres il y a le vide… qui n'est pas rien ! Dès lors, cela signifie que l'univers est infini et n'a ni naissance ni mort et, surtout, qu'il existe une infinité de mondes comme le nôtre. Et, conclut Démocrite, « tout ce qui existe dans l'univers est le fruit du hasard et de la nécessité ». Le hasard et la nécessité : une formule qui deviendra, vingt-cinq siècles plus tard, le titre d'un célèbre ouvrage du biologiste Jacques Monod, prix Nobel de médecine en 1965.

Les sophistes, des hommes de parole

Ils ont généralement bien mauvaise presse ! Dire d'un individu qu'il n'est qu'un sophiste revient généralement à dire qu'il n'a rien à dire, qu'il est un joueur de pipeau qui essaie d'endormir les autres par de belles paroles. Même en logique d'ailleurs ! Un sophisme est un raisonnement faux qui ne fait que présenter une apparence de vérité et de rigueur. Alors, que peuvent bien venir faire les sophistes parmi tous ces philosophes en quête de vérité ?

Manipulateurs ou compétents ?

Si nous avons d'abord une telle image des sophistes, c'est parce que Platon est passé par là. Tout au long de nombreux dialogues, nous le verrons, il n'aura de cesse de les combattre et de nous les présenter comme les rois de la manipulation, comme de faux savants qui cherchaient avant tout à briller et à se faire payer. Mais s'ils sont présentés comme les grands adversaires de Socrate c'est aussi parce que, à la différence des philosophes que nous venons de voir, ils s'intéressent, comme Socrate, à l'homme et à la vie politique, et plus seulement à la nature. Leur but est de persuader grâce à leur très grande habileté et à leur maîtrise de la parole et du langage. Platon en fait les ennemis à abattre et pourtant, ils ne seront pas responsables de la condamnation à mort de Socrate !

Mais revenons à l'étymologie. Par *sophia*, on entendait d'abord toute forme de compétence qui donne à certains hommes une capacité à accomplir des actes et des performances hors de la portée du commun des mortels. Le sophiste, c'est donc d'abord le roi de la compétence.

Protagoras : « L'homme est mesure de toutes choses. »

En prononçant ces mots, Protagoras nous dit qu'il n'y a pas d'autre vérité que celle qui est perçue par l'homme. Rien dans le monde n'a de nature propre en dehors des jugements que les hommes portent. Le vent n'est ni chaud ni froid en soi, il est froid ou chaud en fonction de celui qui le ressent. Ainsi, la manière dont une chose est perçue par une personne ne concerne que l'objet et celui qui le perçoit. D'ailleurs, nous pouvons toujours écouter le médecin ou le dentiste qui nous dit que tel soin ne fait pas mal. Si nous avons mal, même si aucun nerf n'est touché, ce mal est bien réel : « De toutes choses, l'homme est la mesure : de celles qui sont, du fait qu'elles sont ; et de celles qui ne sont pas, du fait qu'elles ne sont pas. » Ce qui revient à dire : « À chacun sa vérité. »

Rien de plus scandaleux aux yeux de Socrate puisque, alors, il n'y a plus de vérité, plus personne ne peut avoir tort et tout devient relatif. Et alors, que fait-on du fou qui se prend pour Napoléon ? Mais Socrate va plus loin : pourquoi les jugements des cochons ne seraient-ils pas aussi valables que ceux des humains ? Dépité, sous la plume de Platon, Protagoras en convient à demi-mot.

Biographie

L'ami de Périclès

Né à Abdère, en Thrace, vers 485 et mort vers 420 av. J.-C., Protagoras fut l'ami du tragédien Euripide et du grand dirigeant athénien Périclès. On dit qu'il aurait été exilé d'Athènes à cause de son traité sur les dieux, dans lequel il faisait profession d'agnosticisme.

Repère

Le mythe de Prométhée présenté par Platon

Il existe plusieurs versions du mythe de Prométhée. Platon, dans son dialogue *Protagoras*, nous le raconte ainsi : après avoir créé les races mortelles, les dieux ordonnèrent aux deux titans Prométhée et Épiméthée de distribuer convenablement entre elles toutes les qualités dont elles avaient à être pourvues. Épiméthée se charge de la distribution et offre à chacune des qualités : à certaines la force, à d'autres la rapidité... Mais quand vient le tour de l'homme, il ne reste plus rien. Prométhée vient inspecter le travail et voit l'homme nu et dépourvu. Il se décide alors à dérober l'habileté artistique d'Héphaïstos (dieu du Feu) et d'Athéna (déesse de la Sagesse) ainsi que le feu, et en fait présent à l'homme. Celui-ci pourra fabriquer des outils, se construire un monde et se défendre. L'homme devient un être qui possède l'intelligence technique. Mais rapidement, les hommes commencent à se déchirer. Inquiet, Zeus envoie Hermès leur porter la pudeur et la justice. « Dois-je les répartir comme les autres arts? Ceux-ci sont répartis de la manière suivante : un seul médecin suffit à beaucoup de profanes, et il en est de même des autres artisans; dois-je établir ainsi la justice et la pudeur dans la race humaine, ou les répartir entre tous? », demande Hermès. « Entre tous, répond Zeus, et que chacun en ait sa part. » Les vertus politiques et les capacités d'agir deviennent alors l'apanage de tous. Et voilà les sophistes nous offrant les fondements de la démocratie!

Tout est relatif?

Mais dire que l'homme est mesure de toute chose, c'est dire aussi qu'il n'y a rien d'absolu en dehors de l'homme, ni dieux (tout au moins nous ne pouvons rien en dire) ni vérité. Et pour cause! Comme nous le raconte le mythe de Prométhée, l'homme doit se débrouiller tout seul. Il n'est adapté à rien, il est simplement apte à s'adapter. Il doit tout construire seul, agir seul, condamné à produire des artifices, sans aucune référence extérieure dans un monde incertain.

Il n'y a donc que des conventions. Le langage est un de ces artifices, et l'on comprend alors pourquoi on a fait des sophistes les maîtres du discours. La sensation est changeante et contradictoire, mais elle seule lui fournit ce à quoi il a accès, l'apparaître. C'est donc à l'homme d'éduquer l'homme et la parole prend toute sa place.

Le discours, une drogue ?

Puisque l'homme est un être d'artifice et la vérité inaccessible, c'est la force du discours qui fait le vrai. Finalement rien n'est ; et même si les choses étaient, l'homme ne pourrait pas les connaître ; et même si l'homme pouvait les connaître, le langage ne pourrait pas l'exprimer ! Ce n'est donc pas pour le simple plaisir de convaincre que les sophistes agissent ainsi. Leur attitude est justifiée par une conception du monde et de l'être. L'homme est un être de technique ; le problème est que, parfois, la technique se révèle impuissante. Que peut bien faire le médecin face à celui qui refuse de se soigner ? C'est là que la puissance du langage montre son efficacité. La drogue du discours est alors plus radicale que celle du médecin.

« Le discours est un tyran » qui agit comme une drogue sur ceux qui l'écoutent, dit Gorgias. Pas étonnant que cet orateur hors pair ait pu se vanter de pouvoir persuader qui il voulait. N'en fait-on pas encore bien souvent l'expérience ?

> **Biographie**
>
> **Gorgias l'orateur**
>
> Né en Sicile, Gorgias de Leontinoi (490 av. J.-C.–vers 380) fut, dit-on, l'élève d'Empédocle. Mais c'est comme technicien de la parole, orateur, improvisateur et styliste, qu'il devint célèbre et immensément riche.

À retenir

Du monde à l'homme

Comme leur nom l'indique, les présocratiques désignent ces penseurs qu'on situe avant Socrate, pas tant du point de vue chronologique (plusieurs sont ses contemporains), que de celui de la formalisation de sa pensée.

Pendant plus de deux cents ans, plusieurs écoles ont tenté d'apporter des réponses aux questions : qu'est-ce que ce monde, de quoi est-il fait, et qu'y a-t-il derrière ce que nous voyons ? Pour **Thalès**, l'eau est le principe premier ; pour **Pythagore**, c'est le nombre ; pour

Héraclite, le mouvement ; pour **Parménide**, l'être et pour **Démocrite**, les atomes. Pas étonnant, donc, que ces philosophes soient aussi ce qu'on appellerait aujourd'hui des scientifiques – dont la pertinence des travaux étonne encore. Mais nous avons vu que le sens du mot *sophia* lui-même est bien plus large que celui de « sagesse » par lequel il est habituellement traduit.

Avec les **sophistes**, un premier changement s'opère. Puisque de tout cela on ne peut rien dire, restons-en aux apparences, ne nous interrogeons plus sur le monde mais sur l'homme : qui est-il ? Comment vit-il ?

Chapitre
2

Socrate et Platon, vrais pères de la philosophie ?

L'œuvre écrite de Socrate, c'est...

- ☐ Rien du tout.
- ☐ Quelques bribes.
- ☐ Un seul ouvrage.
- ☐ Cinq tomes de la Pléiade.

Voir page 48

Qu'appelle-t-on le démon (daïmon) de Socrate ?

- ☐ Sa beauté.
- ☐ Son vice.
- ☐ Sa mission divine.
- ☐ Son ironie.

Voir page 53

L'art d'accoucher les âmes, pratiqué par Socrate, est appelé...

- ☐ La socratique.
- ☐ La dialectique.
- ☐ La maïeutique.
- ☐ La platonique.

Voir page 49

Comment s'appelle l'école créée par Platon ?

- ☐ L'École socratique.
- ☐ L'Académie.
- ☐ La Caverne.
- ☐ L'École.

Voir page 54

Selon l'allégorie de Platon, en sortant de la caverne l'homme n'accède pas...

- ☐ À la réalité.
- ☐ À la connaissance.
- ☐ Aux idées.
- ☐ Aux dieux.

Voir page 55

Qui doit gouverner la cité idéale de Platon ?

- ☐ Un philosophe-roi.
- ☐ Un général-roi.
- ☐ Un poète-roi.
- ☐ Le peuple-roi.

Voir page 59

Socrate, une légende ?

Athènes, 399 av. J.-C. Socrate, 70 ans, est dans sa prison. Conformément au jugement, il attend, pour boire la ciguë et mourir, que le bateau parti pour Délos porter des offrandes à Apollon rentre au port. Il reçoit ses amis qui lui proposent de s'évader, mais il refuse. Puisque les lois l'ont jusqu'alors protégé, il doit respecter ces mêmes lois qui le condamnent. Le tribunal a suivi le chef d'accusation déposé par Mélétos : « Socrate est coupable de ne pas reconnaître comme dieux les dieux de la cité et d'en introduire d'autres nouveaux. Il est coupable aussi de corrompre la jeunesse. La peine demandée est la mort. »

En fait, ce n'est pas Mélétos qui a rédigé la plainte, mais l'orateur Lycon qui n'était pas sûr du résultat et préféra la faire porter par quelqu'un d'autre. Le texte n'a rien de très original à l'époque. Ces accusations ont déjà été portées contre d'autres. Mais cette fois, il va aboutir. Socrate refuse d'être défendu par un autre et ne veut pas préparer sa plaidoirie. Il n'a pas confiance dans l'écriture ; il faut laisser s'exprimer la parole vivante. Un jury populaire est tiré au sort. Socrate prend la parole et va même jusqu'à ironiser, ce qui déplaît fort. La condamnation tombe : il devra boire la ciguë.

En attendant la mort, aucune crainte ne l'envahit ; il est même exaspéré par les pleurs de Xanthippe, sa femme. Il reste serein, conforme à l'image du sage que Platon nous transmet.

Plus grand mort que vivant ?

Car on ne possède de Socrate aucune œuvre écrite ; il semble même qu'il n'ait rien écrit. Si nous en savons autant sur lui, et sur sa pensée, c'est grâce aux dialogues de Platon, qui n'aura de cesse de le mettre en scène. Il y est toujours représenté comme un maître à penser, un sage toujours prêt à dialoguer sereinement avec ceux qu'il rencontre sur son chemin…

Mais d'autres ont laissé des témoignages qui sont loin de l'image d'Épinal que nous propose Platon.

Anecdote

L'homme battu

Diogène raconte que Socrate se faisait battre par sa femme, présentée comme acariâtre, sur la place publique et refusait de rendre les coups. Il justifiait cela en disant que s'il voulait connaître les êtres humains, il devait apprendre à s'adapter à eux.

Xénophon, par exemple, nous décrit un Socrate moralisateur et conventionnel, parfois même violent, et le tragédien Aristophane, un maître-penseur dangereux. On a affaire ainsi à de nombreux portraits contradictoires qui font de Socrate une énigme. Tous s'accordent cependant sur un point : il est très laid – ce qui à l'époque est mal vu en Grèce. Reprenant les descriptions des contemporains, Nietzsche, bien plus tard, parlera de « ses yeux d'écrevisse, sa bouche lippue, sa bedaine ».

L'ironie, arme critique

Mais il ne faut pas se fier aux apparences. Dans toute son attitude, Socrate n'est pas ce qu'il paraît être. Il questionne, se présente comme ne sachant rien, comme voulant apprendre de son interlocuteur ce qu'il sait, mais ceci pour mieux le dérouter et le troubler. On le compare alors à une torpille. Quand l'interlocuteur découvre qu'il ne peut remédier à l'ignorance de Socrate, quand il saisit qu'il n'a aucune sagesse à lui donner, il prend alors conscience de sa propre ignorance. Socrate n'est jamais là où on l'attend. C'est pourquoi on parle de son ironie. L'ironie, c'est la mise à distance, c'est le contraire de l'esprit de sérieux de celui dont on sait déjà à quoi s'attendre. Grâce à cette ironie, Socrate, comme sa mère qui accouchait les corps, accouche les âmes. Il pratique la maïeutique. Ce sont d'ailleurs les femmes qui ne peuvent plus enfanter qui ont le droit d'accoucher les autres. Socrate, lui, ne sait rien.

Avec toutes ces questions que Socrate pose : « Qu'est-ce que la beauté ? », « Qu'est-ce que le courage ? », « Qu'est-ce que la justice ? », on parvient souvent à en savoir moins à la fin qu'au début. Là où on croyait savoir, on finit par ne plus rien savoir. N'est-ce pas justement l'image du philosophe ? Il coupe les cheveux en quatre, pose des questions là où tout semblait simple et, finalement, on ne sait plus rien.

Nous savons faire, mais pourquoi faisons-nous ?

De nombreux hommes savent beaucoup plus de choses que lui. Le médecin a une science beaucoup plus développée que celle de Socrate, le cordonnier sait faire des chaussures et le tailleur des vêtements. Il y a de nombreux spécialistes partout, beaucoup plus savants que Socrate.

Mais si, globalement, tous les hommes savent faire, ils ne savent pas ce qu'ils font. Le général sait combattre, le médecin sait soigner, le juge sait juger ; mais savent-ils ce qu'est la paix, la santé ou la justice ? D'un côté, nous avons ceux qui savent faire, mais d'un autre côté, se pose la question des valeurs, de ce que nous visons dans nos actions. En effet, nous agissons toujours en fonction de valeurs, et c'est cela qu'il faut déterminer. S'interroger sur les valeurs, c'est alors sortir d'une relation pragmatique aux choses, c'est réfléchir à leur sens. C'est pourquoi Socrate n'a de cesse de s'opposer aux sophistes qui recherchent l'efficacité la plus grande.

« Je ne sais qu'une chose, c'est que je ne sais rien »

Un jour que Chéréphon s'était rendu à Delphes, il demanda à l'oracle s'il existait plus sage que Socrate. La pythie répondit alors que non : « Socrate est le plus sage des hommes. » Socrate se demande ce qui justifie un tel jugement, parce qu'il croise sans cesse des êtres qui semblent revendiquer une grande sagesse. Il s'agit en effet ici de distinguer deux attitudes et deux formes d'ignorance, ou encore deux formes de savoir. Face aux sophistes qui se présentent comme des savants, Socrate revendique son absence de savoir.

Est-il ignorant ? Non, il sait une chose, la chose la plus précieuse à savoir : son ignorance. Distinguons alors l'ignorance qui se sait de l'ignorance qui s'ignore. La première est la condition de possibilité et le point de départ de toute réflexion, puisqu'elle n'accepte aucun savoir tout fait, aucun « prêt à penser ». Au contraire, l'ignorance qui s'ignore n'est que certitude de soi et donc, bien souvent, préjugé.

Le véritable savoir n'est pas une accumulation de connaissances, n'est pas une simple répétition (je peux savoir des choses par cœur et répéter du matin au soir $E = mc^2$ en n'y comprenant rien), il est avant tout un rapport à soi, une disponibilité à la réflexion et une appropriation. Savoir ne consiste pas à répéter des savoirs, mais à faire du savoir son savoir.

Vocabulaire

La pythie

Les Grecs donnaient le nom de pythie à toutes les femmes qui faisaient le métier de devineresses, parce que le dieu de la Divination, Apollon, était surnommé Pythius. À Delphes, la pythie était choisie avec soin par les prêtres qui, eux-mêmes, étaient préposés à l'interprétation ou à la rédaction de ses oracles. Mais en fait, les transes de la prêtresse de Delphes peuvent être expliquées par des émanations de gaz remontant d'une faille géologique...

Repère

Œdipe, « héros » socratique?

Laïos, roi de Thèbes, qui attend un enfant de la reine Jocaste, va s'enquérir de l'avenir de son futur fils auprès de l'oracle de Delphes. La réponse est terrible : il tuera son père et épousera sa mère. Pour échapper à ce destin, Laïos perce et attache ensemble les deux pieds de son fils nouveau-né, Œdipe, et ordonne qu'il soit abandonné dans la montagne. Survivant, celui-ci finit par être adopté par Polybos, roi de Corinthe, et sa femme Périboea. Apprenant qu'il est un enfant trouvé, il se rend à Delphes pour consulter l'oracle. En chemin, un vieillard monté sur un char lui commande, un peu trop impérieusement, de s'écarter de son chemin. Œdipe, qui a le sang vif, le tue. C'était bien sûr le roi Laïos, son père.

Plus tard, Œdipe arrive à Thèbes, qui était alors sous la coupe d'un monstre sanguinaire appelé le Sphinx, lion à tête de femme. La créature bloquait les routes menant à la ville, tuant et dévorant les voyageurs qui ne pouvaient résoudre l'énigme qu'elle leur proposait : « Quel est l'animal qui le matin marche sur quatre pieds, à midi sur deux et le soir sur trois? ». Œdipe répond sans hésiter que c'est l'homme, qui au matin de sa vie marche à quatre pattes, va sur ses deux jambes à l'âge adulte et s'aide d'une canne pour soutenir sa vieillesse. Le Sphinx, vexé, se suicide et Œdipe, le libérateur, est fait roi de Thèbes. Il épouse sans le savoir la veuve de Laïos, Jocaste. Mais la vérité finira par être dévoilée; Jocaste se suicidera de désespoir, et Œdipe se crèvera les yeux.

Ce mythe semble l'illustration de la parole socratique. Œdipe savait tout de l'homme, ce qui lui a permis de vaincre le Sphinx; mais il ne savait rien de lui, et cette ignorance a causé sa perte.

« Connais-toi toi-même »

« Connais-toi toi-même » était la formule inscrite au fronton du temple de Delphes, qui invitait les hommes à se reconnaître faibles face aux dieux. Socrate en change le sens. « Connais-toi toi-même » signifie pour lui : sache que tu n'es qu'un homme qui a des opinions, des désirs et des préjugés. Se connaître apparaît comme le but vers lequel nous devons tendre. On peut même se demander s'il ne s'agit pas de la connaissance la plus essentielle, conditionnant toute autre forme de connaissance.

Ainsi, dans le domaine de la pensée par exemple, le scientifique ne doit pas se perdre dans ses raisonnements et agir sans conscience ; dans le domaine du sentiment, nous ne devons pas nous laisser guider aveuglément par nos envies, nos rancœurs ou nos haines ; dans le domaine de l'action, nous devons être capables de nous juger et de ne pas nous laisser emporter. Savoir, être sage, réside avant tout dans un rapport à soi.

Tout ça pour ça ?

Se connaître permet donc de mieux interroger. Et les questions reviennent : « Qu'est-ce que le beau ? » « Qu'est-ce que le juste ? » « Qu'est-ce que le bien ? »... Finalement, Socrate semble vouloir nous faire un dictionnaire ! C'est oublier un point essentiel : le dictionnaire nous renseigne sur l'usage des mots, non sur les choses qu'ils désignent. Or, c'est justement en sortant d'un rapport purement pragmatique aux mots et aux choses qu'ils désignent qu'on commence à réfléchir. En se demandant par exemple non pas comment on soigne, mais ce qu'est la santé. Pour cela, il faut faire table rase des certitudes et partir à la recherche des valeurs.

On voudrait des réponses rapides. On voudrait que Socrate tranche et, bien souvent, on est déçu. Tout ça pour ça ! Oui, parce que l'essentiel n'est pas d'accumuler des connaissances, de pouvoir proférer des réponses toutes faites qui rassurent, mais de réfléchir en homme, en se servant de sa raison. Ce ne sont plus les dieux ou les traditions qui vont nous dire les valeurs, mais l'enquête rationnelle. C'est sans doute pourquoi Socrate est considéré comme le vrai père de la philosophie.

Socrate et les hommes

Lorsqu'on parle de « l'amour socratique », on pense immédiatement à l'homosexualité. Et cela, bien sûr, car Socrate a été entre autres accusé de « corrompre la jeunesse ». Mais en fait, c'est son influence qui a été condamnée. Certes, il a pratiqué l'homosexualité, qui avait une fonction éducatrice en Grèce antique. Et bien qu'il ne soit vraiment pas beau, il est dépeint comme un grand séducteur. Dans un dialogue de Platon, *Le Banquet*, Alcibiade tombe ainsi amoureux de Socrate... qui, d'ailleurs, refuse ses avances. C'est que Socrate, qu'il compare à Éros, le dieu de l'Amour, est cet entre-deux entre richesse et pauvreté, entre humain et divin, et c'est pourquoi on parle pour lui de « daïmon » (un mot qui donnera « démon », mais dont le sens grec est beaucoup plus riche). Il se sentait d'ailleurs

Repère

L'amour, c'est divin!

« L'amour est enfant de bohème »... mais pas seulement, nous dit le mythe d'Éros raconté dans le dialogue intitulé *Le Banquet*, il est aussi enfant de la richesse (*Pénias*, pauvreté, *Poros*, richesse). Intermédiaire entre les hommes et les dieux, il est ainsi un moyen de nous élever de l'humain vers le divin.
Nous avons aussi dans ce texte un beau portrait de Socrate : comme Éros, il est désir, amour, non pas *sophos* mais *philosophos*, non pas sage mais désir de sagesse. (Étymologiquement, *philosophie* signifie « désir de la sagesse »).
On est loin de « l'amour platonique » inventé beaucoup plus tard, vers la Renaissance, pour qualifier un amour « idéal », sans relation sexuelle!

investi d'une mission divine et prétendait parfois être guidé par une divinité protectrice qui l'avertissait du mal.
C'est donc les hommes en général qui intéressaient Socrate, non pour leur corps, mais pour leur esprit. Il dit d'ailleurs qu'il ne voit aucun intérêt à sortir de la ville, parce qu'il n'y a aucun dialogue à avoir avec les plantes et les animaux!

Philosopher, c'est apprendre à mourir

Désirer la sagesse, c'est donc refuser de laisser son âme se compromettre durant sa vie, et se préparer à la mort. Une fois condamné, Socrate refuse de s'enfuir comme on le lui propose. Il ne craint pas la mort, il l'attend même comme une délivrance, puisqu'elle va correspondre à ce moment où l'âme va se libérer du corps. Parce qu'il sait cela, le philosophe a eu tout au long de sa vie le souci de son âme.

Platon, la voix de son maître?

Socrate réduit au silence, c'est alors Platon qui va le faire parler. Pour celui-ci, on vient de tuer le plus juste des hommes. Platon ne cessera donc d'être hanté par l'idée de penser une cité dans laquelle le plus juste des hommes pourrait vivre librement. Sur un point, Protagoras avait raison : l'homme est jeté face à la nature. Mais face à ce constat, Protagoras semblait laisser toute sa place à la force du discours, ignorant finalement ce qu'est la justice puisqu'on ne peut la connaître. Si tout n'est qu'affaire de technique, cela ne semble pas suffisant pour faire une cité juste. On ne peut se contenter de dire que les valeurs sont relatives. Il faut donc établir des valeurs universelles, valables pour tous.

Or il y a un domaine dans lequel on atteint cette universalité : les mathématiques. En mathématiques nous avons des propositions universelles. Il va donc falloir s'appuyer sur les mathématiques pour faire de la justice autre chose qu'un simple sentiment.

L'essence, carburant des Idées

Que viennent faire les mathématiques pour parler de justice et de toutes les valeurs morales ? Face au relativisme, au « chacun son avis ou son opinion », la recherche d'une vérité absolue devient un véritable défi. Or, en mathématiques, nos connaissances ne sont pas relatives. Mieux encore, nous ne pouvons faire de mathématiques que parce que les objets mathématiques ont une définition valable pour tous.

Dans le langage de Platon, nous pouvons dire qu'en mathématiques nous atteignons l'essence des choses. Qu'est-ce que l'essence ? C'est ce que les choses sont en soi, indépendamment de leurs apparences. Les apparences peuvent toujours changer, l'essence ne change pas, elle existe en elle-même de toute éternité. Platon, pour parler de ces essences utilise le terme d'Idée qu'on écrit avec un « I » majuscule.

L'Idée n'est pas, comme dans l'usage que nous faisons de ce terme, une construction de notre esprit, elle existe indépendamment de notre esprit, en elle-même. Elle est alors ce

Biographie

L'Académie, c'est lui

Né en 428 av. J.-C. et mort en –348, Platon est issu d'une grande famille aristocratique. Il commence à suivre l'enseignement de Socrate et, après le choc de sa mort, quitte Athènes pour de longues années de voyages en Afrique et en Italie. Il y revient en 387 pour fonder son école, l'Académie, véritable campus à la sortie de la ville, qui fonctionnera pendant trois siècles. À l'entrée de celle-ci, il fera inscrire la devise suivante : « Que nul n'entre ici s'il n'est géomètre. » C'est de là que viennent tous les usages que l'on fait du terme « académie ».

qui est réellement réel. Nous le voyons bien en mathématiques, l'Idée de triangle existe même indépendamment de tous les triangles que nous pouvons tracer. L'Idée est alors beaucoup plus réelle que ce que nous avons sous nos yeux.

Sortons de la caverne

C'est ce que nous raconte Platon à travers la célèbre allégorie de la caverne. Des hommes sont enchaînés au fond d'une caverne, les yeux rivés vers le mur où sont projetées les ombres d'objets passant derrière eux grâce à un feu. Ces hommes, prisonniers, nous dit Platon, sont au « cinéma ». Le problème est qu'ils prennent ce qu'ils voient pour les vrais objets. Ils sont prisonniers de leurs sens qui leur font prendre les images pour la réalité. On détache alors un des prisonniers pour lui montrer tout d'abord les objets matériels qui étaient derrière lui puis le feu, source des ombres. Puis, petit à petit, on lui fait gravir le chemin pour sortir de la caverne. Le monde extérieur n'est plus éclairé par le feu mais par le soleil. Petit à petit, il saisit les objets réels à l'extérieur, puis le soleil qui est la cause de tout. Cette histoire est célèbre. Que nous raconte-t-elle ?
Platon nous décrit d'abord deux mondes, celui de la caverne et le monde extérieur. Ils symbolisent le monde sensible, celui que nos sens saisissent, et le monde intelligible, celui que notre intelligence seule peut saisir. Ces prisonniers au fond de la caverne nous ressemblent. Ils témoignent de notre condition lorsque nous prenons ce que nous voyons, sentons, pour la réalité alors qu'il ne s'agit que de la projection d'objets matériels. Nous sommes prisonniers des illusions de nos sens ; et surtout, nos sens ne nous donnent pas à saisir ce qui est réel, seulement des apparences. Mais au-delà du monde des sens dans lequel celui qu'on a détaché saisit les objets matériels, il y a l'extérieur de la caverne, le monde que l'intelligence peut saisir et qui est beaucoup plus réel. Le monde intelligible, l'extérieur de la caverne, est le monde des Idées auquel nous devons nous élever si nous voulons connaître le réel, connaître ce qui est. La connaissance est une élévation, d'ailleurs ne parle-t-on pas d'élève ?

La science n'est pas l'opinion

Connaître, c'est d'abord distinguer l'opinion de la science. L'opinion, c'est l'avis que nous avons, c'est notre point de vue, toujours relatif à chacun. Or, quand je dis que $2 + 2 = 4$, il ne s'agit pas d'une opinion. Lorsque je dis que par un point pris hors d'une droite, il ne

Repère

Le platonisme mathématique

Platon voit donc dans les objets mathématiques des formes intelligibles existant en elles-mêmes. Cette théorie, qu'on a appelée le platonisme mathématique développée de nouveau au XIXe siècle par le mathématicien tchèque Bolzano (1781-1848), sera réactualisée par le mathématicien allemand Cantor (1845-1918) et par Russell (1872-1970). Des mathématiciens contemporains comme Alain Connes défendent cette idée, soulignant que la suite des nombres premiers a par exemple une réalité plus stable que le monde matériel qui nous entoure. Cette thèse s'oppose au constructivisme qui voit dans les objets mathématiques des produits de la pensée du mathématicien.

peut y avoir qu'une et une seule droite parallèle à la première, ce n'est pas une opinion. Pourquoi ? Parce que l'unité, la dualité, l'Idée de deux, existent et cela indépendamment de nous. De même, les propriétés de la droite ou des autres figures géométriques existent indépendamment de nous. Sortir de la caverne, c'est arrêter de penser que le cercle est ce que je vois après l'avoir tracé (d'ailleurs, dans ces conditions, il n'est jamais parfait) ; c'est saisir, par l'intelligence, l'Idée de cercle. La science est possible, nous dit Platon, mais elle exige qu'on fasse l'effort de se détacher des opinions qui sont toujours changeantes.

Comment atteindre les Idées ?

Alors, si nous sommes prisonniers, comment sortir de la caverne, comment nous libérer ? Se poser cette question, c'est se demander comment il est possible de connaître. Car enfin, lorsque nous avons des opinions, comme ces hommes enchaînés au fond de la caverne, nous pensons que ce sont des connaissances. Comment passe-t-on de l'esprit ignorant à l'esprit savant alors que le savoir, et Socrate nous l'a montré, n'est pas une simple somme de connaissances ?

Le savoir est un rapport à soi, nous dit Socrate ; il faut donc retrouver en soi-même ce que l'on sait déjà. Connaître, c'est se ressouvenir. Mais il semble bien étrange de dire que nous savons déjà tout… Platon, également héritier des pythagoriciens, pense que l'âme est prison-

Anecdote

Petit exercice : comment trouver une racine carrée sans calculatrice?

Convenons-en : cette idée des âmes ayant déjà contemplé les Idées nous paraît assez bizarre. Pourtant, Platon va nous montrer, dans un dialogue intitulé *Le Ménon* (qui, comme la plupart de ses dialogues, met en scène Socrate), comment la connaissance se découvre comme souvenir.

Socrate trace un carré (en gras) dont il marque les transversales (en pointillés).

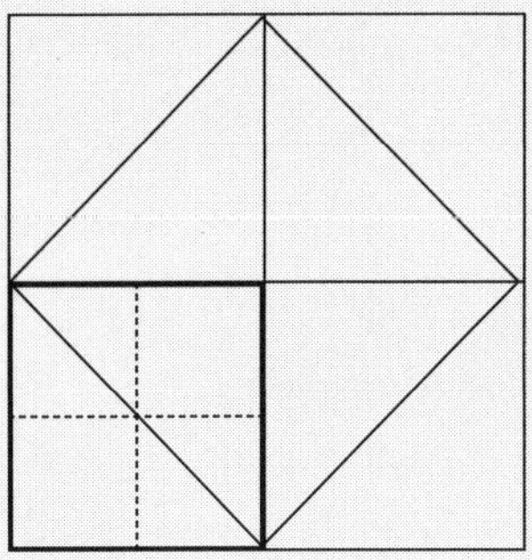

Il demande ensuite à un jeune esclave de trouver la marche à suivre pour construire un carré dont la surface serait le double de l'original. Le côté du carré vaut 2. Il a donc une surface de 4, et il faut construire un carré dont l'aire vaut 8. Comment faire? L'esclave répond qu'il faut doubler la longueur des côtés. Faux, car un tel carré serait quatre fois plus grand. Le jeune garçon propose alors de construire un carré dont le côté vaut 3. Faux encore, car ce carré a une aire de 9. Socrate trace alors une diagonale... et l'esclave découvre que le carré construit en prenant pour côté cette diagonale est bien le carré recherché, deux fois plus grand que le premier. Il a trouvé que la diagonale était la « racine carrée » de 2. Raisonner, c'est donc retrouver, redécouvrir ce qu'on savait déjà, mais qu'on avait oublié. C'est cela, se ressouvenir.

nière du corps alors qu'elle a, avant de chuter dans les corps, eu connaissance des Idées. Il faut donc se souvenir de ce qu'on a oublié. Suffit-il alors d'un effort de mémoire pour savoir? Pas vraiment. Se souvenir c'est, grâce à notre raison, à notre réflexion, retrouver une vérité.

La dialectique : on parcourt le chemin et on tient la distance

La science est possible et elle ne réside pas dans une accumulation de savoirs, mais est le résultat d'un cheminement. Nous pouvons savoir ce que nous ignorons. Belle victoire sur tous les sceptiques. Mais ce chemin, cette méthode (le mot vient du grec *odos*, signifiant : chemin), ne consiste pas à faire n'importe quoi. Le prisonnier qui veut sortir de la caverne ne peut pas suivre n'importe quel chemin, sinon il risque de ne jamais trouver la sortie ! Le dialogue, la manière dont il est mené doivent guider. C'est plus précisément ce que Platon nomme la dialectique.

Contrairement à ce que disaient les sophistes, le langage n'est pas simplement conventionnel. *Logos* veut dire parole, mais aussi raison. Ainsi, par la parole, à force de distinctions sur lesquelles on s'accorde, on finit par atteindre l'unité, l'Idée. On peut partir ainsi de ce qui se ressemble pour rechercher, par le dialogue, ce qu'il y a de commun. Le langage qui est aussi raison, peut faire le tri, parmi les apparences, pour saisir ce qui constitue le réel.

Repère

2 400 pages !

Nous avons 28 dialogues à notre disposition et seul l'établissement d'une chronologie a fait l'objet de débats, mais tout le monde s'accorde désormais pour distinguer trois grandes périodes : les petits dialogues socratiques ; les grands dialogues de la maturité ; les dialogues de vieillesse. Tout cela occupe tout de même 2 400 pages de la Pléiade...

Si on jouait à l'homme invisible...

Calliclès, un sophiste, raconte l'histoire de l'anneau de Gigès. Un berger découvre une bague lui permettant de se rendre invisible. Il s'en sert pour tuer le roi et épouser la reine. Si nous pouvions être sûrs de ne pas nous faire prendre, nous ne serions pas très vertueux, nous dit-il. Et nous voyons pointer ici l'idée selon laquelle seule la peur du gendarme nous conduit à bien nous comporter. Il n'existe finalement pas de juste, nous dit Calliclès, seulement des limites imposées de manière arbitraire. Et même pire : naturellement, nous serions plutôt injustes ! Bien triste constat. Pas si sûr, répond Platon. D'abord, si tel était le cas, on verrait tout le monde s'étriper. Et surtout, la justice doit d'abord être pensée dans l'harmonie de la cité.

Nul n'est méchant volontairement

Non seulement on n'est pas juste simplement par peur de la punition, insiste Platon, mais c'est avant tout par ignorance qu'on commet le mal. Si l'homme veut le mal, ce n'est pas

parce qu'il recherche le mal, mais parce qu'il le prend pour le bien. Quand je veux le mal, je m'imagine que ce mal sera un bien pour moi. Mais c'est une opinion fausse : je prends pour un vrai bien ce qui n'est qu'apparent : le plaisir immédiat, l'argent. Je suis dupe de mon opinion, qui est le plus souvent l'opinion commune.
D'où la nécessité, une fois de plus, de subordonner toute action à une réflexion première et sérieuse, qui me donnera le savoir exact du bien ; de quitter le monde de l'opinion et des désirs pour accéder à la vraie connaissance. Car finalement, la connaissance est avant tout la connaissance du Bien et conduit à bien agir. C'est pourquoi l'Idée de Bien apparaît comme la cause de tout.

Repère

Notre âme est un char

Dans *Phèdre*, Platon illustre sa doctrine de l'âme à travers le mythe de l'attelage ailé. L'âme est représentée comme un tout formé d'un cocher et de deux chevaux, un blanc et un noir. La raison (le cocher) a pour tâche de maîtriser l'énergie débordante de l'irrationnel : de la manière douce en ce qui concerne la partie irascible de notre âme (le cheval blanc), et de la manière forte en ce qui concerne nos désirs (le cheval noir). Pour résumer : le *noûs* (raison) est le cocher d'un attelage constitué d'un cheval blanc, le *tymos* (courage, cœur), et d'un cheval noir, l'*épithymia* (désir). Belle image !

La cité idéale

Car le récit de l'allégorie de la caverne n'est pas fini. Une fois que le prisonnier qu'on a détaché est sorti de la caverne, qu'il s'est élevé vers les Idées, il redescend parmi les autres. Ces derniers rient de lui et veulent même le tuer (allusion à la mort de Socrate). Pourtant, il est le seul à savoir ce qu'est le réel, à avoir contemplé le Bien, à savoir ce qu'est le juste. Il est celui qui peut désormais diriger les autres, diriger la cité, celui que Platon nomme le philosophe-roi.
La politique n'est pas affaire de talents oratoires, ni d'opinion ; elle est l'affaire de l'homme juste et compétent. Et chacun, dans la cité, doit prendre sa place en fonction de ses compétences : le philosophe à la tête, les hommes courageux à la défense de la cité et les hommes animés par le désir, au commerce (ce qui correspond d'ailleurs aux trois parties de l'âme humaine). Voilà les conditions pour vivre dans une cité harmonieuse qui sera en conformité avec l'ordre du monde, du cosmos. Et c'est au sein d'une telle cité juste qu'on peut alors être vertueux en se réalisant chacun au mieux, et être heureux.

Anecdote

Un mauvais conseiller?

À trois reprises, Platon tentera de conseiller les princes. En 388, il est invité en Sicile par Denys Ier l'ancien, mais l'expérience tourne court et Platon est embarqué de force sur un bateau et vendu comme esclave, avant d'être racheté par un ami ! En 367, il retourne auprès du fils de Denys Ier, mais échoue rapidement en prison avant d'être rapatrié. Six ans plus tard, il y retourne à nouveau et essuie encore un échec. Ce sera sa dernière tentative...

Dehors le poète !

Dans cette cité idéale, il n'y a pas de place pour le poète, car il est celui qui passe son temps à nous faire prendre des vessies pour des lanternes en jouant avec nos sentiments. Avec le poète, on confond toujours l'apparence et la réalité.
Une organisation entièrement rationnelle et hiérarchisée : voilà qui peut faire froid dans le dos. Popper, un philosophe anglais du XXe siècle (cf. page 422), verra d'ailleurs dans la cité de Platon la préfiguration des états totalitaires... C'est peut-être excessif, mais il est clair que Platon n'est pas un démocrate, puisque la démocratie est finalement le règne de l'opinion et fait le lit de la démagogie !

À retenir

Des textes fondateurs

Socrate est le père de la philosophie et sa mort constitue un événement essentiel qui en fera un modèle. Par le dialogue, il impose une interrogation rationnelle sur les valeurs : la pensée est un « dialogue de l'âme avec elle-même ».
Héritier de Socrate, **Platon** fera des mathématiques le modèle de toute science. Contre le relativisme, il affirme l'existence d'essences éternelles indépendantes de nous, les Idées, dont le monde dans lequel nous vivons n'est qu'une copie.

Le philosophe britannique Whitehead a dit que toute la philosophie moderne n'était qu'une note en bas de page des ouvrages de Platon… Il serait, en effet, bien ingrat de ne pas reconnaître à Socrate et à Platon une place essentielle dans l'histoire de la philosophie, qui ne cessera de commenter ou de discuter leurs propos. Avec **Socrate** et **Platon**, nous voilà de plain-pied dans la philosophie, guidés par la raison, à la recherche de la vérité et du Bien.

Chapitre 3

Aristote, la fin de l'idéalisme ?

De quel futur grand dirigeant Aristote fut-il le tuteur ?

- ☐ Périclès.
- ☐ Philippe de Macédoine.
- ☐ Alexandre le Grand.
- ☐ Jules César.

Voir page 65

Lequel de ces quatre domaines ne fait pas partie de la classification d'Aristote ?

- ☐ Le domaine théorique.
- ☐ Le domaine pratique.
- ☐ Le domaine poiétique.
- ☐ Le domaine empirique.

Voir page 66

Dans *Le Nom de la rose*, le traité « maudit » d'Aristote qui fait mourir les moines traite…

- ☐ Du diable.
- ☐ Du rire.
- ☐ De la comédie.
- ☐ De l'existence de Dieu.

Voir page 67

Le syllogisme est une phrase qui…

- ☐ Établit un rapport de conséquence.
- ☐ Énonce une vérité faussement logique.
- ☐ Énonce un truisme (une évidence).
- ☐ Ne veut rien dire.

Voir page 67

Deux de ces affirmations correspondent au finalisme d'Aristote. Lesquelles ?

- ☐ Chaque objet finit par trouver sa place naturelle.
- ☐ Dieu est la finalité de chaque chose.
- ☐ La fonction crée l'organe.
- ☐ La fin justifie les moyens.

Voir page 70

« L'homme est un animal politique », affirme Aristote. Cela signifie…

- ☐ Qu'il aime le pouvoir.
- ☐ Qu'il est fait pour polémiquer.
- ☐ Qu'il ne se réalise qu'en société.
- ☐ Qu'il est démocrate par essence.

Voir page 72

Pourquoi Aristote s'oppose-t-il à Platon ?

Aristote a fondé une école, le Lycée, encore nommée école péripatéticienne. Pas de panique : il n'est pas l'inventeur du premier métier du monde, mais aimait (comme l'étymologie du mot l'indique) à se promener en discutant. Il sera sans doute le premier à essayer de construire un système et, de cette idée, nous sommes encore les héritiers. Son influence sera très grande, et fera autorité pendant près de vingt siècles. Il suffira de dire « l'école » pour désigner sa pensée.

Faut-il préférer ses amis ou la vérité ?

Alors que Platon, dans l'allégorie de la caverne, nous raconte comment nous sommes prisonniers de nos opinions, préférant le confort de l'obscurité aux efforts pour accéder à la lumière de la connaissance, Aristote commence par affirmer que nous avons tous le désir de connaître. Ce qui le montre, c'est « le plaisir que nous prenons aux sensations », et ceci même en dehors de toute utilité. Il suffit de constater pour commencer le plaisir que nous éprouvons à regarder… Ainsi, au lieu de mépriser le sensible, de considérer que la sensation n'est que source d'erreurs, acceptons qu'elle puisse être un point de départ et commençons par observer.

On peut avoir des amis, et Platon était d'abord le maître puis l'ami d'Aristote, mais il faut préférer la vérité à ses amis. En d'autres termes : ce n'est pas parce qu'on veut faire plaisir à ses amis qu'il faut dire n'importe quoi ! C'est donc en s'opposant à Platon qu'Aristote va opposer à l'idéalisme platonicien un réalisme : au lieu de tourner les yeux vers le ciel des idées, observons le monde.

Aristote le terrien

Pour Platon, connaître consiste à quitter le sensible pour s'élever à la réalité intelligible, au ciel des Idées. Mais que sont ces idées ?, demande Aristote. Quelle est vraiment leur réalité ? Soit l'idée est transcendante, existant dans un autre monde, mais alors nous saisissons mal en quoi la construction d'un autre monde va nous permettre de comprendre le nôtre ; soit l'idée est dans l'objet sensible, et alors elle n'est plus une réalité intelligible. En

Biographie

Aristote, tuteur d'Alexandre

Né à Stagire, sur la côte Thrace, en 384 av. J.-C., Aristote fréquente l'Académie de Platon dès l'âge de 18 ans. Il y restera vingt ans. À la mort de son maître, il n'en prend pas la direction, mais part en voyage en Asie Mineure. Il épouse Pythias, nièce du roi Hermias d'Atarnée, puis est appelé à la capitale de Macédoine par Philippe, qui lui demande d'être le tuteur de son fils de 13 ans, Alexandre – le futur Alexandre le Grand, avec qui il se brouille lorsque celui-ci devient Empereur. Aristote se retire alors à Stagire, puis retourne à Athènes en 335. Il fonde, dans un bois à la sortie de la ville, une école concurrente à l'Académie, le Lycée. Sa gloire prit fin en 323; lorsque la mort d'Alexandre provoque une révolte contre le gouvernement pro-macédonien d'Athènes, Aristote doit faire face à une cabale. Accusé d'impiété, il s'enfuit, annonçant qu'il ne souhaite pas qu'un deuxième grand crime soit fait à la philosophie (faisant bien sûr référence à la condamnation à mort de Socrate)! Il meurt un an plus tard.

effet, si aux objets sensibles correspond une idée intelligible, quel est le lien entre nos deux mondes? C'est ce qu'on va appeler avec Aristote l'argument du troisième homme : si l'homme que nous croisons dans la rue n'est qu'une copie de l'idée d'homme, il faut bien établir un lien entre les deux. Le point commun, ce serait un troisième homme. Mais quel est le lien entre ce troisième homme… et ainsi à l'infini.

Anecdote

Le ciel et la terre

Dans le tableau de Raphaël, l'*École d'Athènes*, on voit Platon lever son index vers le ciel et Aristote baisser sa main vers la terre.

Platon a cru résoudre le problème d'un monde sensible changeant en construisant un monde des Idées stable dont une science serait possible, mais il nous met face à un autre problème, celui du lien entre le monde des Idées et le monde sensible. Il n'a fait que transporter dans un autre monde ce dont nous avons besoin dans ce monde-ci. Le mieux est donc d'étudier l'objet sensible lui-même. Car la connaissance part de la sensation : ce n'est pas en se tournant vers l'idée de lit qu'on en fabriquera un, mais en observant des lits différents.

Si l'on commençait par tout ranger ?

Au lieu de dire que la réalité est ailleurs, observons la vraie nature, les arbres, les animaux, les êtres vivants, les hommes ; la manière dont ils agissent, dont ils parlent… et opérons des classements afin de trouver un sens à l'organisation du monde. Nul besoin de recourir à des mythes, observons simplement. L'entreprise est immense, puisqu'elle a pour but d'établir un savoir sur tout. Aristote, penseur encyclopédique, va être sans doute le premier philosophe à construire un système et à engager la philosophie dans cette voie jusqu'au XXe siècle. Il faut donc observer, classer, mais aussi commencer par remarquer que chaque domaine d'étude a ses procédures propres de recherche, ses critères propres.

On ne va pas faire de la biologie comme on fait de la physique, de l'astronomie ou des mathématiques, et encore moins comme on fait de la politique ou de l'artisanat. Aristote va donc distinguer des domaines différents : le domaine théorique (qui s'occupe de la connaissance pure), le domaine pratique (qui s'occupe de l'action), le domaine poiétique (qui s'occupe de la production) ; et, au cœur de ces domaines, faire encore d'autres distinctions. Il refuse donc ce privilège que Platon accordait aux mathématiques : on ne voit pas en quoi les mathématiques permettraient de faire de la politique ou de la morale !

Vocabulaire

La bibliothèque disparue

La bibliothèque du Lycée était très riche, mais nous ne possédons désormais que peu de ses œuvres. On les classe généralement en deux groupes : les œuvres exotériques, publiées et à usage externe, qui furent perdues durant le Ier siècle de l'ère chrétienne et dont nous ne connaissons que les titres ; les œuvres ésotériques, réservées à un enseignement oral pour les étudiants du Lycée.

Aristote, un sophiste ?

Pas de monde des idées, pas de privilège des mathématiques, pas de rejet du sensible… Mais alors, Aristote, en s'opposant à Platon, ne tombe-t-il pas dans le camp des sophistes ? Loin de là ! Certes, Aristote reconnaît bien un privilège du langage et, comme les sophistes, il prend celui-ci très au sérieux. Mais il ne s'agit pas pour lui de parler simplement pour le plaisir de parler et de convaincre, ni de considérer que le rapport des mots aux choses est simplement conventionnel ; il s'agit d'observer la langue pour en dégager les structures. Il devient alors aisé de réfuter Protagoras qui nous dit que le vent est chaud pour certains et froid pour d'autres, affirmant ainsi que tout est relatif. En effet, les jugements ne portent ici que sur des attributs (chaud, froid), mais non sur les êtres (le vent). Or, ces êtres, je les connais et je les distingue par la sensation !

Ne pas dire n'importe quoi n'importe comment

Observons donc la langue. Ce faisant, Aristote va développer une logique qui n'est pas une science, mais un instrument de connaissance. Un ensemble de règles contraignantes pour produire un discours cohérent. Ainsi, il existe plusieurs manières de dire ce qui est. Par exemple, l'être se dit en une pluralité de sens. « Il est noir » n'est pas identique à « c'est un homme » ou « il est debout ». « Socrate est un homme », « Socrate est juste », « Socrate est grand », « Socrate est plus sage que les sophistes » : nous utilisons chaque fois le verbe « être », mais les sens diffèrent. Ces sens de l'être sont appelés catégories. Ici, nous avons l'essence (Socrate est un homme), la qualité (Socrate est juste), la quantité (Socrate est grand), la relation (Socrate est plus que...).

Les catégories répondent aux diverses questions élémentaires qu'on peut se poser sur un être. À ces quatre catégories, Aristote en ajoute six qui sont le lieu, le temps, la situation, la possession, l'action et la passion. Il faut alors faire un catalogue des structures d'énoncés qui ont la propriété de transmettre la vérité : ce sont les syllogismes.

Anecdote

Aristote diabolique ?

Aristote a aussi étudié d'autres formes du discours, comme le théâtre et la comédie. C'est autour de la disparition d'un traité d'Aristote sur le rire que le roman d'Umberto Eco (et le film éponyme de Jean-Jacques Annaud) *Le Nom de la rose* construit son intrigue. Parce que dans la tradition chrétienne, le rire est diabolique, et ceux qui tentent de traduire ce texte sont condamnés à mort pour avoir fricoté avec le diable...

Qu'est-ce qu'un syllogisme ?

Le syllogisme consiste à admettre un rapport de conséquence : « Tous les hommes sont mortels ; Socrate est un homme ; donc Socrate est mortel. »

Repère

Les faux syllogismes

Il est facile – trop facile – de confondre déduction et induction, et prétendre faire une démonstration quand on utilise un raisonnement inductif ! À un cas particulier, on pourra alors toujours opposer un contre-exemple et ainsi de suite, sans jamais parvenir à rien démontrer.

Le philosophe anglais Bertrand Russell (lire page 398) dit ainsi : « L'homme qui a nourri un poulet chaque jour de la vie de celui-ci finit par lui tordre le coup, ce qui montre que le poulet aurait gagné à avoir une conception un peu plus fine de l'uniformité de la nature... »

Le syllogisme démontre la vérité et représente l'instrument spécifique de la science. Il est un instrument de démonstration. Il s'appuie sur la déduction, qui consiste à partir du général pour aller vers le particulier et permet réellement d'argumenter, puisqu'elle s'appuie sur des principes rationnels, objectifs, logiques ; démonstratifs et/ou réfutables en raison. C'est l'idéal.

Toutefois, nous connaissons souvent le particulier avant de connaître le général. Dans ce cas, il faut avoir recours à l'induction, qui n'a pas la rigueur du syllogisme et consiste à partir du particulier, d'un exemple, pour généraliser. Ainsi, lorsque nous nous appuyons sur un nombre limité d'exemples tirés du passé pour prouver une règle qui porte sur tous les exemples que nous pourrions rencontrer dans le futur, nous utilisons la méthode de l'induction. C'est celle qu'on utilise notamment en biologie. Mais n'oublions pas que les sciences sont différentes en fonction des domaines, et qu'on ne fait pas de la biologie comme on fait des mathématiques.

Que nous apprend la nature ?

Après l'observation du langage qui nous offre des instruments, observons la nature. Partout, il nous semble voir du mouvement, des changements. Parmi ces êtres en mouvement, certains semblent animés d'un mouvement régulier (il s'agit des astres qui tournent avec un

Repère

Darwin, l'anti-Aristote?

Les religions se sont facilement accommodées du finalisme d'Aristote, en affirmant que c'est Dieu qui détermine la fin de chaque chose. Jusqu'à Darwin, qui démontre le principe de sélection naturelle : les espèces évoluent pour s'adapter à leur milieu. Un mécanisme qui permet d'expliquer comment les êtres vivants s'adaptent à leur environnement sans recourir à une justification surnaturelle. Ainsi nous n'avons pas des yeux pour voir, mais nous voyons parce que nous avons des yeux. Toutefois, on peut remarquer que la biologie classe encore les organes suivant leurs fonctions. Et c'est bien ce que nous dit finalement Aristote : la fonction crée l'organe...

mouvement constant), d'autres sont parfois en repos et parfois en mouvement. On peut alors distinguer deux mondes : d'un côté, le monde supralunaire, monde des astres, au-delà de la Lune, monde de la régularité pour lequel une certaine science existe – l'astronomie ; de l'autre, le monde sublunaire, sous la Lune, qui va être l'objet de la physique (*physis*, en grec, veut dire nature). Mais ces deux mondes constituent tous les deux la réalité.

Il ne s'agit pas, comme le pensait Platon, de considérer qu'un seul monde est réel. Aristote distingue simplement les réalités stables des réalités changeantes. C'est l'observation seule qui nous guide.

Pourquoi avons-nous des yeux?

Et, toujours contrairement à Platon, il ne s'agit pas de voir dans le changement une imperfection du monde. Si nous observons désormais la nature, la *physis* soumise au changement, nous constatons que rien n'advient par hasard. Tout est bien organisé et tout semble poursuivre un but. Le changement ne signifie pas que le monde est imparfait, il est même ce qui permet aux choses d'atteindre leurs fins. Le changement a une raison d'être, l'existence a un but : c'est ce qu'on nomme le finalisme. C'est le but des yeux de voir, tout comme c'est le but des lions de chasser les gazelles! Car si tout était le fruit du hasard, nous aurions tantôt les yeux à la place des dents, tantôt des bras à la place des jambes. Or, cela reste très exceptionnel! Pourquoi? Parce qu'il y a une finalité.

Pourquoi la pierre tombe-t-elle ?

Ainsi, le changement est naturel, il correspond au cours des choses : le gland devient chêne, son essence est de devenir cet arbre à travers ses changements. Et il en est ainsi de toute chose qui poursuit un but, une fin, jusqu'à atteindre le repos. Par exemple, les pierres tombent au sol lorsqu'on les lâche parce qu'elles sont des choses matérielles qui tendent vers la terre et les flammes s'élèvent parce qu'elles ont quelque chose des astres qui les fait s'élever. Il y a des objets lourds et des objets légers, et chaque objet a son lieu qui lui est naturel. C'est dans son lieu, quand on est finalement chez soi, qu'on se repose ! Si les objets lourds tombent, et ceci perpendiculairement à la terre qui est ronde alors que la terre, elle, ne tombe pas, cela signifie que la terre a atteint son lieu propre, qui est le centre de l'univers.
Nous savons, depuis, que la terre n'est pas au centre de l'univers et nous pourrions ne voir chez Aristote qu'une suite d'erreurs. Pourtant, ne pensons-nous pas spontanément, même si Galilée nous a démontré que c'est faux, que les objets tombent parce qu'ils sont lourds et que d'autres s'élèvent parce qu'ils sont légers ? Aristote se trompe, certes ; mais peut-on vraiment… lui jeter la pierre ?

Comment le changement est-il possible ?

Si les choses changent, il faut bien que quelque chose les fasse changer. Or, pour comprendre les choses, nous avons toujours tendance à nous tourner vers le passé, à nous demander d'où cela vient. Ainsi, quand nous nous demandons quelle est la cause d'un événement, nous entendons par cause « ce dont l'événement est l'effet », mais cela ne permet pas de rendre compte de la chose dans sa totalité.
Prenons l'exemple d'une statue. La comprendre dans sa totalité, c'est relever quatre éléments différents, qu'Aristote va déterminer comme étant les quatre causes. La cause matérielle : la matière porte en elle la potentialité de la statue. La cause formelle : c'est l'idée d'après laquelle elle va être sculptée. La cause efficiente : c'est le sculpteur qui sculpte. La cause finale : la statue a été faite, par exemple, pour orner un temple.

Pas besoin de lever les yeux au ciel pour trouver les Idées

C'est la conjonction de ces quatre causes qui fait passer de la potentialité à l'acte ; mais dans la nature, la cause formelle se trouve être la cause efficiente. Les différents êtres dans la nature, ce qu'Aristote nomme les substances – aussi bien les minéraux que les végétaux

ou les êtres vivants –, sont la rencontre d'une forme et d'une matière. La forme est ce qui individualise la matière pour en faire une substance.
Cependant, n'importe quoi ne peut pas devenir n'importe quoi; sinon, c'est le chaos. La nature est « artiste »! La forme n'est pas en dehors des êtres, elle est en eux, elle est l'essence d'un être. L'essence : il s'agit bien du même terme que celui qui est utilisé par Platon pour parler des Idées; mais cette fois, l'idée n'est pas dans un autre monde, elle est dans les choses. Aristote n'a pas besoin du ciel des Idées.

Mon chat a-t-il une âme?

Un homme, comme substance, est un donc composé de matière et de forme. La matière, c'est le corps; la forme, c'est son âme. Mais alors, cela revient à dire que le chat a une âme, puisqu'il n'est pas qu'un corps, de même que le cheval, mais aussi le ficus ou le rosier! Oui, nous dit Aristote, mais attention : il y a différentes sortes d'âmes, car les âmes sont d'abord des principes de vie. Les plantes ont donc une âme végétale qui les fait pousser; les animaux une âme qui leur transmet les sensations; et les hommes ont les deux... plus la raison.
En conséquence, l'homme ne peut pas – ne doit pas! – se comporter comme l'animal, qui ne vit qu'à la recherche du plaisir. Car l'essence de l'homme est particulière, son âme est rationnelle. Comment le sait-on? Parce qu'il parle! Il est doté de *logos* (en grec, *logos* signifie à la fois parole et raison). Mais bien sûr, cela ne veut pas dire qu'il vit toujours de manière raisonnable; il peut parfois être « bête ».

Vive la politique!

L'homme est le seul être qui parle, c'est-à-dire qui signifie. Certains animaux peuvent exprimer des sentiments de peine, de joie ou de douleur. L'homme, lui, ne se contente pas d'exprimer; il est celui qui, par le *logos*, c'est-à-dire par la parole et la raison, peut signifier des valeurs telles que le juste et l'injuste, le bien et le mal, l'utile et l'inutile. Dès lors, il va pouvoir échanger des réflexions sur ces valeurs avec les autres hommes. C'est en ce sens qu'il se développe en commun avec les autres au sein de la cité (*polis*).
Celui qui est hors de la cité est soit un être dégradé, une brute sans foi ni loi, soit un être surhumain, un dieu n'ayant besoin d'aucune loi et n'ayant besoin que de lui-même pour vivre. Dire que l'homme est un animal politique, c'est noter la nécessaire présence des autres pour ne pas être une brute. C'est pourquoi Aristote précise que si l'homme est un

animal politique, il l'est par nature : pour se développer en tant qu'homme, il doit vivre avec les autres.

Pourquoi vivre ensemble ?

Tout d'abord si l'homme a besoin des autres pour vivre, c'est parce qu'il a besoin, au moins d'un autre pour se reproduire. C'est en ce sens qu'Aristote fait de l'union de l'homme et de la femme la première association humaine. La première forme sociale issue de la nature sera donc la famille. C'est alors à partir des familles que vont se constituer des groupes plus larges, permettant par exemple de se défendre. Ce seront les villages, extension de la famille, qui ne seront plus sous l'autorité du père mais d'un ancêtre.
Qu'est-ce alors que la cité ? Elle est ce qui naît au moment où les hommes peuvent parvenir de nouveau à se suffire à eux-mêmes, à trouver cette autarcie dont la nature les avait privés. La cité est donc avant tout une communauté autarcique formée à l'origine de villages. Ainsi, si l'homme contrairement, aux dieux, ne peut se suffire à lui-même individuellement, il peut atteindre cette autarcie dans la cité. Par définition, la cité est donc cette unité qui permet à l'homme de s'accomplir de manière parfaite. Tout a une fin et comme la fin du gland est de devenir chêne, la fin de l'homme, est de vivre en homme ! Finalement, l'existence a un sens…

Il faut toujours être prudent…

Toutefois, n'oublions pas que nous avons distingué différents domaines, théorique, pratique… On ne fait pas des mathématiques comme on fait de la biologie, mais surtout, dans le domaine de l'action, nous ne sommes pas dans celui de la science. La politique n'est pas une science, la morale n'est pas une science. Il n'y a donc pas dans ces domaines de règles universelles et nécessaires. Là encore, il faut observer et décrire.
Le domaine de l'action est celui de la contingence (ce qui peut être autre qu'il est). Chaque action est particulière. On peut toujours, par exemple, établir des règles générales de justice – et cela est utile – mais il faudra à chaque fois faire preuve de jugement pour bien les appliquer, car chaque cas est singulier. La sagesse ne relève pas d'une science comme nous le disait Platon, elle relève du jugement et de la prudence. Elle est toujours cette juste mesure entre des excès. L'homme vertueux sera celui qui tire au mieux parti des circonstances pour agir avec le plus de noblesse possible.

La fin de la fin...

Chaque activité tend vers un bien qui est sa fin. Il y a donc autant de biens qu'il y a d'activités. La fin du maréchal-ferrant est de bien ferrer son cheval, la fin du médecin est de soigner... Mais toutes les fins ne se valent pas, il y a une hiérarchie et certaines sont subordonnées à d'autres. Ainsi, la fin du maréchal-ferrant est subordonnée à la fin du cavalier qui est de bien monter à cheval, etc. Quelle est alors la fin suprême ? C'est la fin pour laquelle les autres fins ne sont que des moyens. Et ce bien suprême, c'est le bonheur. L'homme heureux est celui qui, tel un dieu, n'a besoin de rien d'autre.

Vocabulaire

Avoir du nez !

Là où ne règne plus la nécessité, lorsqu'il est impossible de prévoir exactement ce qui va advenir, il faut savoir sentir pour agir. Le médecin, par exemple, est celui qui doit saisir à quel moment intervenir. Trop tôt, il est inefficace ; trop tard, tout est fini. Il doit saisir le *Kaïros*, terme qui signifie le moment opportun et qui désigne aussi le défaut de la cuirasse.

Aristote croit-il en Dieu ?

Jusque-là, on a parlé de régions de l'être, de domaines particuliers, mais on n'a rien dit de l'être. Dans notre monde, toutes les choses sont en mouvement. Or, pour qu'il y ait un mouvement, il faut bien une cause et, à la fin, une cause première, qu'Aristote nomme un premier moteur. Il n'est pas une personne dotée d'une volonté ou d'une pensée, il est acte

Vocabulaire

Aristote a-t-il inventé la métaphysique ?

Le terme « métaphysique » n'existe pas sous la plume d'Aristote. On le doit à Andronicos de Rhodes, qui classa les ouvrages d'Aristote trois siècles après sa mort. Il y avait alors un ensemble de textes qui parlaient de la question des causes, de la forme, de l'être... qu'il rangea après les ouvrages de physique ; d'où le nom : métaphysique, après la physique. Et cet « après », « meta », est devenu un au-delà. Désormais, nous désignons par métaphysique les questions qui portent sur ce qui est au-delà de la nature : Dieu, l'âme, l'origine du monde...

pur. Si l'être se dit de manières multiples, il est un domaine de l'être qui se dit de manière univoque, c'est le divin.
Ce premier moteur, Dieu, n'a ni quantité ni qualité ; il ne se dit dans aucun lieu ni dans le temps, sinon il faudrait encore trouver d'autres causes et continuer de remonter à l'infini. Mais Dieu, s'il est le début de tout, n'est pas une personne ; il n'a pas de dimension morale ni de pouvoir créateur.

À retenir

C'est parti pour vingt siècles !

Aristote refuse de poser un monde des Idées comme **Platon** le faisait. À l'idéalisme platonicien, il oppose un réalisme. Contrairement à Platon, il nous montre qu'il n'y a pas de science de l'être, pas de science de l'éthique, pas de science du politique.
Il ne cessera d'aborder le réel de manière systématique constituant des savoirs différents et invente ainsi la logique et la biologie.
La séparation de la réalité en deux mondes, le monde céleste et le monde terrestre, l'existence d'un premier moteur et l'affirmation du géocentrisme feront de lui le philosophe que le christianisme réinterprétera et prendra longtemps comme référence, même si son premier moteur n'est en rien le Dieu du monothéisme.
Son influence sera énorme pendant près de vingt siècles.

Chapitre
4

Comment vivre heureux?

« Cynique » vient du mot « chien ». Pourquoi?

- ☐ Parce qu'Antisthène enseignait dans un gymnase nommé « chien agile ».
- ☐ Parce que Diogène voulait être enterré comme un chien.
- ☐ Parce qu'on considérait les cyniques sans morale, comme des chiens.

Voir page 76

Trouvez la phrase qui ne correspond pas à la pensée d'Épicure.

- ☐ L'homme est formé d'atomes.
- ☐ L'homme doit rechercher la sérénité.
- ☐ L'homme doit rechercher tous les plaisirs.
- ☐ L'homme ne doit pas craindre la mort.

Voir pages 80 et 81

Trois de ces Romains célèbres sont des stoïciens, le quatrième un épicurien. Lequel?

- ☐ Lucrèce.
- ☐ Sénèque.
- ☐ Épictète.
- ☐ Marc-Aurèle.

Voir page 84

Le stoïcisme et l'épicurisme sont matérialistes. Mais les stoïciens pensent...

- ☐ Que les dieux sont oisifs.
- ☐ Que l'esprit divin est partout.
- ☐ Que les dieux sont inventés par l'homme.
- ☐ Que les dieux sont extérieurs au monde.

Voir page 86

Pour les sceptiques, que signifie le mot « ataraxie »?

- ☐ L'apathie.
- ☐ L'indifférence.
- ☐ La suspension du jugement.
- ☐ La tranquillité de l'âme.

Voir page 89

Le cosmopolitisme est un concept...

- ☐ Cynique.
- ☐ Épicurien.
- ☐ Stoïcien.
- ☐ Sceptique.

Voir page 90

Les cyniques, le bonheur est dans le pré

Si Platon a été le disciple de Socrate, il n'était pas le seul. Platon fait de Socrate le père de la philosophie, Antisthène en fera le héros cynique par excellence.

Socrate, héros cynique

Antisthène, né en 444 av. J.-C. et mort en 370, a d'abord été l'élève de Gorgias le sophiste, puis de Socrate. Pour lui aussi, c'est la mort de Socrate qui en fait un modèle : il est celui qui est capable de lutter contre les souffrances et reconnaît qu'il n'y a de beau que la vertu.

Mais Antisthène ne va pas, comme Platon, construire un monde des Idées afin de combattre le relativisme et penser une cité juste ; il va montrer que pour être vertueux, il suffit simplement de désapprendre ce qui est mal. Et qu'est-ce que le mal ? Ce sont toutes ces conventions que la société nous impose afin de mieux maintenir son pouvoir. Être cynique, c'est d'abord refuser toutes les conventions artificielles qui nous détournent du bien. Et pour cela, rechercher une vie aussi dépouillée que possible.

> **Vocabulaire**
>
> **Comme un chien !**
>
> Le mot cynique vient du grec *kuôn* qui signifie chien. Anthistène enseignait dans un gymnase nommé le cynosarge (chien agile). Diogène, disciple d'Antisthène, était d'ailleurs connu sous le sobriquet de Chien. Il est vrai qu'il affirmait souhaiter être enterré comme un chien. Ce ne fut pas le cas mais lorsqu'il mourut à Corinthe, en 327, la ville érigea en sa mémoire une colonne surmontée… d'un chien !

L'homme qui fabriquait des faux billets

Le plus connu des cyniques est Diogène. Né à Sinope en 413 av. J.-C. et fils de banquier, il fut contraint de s'exiler après avoir aidé son père à falsifier la monnaie de la banque. Mais Diogène ne s'attaque pas seulement à l'argent de la banque ; il falsifie toutes les valeurs de son époque en les renversant !

Platon et Aristote faisaient de l'homme, doté de raison, un être vivant supérieur aux autres. Diogène inverse cet ordre : au bas de l'échelle des êtres il y a l'homme, en haut le divin et au

Anecdote

Plus grand qu'Alexandre?

Diogène établit sa demeure dans un tonneau et on raconte que l'été, il se roulait dans le sable brûlant alors que l'hiver il embrassait les statues couvertes de neige. Car pour devenir sage, il faut s'endurcir, en apprenant à supporter les souffrances. Son refus des conventions se manifeste dans de nombreuses anecdotes. On nous dit qu'il mendiait sans cesse, mangeait et se masturbait en public. Cicéron raconte qu'un jour, Alexandre le Grand se présenta devant son tonneau pour lui demander ce qu'il souhaitait, Diogène aurait répondu : « Ôte-toi de mon soleil ! ». Ce qui aurait fait dire à Alexandre : « Si je n'avais pas été Alexandre, j'aurais aimé être Diogène. »

milieu, l'animal. Pourquoi ? Parce que l'homme, être de désirs et d'angoisses, ne parvient pas au bonheur, incapable qu'il est d'affronter sereinement l'adversité. Il ne cesse d'attendre ce qu'il n'a pas, souffre de ne pas l'obtenir et s'inquiète de sa propre existence. Seuls le divin et l'animal parviennent à une absence de trouble, parce qu'ils parviennent à se suffire à eux-mêmes. Au sommet est le divin parce qu'il n'a pas de besoins, ensuite vient l'animal qui en a très peu. On saisit alors pourquoi la vie naturelle du chien peut devenir un modèle pour l'homme !

À bas la civilisation !

Diogène, à la suite d'Anthistène, refuse donc les prétendus bienfaits de la civilisation. Le mythe de Prométhée nous dit que la grandeur de l'homme vient de l'intelligence et de la technique, Diogène nous dit que seule une vie naturelle peut nous permettre d'atteindre le bonheur et la sagesse. N'essayons pas de faire les anges, faisons les bêtes ! Diogène devient ainsi le poil à gratter de la société. Il dénonce les hypocrisies et montre le vide des grandes théories de son époque qui, affirme-t-il, ne parlent pas du réel.

Il se promenait une lanterne à la main en disant : « Je cherche un homme. » On raconte aussi que Platon ayant défini l'homme comme un bipède sans cornes et sans plumes, Diogène se promena le jour suivant en tenant à la main un coq plumé aux ergots coupés en déclarant : « Voici l'homme de Platon ! » Une ironie toute socratique, ainsi que l'était son dénuement ; ce qui le fit qualifier par Platon de « Socrate devenu fou ».

Les cyniques, de grands provocateurs ?

Les récits qui nous sont faits des cyniques semblent parfois les réduire à de grands provocateurs. Parce qu'ils remettent en cause les normes sociales qui nous détournent du bonheur, de nombreux philosophes ont eu grand intérêt à les tourner en ridicule. C'est sans doute pourquoi le terme cynique a perdu son sens premier.

Mais pour Diogène, cette « provocation » procède d'un travail éducatif. Il ne s'agit pas de choquer pour le plaisir, mais de montrer par des actes la vacuité de nombreux discours et théories, même si, pour se faire comprendre, on est parfois contraint d'aller un peu loin. Car c'est seulement en évitant les illusions des discours qu'on peut atteindre la sagesse.

C'est en cela qu'on peut parler de morale à propos du cynisme. Le cynique n'est pas un homme sans principes ; c'est au contraire le véritable sage, celui qui sait se défaire des convenances qui entravent notre liberté et nous empêchent d'atteindre le bonheur.

Citation

« Les hommes entrent en compétition quand il s'agit de creuser des tranchées ou de jouer des pieds, mais personne n'en fait autant pour devenir honnête homme. »
Diogène

En refusant le carcan des lois qui nous brident, Diogène préfigurera l'idée de cosmopolitisme. La philosophie cynique deviendra ainsi sous l'Empire romain la philosophie populaire par excellence et Voltaire, bien plus tard, verra dans le prétendu souhait de Rousseau de retourner à la vie naturelle les propos d'un « Diogène sans lanterne ».

Les épicuriens, premiers matérialistes

Un bon vivant cherchant avant tout à profiter de tous les plaisirs de l'existence, telle est l'image que nous nous faisons généralement de l'épicurien. Une image qui, sans être entièrement fausse, est loin de résumer la philosophie d'Épicure.

L'épicurien, un bon vivant ?

L'origine du malentendu tient sans doute au fait que l'objet principal de cette philosophie consiste en la recherche du bonheur. Mais encore faut-il s'accorder sur ce qu'on désigne

Biographie

Épicure, l'autodidacte

Né en 341 av. J.-C. dans l'île de Samos, Épicure arrive à Athènes vers l'âge de 18 ans pour remplir ses obligations militaires et fréquente le milieu philosophique de son époque. Il se présente néanmoins comme un autodidacte et se veut philosophe de la nouveauté radicale. Après la chute d'Alexandre, il s'exile en Asie Mineure où il commence à organiser une école. Vers l'âge de 34 ans, il revient à Athènes et installe son école dans un jardin situé à l'extérieur de la ville. Il y mourra en 370.

par ce terme. Or, pour Épicure, le bonheur n'est pas dans la débauche de plaisir, pas plus qu'il n'est dans la souffrance ; il réside avant tout dans la sérénité de l'âme.
Être épicurien, ce n'est pas « brûler la chandelle par les deux bouts », car cette attirance pour les plaisirs peut rapidement devenir une drogue. Être épicurien, c'est rechercher la sagesse et le bonheur en ne connaissant plus les craintes qui sont causes de nos malheurs. C'est atteindre cette absence de trouble nommée ataraxie.

Le philosophe, un médecin ?

Épicure n'est donc en rien le défenseur d'une jouissance débridée. Le bonheur n'est pas à ce prix, il est d'abord une absence : absence de peur, absence de souffrance. Tous nos malheurs, estime Épicure, viennent de nos angoisses, qui ne sont que des constructions dues à notre ignorance.
Il faut donc faire de la philosophie. Non pas pour se détourner du monde à travers de grandes spéculations mais, au contraire, pour comprendre le monde qui nous entoure, et comprendre alors que nos angoisses n'ont pas lieu d'être.
Lorsque notre corps est malade, nous allons voir le médecin ; lorsque nous sommes malheureux, il faut aller voir le philosophe. Connaître le monde, puis comprendre de quoi il est fait afin de voir comment nous pouvons y vivre, telle est la voie pour atteindre le bonheur. Une démarche qui se décompose en trois phases : la canonique, c'est-à-dire le moyen de parvenir à la vérité ; la physique, ou théorie de la nature ; la morale, qui explique comment bien vivre.

Comment parvenons-nous à la vérité ?

Le critère de la vérité est la sensation. Si la sensation est vraie, c'est parce qu'elle provient des objets tels que nous les percevons. Épicure s'oppose ici radicalement à Platon : les idées de la raison viennent de la sensation. En se répétant, la sensation laisse une empreinte dans notre mémoire et l'idée est produite dans notre esprit par le mot qui désigne l'objet correspondant. Si parfois nous commettons des erreurs, c'est tout simplement parce que nous interprétons mal nos sensations. De cette vérité de la sensation affirmée par la canonique, nous pouvons déduire les principes de la physique.

De quoi est faite la nature ?

Rien ne vient du néant. En effet, si les choses venaient du néant, n'importe quelle chose pourrait venir de n'importe quelle chose, ce qui est démenti par les faits. L'univers est donc éternel – sinon il serait né du néant – et infini – sinon il aurait une extrémité. En outre, la sensation nous apprend que l'univers est composé de corps, mais aussi de vide ; sinon, les corps n'auraient nul lieu où résider et aucun espace pour se déplacer.

Ainsi, si rien ne vient du néant, c'est que les corps sont composés de corps plus élémentaires qui ne peuvent pas être dissous : les atomes. N'existent que les atomes et le vide. Tous les corps résultent d'une combinaison d'atomes, y compris notre esprit. En d'autres termes, notre âme est matérielle et meurt avec le corps.

Les atomes crochus

Épicure retrouve donc ici les atomes de Démocrite. Mais lorsque Démocrite nous dit que le monde est composé d'atomes, nous ne parvenons pas à comprendre comment ceux-ci peuvent donner naissance à des corps. Au mieux, on est amené à parler de hasard. Épicure, de son côté,

Repère

De natura rerum

La pensée d'Épicure, et notamment sa théorie sur les atomes, a été largement « popularisée » par l'un des plus grands poètes latins, Lucrèce. De Titus Lucretius Carus, né en 95 et mort en 55 av. J.-C., on sait peu de chose, mais on connaît son œuvre majeure, *De la nature (De natura rerum)*, poème didactique et philosophique de 7 400 vers organisés en six livres ; dont Cicéron, son contemporain, écrivit qu'il témoignait à la fois de beaucoup de génie et de beaucoup d'art.

considère que si les atomes sont matériels, ils sont dotés de pesanteur. Ils se meuvent donc en ligne droite de haut en bas. Mais il arrive que certains se rencontrent, qu'ils dévient de leur trajectoire. C'est ce qu'il nomme le clinamen : un écart, une déviation spontanée et aléatoire des atomes par rapport à leur chute verticale dans le vide qui leur permet de s'entrechoquer et de s'unir, de s'accrocher.

La nécessité n'est donc pas seule à gouverner la nature : certaines choses peuvent s'écarter, dévier, changer de direction... Au milieu de la nécessité de la nature, il reste une grande place pour la liberté. Épicure nous dit ainsi que le matérialisme, l'idée selon laquelle il n'y a que la matière et rien d'autre, n'est pas incompatible avec la liberté. Et il n'est nul besoin de faire appel ici à une âme immatérielle.

Qu'est-ce qui nous empêche d'être heureux?

Notre malheur vient avant tout de nos peurs et de nos angoisses, des délires de notre imagination. Il y a une chose que nous savons : nous sommes mortels. Bien souvent, nous ne voulons pas y croire, mais il n'en demeure pas moins que nous savons que nous ne pouvons pas échapper à la mort. Ce savoir nous angoisse et nous tombons alors dans la superstition en pensant que des forces surnaturelles ont une influence sur notre vie. Nous imaginons que les dieux sont pour les méchants la source de leurs maux et pour les bons la source de leurs biens.

Notre crainte des dieux vient du fait que nous leur attribuons une intervention dans le monde. Or la physique, en nous montrant que le monde n'est qu'une combinaison d'atomes et non une création divine, nous apprend que les dieux n'interviennent pas dans le monde. Le tonnerre, la foudre ou les tempêtes peuvent être expliqués sans faire appel aux dieux. Tels que nous les imaginons, les dieux ne sont rien d'autre que des projections de ce que nous imaginons bien ou mal. Or, par définition, un dieu est un être immortel et bienheureux; on voit mal en quoi il aurait à se mêler des affaires des hommes. Les prières, les louanges ne sont donc que superstition.

Faut-il avoir peur de la mort?

Et la peur de la mort n'est pas plus fondée. Si nous avons peur de la mort, affirme Épicure, c'est parce que nous nous demandons ce qui va nous arriver après. Nous imaginons des mondes dans lesquels nous serons, mais comme nous ne pouvons les connaître, cela nous

angoisse. Finalement, nous nous imaginons à la fois vivants et morts ! Car la mort n'est en réalité qu'une absence de sensations. Comment dès lors pourrait-on être vivant, c'est-à-dire éprouver des sensations, lorsqu'on est mort ?
Nous ne vivrons jamais notre propre mort ; jamais nous ne pourrons dire : « Je suis mort. » Il n'y a donc aucune raison de souffrir dans la mort. Cessons donc d'imaginer ce qui jamais n'arrivera et nous cesserons d'avoir peur.
Mais sommes-nous bien sûrs de disparaître dans la mort ? Sommes-nous sûrs que notre âme ne survivra pas ? Oui. En effet, notre âme est un composé d'atomes, donc elle disparaîtra avec notre mort. Notre cerveau se décomposera. Et surtout, si nous avons peur de souffrir dans la mort, c'est bien que nous nous imaginions encore vivants ; car comment pourrions-nous souffrir quand la mort est absence de sensations ? Ou alors, il faut dire que dans la mort, nous éprouvons encore des sensations ; mais cela est impossible, puisque nos sensations passent par le corps. Voilà alors notre angoisse la plus forte qui disparaît dès que nous prenons le temps de réfléchir un peu.

> **Vocabulaire**
>
> **Le matérialisme**
> Le matérialisme d'Épicure n'est pas un attachement aux biens matériels, comme lorsque nous parlons de nos jours d'une personne matérialiste. Sa doctrine consiste à montrer qu'il n'existe que la matière.

Comment être heureux ?

Ces craintes écartées, l'âme peut atteindre cette tranquillité qu'Épicure nomme ataraxie, absence de trouble, état que connaît le sage, homme comblé. Qu'est-ce qu'être comblé ? C'est savoir distinguer les désirs vains des désirs naturels et parmi ces derniers, ceux qui sont nécessaires et ceux qui ne le sont pas. Ainsi, nous devons bien comprendre, si nous voulons être heureux, que certains désirs n'ont aucun sens. Le désir d'immortalité en est un bon exemple. Il repose sur une crainte non fondée, celle de la mort. Celui qui sait que la mort n'est pas à craindre peut vivre pleinement le présent.
Certes, certaines douleurs parfois sont nécessaires quand elles permettent de procurer un plus grand plaisir (se faire soigner pour rester en bonne santé par exemple), et certains plaisirs sont trompeurs car ils nous rendent esclaves et produisent en nous un manque. Le sage est donc l'homme heureux qui connaît la paix de l'âme et du corps parce qu'il ne

redoute aucune privation, mais ne s'en impose aucune si elle n'est pas nécessaire. Il vit sans souffrance et sans crainte.

Une pensée scandaleuse

Ainsi, la doctrine des épicuriens va vraiment à l'encontre des idées reçues de l'époque. Ils affirment en effet que l'univers est infini ; que les mondes existent en nombre infini dans l'univers et que le nôtre périra ; enfin que tout ce qui existe n'est que combinaisons d'atomes et de vide. Mais de ces affirmations scientifiques, dont il faudra attendre le XVIIe siècle avec le développement de la physique, voire le XXe avec celui de l'astrophysique, pour reconnaître le bien-fondé, ils déduisent une philosophie de la vie encore plus « scandaleuse », en soutenant que les dieux ne se soucient pas des affaires des hommes et que penser le contraire n'est que superstition ; que la mort n'est pas à craindre et que l'âme disparaît dans la mort. On comprend que cette doctrine matérialiste ait été encore plus inacceptable lors du développement du christianisme, puisqu'elle va totalement à l'encontre des dogmes de la religion. On comprend aussi pourquoi elle a été caricaturée comme une « philosophie de la jouissance »...

> **Citation**
>
> Diogène d'Oenoanda, 500 ans après la mort d'Épicure, fit graver sur le mur d'un portique ce quadruple remède :
> « Il n'y a rien à craindre des dieux
> Il n'y a rien à craindre de la mort
> On peut atteindre le bonheur
> On peut supporter la douleur. »

Les stoïciens, citoyens du monde

Le stoïcisme est devenu pour nous synonyme de sagesse et de résistance face aux aléas de l'existence, voire de résignation. En réalité, le stoïcisme n'est pas une simple doctrine morale et ne prescrit d'ailleurs aucun devoir ; il consiste tout d'abord à comprendre l'ordre du monde. Comme dans l'épicurisme, cette compréhension de l'ordre du monde que constitue la logique et la physique va permettre de constituer une morale. Mais si l'épicurisme demande à l'homme de vivre en accord avec la nature en se soumettant à la sensation, critérium de vérité, le stoïcisme demande à l'homme de vivre en accord avec la nature en acceptant l'ordre des événements qui expriment la volonté de Dieu.

Repère

Quatre siècles de stoïcisme

Le terme stoïcien vient du grec *stoa* signifiant portique, lieu sous lequel les philosophes se retrouvaient pour professer leur doctrine. On distingue trois grandes périodes : l'ancien stoïcisme avec Zénon de Citium, Cléanthe et Chrysippe au IIIe siècle av. J.-C. ; le moyen stoïcisme avec Diogène le Babylonien et Panétius de Rhodes au IIe siècle av. J.-C ; le stoïcisme tardif ou impérial, qui s'intéresse essentiellement à la morale, avec les Romains Sénèque, Épictète et Marc Aurèle aux Ier et IIe siècles apr. J.-C.

Encore un peu de logique

Pour Aristote, la logique consiste à classer en posant des relations entre le particulier et le général : « Socrate est mortel. » Mais pour les stoïciens, le général (mortel) n'est qu'un mot vide. Il n'existe que des individus particuliers : Socrate, Épicure, Épictète… Le raisonnement stoïcien porte donc sur des implications temporelles du type : s'il fait jour il fait clair, or il fait jour donc il fait clair. Et ceci parce que le temps est l'expression du dynamisme de la vie. Si la logique a pour but de connaître l'univers, alors il faut être en coïncidence avec le principe actif qui est à l'œuvre dans l'univers. Ainsi, l'enchaînement rigoureux des propositions doit rendre compte de l'enchaînement des phénomènes de la nature.

La logique n'est pas un jeu. Faire de la logique, c'est déjà être en chemin vers la sagesse. En effet, si être sage consiste à se soumettre à l'ordre des choses, la connaissance doit permettre une compréhension du monde afin de s'y soumettre. Elle doit donc être fidèle à l'ordre du monde qui est soumis au temps.

Pourquoi les choses se décomposent-elles quand elles meurent ?

La nature, c'est la vie. Un être qui ne vit plus finit par disparaître, se décomposer. Qu'est-ce qui maintient l'unité de tout être vivant ? Une force, un souffle, ce que les stoïciens nomment *pneuma*, qui empêche la dissipation. Le monde est ainsi composé de deux principes : le principe passif qui est la matière dépourvue de toute qualité et le principe actif qui donne forme aux choses. Tant que ce souffle est présent, l'individu conserve son unité.

Biographie

Trois stoïciens célèbres à Rome

Sénèque (4 av. J.-C. à Cordoue -65 apr. J.-C.). Un des auteurs les plus influents de la Rome impériale. Dans une Rome bouillonnante livrée à tous les excès, il a été précepteur de Néron et a enchaîné les aventures amoureuses. Il finira par se suicider. Dans son ouvrage *De la brièveté de la vie*, il s'interroge sur le problème du temps.

Épictète (50-130 apr. J.-C.). Né en Phrygie (dans l'actuelle Turquie), il fut d'abord esclave puis, affranchi, devint haut fonctionnaire de l'Empire romain sous Hadrien. Comme Socrate, il n'écrivait pas. Le recueil de ses « leçons », *Le Manuel*, consiste en une suite d'exercices spirituels pour préparer l'esprit d'ascèse après la logique et la connaissance.

Marc Aurèle (121-180 apr. J.-C.). C'est l'idéal antique du « roi philosophe ». À la tête d'un empire menacé de toutes parts (guerres, catastrophes naturelles, peste), il consigne ses réflexions (les *Pensées*) qui sont aussi des exercices spirituels. Il y prône le refuge intérieur face aux vicissitudes de la vie.

Chaque individu possède une tension propre qui maintient son unité, une manière d'être, une structure chez le minéral, une nature chez le végétal, l'âme chez l'animal et l'esprit chez l'homme. Pour un être humain, la disparition de ce souffle correspond à la mort, qui va s'accompagner d'une dissipation de la matière.

Ce souffle, c'est aussi ce que nous nommons âme ; c'est pourquoi les stoïciens parleront d'âme du monde pour désigner ce qui garantit l'unité de l'univers. Tout comme chaque être humain est animé par un souffle garantissant son unité, l'univers est animé par ce même souffle dont l'âme humaine n'est qu'une partie. Mais ce souffle est matière.

De quoi le monde est-il constitué ?

Pour les stoïciens, en effet, il n'existe que la matière. Il n'y a pas de monde immatériel, pas de monde des Idées comme chez Platon. Le monde ne renferme que des corps. Inutile donc de juger le monde par rapport à un monde idéal extérieur au nôtre.

Le souffle unificateur, âme, esprit, est aussi raison ou Dieu (*Logos*) puisqu'il est un feu créateur qui garantit l'unité. Dieu n'est donc pas extérieur au monde, il est le monde vivant. Le

stoïcisme est donc, comme l'épicurisme, un matérialisme. Mais c'est aussi un panthéisme : alors que les dieux d'Épicure sont oisifs, le dieu des stoïciens est actif, et il est partout.
En effet, puisque l'univers entier est animé par ce souffle, cette tension, cette âme, nous pouvons donc dire que toutes les choses sont liées entre elles. Et puisque l'âme fait partie de ce feu créateur, cela signifie qu'il y a quelque chose de divin en l'homme.
La raison universelle, cette loi par laquelle toutes les choses sont liées entre elles, s'appelle aussi destin. Le monde n'est pas le fruit du hasard comme pour Épicure ; il est un continuum, et le moindre fait a une conséquence sur l'ensemble.

Comment vivre heureux dans ce monde ?

Notre malheur vient du fait que nous considérons le monde comme insatisfaisant, imparfait. Nous considérons alors comme désordre ce qui ne correspond pas à l'ordre que nous désirons. Et nous imaginons à tort un monde autre que nous nous représentons comme meilleur, plus conforme à nos désirs, au lieu d'utiliser notre raison pour comprendre notre monde.
Or, inutile de rêver : il n'existe pas d'autre monde que le nôtre et ce monde est soumis à une nécessité universelle, à une raison. L'homme doit comprendre qu'il appartient à l'ordre universel, à un tout. Au lieu de souhaiter un autre monde, il faut donc accepter celui-ci tel qu'il est.

Anecdote

« Je te l'avais bien dit... »

Avant d'être haut fonctionnaire, Épictète fut d'abord esclave. Un jour, pour le châtier, son maître Épaphrodite lui fit tordre la jambe. Épictète lui aurait alors dit : « Si tu continues, elle va casser. » La jambe se rompit. Sur quoi le sage aurait ajouté : « Je t'avais bien dit qu'elle allait se casser. »

Inutile de pleurer !

La morale va donc être une acceptation de l'ordre du monde. Être sage et être heureux c'est ne pas se perdre dans des délires de l'imagination en souhaitant ce qui ne sera jamais, mais c'est comprendre ce qui est et l'accepter. Pourquoi ? Parce qu'il est inutile de prétendre agir sur ce qui ne dépend pas de nous. Or, ne dépendent de nous que nos jugements, et ce sont de faux jugements qui nous conduisent à prétendre pouvoir changer l'ordre du monde, à vouloir que les choses soient autres.

La liberté est donc dans la maîtrise de nos représentations, c'est-à-dire de la représentation que nous nous faisons des événements. Comme le dit Épictète, ce n'est pas la mort qui est à craindre, mais la représentation qu'on s'en fait. Car c'est notre opinion, et elle seule, qui nous conduit à accorder une importance aux choses. Accepter l'ordre des choses, c'est simplement remettre celles-ci à leur vraie place. Ainsi, la vie n'est en soi ni un bien ni un mal, les choses ne sont ni mauvaises ni bonnes. Inutile, donc, de se lamenter ou d'aller prier des dieux pour que tout se passe bien. Les choses se passent comme elles doivent se passer, ni la maladie ni la mort ne sont des punitions divines, et je peux même choisir la mort par le suicide.

Le sage, un apathique?

Vivre selon sa raison, c'est ainsi vivre selon la nature, en accord avec ce tout qu'est l'univers : avec le monde, avec soi-même puisque nous faisons partie de l'univers, et avec les autres, qui en font également partie. C'est pourquoi les stoïciens vont développer le concept de citoyen de l'univers ou cosmopolitisme.

Puisque le sage vit selon sa raison, en chassant les passions, il ne rencontre aucune chose qui lui soit contraire ; il jouit donc d'une infinie liberté et d'un véritable bonheur. C'est ce que les stoïciens nomment « apathie ». Encore un mot dont le sens a bien changé depuis! Car cette apathie-là n'a rien à voir avec la passivité ni l'indifférence au monde. Au contraire, elle suppose une sympathie avec le monde, un exercice de la raison et de la volonté.

> **Anecdote**
>
> **C'est mon destin!**
>
> Sortant de son école, Zénon serait tombé et se serait brisé le doigt. Y voyant un présage, il aurait frappé le sol de sa canne en disant : « Je viens, pourquoi m'appelles-tu ? » et se serait étranglé.

Vivre en stoïcien, c'est jouer le personnage qui nous a été attribué, c'est faire l'expérience d'une harmonie entre soi et le monde, entre soi et les autres. Le sage n'est alors pas seulement le citoyen du pays où il est né, il est un citoyen du monde. Tous les hommes doivent vivre unis sous une loi commune et non selon l'artifice d'un monde divisé en cités. Car le sage stoïcien sait que ce qui « n'est pas utile à l'essaim n'est pas non plus utile à l'abeille » (Marc Aurèle).

Les sceptiques, jamais sûrs de rien

Faisant désormais partie du vocabulaire courant, le scepticisme évoque communément le doute, le refus d'une adhésion définitive. En s'opposant à Platon, les épicuriens et les stoïciens accordent une réalité aux corps mais font de la connaissance une activité qui repose entièrement sur la sensation. C'est cette position qui va conduire au scepticisme. Affirmant que nous ne pouvons jamais être sûrs d'atteindre la vérité, la philosophie sceptique va consister en une suspension du jugement dans un but moral : procurer la tranquillité de l'âme qui conduit à la sagesse. Mais elle va alors s'accompagner d'une mise en question radicale de la philosophie.

> **Biographie**
>
> **La figure du sage**
>
> Pyrrhon d'Élis (– 365 -275 av. J.-C.), contemporain des stoïciens et des épicuriens, est le fondateur du scepticisme. Il n'a rien écrit et nous ne possédons comme trace que la mise en forme de sa doctrine par son disciple, Timon de Phlionte. Sa participation aux missions d'Alexandre lui a fait rencontrer les gymnosophistes indiens dont la sagesse et l'impassibilité l'ont beaucoup frappé et ont sans doute fortement influencé sa pensée. Il va alors à son tour incarner la figure du sage détaché des biens du monde et pratiquant un absolu renoncement.

L'indifférence, c'est la sagesse !

Les doctrines des sages ne cessent de se contredire. Platon affirme que la sensation est source d'erreur, les stoïciens et les épicuriens affirment que la sensation est vraie. Qui a raison ? Face à toutes ces contradictions, il faut éviter tout dogmatisme, et éviter toute discussion à l'infini qui n'apportera rien. Finalement, nos sensations ne sont ni vraies ni fausses, toute perception est relative à la fois au sens et au sensible. Il est donc vain de prétendre se prononcer sur l'essence des choses et sur ce qu'elles pourraient être en soi. Les choses sont également indifférentes, instables et indéterminées, et tout individu doit s'efforcer de parvenir lui-même à l'indifférence. Devenir indifférent, c'est atteindre la sagesse.

Ainsi, parce que tout est relatif, nous ne pouvons rien dire de l'objet en soi et nous ne pouvons que suspendre notre jugement. Il faut cesser d'imaginer, arrêter de discuter à l'infini, et éviter que toute sensation se transforme en croyance. Il faut donc refuser de se conformer à toute doctrine qui prétend connaître les choses et ne prendre pour guide que la vie.

La philosophie ne vaut pas grand-chose

C'est surtout Sextus Empiricus qui va, au IIe siècle apr. J.-C., rassembler de manière systématique les arguments de l'école sceptique. Cette mise en forme va constituer la mise en question la plus radicale que la philosophie ait pu subir. Médecin, Sextus prétend s'appuyer uniquement sur l'observation personnelle, par exemple à travers les autopsies, et va s'efforcer d'appliquer cette méthode empirique à la philosophie. Pour cela, il va reprendre les arguments des autres auteurs dans leurs discussions afin de faire ressortir les contradictions ou les réfutations mutuelles. Cela va le conduire à énoncer cinq tropes ou modes de discours.

En premier lieu, la contradiction des opinions. Les opinions sont contingentes et il nous est toujours possible de penser le contraire. Le réel est changeant et n'est que pure apparence. La seule issue est donc la suspension du jugement.

Deuxième trope : la régression. Toute affirmation a besoin d'une preuve et toute preuve a besoin à son tour d'une nouvelle preuve, et cela à l'infini.

Troisième trope : le postulat. Si on veut échapper à cette régression à l'infini, il est nécessaire de formuler une hypothèse invérifiable.

Ensuite vient le diallèle : chaque proposition est toujours démontrée par d'autres propositions, ce qui nous inscrit dans un cercle vicieux, comme lorsque nous prétendons prouver l'existence de la raison par des raisonnements.

Enfin, la relativité : toute opinion est relative et dépend de chacun. Dès lors, tout jugement est imprudent lorsqu'il prétend s'ériger en jugement vrai.

> **Anecdote**
>
> **L'art de résister**
>
> Aux dogmatiques qui reprochaient à Sextus son indifférence, il répondit qu'il était faux qu'à la demande d'un tyran de trucider son père, il obéirait, car la suspension du jugement, l'ataraxie qu'il atteindrait, serait la meilleure arme pour résister.

Peut-on vraiment être sceptique ?

Ainsi, en réaction aux contradictions des philosophies présentées comme dogmatiques, le scepticisme va s'imposer comme une négation de toute position théorique prétendant énoncer une vérité sur le monde ou les choses. Tous les grands sceptiques de la Renaissance puiseront dans les tropes de Sextus les moyens de réfuter tout discours. La célèbre

formule « Que sais-je ? », qu'on trouvera sous la plume de Montaigne, témoigne d'une impossibilité à prétendre se prononcer de manière définitive.
Certes, cette critique constante que Sextus Empiricus adresse à la philosophie ne conduit pas nécessairement à une négation de la croyance et de la science ; elle vise à les fonder l'une et l'autre à partir des phénomènes rencontrés dans l'expérience.
Mais si on prône ainsi le doute radical, n'est-on pas amené à douter aussi de sa propre doctrine ? Finalement, ne sommes-nous pas ici face à une contradiction ? Par ailleurs, en affirmant que tout jugement doit être suspendu, le risque est grand de ne suivre que les coutumes et de revendiquer un certain conformisme.

À retenir

Une philosophie du bonheur et de la liberté

Chacune à leur manière, ces quatre écoles philosophiques se demandent comment vivre heureux.
Ainsi, les **cyniques** voient dans la société un obstacle au bonheur et prônent un retour à la nature contre les conventions sociales.
L'épicurisme, en défendant une conception matérialiste du monde, demande également de se mettre quelque peu à l'écart pour vivre au mieux dans un calcul des plaisirs, en dehors de toute crainte superstitieuse.
Pour les **stoïciens**, le cosmos est parfaitement organisé par le gouvernement divin. Chaque homme y a reçu ses fonctions, et le bonheur est de suivre sa nature, en harmonie avec le monde et tous ceux qui y vivent.
Les **sceptiques**, constatant l'impossibilité d'atteindre la vérité, prônent une sage suspension du jugement et se défient des doctrines.
Ces écoles antiques vont avoir une grande influence dans les siècles suivants, en particulier face aux dogmes religieux. Au XVIe siècle, Montaigne nourrira ses *Essais* de références aux sceptiques et aux stoïciens. Au XVIIe siècle, l'épicurisme réapparaîtra grâce à l'atomisme et permettra de nourrir des doctrines matérialistes athées.

Chapitre 5

La quête de Dieu

Plotin s'oppose aux conceptions dualistes. Deux de ces sectes les défendent.

- ☐ Les néo-aristotéliciens.
- ☐ Les Aryens.
- ☐ Les gnostiques.
- ☐ Les manichéens.

Voir page 93

Laquelle de ces « étiquettes » ne s'applique pas à Plotin ?

- ☐ Mysticisme.
- ☐ Hindouisme.
- ☐ Platonisme.
- ☐ Christianisme.

Voir pages 95 et 96

Deux de ces affirmations sont fausses. Plotin pense...

- ☐ Que Dieu a créé le monde.
- ☐ Que Dieu est un et triple.
- ☐ Qu'on trouve Dieu en soi-même.
- ☐ Que Dieu est extérieur au monde.

Voir pages 94 et 96

Selon saint Augustin, le mal vient...

- ☐ De la nature humaine.
- ☐ Du péché originel.
- ☐ De la société.
- ☐ De l'influence du Diable.

Voir page 99

Quel genre littéraire a inventé saint Augustin ?

- ☐ Le récit mystique.
- ☐ Le roman.
- ☐ Le journal intime.
- ☐ Le récit apologétique.

Voir page 100

La « cité de Dieu » imaginée par saint Augustin...

- ☐ Est un régime théocratique.
- ☐ Est la cité aristotélicienne.
- ☐ Est un régime démocratique.
- ☐ N'est pas de ce monde.

Voir page 102

Plotin et le néoplatonisme, un parfum de chrétienté ?

Au cours des deux premiers siècles de notre ère, l'Empire romain règne sur toute la Méditerranée. Mais c'est toujours la pensée grecque qui domine. Plus que Rome, c'est Alexandrie, fondée par Alexandre le Grand sur le delta du Nil, qui est le grand foyer culturel. La ville, dépassant le million d'habitants, possède une bibliothèque de plus de 700 000 volumes qui attire tous les savants du monde grec.
Le christianisme naissant, encore faible, est concurrencé par toutes sortes de sectes d'inspiration monothéiste. C'est à elles que va s'opposer Plotin.

Biographie

De Platon à l'Inde

Né en 205 en Haute-Egypte, Plotin devient à 28 ans le disciple du philosophe platonicien Ammonios Saccas à Alexandrie. Onze ans après, désireux de s'initier à la sagesse indienne, il prend part à l'expédition de l'empereur Gordien III contre les Perses. L'armée défaite, il rejoint Rome où il enseigne la philosophie. Son enseignement, essentiellement oral, sera mis en forme après sa mort par son disciple Porphyre.
Ces 54 traités, réunis sous le titre *les Ennéades*, se présentent surtout comme des analyses et des commentaires des textes de Platon et d'Aristote. Il meurt isolé en 270.

La religion, une secte qui a réussi ?

On connaît ce jugement qui dit en effet qu'une religion c'est une secte qui est parvenue à se développer. Le Ier siècle apr. J.-C. voit se développer de nombreuses sectes auxquelles Plotin va s'opposer. Les gnostiques sont clairement désignés comme les adversaires de Plotin. Le terme gnose signifie connaissance. Les gnostiques soutenaient l'idée que le monde est si mauvais qu'il n'a pas pu être créé par un Dieu bon. Il ne peut être que la création du malin. L'âme est incarcérée dans le corps et a perdu toute liberté. Alors que les stoïciens se disent citoyens du monde, les gnostiques, au contraire, se considèrent comme étrangers au monde.
Une autre secte dont la dénomination est entrée dans le vocabulaire courant est le manichéisme. Le terme vient du nom de son prophète : Manès. Manès était perse et concevait le

monde comme un champ de luttes entre le bien et le mal. Le bon, c'est l'esprit ; le mauvais, la matière. Selon cette secte, Lucifer, un ange qui s'est rebellé contre Dieu, est à la source de ce mal. La vie n'est alors qu'une lutte, qu'une guerre perpétuelle entre ces deux principes. Ces sectes n'ont pas vraiment marché et il ne nous reste du manichéisme que le nom qui qualifie une attitude fermée et tranchée, incapable de subtilité. Une attitude sectaire en quelque sorte !

Où se retrouver ? En soi-même !

C'est donc à ces sectes que Plotin va commencer par s'opposer. Platon distingue le monde sensible du monde intelligible, mais les sectes qui se développent au début de notre premier millénaire, comme nous venons de le voir, accentuent cette séparation. Le corps est synonyme de mal et rend l'âme prisonnière. Il n'y a alors que dans un autre monde que l'âme peut être libérée. Plotin va refuser ce dualisme : le monde n'est pas séparé. Et pourtant, contrairement à ce que nous disent les stoïciens, il n'est pas uniquement matériel. Certes, un trop grand souci des choses matérielles, un trop grand souci du corps semblent bien nous détourner de nous-mêmes, mais ce n'est pas dans un autre monde que nous nous retrouvons nous-mêmes. On peut se perdre dans les choses ; et puis il y a des moments où nous avons le sentiment d'être plus nous-mêmes.

À quoi correspondent ces moments ? À ces instants où l'on passe de la diversité, de la multiplicité, à plus d'unité. On peut se perdre en courant derrière de nombreuses activités. Pour se retrouver, il faut se rassembler, arrêter de se disperser. Et quand on se rassemble, on est un peu plus soi-même. Ces constats, nous les faisons tous les jours et ils permettent à Plotin de dire que c'est en se tournant vers soi-même qu'on se retrouve, que ce n'est pas dans un autre monde, séparé de celui que nous vivons, que se trouve notre vrai moi, mais en nous-mêmes. Le moi ne se saisit pas dans un monde intelligible ni dans le ciel où il y aurait les âmes, il se saisit dans l'intériorité. Cette expérience de soi est ce qui permet à Plotin de critiquer toute dualité.

Une maison a-t-elle plus de réalité qu'un tas de cailloux ?

La vie spirituelle n'est pas ailleurs qu'en nous-mêmes et le monde n'est pas que matière. Nous le voyons déjà à propos du moi, il y a des degrés de réalité dans le monde. Je suis plus moi-même quand je me tourne en moi-même que lorsque je me disperse dans des activités

extérieures, mais une maison a aussi plus d'unité qu'un tas de pierres : je peux enlever un caillou dans le tas sans que cela ne change rien ; mais, si j'enlève un mur, la maison risque de tomber. Il y a des êtres plus organisés que d'autres et qui tendent ainsi vers plus d'unité.
On ne peut donc pas dire, comme les manichéens ou les gnostiques, que le monde qui nous entoure et que les choses matérielles sont mauvaises ou sont le mal. Bien au contraire, il y a une belle harmonie autour de nous, il y a de belles choses. Mais attention, il ne faut pas tout confondre : ce n'est pas la matière qui est belle, ce sont les formes. Et là, nous retrouvons un terme déjà présent dans la querelle entre Platon et Aristote.

Qu'est-ce qu'on aime quand on aime ?

Pour comprendre ce que sont les formes, attardons-nous un peu sur la question de la beauté. Platon, dans *Le Banquet*, se demandait déjà ce qu'on aimait dans un beau corps. Plotin reprend cette question. Lorsque j'aime une personne, ce n'est pas simplement l'harmonie de son corps qui m'attire, mais quelque chose de plus, une dimension qui dépasse cette simple harmonie, comme si elle était éclairée de l'intérieur. Il y a quelque chose qui anime cette beauté. La forme (ce que Platon nommait l'Idée) est elle-même animée d'un principe immatériel supérieur, d'une vie. Mais elle n'est pas dans un monde séparé du nôtre. Le monde spirituel est en nous, mais aussi au-dehors de nous, dans le monde extérieur, sans être dans un autre monde.

Pour trouver Dieu, prenons l'ascenseur…

Aristote nous dit que la philosophie naît de l'étonnement. C'est lorsqu'un phénomène nous surprend, qu'il appelle une explication rationnelle. L'étonnement de Plotin est celui que suscite l'infinie diversité du monde. Face à cette diversité, les présocratiques avaient répondu, chacun à leur manière (lire chapitre 1). Plotin ne va cesser de chercher à saisir, à voir le principe qui se trouve derrière cette diversité.

Repère

L'invention de la Trinité ?

L'Un, le Dieu conçu par Plotin est à la fois un et triple ; il est unité, esprit et âme. Ces trois termes ne sont pas trois dieux ; ils ne sont pas non plus de simples attributs, mais trois hypostases d'un même dieu. C'est cette triple dimension qu'on retrouvera dans ce que le christianisme nommera la Trinité : le Père, le Fils et le Saint-Esprit, à la fois un et trois.

La raison conçoit d'abord une âme universelle, infinie, qui meut toutes choses et qui les organise d'après certains types. Mais, au-dessus de ce Dieu qui agit et qui se meut, elle conçoit une autre hypostase, l'esprit ou l'intelligence suprême, qui n'agit pas, qui est immobile, qui contient en elle et contemple les idées de ces types éternels que l'âme réalise dans le monde. L'âme n'est que l'image, l'émanation, le rayonnement de l'intelligence suprême. Cependant l'intelligence suprême, quoique immobile par son être, n'est pas encore absolument une et simple.

Étant une intelligence, elle va d'une idée à une autre, elle contient plusieurs idées, elle est sujette à distinction et à détermination, elle est mobile ; il faut donc remonter encore plus haut pour arriver à l'unité et à la simplicité absolue. Cette unité est ce que Plotin nomme l'Un, un principe divin.

Dieu a-t-il créé le monde ?

L'Un absolu se présente comme un principe divin, mais Plotin refuse de penser que le monde sensible est l'œuvre d'un dieu créateur qui l'aurait fabriqué en raisonnant. Car d'où pourrait bien venir l'image des choses qu'il n'a jamais vues ? Les formes sont vivantes et animées d'un mouvement qui fait qu'elles se divisent. Il n'y a pas d'avant la création ni de création selon un plan divin. Le divin ne doit pas être compris ici comme une personne dotée d'une volonté et d'un entendement, mais comme un principe. Ce principe se saisit de manière immédiate et ne peut pas être saisi par la réflexion.

Pourquoi ? Parce que la réflexion dédouble. Lorsque je veux réfléchir, je me distingue comme un sujet qui réfléchit sur un objet. Or, le principe est unité. Il se saisit alors de manière immédiate dans de rares moments, ce qu'on nomme des moments d'extase.

Il y a un mysticisme dans ce que Plotin nous décrit ici. Ce mouvement que nous avons pu voir dans un retour vers sa propre intériorité est ce qui s'accomplit aussi dans le monde extérieur lorsqu'on s'élève vers la contemplation de l'Un.

Repère

Le mysticisme de Plotin

Le mysticisme est un terme qui vient du grec *mustikos* et signifie « qui a trait au mystère ». Il est cette croyance selon laquelle on peut accéder à une vérité primordiale et ineffable en entrant en fusion avec l'absolu. Exactement la démarche de Plotin.

On n'accède finalement à l'absolu que par fusion avec lui et il n'y a plus de distinction entre la perception intérieure et la perception extérieure. Dieu est à la fois dans le monde et en nous.

Comment vivre au quotidien ?

Toutefois, il est bien beau de vivre dans sa vie quelques moments d'extase mystique, mais que fait-on entre ces moments ? Que nous apportent ces moments d'extase et que changent-ils sur notre vie ? L'extase est ce moment d'intuition immédiate au-delà de la réflexion car dans la réflexion nous sommes encore en face de l'objet sur lequel nous réfléchissons et non en communion avec lui. Dans cette extase, nous ne nous appartenons plus, mais dans la vie de tous les jours il y a tout de même notre corps, il y a les autres avec lesquels nous vivons… Contempler l'Un, le principe de toute chose, se retrouver, rend l'homme vertueux parce que l'extase le transforme, elle le purifie.

Là encore, comme pour les morales antiques, la philosophie est un style de vie, elle transforme l'existence. Il ne s'agit donc pas de fuir le monde, il faut bien au contraire l'accepter, parce qu'il est une manifestation du divin. Et il s'agit avant tout de tenter au mieux de ne plus se diviser et de ne plus se laisser simplement conduire par ce qu'éprouve notre corps pour mieux se tourner vers le divin. Plotin, sur son lit de mort, aurait ainsi dit : « Je m'efforce de faire remonter le divin qui est en moi. » L'âme, dans la mort, ne remonte dans aucun ciel, elle rejoint, en tant que divine, l'âme du monde.

Repère

Une influence hindouiste ?

Plotin ayant étudié la philosophie indienne, on peut se demander si sa conception de l'Un n'est pas influencée par le concept de Brahma, le « soi suprême » de l'hindouisme, âme cosmique présente dans toute chose, incorporelle, transcendante et immanente. En tout cas, le rapprochement est bien tentant.

L'influence du néoplatonisme

À la fois philosophie de la vie, dans la lignée des penseurs de la Grèce antique, et profondément mystique, la pensée de Plotin et de ses disciples, qu'on appelle néoplatonisme, va avoir une influence importante sur le christianisme naissant, notamment chez Augustin d'Hippone – le futur saint Augustin dont vous allez maintenant entendre parler…

Saint Augustin, du vice à l'amour

Les éléments de la vie d'Augustin sont essentiels pour suivre le chemin de sa pensée. Sa vie n'est pas d'abord celle d'un saint, loin de là, et il raconte lui-même comment, à Carthage, il court sans cesse après les plaisirs de la chair jusqu'à sa découverte de Dieu. Pour un lecteur du XXIe siècle, il peut alors sembler bien étrange de ranger parmi les grands philosophes, un auteur, saint de surcroît, qui met Dieu au cœur de sa pensée. Ne faut-il pas plutôt le ranger parmi les théologiens ?

Mais revenons aux questions qui animent la philosophie depuis son commencement : qu'est-ce que le monde ? Comment est-il constitué ? Comment les hommes doivent-ils vivre ? Qu'est-ce que bien vivre ? etc. Sans cesse, on s'interroge sur le monde, sur la vie, sur son sens ; philosopher, c'est essayer d'établir des réponses.

Le manichéisme va donner à Augustin les premières réponses : il y a une opposition radicale entre le bien et le mal. La matière, le corps sont mauvais, le bien c'est l'esprit. Ainsi, il peut rendre compte de ses comportements débridés. Mais considérer ainsi que le mal existe en soi, que la matière est le mal, permet un peu facilement de s'exonérer de ses fautes : « Je n'y suis pour rien, j'ai un corps et je ne peux pas faire autrement ! » D'ailleurs,

Bibliographie

La conversion d'un noceur

Né en 354 dans l'Algérie actuelle, non loin de la frontière tunisienne, Augustin est un berbère, fils d'un père païen et d'une mère chrétienne. Il étudie à Carthage (aujourd'hui La Marsa, dans la banlieue de Tunis), où il mène une vie dissolue : il donne naissance à un fils alors qu'il a 17 ans ! Il s'installe ensuite à Rome, puis à Milan. En quête de spiritualité, il se tourne d'abord vers la secte des manichéens, étudie les sceptiques, puis Plotin. En 386, il se convertit à la foi chrétienne, à la suite une illumination : la voix d'un enfant lui ordonne de lire une Épître aux Romains, par ces mots : *« Tolle ! Lege ! »* (prends, lis). Baptisé en 387, ordonné prêtre, il devient évêque d'Hippone (aujourd'hui Annaba, en Algérie) en 396 et meurt en 430 en pleine invasion de la ville assiégée par les Vandales, qui sonnent le glas de l'Empire romain.

en disant cela, je manifeste déjà que la situation ne me rend pas très heureux. Alors, comment bien vivre ? Comment vivre heureux ?

Pourquoi sommes-nous malheureux ?

Non seulement Augustin fait l'expérience lui-même de la dispersion dans la luxure, mais il a également lu Plotin. Il faut arrêter de nous disperser car c'est de là que vient notre malheur. Nous pouvons passer notre vie à courir après de nombreux biens, mais dans ces conditions, nous ne cessons jamais de courir et nous ne sommes jamais satisfaits. À peine un désir est-il satisfait qu'un autre renaît. L'illusion est de croire que le bonheur est dans la quantité, dans le toujours plus. Pris dans cette illusion, nous sommes sans cesse hors de nous-mêmes, aliénés par la société de consommation ! Il faut donc se retrouver, ne plus se perdre, se rassembler.

C'est déjà ce que nous montrait Plotin. Au lieu de se perdre en se dispersant, il faut rentrer en soi-même. D'ailleurs, chacun de nous a bien une voix intérieure qui le conduit à s'interroger sur ce qu'il fait de sa vie, et s'interroger ainsi, c'est déjà prendre conscience qu'il existe une autre manière de vivre que la sienne. C'est cette voix qu'il faut écouter et qui nous entraîne vers cette autre vie, autre que celle que nous menons lorsque nous ne cessons de nous disperser. Si le but de la vie est bien le bonheur, il faut alors arrêter de vivre dans l'éparpillement et retrouver une unité stable alors que dans le temps rien ne subsiste.

Où trouver Dieu ?

Se tourner vers l'essence de la vie, vers une unité stable et éternelle, c'est se tourner vers Dieu, l'être vivant et éternel. Nous y accédons alors dans l'expérience intérieure, en nous tournant en nous-mêmes : « Dieu est plus intérieur à moi-même que moi-même. » C'est ainsi que nous accédons au bonheur, en nous détachant des choses vaines du monde. Augustin, décrivant la vie qu'il menait à

> ***Vocabulaire***
>
> **La théodicée d'Augustin**
>
> Une théodicée (qui signifie « justice de Dieu ») est une tentative de résolution de l'apparente contradiction entre l'existence du mal et la bonté de Dieu, de la nature, de la société, de l'homme. Bien d'autres philosophes, aussi divers que Rousseau, Hegel, Marx, Kant ou Leibniz, entreprendront des théodicées, tendant à démontrer que malgré le mal – ou grâce à lui – il est possible de parvenir au bien.

Repère

Le jansénisme, héritier d'Augustin

« Dieu n'est pas le responsable des maux… Les maux existent par le péché volontaire de l'âme à laquelle Dieu a laissé le libre arbitre. » Par ce recours au péché, Augustin influencera un important courant religieux et doctrinal qui se développera en Europe aux XVIIe et XVIIIe siècles, le jansénisme (d'après son initiateur, Jansénius, évêque d'Ypres, mort en 1638), et comptera de nombreux partisans célèbres, notamment Pascal.

Pour les jansénistes, l'homme est totalement déchu par suite du péché originel et tend vers le mal de façon naturelle. Seule la grâce de Dieu peut le pousser vers le bien et le détourner de la « délectation terrestre ». Mais seuls certains hommes sont élus. Il y a donc une prédestination divine. Cette grâce exige de ceux qui la reçoivent, une foi à toute épreuve et un combat quotidien contre le mal.

Carthage, nous dit ainsi : « J'aimais l'amour mais je n'aimais pas. » Il prenait alors comme fin ce qui n'est qu'un moyen. C'est d'ailleurs ce qu'on nomme traditionnellement la perversion ! Il courait derrière le plaisir qu'il éprouvait à aimer mais confondait l'amour et l'objet de l'amour. D'ailleurs, la Bible ne nous dit-elle pas que Dieu a fait l'homme à son image ? Eh bien, cette image est notre âme, qui a quelque chose de divin !

À toutes les questions de la philosophie, Dieu devient la réponse ! Mais il ne s'agit pas de tomber dans l'idolâtrie, Dieu a ici une dimension métaphysique.

Mais si Dieu existe, pourquoi le mal ?

La question du mal va être l'objet d'une querelle importante entre saint Augustin et Pélage, un théologien né en Grande-Bretagne vers 350. L'un est pessimiste, l'autre optimiste. Pélage est un grand défenseur de la liberté humaine et de la responsabilité : Dieu a réservé à l'homme la raison et la liberté. L'homme est donc libre et peut accepter d'adhérer librement à Dieu. Certes, il y a du mal dans le monde, mais cela ne veut pas dire que le monde est mauvais.

Pour Augustin, cette affirmation est en contradiction avec son expérience personnelle. Il est convaincu qu'on ne fait pas spontanément le bien. L'homme est marqué par le péché originel qui explique l'existence du mal dans le monde. Ce n'est donc pas librement qu'on fait le mal. L'homme est certes libre et responsable, mais son libre-arbitre est réduit par la faute originelle d'Adam. Pour être sauvé, l'homme a donc besoin de la grâce. Son salut réside en Dieu.

L'invention du journal intime

Mais qu'est-ce qui me prouve que l'âme existe ? Pour démontrer l'existence de l'âme, saint Augustin procède de façon négative. Il suppose qu'il se trompe en avançant que l'âme existe. Mais qui sait si je me trompe quand je me trompe ? Si je n'ai pas d'âme, je ne peux pas m'apercevoir de mes erreurs. Dès lors, si Dieu est plus intérieur à moi-même que moi-même, c'est donc en moi que je peux le trouver.

Saint Augustin va alors se raconter. Il est le premier auteur d'une autobiographie, l'inventeur du récit de soi. Son expérience lui a montré, le « je » est fragile, il faut alors laisser parler le moi. C'est ce récit qui constitue les *Confessions*. Si les philosophes de l'Antiquité écrivaient des textes de sagesse, Augustin nous raconte ses tourments, ses difficultés, ses passions, qui ne sont plus refoulées mais avouées. La confession, le journal intime deviennent un moyen de se retrouver et de se tourner vers Dieu. Là encore, il s'agit de réfléchir sur la condition humaine et, surtout, de ne pas oublier que l'homme a une histoire.

Qu'est-ce que le temps ?

Mais la condition humaine, c'est d'abord vivre dans le temps. Un retour sur soi est inséparable d'une réflexion sur le temps. Dieu est peut-être éternel, mais nous ne le sommes pas. Alors, qu'est-ce que le temps ? La réponse de saint

Repère

Augustin précurseur de Descartes ?

Saint Augustin, onze siècles avant Descartes, invente le *cogito*. Descartes entreprend de douter systématiquement de tout pour parvenir à l'évidence de la vérité : « Je suis, j'existe. » Si je peux douter de tout, il faut bien qu'il y ait un « je » qui doute (lire page 147). Augustin suit une argumentation très semblable : pour démontrer l'existence de l'âme, il suppose qu'il se trompe, mais alors il faut bien que j'aie une âme pour savoir que je me trompe ! La différence est que saint Augustin se servira de ce raisonnement pour montrer que Dieu est le principe de vie, alors que Descartes veut montrer que le fondement de la connaissance est le « je » et non Dieu...

Augustin nous plonge immédiatement au cœur de la difficulté . « Si personne ne me le demande, je le sais ; mais que je veuille l'expliquer à la demande, je ne le sais pas ! » Le temps est d'abord un mystère ! Tous les jours nous utilisons ce terme mais nous ne savons pas, dès que nous nous arrêtons un peu, ce qu'il signifie. Et pour cause : le passé n'est plus, le futur n'est pas encore et le présent est sans cesse fuyant.
Et pourtant, le temps n'est pas rien. Si nous avons du mal à répondre à la question, c'est parce que le temps ne renvoie pas à une réalité extérieure, mais à une durée vécue qui a trois dimensions : le présent du passé dans la mémoire, le présent du futur dans l'attente et le présent du présent dans l'attention. Notre conscience est sans cesse tendue entre ces trois dimensions. Saint Augustin dit ainsi que le temps est une « distension de l'âme ». Le temps n'a pas une réalité objective extérieure à nous, sa réalité est subjective. Il n'existe que par la capacité que nous avons à être présents à toutes ses dimensions. Le temps est esprit.
Dès lors, nous n'avons plus de raison de percevoir le temps qui passe comme notre malheur, puisqu'il aboutit à notre mort. Quand on s'est retrouvé, quand on a retrouvé son âme, quand a disparu l'angoisse de conserver notre propre corps, on voit le temps comme présence.

Les deux cités : la réflexion politique

Saint Augustin est contemporain de la chute de l'Empire romain. En 410, Rome est mise à sac. Rome, la ville invincible, est vaincue. Mais depuis presque un siècle, le christianisme a conquis l'empire. Les païens imputent la chute de Rome au fait qu'on n'offre plus de sacrifices aux dieux. Il faut répondre à cette accusation portée contre la religion chrétienne. Saint Augustin va montrer que l'histoire n'est pas un cycle qui se répète, mais un devenir orienté où coexistent deux cités, la terrestre, qui repose sur l'amour de soi, et la cité de Dieu, modèle de l'amour. Saint Augustin apparaît alors comme celui qui inaugure une pensée de l'histoire : l'histoire a un sens, elle tend vers un but, elle n'est pas éternelle répétition.
La cité terrestre se construit sur la possession et c'est cela qui conduit à la chute de Rome. Il s'agit d'opposer ceux qui vivent pour posséder et pour dominer et ceux qui vivent selon le don de Dieu. Mais l'histoire nous montre un processus dont l'issue ne peut aboutir qu'à la victoire de la cité de Dieu, lorsque l'homme parviendra à se soigner de la maladie du pouvoir afin d'apprendre à aimer. Mais attention, la cité de Dieu n'est pas une dictature religieuse, c'est une anthropologie à l'égard des passions. Il ne s'agit pas de penser ici un

régime théocratique, mais de penser les passions qui sont la cause des malheurs des hommes dans l'histoire.

La foi et la raison

Dans une tradition moderne, nous avons tendance à opposer la foi et la raison. D'un côté, il y a la foi, qui est une adhésion sans preuve et qui ne relève pas de la raison, et d'un autre, il y a le savoir, l'usage de la raison renvoyant à des preuves, des démonstrations. Je ne crois pas en 2 + 2 = 4, je le démontre ; par contre, je peux croire en la trinité 1 = 1 + 1 + 1 (le Père, le Fils et le Saint-Esprit, ne font qu'un). Là c'est une affaire de foi, non de raison. Augustin refuse cette opposition de la foi et de la raison. Pourquoi ? S'il faut se tourner vers Dieu, cela ne signifie pas que tout n'est qu'affaire de foi. Faire de la philosophie, c'est avant tout faire usage de sa raison. Il ne s'agit donc pas de l'abandonner. Bien au contraire, l'effort vers la transcendance divine s'appuie sur la connaissance. Quand on s'interroge sur le monde, on découvre ainsi l'existence de vérités éternelles comme les vérités mathématiques, par exemple. Ces vérités existent indépendamment de nous et sont découvertes par notre intelligence, par notre raison, et sont les reflets de la splendeur divine. C'est bien la foi qui cherche Dieu, mais c'est l'intelligence qui commence par le trouver.

L'usage de la foi n'est pas limité au domaine religieux. En tant qu'adhésion, elle double la connaissance rationnelle. On ne peut pas savoir sans croire dans ce que l'on sait ni croire sans savoir ce que l'on croit. Le savoir suppose un acte de foi, je commence par croire l'autre, je crois en ma possibilité de savoir… Mais si la foi est un point de départ, elle ne démontre rien. Il ne s'agit donc pas de sacrifier l'intelligence mais de l'accompagner de la foi qui nous permet de mieux nous servir de notre raison. Il y a en quelque sorte une interaction entre la foi et la raison et non un conflit : « Crois pour connaître, connais pour croire. »

Repère

Un penseur de la laïcité ?

Cette distinction entre le spirituel et le temporel, entre le religieux et le politique, se trouve déjà dans la Bible. Lorsque les Pharisiens se présentent devant Jésus en lui demandant d'intervenir auprès de César afin qu'il y ait moins d'impôts, il répond : « Rendez à César ce qui est à César et à Dieu ce qui est à Dieu ; mon royaume n'est pas de ce monde. » Il souligne ainsi la séparation entre deux mondes, le politique et le religieux. Cette distinction, reprise par saint Augustin, semble encore bien d'actualité !

À retenir

La philosophie n'est pas incompatible avec la foi

« Comment vivre heureux ? » À la question posée par les philosophes de l'Antiquité, **Plotin** et, après lui, **saint Augustin**, répondent par la quête de Dieu, même si le Dieu de Plotin n'est pas encore totalement le Dieu des chrétiens ! Cette quête est essentiellement intérieure, mais elle ne doit pas amener à rejeter le monde extérieur. S'opposant à toute conception dualiste du monde, Plotin et Augustin affirment au contraire son unité. Plotin aura une influence jusqu'au XXe siècle chez des philosophes comme Bergson (lire page 340). Face à toutes les représentations extérieures, n'est-ce pas en se tournant en soi-même que se découvre le moi profond, la véritable réalité, l'absolu ?
Mais si **Plotin** est un pur mystique – Dieu ne peut être compris –, **saint Augustin** estime que foi et connaissance s'appuient l'une sur l'autre. Philosophe, saint Augustin l'est aussi parce qu'il développe pour la première fois une pensée de l'histoire – l'homme, aussi bien d'un point de vue individuel que collectif, a une histoire qui tend vers un but – et une pensée politique faisant la distinction entre le spirituel et le temporel.

Chapitre 6

Comment concilier philosophie et religions ?

Le philosophe juif Maïmonide, né à Cordoue, a écrit son œuvre...

- ☐ En latin.
- ☐ En espagnol.
- ☐ En hébreu.
- ☐ En arabe.

Voir page 106

Selon Maïmonide, l'éternité du monde est...

- ☐ Non vérifiable.
- ☐ Non réfutable.
- ☐ Les deux.
- ☐ Ni l'un ni l'autre.

Voir page 109

Averroès était philosophe, mais aussi...

- ☐ Médecin.
- ☐ Juriste.
- ☐ Imam.
- ☐ Mathématicien.

Voir page 110

Averroès critique les théologiens. Pourquoi ?

- ☐ Ils sont trop éloignés du peuple.
- ☐ Ils poussent les croyants à ne pas réfléchir.
- ☐ Ils engendrent le fanatisme et l'obscurantisme.
- ☐ Ils caricaturent le Coran.

Voir page 112

La preuve de l'existence de Dieu donnée par saint Anselme est un argument...

- ☐ Métaphysique.
- ☐ Ontologique.
- ☐ Théologique.
- ☐ Anthropomorphique.

Voir page 114

Selon saint Thomas, la morale suppose...

- ☐ La liberté.
- ☐ La soumission à Dieu.
- ☐ La foi.
- ☐ La raison.

Voir page 118

Maïmonide, le judaïsme et la raison

Au cœur de la pensée juive du Moyen Âge, un philosophe a profondément marqué la tradition en se confrontant à la question posée sept siècles plus tôt par saint Augustin sur les rapports entre la philosophie et la religion : comment concilier la vérité des prophètes et celle des philosophes grecs ? Cette question se double d'une autre. Le Talmud interdit de dévoiler à plus d'une personne des sujets tels que le récit de la création et le récit du char divin de la vision d'Ézéchiel. Dans ces conditions, il est bien difficile de garder les secrets de la Torah et de montrer leurs rapports avec la philosophie.
Contre toute superstition et contre tout délire mystique, Maïmonide va s'attacher à montrer que suivre la raison consiste à suivre le vrai chemin vers Dieu. Il n'y a donc pas de contradiction entre la raison et la religion, si cette dernière est bien comprise. Au contraire : la raison peut même devenir le rempart de la religion contre la superstition.

Dieu est-il au ciel ?

Dès qu'on se demande comment concilier les discours religieux et les données de la raison, on est confronté à des discours qui semblent difficilement conciliables. Lorsqu'on lit la Bible hébraïque (l'Ancien Testament), on peut constater que Dieu est bien souvent évoqué

Biographie

Médecin, juriste et philosophe

Né à Cordoue, en Espagne, en 1135, Moïse Maïmonide quitte sa ville natale dès 1147 sous la pression almohade. Réfugié à Grenade, il la quitte en 1150 pour Almeria puis pour Fès, au Maroc, en 1158. Il s'enfuit de nouveau en 1165, vers Jérusalem d'abord, alors aux mains des croisés, puis vers l'Égypte, où il devient médecin de la cour, et conseiller du roi. Mais Maïmonide n'était pas seulement l'un des meilleurs médecins de son temps (la faculté de médecine de Paris s'orne de son effigie), c'était aussi un juriste réputé. Après sa mort en 1204, celui que les Latins ont appelé le « Moïse d'Égypte » sera une source importante pour la philosophie chrétienne latinophone – bien que son œuvre, *Le Guide des égarés* et le *Traité des huit chapitres* ait été écrite... en arabe.

Repère

Torah et Talmud

La Torah fut, selon la tradition, dictée à Moïse par Dieu au pied du mont Sinaï. Pour les Juifs, elle a traditionnellement été acceptée comme telle : la Parole littérale de Dieu au peuple juif tout entier au mont Sinaï. La Torah désigne donc *stricto sensu* les cinq premiers livres de la Bible hébraïque, mais le terme est également employé pour désigner tant la Loi écrite que la Loi orale, qui contient l'ensemble des enseignements juifs religieux à travers l'histoire.

Le Talmud est une compilation des discussions rabbiniques se rapportant à la législation (*halakha*), à l'éthique, aux coutumes (*minhag*) et à l'histoire des Juifs.

dans des termes anthropomorphiques, lui attribuant une certaine corporéité. On tend à le situer dans un lieu (« il est au ciel »), on lui prête des traits humains (« il se met en colère » ou « il est plein de miséricorde »). Pour Maïmonide, une telle attitude conduit à des pratiques superstitieuses, en contradiction avec le concept divin. Lui attribuer ainsi des qualités humaines, ce serait le saisir à l'image de l'homme. Or, Dieu n'est pas un simple surhomme ! On ne peut accéder à lui que par ses actions, parce qu'on saisit la manière dont le monde est gouverné.

Vocabulaire

L'anthropomorphisme : tout est comme nous !

L'anthropomorphisme, du grec *anthropos* (homme), signifie littéralement : donner une forme d'homme. On désigne sous ce terme toute attitude consistant à donner des traits humains (physique ou moraux) à ce qui ne l'est pas. On peut avoir ainsi une conception anthropomorphique de Dieu ou des animaux.

La vérité se cache derrière les images

Il faut donc prendre les allégories pour ce qu'elles sont et non les suivre à la lettre. Le problème est que tous les hommes n'ont pas les mêmes facultés de compréhension. Il y a les élites qui usent de leur raison et les autres qui sont avant tout guidés par leur imagination. Pour eux, les images sont nécessaires, mais il faut bien comprendre que ce ne sont que des images. La Bible sera donc compatible avec la raison, la religion avec la philosophie, lorsqu'on aura mené une lecture rationnelle de ses écrits afin de saisir, derrière le voile des allégories, les vérités philosophiques. Il faut intégrer la philosophie dans l'enseignement de la Torah. Mieux encore, c'est la philosophie et non la littérature tamuldique qui est la voie vers Dieu.

C'est là qu'Aristote se révèle bien utile : grâce à sa logique, à sa physique et à sa métaphysique, on peut lire la Bible de manière rationnelle. En fait, Aristote nous permet de décoder la Bible.

Dieu est-il rusé ?

On se réfugie souvent dans le mystère insondable de Dieu pour dire que la raison ne peut y avoir accès. Qu'on ne puisse saisir l'essence de Dieu est une chose, mais cela n'implique pas de dire que Dieu est étranger à la raison. Si Dieu énonce des préceptes, c'est bien pour que l'humanité soit capable de les comprendre, sinon quel en serait le sens ?

Maïmonide va, par exemple, expliquer la disparition des sacrifices et le passage au culte d'un Dieu unique. Tout cela a un sens, nous dit-il, et c'est Dieu qui le veut. On sait que l'homme n'abandonne pas facilement ses habitudes. Dieu ne recourt pas aux miracles, car cela reviendrait à ruiner les bases intelligibles de son œuvre. Dieu ne va donc pas exiger le rejet brutal des anciennes pratiques, mais il demande à ses fidèles de remplacer celles-ci par le sacrifice de substituts en son nom. Il interdit tout autre lieu de sacrifice que le temple unique voué à son culte et donne le monopole de l'organisation à une seule communauté, celle des prêtres. Avec le temps, les cultes idolâtres vont donc être oubliés.

Il y a ici une ruse de Dieu. Mais surtout, ses actions ne sont pas faites au hasard, elles suivent un dessein et doivent permettre aux hommes de mieux vivre. Maïmonide, comme Aristote, pense que l'homme est un animal social qui ne peut se passer des autres. La Torah lui permet alors de savoir comment améliorer les conditions sociales. Il y a un dessein divin et les commandements sont rationnels.

Mais qu'est-ce qui prouve que Dieu existe ?

Pour démontrer l'existence de Dieu, Maïmonide part de deux hypothèses : ou le monde est créé ou il est éternel. Examinons les conséquences de chacune des hypothèses.

Si le monde est créé, il a un créateur, puisque tout ce qui est engendré a une cause ; s'il est

Vocabulaire

Falsification ou réfutation?

Bien avant l'heure, Maïmonide aborde ici un point essentiel qui sera développé au XXe siècle par le philosophe anglais Karl Popper, qu'on nomme la falsification (lire page 422).
La théorie de Popper consistera à dire qu'une affirmation est qualifiée de réfutable s'il est possible de consigner une observation ou de mener une expérience qui démontre que l'affirmation est fausse. En fait, le terme de « falsification » est un faux-ami car, en anglais comme en français, il signifie « cacher la vraie nature des choses ou la contrefaire » mais n'exprime pas la capacité à la juger et à démontrer qu'elle est fausse.
La bonne traduction du concept décrit ci-dessus serait donc « réfutation » ou « réfutabilité ».
Par exemple, l'affirmation « toutes les corneilles sont noires » pourrait être réfutée en observant une corneille blanche. Mais une proposition réfutable est réputée scientifique tant que l'observation qui permet de la réfuter n'a pas été faite.
Dans le cas de Maïmonide, la formulation « le monde est éternel » ne peut être réfutée ou « falsifiée », pour reprendre le terme de Popper.

éternel, alors il existe un être autre que tous les corps de l'univers et cet être n'est pas un corps. Pourquoi ? Parce que les corps ont une cause et ne sont pas éternels. Ainsi, cet être qui n'est pas un corps est sans cause, immuable et éternel. Dans les deux cas, nous sommes renvoyés à Dieu.
Mais quelle hypothèse est préférable ?
Maïmonide opère une distinction entre ce qui est non vérifiable et ce qui est non réfutable. La nouveauté du monde ne peut pas être démontrée, mais les preuves des théologiens peuvent être réfutées. En revanche, l'éternité du monde ne peut être ni démontrée ni réfutée. En tant qu'énoncé non réfutable, l'éternité du monde est un énoncé valide. En tant qu'énoncé invérifiable, l'argument de la nouveauté du monde ne l'est pas.
La démonstration de l'existence de Dieu ne réclame pas la vérification des énoncés « le monde est créé » et « le monde est éternel », impossible dans les deux cas, mais tient sur la seule base de la non réfutation de l'affirmation « le monde est éternel ».

Averroès, poil à gratter de la pensée musulmane

Être juriste, chargé de dire le droit, c'est traiter d'obligations fondées sur un texte révélé, le Coran. Être philosophe disciple d'Aristote, c'est, entre autres, affirmer qu'il faut suivre la raison et que le monde est éternel. Ces deux positions semblent immédiatement contradictoires puisque d'un côté, on se réfère à la tradition et à un texte reposant sur un acte de foi et d'un autre côté, à des données de la raison. Tout l'effort d'Averroès va consister à montrer qu'il n'y a pas de récusation de la philosophie au nom du Coran et pas de contradiction entre la philosophie et la religion.

Pourquoi ? Parce qu'il faut répondre aux détracteurs de la philosophie dont le chef de file ayant vécu un siècle plus tôt est Al-Ghazali. Selon ce dernier, le vrai savoir ne peut venir que du dévoilement. Il s'attache donc à défendre un mysticisme profond, refusant toute vérité dans la pensée des philosophes et les accusant d'infidélité. Cette position qui ruine la philosophie et nie toute place à la raison est inacceptable pour Averroès, le scientifique.

Biographie

Banni pour ses idées

Averroès, également connu sous le nom arabe d'Ibn Rushd, est né à Cordoue, en Andalousie, à l'époque de l'occupation arabe de l'Espagne, vraisemblablement en 1126. Cadi chargé de dire le droit à Séville, il suit des études de théologie, de philosophie, de jurisprudence, de médecine et de mathématiques.

Mais ses opinions philosophiques originales attirent les soupçons des docteurs de la loi. Il tombe en disgrâce et se trouve banni dans les environs de Cordoue. Il finit sa vie à Marrakech en 1198.

Aujourd'hui encore, on montre à Cordoue l'endroit où l'hérétique aurait été exposé aux railleries des visiteurs de la mosquée avant son départ forcé de la ville.

La philosophie peut-elle nous faire éviter les guerres ?

Le problème est que la voie théologique est bien souvent dangereuse. Les théologiens se présentent généralement comme ceux qui croient comprendre et engendrent dans les faits haine, fanatisme et intolérance. Trop de guerres ont pour origine leurs discours.

Repère

Al-Ghazali le mystique

Vers 1095, Al-Ghazali, alors âgé de 38 ans, traverse une crise spirituelle qui dure à peu près six mois et que l'on peut résumer à un affrontement violent entre la raison et l'âme, entre le monde d'ici-bas et celui de l'au-delà. Il commence par douter des doctrines existantes, c'est-à-dire de la connaissance, puis se met à douter des instruments même de la connaissance. Cette crise l'affecte physiquement au point qu'il perd l'usage de la parole et devient incapable d'enseigner; elle ne prend fin que lorsqu'il renonce à ses fonctions, à sa fortune et à sa célébrité. À Al-Ghazali qui écrit un ouvrage sur l'incohérence des philosophes, Averroès répond par un ouvrage intitulé *Incohérence de l'incohérence*.

Averroès s'éloigne de la pratique théologique et se rapproche de la pratique juridique. Que nous dit le Coran? « ¨Ô vous qui êtes doués d'intelligence… » Il s'adresse ainsi à la réflexion et se présente comme un texte programmatique de la connaissance. Le texte nous impose la connaissance de Dieu comme être le plus parfait, et pour cela il nous faut le moyen le plus parfait : le syllogisme démonstratif. C'est là qu'Aristote n'est pas loin! Il s'agit de combattre les théologiens pour lesquels il n'y a qu'une méthode, la dialectique, à la limite de la sophistique.

Faut-il se débarrasser des théologiens?

Mais il ne s'agit pas de récuser bien sûr la vérité de la révélation. Comment alors unir le rationnel et le traditionnel? En reconnaissant que la Loi divine a un sens extérieur et un sens intérieur. Les hommes capables de science doivent pénétrer jusqu'à celui-ci et le garder pour eux, les autres se contentant du premier, qui précisément leur est destiné. Si les préceptes pratiques s'imposent à tous indistinctement, les comportements doivent nécessairement différer en matière théorique. Le Coran est universel mais s'adresse à différents types d'hommes selon leur culture. Il y a les arguments pour le commun des mortels (exhortation), les arguments théologiques pour ceux qui peuvent interpréter – et là il y a parfois encore contradiction – et puis il y a les arguments savants qui relèvent à la fois de

l'interprétation et de la démonstration. Si on dévoilait aux ignorants et aux faibles le sens ésotérique des enseignements religieux, on courrait à la catastrophe.
Il s'agit donc d'une même vérité se présentant sur des plans différents. En d'autres termes, l'élite doit user de la raison et la foule suivre la tradition, les théologiens doivent être rejetés. Ils communiquent aux gens du commun des interprétations mal fondées, jettent le trouble dans les esprits. Rejeter les théologiens, ce n'est pas rejeter le Coran ! Mais il n'est pas étonnant qu'Averroès ait été vertement critiqué. Surtout par les théologiens !

Dieu a-t-il un corps ?

Un exemple permet de mieux comprendre la méthode suivie. Soit le problème de la corporéité de Dieu : bien qu'il n'affirme rien de positif sur ce point, le Coran semble suggérer que le Créateur a un corps. Certains théologiens (*mutakallimun*) ont prétendu prouver qu'il n'en était rien ; le problème est que leurs démonstrations ne sont pas solides. Par ailleurs, dire aux gens du commun que Dieu est sans corps, risque de leur faire conclure qu'il n'existe pas. La meilleure attitude consiste alors à ne pas aller plus loin que la Loi, c'est-à-dire à n'attribuer à Dieu ni la corporéité ni l'incorporéité. Que dit le Coran ? « Dieu est lumière. » Ainsi, on ne s'écarte pas de la Loi et on signifie aux gens du commun une existence réelle et noble. De la sorte, on rappelle également aux savants que leur intelligence est incapable de saisir Dieu. Tout comme – et là Averroès fait référence à Aristote (*Métaphysique, II*) – les yeux des chauves-souris sont incapables de voir le soleil.

> **Citation**
>
> **« Le vrai ne peut contredire le vrai. »**
>
> Il n'y a pas de double vérité mais un sens à la lettre et un sens à l'esprit. Seuls les philosophes ont accès au second.

Les thèses d'Averroès

S'inscrivant dans la tradition d'Aristote, Averroès va alors montrer que l'univers est éternel et n'a pas été créé. Certes, le Coran nous dit qu'il est l'œuvre de la volonté de Dieu. Toutefois, il ne faut pas prendre le terme volonté au sens littéral, car Dieu n'est pas un homme. On retrouve ici une approche faisant penser à celle du contemporain d'Averroès, Maïmonide : il ne faut pas en rester à la lettre du texte mais en saisir l'esprit. C'est uniquement de

manière métaphorique que l'on parle d'une volonté de Dieu.Cependant, la connaissance des hommes n'a pas accès à la science divine.
Pourquoi ? Là encore, Aristote nous permet de répondre : soit on connaît les individus par les sens, soit on a une connaissance scientifique de l'universel. Dieu produit donc l'univers de toute éternité. Tout comme Aristote, il faut donc reconnaître que l'âme n'est pas immortelle et que la chair ne ressuscite pas. Mais il y a une intelligence commune à tous les hommes, l'intelligence universelle. On comprend alors pourquoi Averroès ne fut pas vraiment apprécié par les théologiens de son temps !

Saint Anselme, prouver l'existence de Dieu

Si la raison, donc la philosophie, veut encore avoir sa place face à la religion, il semble nécessaire qu'elle ne soit pas en contradiction avec la foi. Les dogmes de la religion ne doivent pas être étrangers à la raison. Mieux, le croyant doit pouvoir réfléchir aux dogmes et celui qui ne croit pas doit pouvoir être ramené dans le droit chemin en faisant usage de sa raison.
C'est en ce sens que saint Anselme s'adresse à l'insensé. Celui qu'on nomme l'insensé, c'est l'incroyant. Il est insensé parce qu'il dit n'importe quoi et surtout parce qu'il nie tout sens au monde et à l'existence. Au psaume XIII,1, il est ainsi précisé : « L'insensé dit dans son cœur qu'il n'y a pas de Dieu. »
Le jugement est sans appel : celui qui ne croit pas en Dieu est celui qui a perdu la raison ! Il faut donc la lui faire retrouver. Retrouver la raison le guidera alors nécessairement vers Dieu : raisonnons, et nous trouverons Dieu.

Biographie

Anselme de Cantorbéry

Né à Aoste, en Italie, en 1033, Anselme entre à l'abbaye des bénédictins du Bec-Hellouin, en Normandie. Il en devient l'abbé jusqu'en 1093, date à laquelle il est nommé archevêque de Cantorbéry (ou Canterbury, en Angleterre), fonction qu'il occupera jusqu'à sa mort, en 1109.

Voici la preuve que Dieu existe !

Que nous dit la religion ? Dieu est tel que rien de plus grand ne peut être pensé. S'il y a plus grand que Dieu, alors ce plus grand est Dieu ! Lorsque l'insensé dit que Dieu n'existe pas, il nie l'existence de ce « plus grand qui peut être pensé ». Et c'est alors qu'il se contredit (attention, suivez bien !). En effet, si l'idée de « l'être le plus grand » n'était qu'une pensée sans existence réelle, l'idée de quelque chose de plus grand encore (un être réel) pourrait être pensée. En conséquence, Dieu existe !

Quelque chose vous échappe ? Recommençons. C'est à partir de l'idée de maximum que saint Anselme produit sa preuve : un être qui aurait le maximum de grandeur et qui est pensable ne peut pas ne pas exister. Or, lorsqu'il dit que Dieu n'existe pas, l'insensé admet bien la pensée d'un être ayant le maximum de grandeur. Il dit ainsi : l'être ayant le maximum de grandeur n'existe pas ; mais s'il a le maximum de grandeur, c'est qu'il n'existe non pas seulement en pensée, mais dans la réalité. Dès que Dieu est pensé – et c'est ce que fait l'incroyant en disant qu'il n'existe pas –, il existe nécessairement. En d'autres termes encore : la non-existence de quelque chose de tel que rien de plus grand ne peut être pensé n'est pas pensable !

Repère

Kant et l'argument ontologique

Cette preuve de l'existence de Dieu, connue sous le nom d'« argument ontologique » (l'ontologie – mot créé au XVIIe siècle – est l'étude de l'être en tant qu'être), sera discutée par Kant au XVIIIe siècle.

L'argumentation de celui-ci va consister à établir que l'existence de Dieu ne peut être déduite de son seul concept. 100 thalers (la monnaie prussienne de l'époque) possibles et 100 thalers réels ont exactement la même valeur. Le fait que les 100 thalers réels existent n'ajoute rien à leur concept : l'existence n'est pas une propriété qui s'intègre au concept et lui apporte une propriété supplémentaire. Donc le fait que Dieu existe n'ajoute rien au concept de Dieu, contrairement à ce que dit Anselme.

Inutile alors de dire que s'il n'existait pas, il ne serait pas Dieu !

Saint Thomas d'Aquin

Une fois encore, la question des rapports entre la foi et la raison se pose. Pourquoi ? D'un côté, en tant qu'êtres dotés de raison, nous avons des connaissances objectives qui se présentent comme universelles ; d'un autre côté, la foi a également une prétention à l'universalité mais elle est subjective.

Est-il possible de concilier les vérités de raison et les vérités de la révélation ? Bien plus tard, Pascal répondra à sa manière à cette question avec une formule qui deviendra célèbre : « Le cœur a ses raisons que la raison ne connaît pas. » En effet, la révélation lève le voile sur un mystère qui semble inaccessible à la raison. Faut-il alors dire simplement qu'il y a deux sortes de vérités et tomber dans ce qu'on appelle un dualisme ? Le croyant semble ici tiraillé.

Saint Thomas va s'attacher à résoudre cette question. D'un côté, il y a les vérités rationnelles que la philosophie d'Aristote nous a procurées et d'un autre, les vérités révélées qui ne sont pas démontrées. Comment être à la fois croyant et philosophe ?

Un Aristote chrétien

Tout l'effort de saint Thomas va donc résider dans la volonté de concilier Aristote avec la foi chrétienne. Le problème est qu'on ne peut pas simplement dire qu'il y a deux sortes de vérités et que la raison n'est finalement rien face à la foi.

Biographie

Théoricien et enseignant

Saint Thomas d'Aquin – à ne pas confondre avec saint Thomas, l'apôtre qui, doutant de la résurrection du Christ, a dit qu'il ne croyait que ce qu'il voyait – est né en 1225 à Aquino, près de Naples, dans une famille noble. Dominicain dès 1243, il devient en 1257 maître en théologie à l'université de Paris. De 1259 à 1268, il retourne en Italie, où il enseigne la théologie et travaille les textes d'Aristote. Après un nouveau séjour à Paris, pendant lequel il rédige la plus grande partie de son œuvre (la deuxième partie de la *Somme théologique* et l'essentiel des *Commentaires des œuvres d'Aristote*), il s'installe à Naples en 1272. Il meurt le 7 mars 1274 à Fossa Nova en se rendant au concile de Lyon, et sera canonisé en 1323 à Avignon. En 1366, son corps, enlevé par les dominicains, est transporté à Toulouse. Il y repose toujours, dans l'église de Jacobins.

Croire en Dieu, c'est croire en un créateur à la fois des vérités de la raison et de la révélation du mystère. Le croyant qui rejetterait simplement les vérités de la raison se détournerait déjà de Dieu. Saint Thomas va donc assigner des rôles respectifs à la raison et à la foi : à la raison appartient toute vérité connue avec évidence par expérience ou par démonstration, à la foi toute vérité connue par révélation.
Mais la vérité n'est pas double : comme Dieu est unique, la vérité est une. Pourtant, il arrive bien souvent que les vérités de la foi et les vérités de la raison entrent en conflit. La réponse de saint Thomas est alors claire : c'est que la vérité rationnelle est une erreur. Il faut alors raisonner encore et tâcher de la corriger.

Le corps est-il une prison ?

Dieu nous a donné la raison, mais il nous a aussi donné un corps. Il ne faut donc pas, comme le font les néoplatoniciens rejeter le corps et considérer qu'il n'est que source d'erreurs et de péchés. Le corps, les sens, nous fournissent des éléments pour connaître. Dieu nous a donné des facultés sensibles. Il faut donc s'en servir. C'est d'ailleurs ce que nous disait, sans faire appel à Dieu, Aristote lorsqu'il s'opposait à Platon : toute notre connaissance provient des sens et l'intelligence est alors ce qui abstrait des images fournies par les sens.
Il est donc possible d'accéder à la connaissance de Dieu en observant et en raisonnant. C'est en ce sens que saint Thomas va nous proposer cinq preuves de l'existence de Dieu. Mais saint Thomas refuse la preuve de saint Anselme parce que nous ne pouvons pas avoir une intuition de l'essence de Dieu, nous ne pouvons donc parler que par analogie. Nous disons alors qu'il est juste, bon… en projetant cette idée que nous nous faisons de l'homme sur Dieu. D'ailleurs, si nous pouvions avoir une intuition de l'essence divine, la philosophie remplacerait finalement la théologie !

Anecdote

Les mugissements du bœuf muet

De caractère taciturne, Thomas d'Aquin est surnommé par ses compagnons « Le grand bœuf muet de Sicile ». Mais dans une argumentation qu'il soutient publiquement, il répond avec une dialectique si lumineuse qu'Albert le Grand se tourne vers ses élèves et leur prédit que « les mugissements de ce bœuf retentiront dans tout l'univers ».

Les cinq preuves de l'existence de Dieu

• La preuve par le mouvement. Les choses sont constamment en mouvement, or il est nécessaire qu'il y ait une cause motrice à tout mouvement. Afin de ne pas remonter d'une cause motrice à une autre, il faut reconnaître l'existence d'un premier moteur non mû : c'est Dieu.

• La preuve par la causalité efficiente. Nous observons un enchaînement de causes à effet dans la nature, or il est impossible de remonter de causes à causes à l'infini ; il faut nécessairement une cause première : c'est Dieu.

• La preuve par la contingence. Il y a dans l'univers des choses nécessaires qui n'ont pas en elles-mêmes le fondement de leur nécessité. Il faut donc un Être par Lui-même nécessaire qui est Dieu.

• La preuve par les degrés des êtres. Cette preuve est reprise de Platon, qui a remarqué qu'il y a des perfections dans les choses (bien, beau, amour, etc.) mais à des degrés différents. Or il faut nécessairement qu'il y ait un Être qui possède ces perfections à un degré maximal, puisque dans la nature toutes les perfections sont limitées.

• La preuve par l'ordre du monde. On observe un ordre dans la nature : l'œil est ordonné à la vue, le poumon à la respiration, etc. Or, à tout ordre il faut une intelligence qui le commande. Cette Intelligence ordonnatrice est celle de Dieu.

Mais ça ne tombe pas sous le sens !

Mais tout cela ne vaut pas la révélation et la foi. Ici, nous ne connaissons Dieu que parce qu'il est pour nous et non en lui-même. Ce n'est pas Dieu que nous voyons, mais c'est à partir de ce que nous pouvons observer que notre intelligence démontre qu'il existe. N'oublions pas que saint Thomas, comme Aristote, nous dit bien que l'intelligence ne peut saisir que ce qui tombe sous le sens. Ce sont des effets que nous voyons, pas Dieu lui-même. Il ne faut pas croire que la philosophie peut prendre la place de la théologie. La raison soutient l'autorité de la foi. On a donc bien raison de croire en Dieu.

> **Vocabulaire**
>
> **La théologie négative**
>
> Cette approche de la théologie qui consiste à insister plus sur ce que Dieu n'est pas que sur ce que Dieu est se nomme la théologie négative.

Un philosophe chrétien pas très catholique ?

Pourtant, la philosophie de saint Thomas va être condamnée à Paris, même si Rome continuera à la soutenir. Pourquoi ? Parce qu'on estime qu'elle n'est finalement pas très catholique. On considère alors que, comme Averroès, il défend trop Aristote au détriment de la foi. Décidément, il est bien difficile d'être chrétien et aristotélicien. En effet, n'oublions pas qu'Aristote, par exemple, nie l'immortalité de l'âme. Alors comment faire ? Contre Aristote et d'ailleurs contre Averroès, Thomas va soutenir que l'âme survit éternellement au corps parce qu'elle ne dépend pas de la matière. En d'autres termes, c'est ce par quoi l'homme pense qui est éternel.

Quel est le but de l'existence ?

Aristote nous dit que tout poursuit un but, que la nature ne fait rien en vain et que chaque être tend à réaliser son essence. Le but de la pierre qui tombe est de rejoindre son lieu propre, le but du gland est de devenir un chêne, celui de l'homme de devenir un homme et non une brute. Donc, si le monde et l'homme ont été créés par Dieu, le but de tout être est de tendre vers ce souverain bien qu'est Dieu.

Mais tous les êtres vivants ne sont pas identiques. Le gland n'est pas un cheval, qui n'est pas un homme. Tout comme Aristote distinguait différents niveaux de l'âme, Thomas distingue l'*appettitus naturalis* chez le végétal, l'instinct chez l'animal et l'intellect chez l'homme. Quel est alors le but de la vie ? Développer ses capacités naturelles sous la conduite de la raison et s'élever à Dieu. La destinée humaine est de se tourner vers Dieu. Là encore, Thomas concilie la pensée d'Aristote avec le christianisme.

> ***Anecdote***
>
> **Un peu d'humour**
>
> Un jour, une personne aurait demandé à Thomas : « Que faisait Dieu avant de créer le monde ? » Il aurait alors répondu : « Il créait un enfer pour y mettre ceux qui posent de telles questions. »

Pas de morale sans liberté

Mais si l'homme doit se tourner vers Dieu, cela signifie qu'il est libre de le faire. En effet, quel sens y aurait-il à blâmer des actions ou à exhorter les hommes à bien agir s'ils n'étaient pas libres ? La morale suppose la liberté !

Il faut donc distinguer celui qui suit ses passions de celui qui suit sa raison et son intelligence. Comme l'usage des termes nous le montre, lorsque je suis emporté par ma passion, je ne suis pas libre et je perds généralement tout contrôle. Mais cela ne signifie pas que l'homme n'est jamais libre. Il n'est ni un gland ni un cheval. Il est doté d'une intelligence qui lui permet de choisir ce qu'il veut faire, et c'est alors la volonté qui prend le relais.

À retenir

La résistance de la raison

Au Moyen Âge, on assiste au triomphe des grandes religions monothéistes. Toutefois, des intellectuels nourris de philosophie grecque, bien que profondément croyants, continuent d'admirer la rigueur de la pensée d'Aristote. Cette période va donc connaître une volonté de conciliation de la foi et de la raison selon parfois des chemins différents.

Averroès ne plie pas le philosophique au révélé pour bâtir une théologie, il fait droit absolument à l'un et à l'autre en les maintenant chacun dans sa sphère. Cet écart est la condition de leur accord et, il faut le noter, laisse toute latitude au travail autonome du philosophe.

Maïmonide tente surtout de mettre en accord l'enseignement de la Bible et de ses commentaires avec la philosophie d'Aristote. Son œuvre, reconnue très vite comme une œuvre maîtresse, influença de manière décisive la pensée juive, chrétienne et musulmane.

Spinoza en sera un grand lecteur, considérant que l'accord de la raison et du message divin ne peut pas ne pas être : c'est par nature, conformément à la perfection de Dieu, qu'ils ne peuvent que nécessairement s'accorder. Pour Spinoza, restera alors à déterminer ce qu'on entend par Dieu ! (lire page 174)

Saint Thomas ne cessera d'avoir comme but la réconciliation d'Aristote et de la pensée chrétienne : la foi et la raison ne peuvent se contredire car toutes deux viennent de Dieu. On peut donc concilier l'autonomie humaine, l'immortalité de l'âme et la croyance en Dieu comme cause unique de tout bien.

Cette volonté de réconciliation, tâche ardue, voire sacrilège pour certains, leur vaudra bien des critiques de la part des gardiens du dogme. Mais leur œuvre porte en elle la revendication du droit à la liberté de raisonner.

Partie 2

De la naissance de la pensée moderne aux Lumières

En 1620, Le philosophe anglais Francis Bacon écrit : « L'imprimerie, la poudre à canon et le compas. Ces trois découvertes ont en effet changé la forme et l'éclat des choses sur terre, d'innombrables transformations en ont résulté et il semble qu'aucun empire, aucune secte, aucune étoile n'ait eu une plus grande influence et un impact aussi important sur les affaires humaines que ces trois instruments mécaniques. » Trois inventions qui caractérisent sans doute la Renaissance.

L'imprimerie, apparue en 1440 avec Gutenberg, va permettre la lecture élargie de la Bible et la transmission de l'érudition humaniste.

La poudre à canon va conduire à l'apparition des armes à feu, et en conséquence à la disparition de la chevalerie et à l'apparition de nouvelles formes étatiques.

Le compas va conduire à la découverte du Nouveau Monde.

Le Moyen Âge est marqué par la grande influence de la pensée d'Aristote. Il s'agissait de concilier la raison et la foi, la philosophie et la religion. Or, la pensée d'Aristote apparaissait alors comme le socle idéal pour concevoir une mise en ordre hiérarchique du monde. Le géocentrisme affirmé, satisfaisait pleinement l'Église. La nature était considérée comme un cosmos, un monde clos au sein duquel chacun devait avoir sa place. Chez les Grecs, la politique s'inscrit dans l'ordre du cosmos et la sagesse consiste à suivre cet ordre. Dans le christianisme, elle est sous l'autorité de Dieu. Or, c'est tout cet ordre, toute cette hiérarchie qui vont être chamboulés. C'est une véritable révolution qui va s'opérer.

La hiérarchie du monde change

Machiavel refuse cette hiérarchie. On a fait de lui un homme sans foi ni loi prêt à tout pour manipuler et parvenir à ses fins au mépris de tous les principes moraux. Mais si la politique devait être pensée en dehors de la morale et de la religion ?

Et si cette hiérarchie partant de l'animal, passant par l'homme et s'élevant à Dieu n'était qu'illusion ? N'est-elle pas le signe d'un orgueil démesuré ? Tournons-nous alors vers l'homme, seul. Telle va être la démarche de **Montaigne** : c'est en se tournant vers le moi se construisant que l'on peut accéder à la forme générale de l'humanité.

C'est ainsi que se développe, au cœur de la Renaissance, l'idée selon laquelle le pouvoir politique n'est plus la manifestation de Dieu. On redécouvre les anciens : les stoïciens, les sceptiques, les épicuriens. Parallèlement, la Réforme, avec Luther et Calvin, va remettre en cause l'autorité de l'Église : le salut de l'homme ne peut être assuré que par la foi dans une relation directe entre le fidèle et le divin. C'est donc ainsi vers l'homme que l'on se tourne.

Mais surtout, c'est avec **Copernic** puis **Galilée** que la conception du monde va changer. La Terre n'est plus au centre du cosmos, d'un monde clos. D'autres mondes sont possibles, l'univers se découvre comme infini. On imagine alors aisément la réaction de l'Église…

La raison prend le pouvoir

La conception de la nature va radicalement changer. Elle devient ce que nous pouvons connaître, ce dont une science est possible. On cesse de s'en remettre uniquement à Dieu. Cette nature qui jusqu'alors nous dépassait va devenir, grâce au développement des sciences et de la technique, ce que nous pouvons tenter de maîtriser. La raison humaine devient conquérante. Comment fonder alors la connaissance humaine ? Quels usages devons-nous faire de notre raison ? Avec **Descartes**, c'est toute la philosophie depuis Aristote qu'il s'agit de remettre en cause. Dès lors, ne peut-on pas faire de la politique comme Galilée a fait des sciences ? se demande **Hobbes** qui, le premier, avance l'idée d'un contrat entre les hommes pour penser les fondements de l'État. Deux grandes tendances vont alors se développer après Descartes.

Le rationalisme, avec l'idée selon laquelle la raison est la seule voie sûre menant à la connaissance. Les mathématiques sont alors la science reine et l'on s'attache à montrer que l'on peut tout expliquer par déduction à partir des principes premiers. C'est une telle démarche que vont suivre **Spinoza** et **Leibniz**. Mais au cœur de cette pensée, face à ce nouvel univers infini, une interrogation s'impose : quelle est la place de l'homme ? Comment penser désormais la condition humaine ? **Pascal** s'interroge : cet infini que la raison découvre ne nous conduit-il pas de nouveau à faire le saut de la foi ?

L'empirisme affirme qu'il ne s'agit pas tant de s'occuper du rôle des mathématiques que de celui de l'expérience (**Locke, Berkeley, Hume**). Comment la connaissance se construit-elle ? Que pouvons-nous connaître de manière certaine ?

Mais ces questions sur la connaissance et la place de l'homme dans l'univers conduisent également à s'interroger sur la vie en commun. Dans ce nouveau monde où l'homme est désormais guidé par sa raison, comment les hommes peuvent-ils vivre ensemble ? Comment comprendre les lois qui organisent la vie des sociétés ? se demande **Montesquieu**, portant sur le monde des hommes un regard qui en fera le fondateur des sciences politiques. Alors que les Lumières qui se développent en Europe louent les bienfaits des sciences et de la civilisation, **Rousseau**, lui, se désole de voir les inégalités se développer. Comment les hommes doivent-ils vivre ensemble pour vivre en hommes libres ? Que doit être l'État pour garantir la paix, la justice et la liberté ? La Déclaration des droits de l'homme en retiendra la leçon…

Cette conquête du monde par la raison va trouver sa première synthèse avec **Kant**, qui achèvera la révolution copernicienne. Comment sortir de cette tension entre le rationalisme et l'empirisme ? Que pouvons-nous vraiment connaître ? Que devons-nous faire pour agir en hommes ? Et alors, que nous est-il permis d'espérer ? Finalement, qu'est-ce que l'homme ?

C'est ce développement de la raison qui va d'abord se faire conquérante, puis critique, au cœur d'une nouvelle conception de l'univers dans laquelle l'homme essaye de trouver sa place que cette deuxième partie va nous raconter.

Les philosophes de la Renaissance au XVIIIe siècle

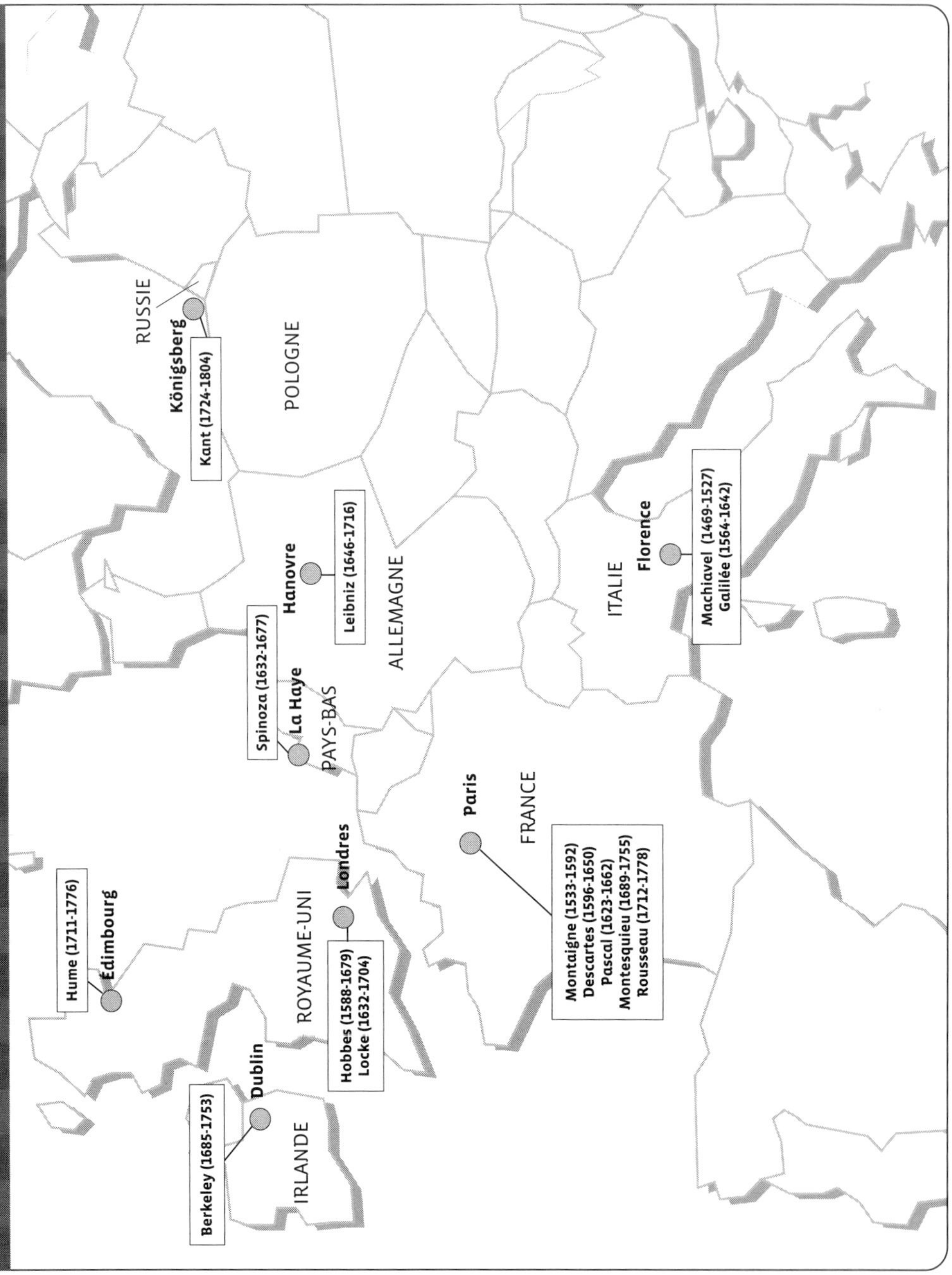

Chronologie

	1400	**Vers 1440** • Gutenberg invente l'imprimerie
	1450	**1452** • Naissance de Léonard de Vinci (mort en 1519)
1469 • Naissance de Machiavel		
1473 • Naissance de Copernic		
	1500	**1517** • La Réforme. Publication des thèses de Luther
1527 • Mort de Machiavel		
1533 • Naissance de Montaigne		
1543 • Mort de Copernic. Publication *Des révolutions des orbes célestes*		
	1550	**1545 - 1563 :** Contre-Réforme et Inquisition
1564 • Naissance de Galilée		
1592 • Mort de Montaigne		
1596 • Naissance de Descartes		
		1598 • Signature de l'édit de Nantes
1588 • Naissance de Hobbes		
	1600	**1600** • Mort de Giordano Bruno sur un bûcher
		1610 • Assassinat d'Henri IV
		1618 • Début de la guerre de Trente Ans
1623 • Naissance de Pascal		
1632 • Naissance de Locke et de Spinoza		
1632 • Galilée publie le *Dialogue sur les deux grands systèmes du monde*		
1637 • Descartes publie le *Discours de la méthode*		
1646 • Naissance de Leibniz		
		1641 • Guerre civile en Angleterre
1642 • Mort de Galilée		
		1643 • Début du règne de Louis XIV
		1648 • Fin de la guerre de Trente Ans
		1649 • Charles Ier d'Angleterre est décapité. République dictatoriale de Cromwell.

1650 • Mort de Descartes	**1650**	
1651 • Hobbes publie le *Léviathan*		
		1658 • Mort de Cromwell.
		1660 • Rétablissement de la monarchie en Angleterre
1662 • Mort de Pascal		
1675 • Achèvement de *L'Éthique* de Spinoza		
1677 • Rencontre entre Leibniz et Spinoza		
1677 • Mort de Spinoza		
1679 • Mort de Hobbes		
1685 • Naissance de Berkeley		
1689 • Naissance de Montesquieu		
1690 • Locke publie son *Essai sur l'entendement humain.*		
1704 • Mort de Locke	**1700**	
1711 • Naissance de Hume		
1712 • Naissance de Rousseau		
		1715 • Mort de Louis XIV
1716 • Mort de Leibniz		
1724 • Naissance de Kant		
1748 • Hume publie le *Traité de la nature humaine* et Montesquieu *L'Esprit des lois*		
1753 • Mort de Berkeley	**1750**	
1755 • Mort de Montesquieu		
1770 • Naissance de Hegel		
		1774 • Arrivée au pouvoir de Louis XVI
1776 • Mort de Hume		**1775-1783 :** Révolution américaine
1778 • Mort de Rousseau		
1781 • Kant publie la *Critique de la raison pure*		
		1789 • Prise de la Bastille
1804 • Mort de Kant	**1800**	**18 mai 1804 :** Napoléon Ier est sacré empereur

Chapitre 7

La Renaissance

Pour Machiavel, la stabilité politique est importante pour deux de ces raisons.

- [ ] Pouvoir écraser toute résistance.
- [ ] Avoir le temps d'agir.
- [ ] Éviter la tyrannie.
- [ ] Instaurer un État parfait.

Voir page 130

La raison d'État, estime Machiavel, ne doit pas...

- [ ] S'appliquer en permanence.
- [ ] Être au-dessus des lois.
- [ ] Violer la morale.
- [ ] Justifier la violence.

Voir page 131

Oui ou non, la politique, selon Machiavel, est-elle...

- [ ] Une mission divine.
- [ ] L'adaptation aux circonstances.
- [ ] Le règne de la force.
- [ ] Un art.

Voir page 132

Dans ces deux couples de phrases, choisissez la bonne. Pour Montaigne, l'homme...

- [ ] N'est pas supérieur aux animaux.
- [ ] Est supérieur aux animaux.
- [ ] Se croit l'égal de Dieu.
- [ ] A construit Dieu à son image.

Voir page 134

Montaigne a dénoncé les mauvais traitements infligés...

- [ ] Aux protestants par les catholiques.
- [ ] Aux catholiques par les protestants.
- [ ] Aux Indiens d'Amérique par les Espagnols.
- [ ] Aux animaux par la cour du Roi.

Voir page 136

Quelle était la devise de Montaigne ?

- [ ] « Je sais que je ne sais rien. »
- [ ] « Que sais-je ? »
- [ ] « Je ne pourrais jamais tout savoir. »
- [ ] « Qui suis-je ? »

Voir page 137

Machiavel, théoricien de la politique

Machiavel a souvent une bien mauvaise réputation. On voit en lui un conseiller obscur qui indique aux gouvernants comment manipuler le peuple, justifier la violence et faire preuve de duplicité. Dans le langage courant, le machiavélisme désigne d'ailleurs l'attitude qui consiste à calculer et à utiliser tous les moyens possibles pour parvenir à ses fins. Mais cette approche est bien réductrice.

Un auteur qui sent le souffre

Lorsqu'on lit Machiavel, il ne faut pas s'attendre à une interrogation sur les fondements du droit ou sur la légitimité du pouvoir politique. Or, généralement, pour les philosophes, s'interroger sur la politique consiste à se demander quel est le régime idéal, celui qui garantira au mieux la paix et la liberté, et dans lequel les hommes vont pouvoir s'épanouir. Bien sûr, on sait que cet idéal est difficile à atteindre, mais on considère qu'on doit le viser sans cesse

Biographie

Un républicain florentin

Niccolo Machiavelli est né en 1469 à Florence, dirigée alors par les Médicis. En 1494, la république est rétablie et les Médicis sont chassés. En 1498, Machiavel devient haut fonctionnaire au service de la Chancellerie, pour laquelle il accomplit de nombreuses missions diplomatiques, notamment auprès du pape Borgia, de Louis XII, roi de France et de l'empereur Maximilien Ier. À la chute de la république, en 1512, qui voit le retour au pouvoir des Médicis, il est emprisonné, torturé, puis condamné à l'exil. Bien que républicain, il développe sa pensée politique à partir d'un constat amer : Florence n'est pas parvenue à maintenir ses institutions républicaines. Il écrit alors *Le Prince* (1513), une méthode de gouvernement adapté à son époque, dédiée à Laurent de Médicis (à ne pas confondre avec son oncle, Laurent le Magnifique) – bien que son modèle soit plutôt César Borgia. Revenu en grâce, il écrit, à la demande de Jules de Médicis (le futur pape Clément VII), une *Histoire de Florence*. Il meurt dans sa ville natale en 1527... l'année où celle-ci chasse à nouveau les Médicis pour proclamer la république.

pour parvenir à un régime dans lequel la violence disparaîtra pour laisser place à la liberté.
Machiavel laisse de côté ces préoccupations. Loin de s'interroger sur les fondements de l'État libre, il nous raconte comment le Prince doit maintenir le pouvoir. Ne faut-il voir en lui qu'un manipulateur ?

Citation

« Puisque mon intention est d'écrire chose utile à qui l'entend, il m'a paru plus convenable de suivre la vérité effective de la chose que l'imagination qu'on s'en fait. Beaucoup se sont imaginé des républiques et des principautés dont nul n'a vu ou su qu'elles existaient en vérité. »

Penser l'État moderne

Il est vrai que la pensée de Machiavel inaugure une rupture dans la conception de la politique. La tradition du Moyen Âge était essentiellement héritière de saint Augustin, qui opposait la cité terrestre, lieu du péché et de la chair, à la cité céleste, lieu du spirituel. Les fins de la politique se confondaient alors avec des fins morales et religieuses.
La pensée de Machiavel se développe au cœur de la Renaissance qui se caractérise par la volonté de se défaire des modèles hérités du Moyen Âge. Les grandes découvertes (l'Amérique, la route des Indes, l'imprimerie…) révolutionnent la vision du monde. L'homme n'est plus soumis au divin, il peut partir à la conquête du monde et commencer à s'affranchir des dogmes de l'Église.
C'est dans ce contexte que va naître la conception de l'État moderne, en séparant la pensée politique de la pensée religieuse. Arrêtons de prendre comme modèle un monde idéal qui existe dans un autre monde, occupons-nous plutôt du nôtre !

Politique, morale et religion

La politique est une institution purement humaine, qui ne doit pas être fondée sur la religion. Les fins de la politique ne sont pas spirituelles, elles sont celles de la conservation du pouvoir. Comprendre la politique, penser l'État et ses fonctionnements consiste alors simplement à partir des faits qui conduisent à supposer les hommes méchants, à constater qu'ils ne sont honnêtes que s'ils sont contraints. Ce constat semble bien triste, mais il est réaliste ! En effet, quel spectacle offre l'histoire ? Celui du triomphe constant de la force. La question du politique devient alors celle de la conquête du pouvoir et de son maintien, de manière à éviter le désordre et l'anarchie.

On assimile l'homme machiavélique au cynique mais il s'agit plutôt d'une forme de réalisme politique. Il ne s'agit pas de se demander ce que l'homme d'État doit faire d'un point de vue moral, mais de quelle manière il doit s'y prendre pour conduire les hommes et ruser avec leurs passions. On ne peut, en effet, ignorer toutes ces passions qui animent les hommes.

Une défense de la tyrannie ?

C'est sans doute là que réside le principal malentendu. Car pour Machiavel – qui, ne l'oublions pas, a essentiellement servi la république – assurer la stabilité du pouvoir ne consiste pas à défendre la tyrannie. Au contraire, réfléchir aux conditions permettant de se maintenir au pouvoir, c'est aussi réfléchir aux conditions d'une vie politique qui ne réduit pas le peuple à un peuple d'esclaves. Et seule la vie sous des lois, et non sous un régime arbitraire, peut être honnête et libre.

Cependant, il faut distinguer les périodes durant lesquelles règne la loi, du moment où l'État est menacé. C'est ce moment troublé qui exige des moyens exceptionnels… pour éviter, justement, de tomber dans la tyrannie ! Car c'est lorsque l'État est détruit que la tyrannie s'installe.

Quel est le but de l'homme politique ?

Pour éviter ce danger, il faut donc envisager la fondation ou la réforme de l'État et non son fonctionnement normal. Il faut penser comment réagir lorsque l'État est en danger ; penser les garde-fous qui éviteront le naufrage. Conseiller les princes ne consiste pas à admirer les tyrans et à jouir du pouvoir qu'ils vous octroient, cela consiste à réfléchir aux mécanismes de conquête et de conservation du pouvoir.

Il est donc nécessaire de commencer par avoir une représentation juste de la réalité politique. La fortune (qui signifie à la fois le hasard et les circonstances) est changeante. L'homme d'État doit être capable de s'adapter aux circonstances et de les utiliser. Il n'est ni un saint ni un sage, il est celui qui sait changer de méthode en fonction des circonstances ; celui qui possède à la fois l'intelligence, le courage et la ruse pour s'adapter à la fortune.

Citation

« Il est nécessaire à un prince, s'il veut se maintenir, d'apprendre à pouvoir n'être pas bon et d'en user et n'user pas selon la nécessité. »

C'est en ce sens que Machiavel nous dit qu'il faut savoir « user de la bête », c'est-à-dire se montrer tantôt lion, tantôt renard : faire usage tantôt de la force, tantôt de la ruse. Lorsque cela est nécessaire, il faut même savoir être infidèle à la parole donnée – à condition de le faire habilement. Il faut aussi être prêt à jouer des apparences : si un dirigeant ne paraît pas juste, il ne sera jamais respecté. Pour se maintenir au pouvoir, mieux vaut paraître juste et ne pas l'être que l'inverse !

Pour autant, le Prince de Machiavel n'est pas un monstre : il ne peut se maintenir au pouvoir s'il ne suscite que de la haine. Il doit donc savoir se faire craindre sans être détesté. Il est l'homme qui possède l'art de gouverner. Car, le mot est lâché, la politique est un art !

La fin justifie les moyens

Ces facultés, Machiavel les désigne sous le nom de *virtù*. Celle-ci n'a rien à voir avec la vertu morale ; c'est l'autre versant de l'action politique, qui doit avant tout être comprise comme la capacité d'imposer sa volonté à la *fortuna*. Et, pour ce faire, elle implique parfois de mal agir pour parvenir aux fins qu'on s'est fixées : le maintien de l'État pour éviter les périls de l'anarchie et de la tyrannie. Le mal est, en quelque sorte, un instrument nécessaire de l'action politique.

Les devoirs politiques du prince ne sont donc pas des devoirs chrétiens. S'il apparaît sans morale, c'est pour rendre un jour la morale possible. Mais cela n'est possible que s'il garde assez longtemps le pouvoir, et c'est pourquoi *Le Prince* donne les recettes pour conserver ce pouvoir.

C'est ici que s'opère une vraie révolution de la pensée politique. Selon les classiques, les bonnes causes font les bons effets. Au moins à long terme, le bien est créateur de bien, le mal créateur de mal. Selon Machiavel, c'est l'inverse – ou, en tout cas, cela peut l'être : la fin justifie les moyens. Il est celui qui va permettre de penser la notion de raison d'État, cette stratégie qui fait appel

Vocabulaire

La raison d'État

Pour Machiavel, la raison d'État qualifie une situation d'exception qui justifie une suspension de la loi. Un État justifie ses actions lorsqu'il poursuit son intérêt supérieur aux dépens de la morale, du droit ou d'autres impératifs. On distingue alors ce qui relève de l'éthique de ce qui relève du politique. C'est la proclamation, pour la première fois, de l'indépendance de l'État moderne, source de ses propres lois.

à la raison et à une volonté de suivre le meilleur quand bien même il faut passer par le pire. Et le meilleur, c'est le maintien de l'État.

La politique, du grand art?

Si l'on s'en tient à la lettre, on comprend la mauvaise réputation de Machiavel. Affirmer la primauté de la raison d'État et la nécessité de se maintenir au pouvoir, au prix, s'il le faut, de la violence, de la ruse et de l'absence de scrupules : voilà de quoi choquer les démocrates que nous sommes, défenseur d'un État de droit qui s'impose à tous, dirigeants compris. C'est évidemment faire abstraction du contexte troublé dans lequel ces lignes ont été écrites. C'est oublier que les souverains n'ont pas attendu Machiavel pour laisser de côté les principes moraux pour exercer le pouvoir, au nom de Dieu, de la religion ou de la morale, mais pas toujours avec des buts aussi nobles que ceux qui sont assignés au Prince par Machiavel. C'est oublier aussi que les régimes politiques les plus démocratiques ont usé de lois d'exception lorsqu'ils considéraient que la démocratie était en danger. Machiavel est donc bien le grand penseur de la politique moderne, le premier à affirmer que l'angélisme a peu de place en politique, mais aussi que celle-ci est un art. Quel homme politique peut sérieusement le contredire?

Montaigne, l'homme seul

Comment être un homme heureux?

Comment jouir de la vie? Telle est la question centrale qui préoccupe Montaigne. Mais pour être un homme heureux, encore faut-il savoir de quoi on parle quand on parle de l'homme. C'est bien d'ailleurs la question que la philosophie ne cesse de poser : « Qu'est-ce que l'homme? » Et chacun de nous proposer une définition de cet être particulier que nous situons généralement entre l'animal et Dieu. Aristote nous dit que l'homme est un « animal politique » et que celui qui vit en dehors de la cité est soit une brute, soit un dieu. Plus tard, saint Thomas nous décrit un univers hiérarchisé avec les plantes, les animaux, les hommes… Une fois la place de l'homme définie, la philosophie mais aussi la théologie nous disent ce que l'homme doit faire, quelles fins il doit viser, comment il doit se comporter. Mais cette place assignée à l'homme est-elle si évidente?

Biographie

Philosophe et maire de Bordeaux

Michel Eyquem de Montaigne est né en février 1533, au château de Montaigne, en Périgord, dans une famille de riches négociants. La seigneurie avait été achetée par son arrière-grand-père en 1477. Sa mère, Antoinette, était vraisemblablement issue d'une famille juive ayant fui les persécutions de l'inquisition espagnole. Son père avait voulu qu'il apprenne le latin sans effort comme une langue vivante : son précepteur allemand ne lui parlait que latin, et les gens du château devaient faire de même ! À l'issue de ses études de droit, il devient magistrat au parlement de Bordeaux. C'est là qu'il rencontre son « frère », Étienne de la Boétie (« parce que c'était lui, parce que c'était moi », écrira-t-il à propos de leur amitié). À 38 ans, après la mort de son père qui lui laisse son titre et sa terre, il décide d'abandonner ses charges et se retire dans son château pour se consacrer à ses *Essais*. Au lendemain de cette publication (1580), il entreprend un long voyage, en partie pour soulager par les eaux thermales des calculs rénaux. Il passe par Paris, Baden, Munich, le nord de l'Italie, puis séjourne à Rome. En septembre 1581, encore en voyage, il apprend son élection comme maire de Bordeaux. Bon administrateur, il sera réélu en 1583. En 1588, il fait paraître une nouvelle édition des *Essais* et poursuit l'enrichissement de son texte jusqu'à sa mort, survenue pendant une messe qu'il fait dire dans sa chambre, le 13 septembre 1592.

La foi et la raison, encore !

À la demande de son père, Montaigne avait traduit en français le texte de Raymond Sebond, théologien catalan mort en 1432. Dans ce texte, Sebond montre la place privilégiée de l'homme dans la hiérarchie des créatures en tant qu'être doté de raison. Il affirme que Dieu peut être connu par les lumières de cette seule raison et sans la foi.

Sebond est alors attaqué de toutes parts. Les chrétiens refusent de voir affirmer une supériorité de la raison sur la foi et les libertins critiquent cette défense de la religion. Montaigne décide alors de faire une apologie de ce théologien. Il s'agit du chapitre le plus long des *Essais*. Mais alors qu'il se propose de défendre Sebond contre ses détracteurs, Montaigne revient sur cette question centrale : quelle est la place de l'homme ?

Repère

La Boétie et l'obéissance

Le *Discours de la servitude volontaire* de la Boétie constitue une remise en cause de la légitimité des gouvernants. Beaucoup s'imaginent que la servitude est forcée, alors qu'elle est toute volontaire. En tout cas c'est ce que la Boétie veut prouver dans son *Discours*. La question qu'il se pose touche à l'essence même de la politique : « Pourquoi obéit-on ? » On admet généralement comme allant de soi l'existence d'un pouvoir absolu et on omet de se demander d'où vient l'obéissance.

La Boétie oppose l'équilibre de la terreur qui s'instaure entre bandits, égaux par leur puissance et qui se partagent à ce titre le butin des brigandages, à l'amitié qui seule permet de vivre libre.

L'homme est-il supérieur à l'animal ?

Nous ne sommes pas des bêtes. La bête est bête alors que nous sommes doués de raison et d'intelligence. Là-dessus, généralement, les hommes s'entendent. Sauf peut-être les cyniques (voir chapitre 4). Montaigne n'est pas cynique, mais il s'interroge. Car après tout, les oiseaux ne nous ont pas attendus pour faire des nids qui ont de quoi nous impressionner, l'araignée n'a nul besoin d'années d'étude de géométrie pour tisser une toile parfaite. Et, pourrait-on ajouter aujourd'hui, si les touristes sont restés sur la plage surpris par un tsunami, les animaux étaient déjà partis se réfugier sur les hauteurs ! Peut-on encore parler de supériorité humaine ? C'est bien plutôt l'orgueil qui semble caractériser l'homme.

Citation

« Quand je me jouë à ma chatte, qui sçait, si elle passe son temps de moy plus que je ne fay d'elle ? Nous nous entretenons de singeries reciproques. Si j'ay mon heure de commencer ou de refuser, aussi à elle la sienne. »

Que peut-on dire de Dieu ?

Cet orgueil démesuré qui nous fait croire que nous sommes supérieurs aux animaux nous conduit à construire un dieu à notre image. Nous parlons de justice divine, de volonté

Vocabulaire

Libertins et libertinage

À l'origine, les libertins (du latin *libertinus*, esclave qui vient d'être libéré, affranchi) sont ceux qui remettent en cause les vérités révélées et revendiquent le droit à l'incrédulité. Ce sont des libres-penseurs, affranchis de la métaphysique et de l'éthique religieuse. On a appelé libertinage érudit ce courant qui, héritier de la tradition grecque matérialiste s'opposait, bien souvent de manière nécessairement cachée, aux dogmes officiels de la pensée. Le libertin est l'incrédule ou encore l'esprit fort ou capricieux comme le cabri qui s'échappe du troupeau. Une revendication de liberté suffisamment scandaleuse pour qu'on leur attribue... des mœurs scandaleuses. C'est pourquoi « libertin » et « libertinage » ont longtemps été des termes polémiques destinés à stigmatiser toutes les opinions ou conduites qui s'écartaient de la norme dominante. Jusqu'au sens actuel (qui trouve tout de même quelques fondements au sens original) : celui qui s'adonne aux plaisirs charnels avec une liberté qui dépasse les limites de la morale conventionnelle ; et, par extension, celui qui mène une vie dissolue et s'adonne à la débauche. Intéressant glissement de sens !

divine, de miséricorde. Mais ce ne sont ici que des qualités humaines. Le Dieu dont nous parlons n'est que le produit de l'anthropomorphisme. Faire de Dieu un objet pour la raison, c'est réduire Dieu, le soumettre aux lois de la logique.

Mais Dieu, s'il existe, n'est pas approprié à nos facultés. Il est inconnaissable et impensable. Que pouvons-nous dire de lui ? Rien. Nous n'avons pas d'accès à l'être. Inutile alors de s'interroger en détail, comme l'a fait tout le Moyen Âge, sur les rapports de l'homme à Dieu. Une telle approche suppose déjà un certain point de vue et conduit à un discours général : l'homme est par nature pécheur, l'homme est un être doté d'une âme immortelle, etc. Toutes ces affirmations relèvent d'un discours bien abstrait, qui prétend définir une nature humaine au lieu de s'intéresser à la condition de l'homme.

Cet orgueil conduit aussi chacun à estimer ses pratiques supérieures à celles des autres. Et à désigner comme barbares ceux dont les pratiques diffèrent des nôtres. Alors qu'en Amérique, on extermine les Indiens au nom de Dieu, Montaigne prend leur défense.

Où sont les barbares ?

Montaigne est anthropologue avant l'heure et il a compris que nos valeurs et nos jugements dépendent de notre milieu, de nos coutumes, de nos habitudes. Il n'y a pas de lois universelles qu'il faudrait respecter. Il n'y a pas de coutumes supérieures ni de civilisations supérieures à d'autres. Il y a des faits, des coutumes et, sauf cas exceptionnel, le mieux est de suivre les lois et les coutumes de son pays.

Il est ainsi un des premiers à décrire le débarquement des Espagnols dans le Nouveau Monde comme un acte de barbarie plutôt que comme l'exportation des valeurs de la civilisation. Il faut combattre toute forme de dogmatisme qui est une perte de contact avec la réalité. Il faut fréquenter le monde, le comprendre : « Mieux vaut une tête bien faite qu'une tête bien pleine. » Car mettre en balance, douter, c'est aussi tolérer. C'est pourquoi, bien que catholique, Montaigne refusera de prendre parti dans les guerres de religion. Ce qui demandait, à l'époque, un courage certain.

Anecdote

Montaigne défend les Indiens

En 1550 à Rouen, les Normands offrirent à Henri II et Catherine de Médicis le spectacle de 50 Indiens courant nus et mimant des scènes de chasse et de combats. Montaigne y assiste. C'est peut-être ce spectacle qui lui fera écrire plus tard dans les *Essais* : « Je pense qu'il y a plus de barbarie à manger un homme vivant qu'à le manger mort, à déchirer par tourments et par géhennes un corps encore plein de sentiment, le faire rôtir par le menu, le faire mordre et meurtrir aux chiens et aux pourceaux que de le rôtir et manger après qu'il est trépassé. »

Que sais-je ?

Au lieu de parler de l'homme en général, de manière abstraite, de lui assigner une place dans la hiérarchie des êtres en toute ignorance, essayons plutôt de peindre un homme dans ses doutes, ses interrogations, ses opinions, ses cheminements. Voilà ce qui pousse Montaigne à écrire les *Essais*.

Puisque nous n'avons accès ni à Dieu, ni à l'être ; puisque aucun système philosophique n'est en mesure d'établir une vérité définitive ; puisque l'homme ne peut se connaître en se comparant, nous voici orphelins. L'homme est seul, sans Dieu. Il doit affronter seul un monde instable.

Il faut donc le montrer tel qu'il est, ce que seuls les pyrrhoniens (lire page 88) ont fait, en nous peignant un homme changeant et doutant. Le doute est la seule position synonyme d'humilité. De là cette formule au cœur des *Essais* : « Que sais-je ? » Montaigne va donc se peindre lui-même, non pour se confesser, mais afin de nous montrer, à travers ses doutes, l'humaine condition.

Citation

Montaigne a fait graver sur une poutre de sa bibliothèque cette sentence : « À tout discours, s'oppose un discours de force égale. »

Mais si l'homme est seul, que peut-il espérer ?

Aucun système philosophique n'est définitif, mais la sagesse antique nous montre la voie vers le bonheur. Car la question essentielle est bien celle du bonheur. Si la nature a fait de l'homme un être orgueilleux, elle lui a aussi donné les moyens de jouir du temps qui lui est offert, pour devenir heureux et sage. Pour y parvenir, il suffit… de bien faire l'homme. Pas l'homme abstrait des constructions théoriques, mais l'homme qui peut éprouver des plaisirs, qui peut aussi juger, ne pas se laisser embarquer par ses passions sans contrôle.
Aux épicuriens, il emprunte l'idée que le plaisir modéré rend la vie agréable et l'âme tranquille loin des turbulences ; aux stoïciens, la maîtrise des passions et le refus de toute crainte de la mort ; aux sceptiques, enfin, la lutte contre toute forme de dogmatisme. Il semble donc parfois épicurien, parfois stoïcien, parfois sceptique, mais n'est jamais totalement ni l'un ni l'autre. Il faut vivre en étant toujours prêt à mourir, certes ; mais il faut aussi vivre en étant toujours prêt à vivre encore. Il faut vivre avec le maximum de plaisir et le minimum de peine, oui ; mais en acceptant la vie telle qu'elle est.

À retenir

Vivre sans Dieu

La philosophie politique de **Machiavel** et le moralisme humaniste de **Montaigne** semblent bien éloignés l'un de l'autre. Pourtant, ils partagent une idée fondamentale, qui est sans doute la caractéristique de la Renaissance : l'homme doit apprendre à faire sans Dieu. Cela ne signifie, ni pour l'un ni pour l'autre, remettre en cause l'existence de Dieu, mais affirmer que celui-ci ne règle pas notre vie terrestre. Chez **Montaigne**, la question des fins de l'homme est détachée de toute théologie, tout comme la question politique en est séparée pour **Machiavel**. L'homme, l'homme seul, revient au centre du discours, comme chez les moralistes de l'Antiquité grecque, mais au cœur d'un monde nouveau. L'État moderne est né, un homme nouveau apparaît.

Chapitre 8

Naissance de la philosophie moderne

En 1600, quel savant paiera de sa vie la défense de l'héliocentrisme ?

- [ ] Copernic.
- [ ] Brahe.
- [ ] Bruno.
- [ ] Galilée.

Voir page 141

Lequel de ces savants n'a rien à voir avec les théories de Galilée ?

- [ ] Archimède.
- [ ] Avicenne.
- [ ] Newton.
- [ ] Einstein.

Voir page 142

« Je pense donc je suis » : tout le monde connaît. Mais cela signifie...

- [ ] Que j'ai bien un corps.
- [ ] Que je suis une chose qui pense.
- [ ] Que Dieu existe.
- [ ] Que Dieu n'existe pas.

Voir page 148

Oui ou non, Descartes pense-t-il que...

- [ ] Les animaux sont des machines.
- [ ] Le monde est purement matériel.
- [ ] L'homme est maître de la nature.
- [ ] L'erreur vient de la liberté.

Voir page 150

Hobbes n'est pas...

- [ ] Nominaliste.
- [ ] Matérialiste.
- [ ] Empiriste.
- [ ] Totalitariste.

Voir pages 155 et 156

« L'homme est un loup pour l'homme » définit pour Hobbes...

- [ ] L'état primitif.
- [ ] L'état de nature.
- [ ] L'état de guerre.
- [ ] L'état de liberté.

Voir pages 157 et 158

Copernic et Galilée, la révolution scientifique

Au Moyen Âge, la théologie est la science première, qui englobe aussi bien la philosophie que la médecine et le droit. La conception du monde qui prévaut concilie la théologie chrétienne et la philosophie d'Aristote, qui a finit par s'imposer comme une véritable autorité et qu'on désigne par le terme d'École, avec un E majuscule. Aristote, avec son ouvrage *De Caelo* (Du Ciel), a établi les principes qui auront cours jusqu'au XVIe siècle. Il y distingue les corps lourds, comme la terre et l'eau, des corps légers, comme l'air et le feu. Les corps lourds tombent suivant une qualité qui leur est propre, alors que les corps légers montent, également suivant leur essence, pour ne s'immobiliser que lorsqu'ils ont atteint leur lieu propre. Ainsi, une pierre jetée arrêtera de tomber lorsqu'elle aura atteint le sol (lire page 70).
En d'autres termes, c'est à partir de la cause finale, c'est-à-dire du but, que le mouvement est expliqué. Une fois ce but atteint, les corps sont au repos. Or, nous pouvons observer que la Terre, notre planète, ne tombe pas, et que tous les autres corps lourds tombent perpendiculairement à elle. De là nous pouvons conclure que la Terre, le lourd absolu, est immobile au centre de l'univers, car elle y est à sa place.

L'univers d'Aristote devint celui des chrétiens

L'observation, selon Aristote, nous montre également que le monde céleste est animé d'un mouvement régulier et uniforme, alors que sur terre, tout est soumis à la génération et à la corruption, à la naissance et à la mort. Cela le conduit à distinguer deux mondes différents par nature : le monde céleste, monde de la régularité, ordre cosmique inaltérable qui démontre la perfection de la création divine, et le monde terrestre, monde de l'altération, du changement constant. Entre ces deux mondes se trouve un astre, la Lune. D'où une distinction entre un monde supralunaire (celui de la perfection) et un monde sublunaire (celui de l'imperfection). On comprend pourquoi cette conception aristotélicienne du monde sera reprise par la théologie chrétienne, qui y voit une justification des textes sacrés : la Terre est au centre de l'univers et cette distinction entre un monde céleste, image de la perfection, et un monde terrestre, image de l'altération, va de pair avec ce dogme qui voit dans le monde terrestre le lieu de la corruption.

Celui de Ptolémée aussi

Au IIe siècle apr. J.-C., un mathématicien et astronome grec, Ptolémée, va corroborer cette thèse du géocentrisme. Inspiré par les travaux de l'astronome Hipparque, il va parvenir à localiser des astres vagabonds grâce à la trigonométrie. Toutefois, cette astronomie reste toujours tributaire de la physique d'Aristote : le ciel est considéré comme une vaste sphère qui tourne autour d'un axe fixe, et la Terre est située au centre des cieux ; plus exactement au centre des orbites circulaires concentriques que parcourent le soleil et les planètes. Elle est sphérique, mais immobile. Trois principes vont donc nourrir l'astronomie pendant quatorze siècles : le géocentrisme, la séparation de deux mondes et l'idée selon laquelle le mouvement circulaire uniforme est le seul mouvement possible des corps célestes.

Copernic et l'héliocentrisme

Nicolas Copernic, astronome et chanoine polonais, naît en 1473 et meurt en 1543, année de la publication de son œuvre, le *Livre des révolutions des orbes célestes*. Son travail va avant tout consister à remettre en cause l'idée selon laquelle la Terre est immobile au centre de l'univers. Il n'est pas le premier : Aristarque de Samos, au IVe siècle av. J.-C., avait déjà soutenu cette thèse. Mais il va la défendre en opérant une critique du système de Ptolémée. Ce dernier faisait l'hypothèse que Mars et Jupiter décrivaient leurs orbites à des vitesses variables mais telles que le mouvement angulaire des planètes soit uniforme par rapport à un point d'égalité symétrique de la Terre par rapport au centre des orbites. C'est une telle hypothèse que Copernic va d'abord remettre en cause.

Sa conception du monde est la suivante : au centre se trouve le soleil, qui est fixe, alors que la Terre,

Biographie

Bruno, martyr de la science

Pour avoir soutenu l'héliocentrisme et l'infinité de l'univers, presque soixante ans pourtant après Copernic, Giordano Bruno (né en 1548), sera condamné à mort pour hérésie. Il est vrai que cet intellectuel critique (dont la pensée sera plus tard saluée par Hegel), nourri de philosophie, indisposa dans toute l'Europe, catholiques comme protestants !
À la lecture de sa condamnation au bûcher, Bruno aurait dit : « Vous éprouvez sans doute plus de crainte à rendre cette sentence que moi à l'accepter. » Le 17 février 1600, il est mis nu mais avec un mors l'empêchant de parler sur le Campo Dei Fiori à Rome et supplicié sur le bûcher.

simple planète, accomplit un périple annuel et tourne sur elle-même. Copernic substitue donc au géocentrisme l'héliocentrisme (du grec *helios*, le soleil) et fait disparaître l'opposition aristotélicienne entre deux mondes. Or, si la Terre n'est pas le centre du monde, s'écroulent toutes les théories d'Aristote selon lesquelles il y aurait une différence entre les corps lourds et les corps légers, car il devient impossible de considérer le lieu où se trouve la Terre comme le bas absolu, et celui vers lequel monte le feu comme le haut absolu.
On se doute des réactions à la thèse de Copernic ! Mort juste après l'impression de son livre, il n'eut pas à subir les foudres de l'Église. Mais ses théories, bien qu'acceptées par le pape Paul III, furent combattues par la plupart des intellectuels européens. Et ceux qui les défendaient prenaient des risques…

Galilée, fondateur d'une physique mathématique (1564-1642)

À l'époque de Galilée, trois visions du monde s'opposent : celle de Ptolémée, celle de Copernic et celle de Tycho Brahe, astronome danois (1546-1601), qui est un compromis entre les deux. La Terre est immobile au centre, mais les autres planètes tournent autour du Soleil en l'accompagnant dans son mouvement autour de la Terre. De grandes remises en cause du système d'Aristote ont donc déjà eu lieu. Reprenant les thèses de Copernic, Galilée va être à l'origine de la fondation d'une véritable science de la nature, la science physique (nature se dit *physis* en grec).
Convaincu très tôt de la validité de l'héliocentrisme, il manifeste également un grand intérêt pour les thèses d'Archimède. En effet, si les lois de l'équilibre des corps flottants sont vraies, toutes les constructions d'Aristote s'écroulent. Suivre Archimède, c'est penser que si un corps peut monter et descendre dans un milieu déterminé, cela est dû à une relation entre le corps et le

> **Biographie**
>
> **Mathématicien autodidacte**
>
> Galileo Galilei est né à Pise en 1564 dans une famille florentine cultivée. Il étudie presque seul les mathématiques, et s'y montre vite brillant. Nommé, en 1589, professeur à l'université de Padoue, il retourne en Toscane en 1610, auréolé de ses découvertes, à la demande du grand duc Cosme II. Après son procès, à l'issue duquel il est condamné (voir plus loin), il se retire en 1633 dans sa villa d'Arcetri, près de Florence. Devenu aveugle trois ans plus tard, il meurt en 1642, à l'âge de 78 ans.

milieu, et non, comme l'affirme Aristote, à la nature cachée des corps, lourds ou légers. Alors qu'Aristote soutenait que la vitesse de chute d'un corps était proportionnelle à son poids, Galilée remarque que la résistance de l'air ralentit la chute des objets tels que les feuilles, alors que des objets compacts tombent tous à la même vitesse.
C'est ainsi qu'il va énoncer la loi de la chute des corps, selon laquelle un corps en chute libre tombe à une vitesse uniformément accélérée proportionnelle au temps de la chute (v = 1/2gt2). Il ne s'agit donc plus d'une approche qualitative (le lourd, le léger) mais d'une approche quantitative. La révolution galiléenne consiste à mesurer les phénomènes naturels, à appliquer les mathématiques à la nature, à créer une science physique.

Il n'y a pas deux mondes, mais un seul univers

Cette introduction de la mesure dans l'étude de la nature constitue une rupture fondamentale dans l'approche et la conception du monde. Pour Aristote, seul le monde céleste régulier pouvait se prêter aux mathématiques (et, partant, à des sciences comme l'astronomie). En appliquant les mathématiques au monde terrestre, Galilée postule l'unité de l'univers, en considérant que les deux mondes sont de même nature. Il ne s'agit plus alors d'expliquer les phénomènes par des causes finales, mais de décomposer, de déchiffrer des phénomènes, d'établir des hypothèses et de les vérifier, puis d'énoncer des lois, c'est-à-dire des rapports nécessaires et constants entre des phénomènes (Si X... alors nécessairement Y...), en faisant abstraction des causes.

> **Citation**
>
> « Le grand livre de la nature est écrit en langage mathématique. »

La grande révolution consiste à appliquer au réel les notions mathématiques et à passer, selon l'expression de Koyré, « du monde de l'à-peu-près à l'univers de la précision ». Les mathématiques deviennent le langage capable de déchiffrer la nature, et l'espace, où qu'il se trouve, devient totalement indifférencié. La Terre n'est plus un lieu privilégié.

Le principe de relativité galiléen

Quelle raison y aurait-il alors de penser la Terre immobile, si elle n'est plus le lieu privilégié, le centre du monde ? À ses détracteurs qui soutiennent que si la Terre tourne, un objet lâché du haut d'une tour ne devrait pas tomber au pied de cette tour, il répond par la relativité du mouvement. En effet, une pierre lâchée du haut du mât d'un navire qui avance tombera toujours au pied de ce mât. Si la pierre tombe au pied de la tour, c'est qu'elle subit deux mouvements différents, le mouvement vertical de la chute et le mouvement circulaire de la Terre. Si nous ne percevons que le premier c'est que le second est commun à la pierre et à nous-mêmes.

Galilée anticipe ainsi Einstein, dont la théorie de la relativité montrera l'invariance des lois physiques dans n'importe quel système de référence. On ne peut donc plus se fier à la simple observation, et l'expérience acquiert un nouveau statut. Elle est ce qui doit être décomposé, compris, et qui vient valider ou invalider une hypothèse.

La lunette astronomique

En 1609, Galilée apprend l'invention, en Hollande, de la lunette astronomique. Il va alors élaborer son propre instrument grâce auquel il observe le ciel, découvrant des étoiles jamais vues. Il confirme également que des planètes, comme le montrent les phases de Vénus, ne reflètent que la lumière du Soleil en tournant autour de lui; que Jupiter a des satellites et Saturne un anneau; que la Lune, satellite de la Terre, possède des reliefs et que le Soleil a des taches. Il s'agit d'un nouveau coup porté à la théorie d'Aristote selon laquelle le ciel (« le monde supralunaire ») est parfait alors que sur Terre (dans le « monde sublunaire ») régnerait le désordre; et, de ce fait, au système de Ptolémée. De quoi renforcer les thèses de Copernic.

Le monde désenchanté

Galilée incarne une idée nouvelle de la science en montrant que la nature obéit à une nécessité rationnelle et peut devenir l'objet d'une science. En refusant de se soumettre à l'autorité des livres, en imposant un recours raisonné à l'ex-

> **Anecdote**
>
> ### La condamnation de Galilée
>
> Galilée a marqué l'histoire pour avoir subi les foudres de l'Inquisition. Légende ou réalité? On raconte que, venant d'abjurer ses théories face à ses juges, il aurait dit, à genoux : *« Eppur, si muove! »* (Et pourtant, elle tourne). Il n'est pourtant pas parvenu à démontrer scientifiquement l'héliocentrisme. Il faudra attendre Newton et les lois de la gravitation universelle pour donner une expression mathématique au mouvement des astres.

périence, il rompt définitivement avec toute forme de dogmatisme. En fondant une science nouvelle du mouvement et de la nature, il ouvre un espace à l'intérieur duquel les progrès des mathématiques vont désormais marcher de pair avec ceux de la physique. Notre rapport à la nature est désormais transformé. L'homme n'a plus une place privilégiée dans le monde. Il n'est plus le centre du monde et de la création. Un monde qu'on qualifiera de « désenchanté », au sens propre du terme. On comprend pourquoi de telles théories faisaient peur !

Descartes, l'homme de raison

On parle d'esprit cartésien pour désigner une certaine rigueur, une position rationnelle, un souci de clarté, un refus des croyances et des préjugés. Mais, à l'inverse, l'esprit cartésien est critiqué pour son analyse uniquement rationnelle, manquant de fantaisie et de créativité. Quelle image est la bonne ?

Biographie

Les matinées au lit

René Descartes est né en 1596 à La Haye, petite ville entre Poitiers et Tours, qui porte désormais son nom. À 8 ans, il est envoyé dans un collège de jésuites à La Flèche, en Anjou, où il étudie la philosophie d'Aristote. De santé fragile, il est autorisé à passer ses matinées au lit !

En 1619, il s'enrôle dans l'armée bavaroise pour visiter du pays, mais il ne participera vraiment à aucune bataille. En 1628, il s'installe en Hollande, où ses idées novatrices sur la nature et le monde ont des chances d'être mieux acceptées qu'en France. À l'époque, le parlement de Paris punissait encore de mort toute attaque contre Aristote ! Il y restera vingt ans. En 1649, il accepte l'invitation de la reine Christine de Suède, son admiratrice, qui réclame des leçons de philosophie. Lui qui passait ses matinées au lit doit alors se lever très tôt pour lui rendre visite tous les matins ! Il finit par attraper froid et meurt à Stockholm d'une pneumonie, le 11 février 1650.

Qu'est-ce qu'on s'ennuie à l'école!

Au collège de la Flèche, Descartes était un élève brillant, mais il s'ennuyait en cours. La pensée d'Aristote, la physique antique y faisaient alors autorité. Descartes ne voit pas grand intérêt dans cet enseignement répétitif. La méthode lui paraît aussi bien discutable : il ne s'agit que de dogmes, d'opinions non démontrées, qui donnent lieu à des discussions sans fin. Seules les mathématiques suscitent son admiration : c'est la seule science qui fournit des certitudes et repose sur des démonstrations. Pour ne pas perdre son temps dans des discussions stériles, estime-t-il, il faudrait, dans tous les domaines, atteindre le niveau de certitude des mathématiques.

Vocabulaire

La démonstration

Qu'est-ce qu'une démonstration mathématique? Une démarche qui repose sur un double mouvement : tout d'abord l'intuition qui saisit l'évidence d'un théorème, puis la déduction qui lie les théorèmes entre eux.

Quelle est la bonne méthode?

Comment donc être assuré de ses connaissances? Tout d'abord, en définissant une attitude rationnelle, en constituant une méthode qui va être exposée dans le célèbre *Discours de la méthode* (1637) écrit en français pour être accessible au plus grand nombre. Cette méthode a pour but de rompre avec les préjugés de l'enfance. En effet, « pour ce que nous avons été enfants avant que d'être hommes », nous avons l'esprit encombré d'opinions, de préjugés contradictoires et de connaissances acquises par ouï-dire, transmises par nos précepteurs et nos nourrices. Il devient donc nécessaire de construire les principes de notre connaissance sur un véritable fondement qui soit solide et débarrassé de toutes nos croyances. Or, tous les hommes possèdent la raison ou encore ce qu'on appelle le bon sens. Malheureusement, tout le monde ne sait pas s'en servir! Descartes va donc s'appliquer à définir quatre règles de méthode.

- **L'évidence.** Il s'agit de ne rien recevoir sans examen et de n'admettre comme vrai que ce qui résiste au doute. Pour cela, il faut se méfier de l'apparence de vérité et ne pas faire preuve de précipitation.
- **L'analyse.** Lorsqu'on doit résoudre un problème complexe, il convient d'en réduire la difficulté en le décomposant mentalement en éléments ; de réduire une idée complexe, en plusieurs idées plus simples.

- **La synthèse.** Une fois parvenu aux éléments simples, il faut déduire de ce simple le complexe.
- **Le dénombrement.** Il faut alors s'assurer qu'on n'a rien oublié.

Tout ceci n'a rien de révolutionnaire, mais il faut s'efforcer d'appliquer ces principes dans tous les domaines.

Comment se débarrasser des fruits pourris ?

Rompre avec l'enfance et devenir adulte, c'est d'abord ne plus se soumettre à ce qui vient de l'extérieur. Ne nous laissons pas piéger par l'apparence de vérité. Remettons en cause tout ce que nous croyons savoir. Mais comment faire le tri entre les opinions et les vérités ? Face à un panier de pommes pourries il y a deux solutions : soit on essaye d'enlever les pommes gâtées, mais on risque d'en oublier, qui vont en contaminer d'autres ; soit on vide entièrement le panier et on ne reprend que les pommes saines. Telle va être l'entreprise du doute correspondant à la première règle de la méthode : remettre tout en cause et voir ce qu'il reste, ce qu'on peut récupérer. Descartes entreprend donc un doute méthodique, rejetant tout ce dont il ne peut être assuré, tout ce qui peut être suspecté d'erreur. Comme il arrive que nos sens nous trompent, nous pouvons remettre en cause tout ce que nos sens nous apprennent et nous ont appris. Puisque lorsque nous rêvons, nous ne savons pas que nous rêvons, nous pouvons douter de la réalité du monde qui nous entoure. Parce qu'il nous arrive de nous tromper dans nos raisonnements mathématiques, doutons aussi des vérités mathématiques ! Pourtant, lorsque nous rêvons, 2 + 2 ne font-ils pas toujours 4 ? Certes, mais il se pourrait bien qu'un malin génie s'évertue à nous tromper…

Nous pouvons donc douter de nos sens, de la réalité de notre corps, de celle du monde et même des vérités mathématiques. Que reste-t-il alors d'indubitable ? Lorsque je veux douter de tout, il faut bien que demeure cette chose qui doute, le « je » qui est en train de douter. De là cette évidence qui s'impose à l'esprit, celle du « je » qui doute, celle du « je pense ». Une vérité seule résiste au doute, « *cogito* », « je pense ».

Je pense, donc je suis

Descartes n'a pas pratiqué ici un doute sceptique, comme Pyrrhon, qui consisterait à affirmer que rien n'est certain, mais un doute méthodique, qui lui a permis de saisir la seule évidence indubitable : je suis une chose qui pense. Il est comme un architecte qui a enfin posé les bonnes fondations. Nous nous définissons avant tout comme des êtres dotés de

pensée et non comme des corps. Celui qui me définit par mon corps, par mes apparences, est finalement prisonnier des préjugés, car ce qui fait de moi un homme, ce n'est pas d'être grand, petit, noir, jaune ou blanc, c'est le fait de penser. Dans l'ordre des raisons, nous sommes avant tout une pensée, puis une âme, avant d'être un corps.
Un renversement essentiel vient d'être opéré : il ne s'agit plus de régler notre connaissance sur l'extérieur mais de la faire reposer sur l'unité d'un sujet qui pense. Voilà accompli le premier passage de l'enfance à l'âge d'homme.

Que faire en attendant d'être sûr ?

Si dans l'ordre de la connaissance, il faut suivre une méthode, sans se précipiter ni se laisser guider par l'immédiateté de nos sens, il en va tout autrement dans le domaine de l'action. Car en ce domaine, les choses n'attendent pas. Quand je traverse la route, si je vois une voiture arriver, je ne vais pas commencer par me demander si mes sens me trompent ! Quand j'agis, je n'ai pas le temps de douter, de tout remettre sans cesse en cause. D'ailleurs, les sens nous trompent quand ils nous font croire que le Soleil tourne autour de la Terre, mais ils nous servent à ne pas nous brûler quand nous approchons du feu, à ne pas nous faire renverser quand nous traversons la route…
Voilà pourquoi, avant même d'établir ce fondement et principe de la connaissance qu'est le « je pense », Descartes va, dans le *Discours de la méthode*, établir une morale provisoire qui va consister en quatre maximes à suivre pour notre conduite. Si cette morale est provisoire, c'est tout simplement parce qu'elle ne peut attendre que toute la philosophie soit construite. Le doute met en suspens la philosophie, mais en attendant, il faut agir ; mais toujours guidé par notre raison.

> **Citation**
>
> « Tâcher de se former une morale qui puisse suffire pour régler les actions de la vie, à cause que cela ne souffre point de délai, et que nous devons surtout tâcher de bien vivre. »

Comment ne pas se tromper de chemin ?

Les quatre maximes sont les suivantes :
1re maxime. Suivre les coutumes de son pays en réglant son attitude sur ce que les hommes font. C'est le moyen d'être tranquille.

2e maxime. Lorsqu'on a pris une décision, on doit s'y tenir avec fermeté comme si c'était la meilleure. Ainsi, si on est perdu dans la forêt, il faut choisir une direction et ne pas la lâcher. Au bout d'un moment, on sortira de la forêt, alors que si on change d'avis toutes les cinq minutes, on risque de tourner sans cesse !
3e maxime. Ne pas désirer l'impossible et ne pas regretter de faire usage de sa volonté. Il faut faire de son mieux pour obtenir ce qu'on désire. Soit nous y parvenons, soit c'est pour nous impossible et alors, nous n'avons rien à regretter car nous avons fait le maximum.
4e maxime. Que faire de sa vie ? Rechercher la vérité.

Qu'est-ce qu'un morceau de cire ?

S'il faut bien agir, il n'en demeure pas moins que rien, d'un point de vue théorique, ne nous assure que le monde existe. À ce moment du doute, il ne reste comme évidence que l'existence de notre pensée. Et pourtant, nous continuons à saisir, par nos sens, les corps et les objets qui nous entourent, et surtout notre propre corps, même si ce dernier est distinct de notre âme immatérielle.
Que sont donc ces corps qui nous entourent ? Descartes prend un exemple simple et commun, celui d'un morceau de cire. Nous pouvons le décrire selon sa forme, sa couleur, son odeur, sa texture… mais si nous l'approchons du feu, sa couleur change, son odeur et sa forme se transforment. Qu'est-ce donc alors que ce morceau de cire ? Il ne se définit pas par les qualités que nous venons de décrire et que Descartes nomme « qualités secondes », mais par son essence. Nous ne connaissons pas le morceau de cire par nos sens, mais par une « inspection de l'esprit ». Une fois qu'on a approché la cire du feu, toutes les qualités ont disparu sauf l'*étendue*, qui est la qualité essentielle de la matière. Il y a de l'étendue là où il y a des corps et là où il n'y a pas de corps, il n'y a pas d'étendue.

Descartes physicien

Contrairement à ce que pensait Aristote, le monde est purement matériel, dénué de qualités occultes et même d'intention. La nature n'a aucun dynamisme propre, elle est dépouillée de toute dimension métaphysique. Inutile de faire appel aux notions de forme, de puissance, d'acte… On ne trouve dans l'étendue que le mouvement transmis de l'extérieur. Ce n'est pas l'intention de la nature qui crée le mouvement ; celui-ci n'existe que grâce à une impulsion extérieure. C'est en ce sens que Descartes, en physicien, énoncera la loi de l'inertie : aucun corps ne sort du repos s'il n'est poussé par une force extérieure et aucun corps en mouvement ne tombe au repos s'il n'y est contraint par une force extérieure. Tous les corps sont donc soumis aux lois mécaniques du mouvement. Dans la continuité de la révolution accomplie par Galilée, Descartes va faire de la nature un objet que nous pouvons connaître grâce aux mathématiques.

Le problème est que, contrairement à Démocrite et Épicure, Descartes pense que l'univers est plein. Mais s'il n'y a pas de vide, comment le mouvement est-il possible ?

Descartes construit sa théorie en faisant appel à la notion de tourbillon. Lorsqu'un corps se déplace, c'est toujours à l'intérieur d'un autre, selon un mouvement qui déplace le milieu ambiant.

Peut-on faire des expérimentations sur les animaux ?

Considéré du seul point de vue du corps, l'homme peut être expliqué mécaniquement. Expliquer les mouvements corporels consiste à montrer en quoi ils sont une conséquence de la seule disposition des organes, tout comme un horloger pourra expliquer le fonctionnement d'une montre à partir de l'agencement des rouages. Le cœur, par exemple, est ainsi assimilé à une pompe.

Il en va de même des animaux. Qu'est-ce qui fait la différence entre l'homme et l'animal ? La parole, le langage. Le perroquet ne parle pas, il répète ; l'homme, lui, est capable d'inventer des mots ou des signes et de parler intelligemment. Privés de langage, les animaux sont de pures machines et leurs comportements se réduisent à une suite d'automatismes étrangers à toute inventivité, résultant d'instincts et d'apprentissages, qui peuvent s'expliquer mécaniquement.

Descartes parle des « animaux-machines ». Cela signifie-t-il que je peux faire sur eux des expérimentations sans scrupule ? N'y a-t-il aucune souffrance animale ?

Repère

De Descartes à Pavlov

En 1889, le physiologiste russe Pavlov montrera que si l'on accoutume un chien à recevoir sa nourriture accompagnée d'un stimulus sonore, ce dernier peut à la longue déclencher la salivation de l'animal sans être accompagné de cette nourriture. Il s'agit d'un réflexe conditionné renvoyant à un comportement mécanique. Pas si loin de Descartes et ses animaux-machines.

Devenir « comme maître et possesseur de la nature »

Dès lors, si le monde se réduit à une étendue en mouvement, il devient entièrement connaissable. L'homme n'est plus soumis à l'extériorité, il n'est plus un enfant face à une nature capricieuse et animée d'intentions ; il va pouvoir s'en rendre « comme maître et possesseur ». Naît alors le rêve d'un développement de la technique qui va nous permettre de ne plus subir la nature et de mieux vivre. De là les grands espoirs que l'on peut placer dans la science et la technique.

Mais attention aux mots ! Descartes nous dit bien que l'homme va pouvoir se rendre « comme maître et possesseur » et non « maître et possesseur » ! Car le seul maître et possesseur de la nature est évidemment Dieu. Et si la nature ne nous appartient pas, il y a forcément des limites à l'action que nous pouvons avoir sur elle. Peut-être les développements des sciences et des techniques nous ont-ils conduits à oublier cette leçon…

Toutefois, puisque nous avons douté de tout, puisque nous avons dit que nos sens pouvaient nous tromper, que peut-être nous étions en train de rêver, qu'est-ce qui nous assure que ce monde existe, et que les corps existent ?

> **Repère**
>
> **Descartes contre Frankenstein**
>
> Frankenstein n'est pas le nom d'un monstre difforme, mais celui de son créateur, le médecin imaginé au XIXe siècle par la romancière Mary Shelley. Partant de louables intentions, combattre la maladie et la mort en recréant la vie, Frankenstein avait oublié que l'homme n'est pas Dieu, qu'il n'est pas possesseur de la nature, mais seulement « comme » maître et possesseur de la nature. Et en se prenant pour Dieu, il devient un monstre !

Dieu existe !

En effet, au point où nous en sommes du processus de doute, la seule évidence est celle du « je pense ». Nous restons encore enfermés en nous-mêmes, et rien ne nous assure que le monde dont nous venons de parler existe vraiment ! Tel est ce qu'on nomme le *solipsisme*. Comment sortir de cet enfermement ? Par un approfondissement de la connaissance que nous avons de nous-mêmes. « Je suis une chose qui pense », cela signifie que j'ai des idées. Or, parmi ces idées, se trouve l'idée d'infini dont on ne peut nier la présence dans l'esprit. Se trouve donc en nous une idée qui ne parle pas de nous, puisque nous sommes des êtres finis,

limités et imparfaits. Cette idée ne peut donc provenir que d'un être infini et parfait, Dieu. Se découvre alors une nouvelle évidence, celle de l'existence de Dieu. Or, Dieu est parfait : Il ne peut vouloir nous tromper. Nous pouvons donc croire en la réalité du monde et comprendre pourquoi la nature est régie par des lois. C'est parce que Dieu a mis des « lois dans la nature comme un roi en son royaume ».
Descartes établira d'autres preuves de l'existence de Dieu, qui va être posé chaque fois comme garant de la vérité et du monde. Il nous arrive pourtant de nous tromper ! C'est d'ailleurs à partir d'un tel constat que Descartes a commencé son entreprise du doute. Alors, si Dieu est garant de la vérité, s'il ne s'amuse pas à nous tromper, comment comprendre l'erreur ?

Pourquoi nous trompons-nous ?

La réponse est simple : nous nous trompons parce que nous sommes libres. En effet, notre volonté est infinie et il nous est possible de vouloir des choses que nous ne comprenons pas. Notre entendement, notre pouvoir de connaître est limité alors que notre volonté n'admet aucune limite. Se tromper, c'est se prononcer au-delà des limites de son entendement, c'est en quelque sorte parler à tout prix de ce qui nous dépasse ou encore parler quand nous ne savons pas. Dès lors, Dieu n'a rien à voir avec nos erreurs, nous en sommes pleinement responsables. L'erreur est un acte de liberté parce que ma volonté a le pouvoir de décider sans raison. La liberté, c'est le pouvoir de refuser le vrai. Trouver la vérité sera donc le résultat d'un choix de notre volonté, celui de ne pas s'aventurer au-delà des limites de notre entendement. Le bon exercice de la volonté suppose donc également la connaissance. Et nous voici revenu à la méthode, qui occupe bien la place centrale dans la pensée cartésienne : pour ne pas se tromper, nous devons exercer notre volonté à suivre l'ordre de la raison.

L'âme unie au corps

Par le doute, je découvre l'âme qui pense, voilà ce qui est le plus assuré. L'âme peut donc être conçue sans le corps. Faut-il alors considérer qu'elle existe sans le corps ? Pas vraiment, estime Descartes. Car si l'on peut théoriquement séparer l'âme du corps, la réalité est autre. Nous avons un corps avec lequel notre âme est liée, et cela constitue une seule substance : un homme. Cette union, nous la constatons tous les jours, mais nous constatons aussi que l'âme n'est pas présente de la même manière partout. Elle l'est plus dans le

cerveau – ce que Descartes appelle la glande pinéale – que dans notre gros orteil. Une constatation dont on tirera l'expression « être bête comme ses pieds » !
L'âme agit donc sur le corps : elle met en route des particules, un influx nerveux, pour déclencher des mouvements, des paroles… Lorsque c'est l'âme qui se manifeste ainsi, on parle d'action ; mais lorsque c'est le corps qui agit sur l'âme, on parle de passion. L'âme subit alors les actions du corps qui crée des représentations : la peur, la faim… Peut-on encore parler de liberté ? Descartes se montre stoïcien : il y a ce qui dépend de nous, sur quoi nous pouvons agir, et ce qui ne dépend pas de nous. Agissons donc sur ce qui dépend de nous, en usant au mieux de notre volonté et de notre liberté.

Comment arrêter de fumer ?

L'âme, au lieu de se laisser aller à subir le corps, peut se donner les moyens de le maîtriser, de le discipliner, de contrôler ses réactions nerveuses et musculaires. Tout cela ne se fait pas en un jour. Ainsi, on ne devient pas courageux du jour au lendemain. Il faut discipliner sa peur, par des habitudes physiques, par un dressage du corps, par exemple par l'apprentissage de l'escrime (n'oublions pas que Descartes est un contemporain des mousquetaires !), mais aussi associer mentalement des représentations désagréables ou honteuses à des mouvements spontanés de fuite ou de lâcheté. Pour prendre un autre exemple, plus contemporain : il ne suffit pas de vouloir arrêter de fumer pour le pouvoir. Il faut s'y préparer mentalement, entraîner le corps à se passer progressivement de nicotine, etc.
La passion n'est pas mauvaise en soi, pas plus que la peur, qui peut nous permettre de préserver notre vie. L'important, c'est de ne pas avoir peur à tout propos, de ne pas céder systématiquement à ses passions.

La morale

Descartes avait d'abord établi une morale par provision, par défaut ; la connaissance des passions va permettre d'aller plus loin. Nous sommes responsables de nos passions et ne les subissons que parce que nous ne savons pas nous y prendre pour empêcher que l'action du corps sur l'âme ne paralyse en quelque sorte notre volonté ; parce que nous usons mal de notre liberté. Être libre, ce n'est pas s'affranchir des passions – ce qui reviendrait à dire qu'il faut s'affranchir du corps, ce qui est absurde, puisque corps et âme sont unis – ; c'est faire le meilleur usage possible de nos passions, grâce au pouvoir intelligent de notre volonté sur notre corps. Cet apprentissage de la maîtrise de soi fortifie une passion, « l'estime de soi », et en rejette une autre, « le mépris de soi ». C'est pourquoi, selon Descartes, la vertu suprême est la générosité, le sentiment de bien user de sa liberté.

La liberté

Nous sommes donc libres, soit. Mais attention : il y a liberté et liberté. La liberté en son plus bas degré est ce qu'on appelle le libre-arbitre : la possibilité que nous avons de faire n'importe quoi. C'est la liberté d'indifférence. La vraie liberté, en revanche, est la liberté morale, celle qui nous permet de choisir le bien. C'est pour cela que la morale est possible : parce que nous sommes libres et pouvons faire un bon usage de notre volonté. Pour revenir à notre exemple : celui qui fume exerce son libre-arbitre, alors que celui qui arrête de fumer use de sa volonté, donc de sa vraie liberté ! Ainsi, nous sommes des êtres finis, imparfaits, mais ce qui fait de nous des humains, c'est la présence en nous d'un infini : nous ressemblons à Dieu par notre liberté. C'est ce qui fera dire à Sartre : « Devenons le Dieu de Descartes ! » ; faisons usage de notre liberté absolue et ne la fuyons pas (lire page 363).

Hobbes, faire de la politique comme Galilée a fait de la physique

Imaginons un sourd-muet de naissance devant qui on place un triangle et, à côté, deux angles droits. En réfléchissant, il pourra faire la comparaison et trouver que les trois angles du triangle sont égaux aux deux angles droits. Cependant, si la sensation lui permet de saisir cette équivalence, il ne parviendra pas à l'idée générale selon laquelle la somme des angles du triangle est égale à deux angles droits. Pourquoi ? Parce qu'il lui manque le langage pour parvenir aux idées générales. La sensation reste particulière mais les mots seuls permettent d'atteindre la généralité.

Qu'est-ce que parler ?

Qu'est-ce qu'un mot ? Un terme général qui est un moyen très commode pour désigner des réalités possédant entre elles des points communs. Nous faisons des expériences, éprouvons

Biographie

Pas très bien vu...

Né en 1588, à Westport, en Angleterre, Thomas Hobbes poursuit ses études à Oxford, où il découvre le nominalisme et la scolastique. Engagé comme précepteur de William Cavendish, duc de Newcastle, il accompagne en 1610 son élève en Italie et en France.
À partir de 1620, Hobbes travaille avec le chancelier et philosophe Francis Bacon, ce qui lui permet d'entrer en contact avec le milieu scientifique. Il se familiarise alors avec la philosophie mécaniste et porte un grand intérêt aux anciens philosophes matérialistes ainsi qu'aux recherches physiques sur la conservation du mouvement. En 1640, alors qu'éclate la révolution anglaise, il va s'installer en France, par prudence. En 1660, les Stuart retrouvent le trône et, bien que Charles II ne soit pas hostile à Hobbes, celui-ci devra se défendre contre de nombreuses accusations de trahison et d'athéisme.
Il meurt à Hardwick Hall, le 4 décembre 1679.

des sensations ; le langage est ce qui permet de les stabiliser et de les ordonner de manière générale. Le mot « chien » unifie les diverses réalités animales ayant des caractéristiques communes. Parler, c'est quitter le premier niveau de la sensation. Mais cela ne signifie pas que les mots nous disent les essences des choses. Hobbes est *nominaliste*. Pour lui, les mots sont des conventions, certes bien pratiques, mais qui restent artificielles.

Il n'y a que des corps

Finalement, l'essence du chien n'existe nulle part, pas plus que celle de la table ou de la pierre. Il n'existe que des corps divers, qui sont en mouvement. Hobbes est matérialiste… et Galilée est passé par là ! Aristote pensait que le mouvement était une qualité interne des choses : un corps tombait parce qu'il était lourd et rejoignait son lieu de perfection, un corps léger montait… Galilée nous a montré que tout cela était faux. Il y a bien des mouvements dans la nature, mais le mouvement est une relation mathématique. Eh bien, ce que Galilée a appliqué à la physique, Hobbes veut désormais l'appliquer à toute la philosophie !
Notre esprit lui-même, estime-t-il, est un corps en mouvement. Les parties internes du corps réagissent aux mouvements de corps extérieurs, les pensées sont des mouvements

Repère

Le nominalisme

Le nominalisme est une doctrine, développée au Moyen Âge, qui considère (à la suite des cyniques) que le monde réside essentiellement dans les concepts posés par le langage. La conception de l'époque est celle de Platon : en plus des êtres individuels, il y a une essence ou une idée des êtres. Le nominalisme soutient à l'inverse qu'il n'y a pas de réalité universelle correspondant aux termes généraux comme « animal », « chat », « homme ». Aucune expression verbale ne renvoie à une essence intelligible ; les essences ne sont finalement que des mots. On a toujours intérêt à aller au plus simple. Il en découle le fameux principe dit du rasoir d'Occam (du nom d'un théologien anglais du XIIIe siècle, l'un des plus connus des nominalistes), selon lequel il ne faut pas multiplier les entités sans nécessité. Donner un coup de rasoir, c'est supprimer tout ce qui est superflu.

internes qui apparaissent sous forme de sensations, d'imaginations, de souvenirs… Hobbes est donc un empiriste. Une sensation est simplement le résultat d'une excitation qui vient de l'extérieur : j'ai chaud parce que le soleil me réchauffe, et c'est tout. De même, la perception n'est finalement rien d'autre que le résultat d'excitations transmises par le cerveau. Il est temps de se libérer de toutes les chimères métaphysiques. Il y a des corps qui se meuvent, qui sont en relation avec d'autres corps, et nous pouvons expliquer tout cela de manière mécanique.

Vocabulaire

L'empirisme

Du latin *emperia*, signifiant expérience, l'empirisme est une conception selon laquelle la connaissance est fondée sur l'expérience sensible.

« L'homme est un loup pour l'homme »

L'homme est donc une substance corporelle que nous pouvons expliquer. Mais nous ne vivons pas seuls. Comme les autres corps, nous sommes animés par des mouvements, ce que nous nommons des instincts ou des passions. Le comportement humain est le produit d'un mécanisme des passions, des volontés et du désir, et ces mouvements nous font bien

Repère

Une histoire mouvementée

Deux éléments sont essentiels pour comprendre la pensée de Hobbes : l'influence de la physique moderne et la situation politique dont il est le contemporain.
L'Angleterre est en effet secouée par des troubles importants. Le pouvoir royal, détenu par Charles Ier, s'exerce de manière absolue et rencontre l'opposition du Parlement.
En réponse à la « Pétition de droit » du parlementaire John Pym, Charles Ier impose la « tyrannie de onze ans » : le Parlement ne siège pas de 1629 à 1640. En 1641, la guerre civile éclate, opposant les « têtes rondes » (partisans du Parlement), nombreuses dans le Sud et l'Est, aux « cavaliers », partisans du roi, majoritaires dans le Nord et l'Ouest de l'Angleterre.
Le roi est arrêté en 1646 ; la révolution se radicalise. Une armée puritaine, la *New Model Army*, dirigée par Ireton, Fairfax et Cromwell, convaincue d'être l'instrument de la volonté divine, est devenue la force principale dans le pays. Quand le roi tente de s'échapper en 1648, elle impose au Parlement de le juger, puis de l'exécuter. Charles Ier est décapité le 30 janvier 1649. S'instaure la « république », un régime militaire de dictature personnelle dirigé par Oliver Cromwell. À sa mort, en 1658, la transmission du pouvoir à son fils est un échec.
Les parlementaires survivants rétablissent la monarchie en 1660, au profit de Charles II, fils du roi décapité. C'est dans ce contexte que la réflexion politique de Hobbes se développe.

souvent entrer en conflit avec nos voisins. C'est ce que Hobbes désigne du nom d'état de nature. Cet état dans lequel les hommes se trouvent livrés à eux-mêmes et ne sont soumis à aucun pouvoir commun est un état de guerre perpétuelle de tous contre tous et de chacun contre chacun. Et cela parce qu'il y a une égalité naturelle entre les hommes, qui ont tous un droit égal à faire ce qu'ils désirent.
Certes, certains individus sont plus forts que d'autres, mais d'autres sont plus rusés, et nous sommes tous animés par un égal instinct de conservation. Nous avons donc globalement tous autant de chances de vaincre que de risques d'être vaincus par les autres. Cette situation est loin d'être confortable : dans l'état de nature, nous risquons à tout moment de

nous faire dérober nos biens ou de périr de mort violente. Ce que Hobbes résume en une phrase : « L'homme est un loup pour l'homme. »
On peut bien penser que ce tableau est pessimiste. Mais alors, pourquoi ferme-t-on à clé la porte de sa maison, sinon parce qu'on redoute à tout moment que quelqu'un vienne nous dérober nos biens ?

Quand il y a trop d'insécurité...

Pour continuer à vivre, les hommes vont devoir trouver une solution. La crainte de la mort et le désir de paix les amènent à vouloir sortir de l'état de nature. Parce que l'état de nature est le lieu de la manifestation de nos désirs et de nos passions, les hommes ont la liberté de faire ce qu'ils veulent pour se protéger. Mais cette liberté est bien peu de chose à côté de l'insécurité constamment présente. Une attitude rationnelle, un calcul d'intérêt au service de leur désir de paix va donc les conduire à trouver les moyens de garantir cette paix.
Ce n'est pas par nature qu'ils vont pouvoir vivre en société mais, en quelque sorte, par calcul. Ainsi s'impose la nécessité d'établir un pouvoir commun qui va permettre d'instaurer la paix et la sécurité. Ce pouvoir n'est pas naturel, il est le résultat de l'art humain, entendu au sens de production. Là encore, Hobbes s'oppose à Aristote : l'État n'est pas une production naturelle. Il naît d'un contrat.

Passons un contrat

Ce contrat va consister en un pacte de soumission par lequel chacun abandonne son pouvoir et sa force à un pouvoir commun incarné par une personne ou une assemblée qui garantit la paix et la sécurité. Chacun passe un accord avec chacun pour que chacun abandonne son droit naturel (la force qu'il a à l'état de nature), afin qu'il ne constitue plus un danger pour l'autre, et qu'il remette ce droit (ou sa force) à un pouvoir qui disposera alors de tous les droits et de toute la force commune pour assurer la paix. Il faut faire en sorte que les corps ne s'entrechoquent plus !
Ce pacte de soumission est par là même un pacte d'association. Dans l'état de nature il n'y a que des individus et pas de société (chacun contracte avec chacun) ; mais la soumission à un pouvoir commun force chacun à s'entendre avec l'autre. Ce pouvoir possède en effet la force nécessaire pour obliger les contractants à respecter leurs engagements ; car on ne peut pas se fier à la seule parole des gens, à leur simple promesse.

Faut-il un tyran pour vivre en paix ?

Le pouvoir naît donc d'un contrat humain. Il n'est ni arbitraire ni despotique ; mais il est absolu, souverain. C'est lui qui décrète ce qui est juste ou injuste. Car tant qu'on vit à l'état de nature, il n'y a ni justice ni injustice ; la justice commence avec les lois édictées par le souverain ou l'État né du contrat. Et il est impossible de remettre en cause les lois de l'État au nom d'une justice naturelle, puisque, à l'état de nature, il n'y a rien qui soit juste ou injuste !

Qu'on ne puisse discuter la loi et que le souverain se situe hors du contrat, puisqu'il est le seul dont la puissance et le pouvoir sont illimités, voilà qui est, pour Hobbes, une garantie absolue de stabilité. Il ne s'agit pas pour autant d'assimiler le souverain à un tyran puisque son pouvoir s'exerce au nom des sujets. La seule limite que ce pouvoir rencontre est le droit de vie, auquel nul ne peut être obligé à renoncer puisque c'est en son nom que le pouvoir de l'État a été instauré.

> **Repère**
>
> **Léviathan**
>
> Le Léviathan est un monstre marin colossal évoqué dans la Bible, au *Livre de Job* (3:8, 40 : 25). C'est aussi le titre d'un livre de Hobbes, publié en 1651. Léviathan, c'est ainsi qu'il désigne l'État ! Car ce dernier, « créature » surhumaine, doit susciter la crainte afin de se faire respecter et de pouvoir assurer la sécurité et la paix.

Et la religion dans tout ça ?

Hobbes, influencé par la science, fait de la politique comme Galilée de la physique et Euclide de la géométrie. Il inaugure ici la pensée du contrat qui sera reprise et discutée après lui : le droit repose sur les sujets et non plus sur la nature. Mais surtout, en insistant sur la force du pouvoir politique, il affirme également la suprématie du politique sur le religieux. Ce sont les lois civiles qui donnent un contenu aux préceptes religieux. La troisième et la quatrième parties du *Léviathan* sont ainsi consacrées à la subordination du

> **Repère**
>
> **Autodafé**
>
> Le 21 juillet 1683, l'université d'Oxford condamna *De cive* (paru en 1642) et le *Léviathan* en reprochant à ces œuvres d'attribuer à l'autorité civile une origine populaire et de prendre l'instinct de conservation comme une loi fondamentale de la nature. Les étudiants dansèrent autour des bûchers où furent brûlés les livres condamnés dans l'allégresse générale.

pouvoir ecclésiastique au pouvoir politique et à une critique de l'église catholique. Pour lui, ce n'est pas à l'Église d'imposer ses lois au politique car cela remettrait en cause le pouvoir du souverain et l'unité du corps politique ; car l'État aussi est un corps ! La religion anglicane, qui cherchait à se débarrasser du pouvoir de Rome, trouve ici de quoi se réjouir.

Totalitaire ou libéral ?

On a vu en Hobbes aussi bien le défenseur du pouvoir totalitaire que le père du libéralisme. Mais ce n'est pas un État totalitaire que Hobbes nous décrit ; c'est un État autoritaire, un pouvoir absolu garantissant la paix et la sécurité. C'est au XXe siècle que naîtront les véritables États totalitaires, avec une forme radicalement nouvelle de domination.
Dans *Du contrat social*, Rousseau critiquera cependant la théorie de Hobbes par une formule lapidaire : « On vit aussi en sécurité au fond d'un cachot. » Autrement dit : la sécurité est certes une valeur essentielle, mais que vaut-elle lorsqu'on n'est plus libre ? Mais selon Hobbes, la sécurité ne tue pas la liberté, car l'homme reste libre de faire tout ce que la loi n'interdit pas et la loi n'interdit que ce qui porte atteinte à la sécurité. D'ailleurs, en temps de paix, les hommes peuvent à loisir se consacrer au commerce et aux échanges, alors que la guerre civile n'est pas très propice à de tels développements. Mais tout de même, que vaut une liberté qui n'existe que dans le silence de la loi ?

À retenir

Détacher l'histoire des hommes de la théologie

Copernic est contemporain de Machiavel, et Montaigne n'avait que 10 ans à sa mort. Si nous l'avons classé dans ce chapitre, et non au précédent, c'est parce que son œuvre, sa « révolution copernicienne », connaîtra son vrai retentissement au XVIIe siècle. En cette fin de Renaissance, **Galilée**, **Descartes** et **Hobbes** vont parachever le travail de leurs prédécesseurs : détacher l'histoire des hommes de la théologie, en s'appuyant tous trois sur les mathématiques.

Galilée ouvre la voie en créant la science physique, en passant « du monde de l'à-peu-près à l'univers de la précision ».

Descartes est, sans conteste, le père de la philosophie moderne. Pour lui, le fondement de la connaissance n'est pas dans les choses mais dans le sujet. C'est le fameux : « Je pense, donc je suis. » Sa physique mathématique évacue définitivement la conception de la nature héritée d'Aristote. Il nous offre l'image moderne de l'homme à la volonté infinie, plein de confiance pour s'approprier le monde… à condition de le faire avec méthode et en usant de sa raison. C'est l'un des grands penseurs de la liberté, qui influencera jusqu'à l'existentialisme de Sartre.

Vivant en Angleterre dans une période aussi troublée que Machiavel à Florence, **Hobbes** développera, comme lui, une obsession de la stabilité politique et de la sécurité publique. Et comme lui, il sera critiqué pour sa vision autoritaire de l'État. Mais sa notion de « contrat » qui fonde la vie en société indépendamment de toute autorité religieuse renforce les fondements de l'État moderne, et pose aussi les principes du libéralisme.

Chapitre 9

Les cartésiens, pour ou contre Descartes ?

Pour Leibniz, une « monade » est...

- [ ] Une substance élémentaire spirituelle.
- [ ] Le plus petit élément matériel.
- [ ] L'élément divin dans chaque être.
- [ ] Le lien entre l'âme et le corps.

Voir page 165

De quoi Leibniz n'est-il pas le préfigurateur ?

- [ ] Des intégrales.
- [ ] De l'ordinateur.
- [ ] Du clonage.
- [ ] De l'inconscient.

Voir pages 168 et 169

Oui ou non, Spinoza pense-t-il que Dieu...

- [ ] Est un surhomme.
- [ ] Est un synonyme de la nature.
- [ ] Est en chacun de nous.
- [ ] Est une superstition.

Voir page 175

Les passions, selon Spinoza, sont...

- [ ] Forcément mauvaises.
- [ ] Forcément bonnes.
- [ ] Bonnes ou mauvaises.
- [ ] Illusoires.

Voir page 177

Parmi les trois ordres de Pascal, chassez l'intrus !

- [ ] La force.
- [ ] L'intelligence.
- [ ] La grâce.
- [ ] La charité.

Voir page 182

Quelle phrase n'est pas de Pascal ?

- [ ] « L'homme est un roseau pensant. »
- [ ] « Le moi est haïssable. »
- [ ] « Ni rire ni pleurer, mais comprendre. »
- [ ] « Vérité en deçà des Pyrénées, erreur au-delà. »

Voir pages 180, 181 et 184

Leibniz et la substance

Leibniz est-il cartésien ?

La science physique de Galilée constitue une rupture radicale dans notre conception du monde. Elle a conduit Descartes à développer une mécanique qui rend compte des lois du mouvement. Il faut, disait ce dernier, rechercher en philosophie cette certitude que nous avons en mathématique. Ce qui l'a amené à affirmer l'existence du « je pense » comme substance, et à définir la matière par l'étendue (souvenez-vous du morceau de cire, page 149).

Mais un problème demeure : celui des liens entre l'âme et le corps. Descartes s'en sort en dissociant la théorie de la réalité. En théorie, on peut séparer l'âme du corps, mais en réalité les deux sont liés pour constituer une seule substance : l'homme. Cette ambiguïté ne semble pas satisfaisante à Leibniz. Comment la théorie peut-elle être si différente de la réalité ? Pour dépasser Descartes, il faut revenir sur ce qu'on nomme substance.

Qu'est-ce qu'une substance ?

Puisqu'il y a des créatures composées, il doit bien y avoir des êtres simples. Une substance c'est ce qui est un, ce qui n'est pas divisible ; sinon, on a affaire à plusieurs substances. Or,

Biographie

Le plus grand intellectuel d'Europe

Gottfried Wilhelm von Leibniz est né à Leipzig, le 1er juillet 1646. Après des études de droit, il devient conseiller à la chancellerie de Mayence. Il travaille alors à plusieurs ouvrages sur des thèmes politiques ou scientifiques. En 1672, il est envoyé en mission diplomatique à Paris, où il reste jusqu'en 1676. Il y rencontre les grands savants de l'époque, notamment Huygens et Malebranche, et se consacre aux mathématiques – en particulier à ce qui deviendra le calcul infinitésimal. Il se rend à Londres pour étudier certains écrits d'Isaac Newton, passe par La Haye, où il rencontre Spinoza. En 1676, il est nommé bibliothécaire à Hanovre, où il restera pendant près de quarante ans. Reconnu comme le plus grand intellectuel d'Europe, et pensionné par plusieurs grands monarques, dont Pierre le Grand de Russie et Charles VI d'Autriche, il meurt le 14 novembre 1716.

un corps en tant que matière, est divisible ; il est un assemblage d'éléments. C'est en cela que Leibniz commence à s'opposer à Descartes : le corps n'est pas une substance, l'étendue ne caractérise pas la substance, parce qu'on peut toujours la diviser. Le problème que se posait Descartes des rapports entre l'esprit sans extension et la matière étendue est mal posé, puisque la substance n'est pas étendue. Mieux : il n'y a pas de substance matérielle. En conséquence, toute substance est spirituelle.

À ce stade du raisonnement, une telle affirmation peut sembler bien déroutante ; pourtant, il s'agit simplement de dire que le réel est spirituel et non matériel. Leibniz n'est d'ailleurs pas le premier à le dire. Retournons plusieurs siècles en arrière : Platon nous disait bien que la seule réalité n'était pas ce que nous voyons mais l'Idée, l'essence que nous ne pouvons atteindre que par notre esprit. Leibniz nous montre ici que le réel c'est l'indivisible. Un corps peut toujours se disloquer, se dissoudre. Ce qui est ne le peut pas.

Les corps sont-ils réels ?

Il ne s'agit pas de prétendre que les corps ne sont pas réels, mais de préciser qu'ils reçoivent leur unité de l'extérieur. Une unité qui peut d'ailleurs disparaître dans la mort. Le degré de réalité des corps est donc fonction de leur degré d'unité : il y a plus d'unité dans un corps vivant que dans un corps mort, tout comme il y a plus d'unité dans un mur que dans un tas de pierres (comme le disait déjà Plotin). Le corps vivant est un agrégat de substances qui tient son unité d'une substance qui n'est pas lui !

Pour évoquer cette unité, nous parlerons d'âme s'il s'agit d'un homme. Mais affirmer que la substance est spirituelle ne revient pas à dire que toute substance est une âme qui pense. À la substance, Leibniz donne le nom général de *monade*, dont l'âme n'est qu'un exemple. La monade, c'est finalement comme un « atome spirituel », et elle constitue la seule réalité. Le monde n'est pas constitué d'atomes matériels, mais d'une infinité de monades, d'unités, de substances spirituelles.

Citation

« Tous les corps ont des parties, et ne sont rien que des amas et des multitudes, comme des troupeaux de moutons ou des étangs pleins de gouttes et de poissons [...] mais comme tous les nombres consistent en un et un, ainsi toutes les multitudes sont composées des unités. Ainsi les unités sont la véritable source et le siège de tous les êtres, de toute force et de tous leurs sens, et tout cela n'est autre chose que des âmes. D'où il s'ensuit... que tout est plein d'âmes. »

La force est avec toi

Descartes a construit sa mécanique sur la notion d'étendue. Tout est mouvement dans la nature et la quantité de mouvement reste constante. Pour Leibniz, en revanche, ce qui se conserve dans la nature, ce n'est pas la quantité de mouvement, c'est la force. Ce qui se conserve c'est l'énergie (ce qu'on appelle l'énergie cinétique, ½ mv2).

Or, si la substance est spirituelle, cela signifie qu'elle est activité. Mais comme pour l'unité, Leibniz estime que certaines activités sont plus élevées que d'autres.

Maintenir l'unité de pierres assemblées est une activité ; penser en est une autre, la plus élevée de toutes. En d'autres termes, les substances, ou monades, sont des unités spirituelles de force : une pierre qui bouge active, par le mouvement, la force qui est en elle.

Attention : cela ne signifie pas que la pierre pense ou qu'elle décide de bouger, mais qu'il y a une force qui fait son unité et que sa réalité réside dans cette force. Sinon, elle se désagrège. Les êtres, qu'ils soient matériels ou spirituels, sont donc composés d'unités de force, d'atomes énergétiques : les monades.

Repère

Les particules élémentaires

Cette théorie de la substance nous paraît aujourd'hui assez étonnante. Mais peut-être est-ce surtout un problème de formulation. Si on ne la prend pas au pied de la lettre, on s'aperçoit qu'elle rejoint sur de nombreux points la physique moderne des particules élémentaires. En effet, pour ces dernières, l'étendue spatiale ne joue aucun rôle ; seul compte le fait qu'elles sont chargées d'énergie.

Notre vie est-elle tracée d'avance ?

Une fois encore, pour Leibniz, les mathématiques et leur mode de raisonnement doivent servir de modèle à toute connaissance. Pour la démonstration suivante, il va s'appuyer sur la logique. En logique, nous appelons *sujet* le terme auquel nous attribuons un *prédicat*. Lorsque nous disons « Socrate est mortel », Socrate est le sujet, mortel, le prédicat. Nous disons que la proposition est vraie lorsque le prédicat est logiquement inclus dans le sujet. Telle est d'ailleurs la forme des théorèmes mathématiques, la forme analytique. C'est ainsi, par l'analyse, que nous construisons une suite de propositions. C'est en déployant toutes les conséquences de l'axiome d'Euclide que nous construisons la géométrie euclidienne. La vérité ne fait donc qu'expliciter le sujet. Ainsi, tout ce que nous pouvons dire de vrai d'un individu est inclus dans son essence. 2 = 1 + 1 = 3 – 1, etc.

Dès lors, tout ce que nous pouvons dire de chaque monade, de chaque substance, et tout ce qui va en advenir, est déjà contenu en elle. Et comme chaque substance est une force, cette réalité contenue en elle tend naturellement à s'expliciter : la fleur tend à devenir fruit, la graine plante, etc. Leibniz se réconcilie ainsi avec Aristote.

En moi, par exemple, il y a déjà contenu implicitement tout ce qui va m'arriver tout au long de mon existence. Pourtant, les événements de ma vie ne semblent pas indépendants de l'histoire, du contexte social, politique, religieux... Comment alors dire que tout ce qui va m'arriver est déjà contenu en moi-même?

Le monde entier dans chaque substance

Si nous disons que les événements comme l'exécution de Louis XVI sont déjà contenus en lui dès sa naissance, cela signifie qu'est déjà contenu en lui aussi le contexte politique dans lequel il vit, l'histoire générale – c'est-à-dire, finalement, toute l'histoire du monde! Leibniz va encore plus loin : pour lui, chaque monade contient en elle-même la totalité des

Repère

Qu'est-ce qu'une intégrale?

Une *intégrale* et une *somme* recouvrent des notions très proches; mais si la seconde s'intéresse aux éléments dénombrables, la première concerne les infinitésimaux : on peut compter les bouteilles d'eau dans un sac à provisions parce que ce sont des ensembles disjoints, identifiés. Un, puis un, puis un... Pour compter, on utilise d'ailleurs des nombres entiers, c'est-à-dire des valeurs discrètes, pour valoriser les quantités. Par contre, on ne peut pas dénombrer les gouttes d'eau dans chaque bouteille : une goutte d'eau, puis une goutte d'eau, puis... D'ailleurs qu'est-ce qu'une goutte d'eau? Une demi-goutte d'eau reste une goutte d'eau, la moitié d'une demi-goutte d'eau aussi, et ainsi de suite... En revanche, on peut « totaliser » la quantité d'eau dans une bouteille. Une intégrale, c'est une somme d'infinitésimaux. Cette passion de l'infini, Leibniz la découvre grâce au microscope, qui lui révèle un monde continu et infini.

événements du monde, et chaque monade est un point de vue sur le monde. En chaque point spirituel, il y a l'infini du monde. Tout cela, avouons-le, nous paraît pour le moins surprenant !

Pour mieux comprendre, il faut se souvenir que Leibniz est mathématicien. Il est celui qui a formalisé le calcul infinitésimal. Or, ce calcul nous montre qu'on peut totaliser les infinitésimaux. Et qu'en chaque unité, on découvre l'infini. Finalement, nous possédons tout en nous-mêmes. Encore faut-il le rendre actuel !

Qu'est-ce que la perception ?

Toutefois, toutes les monades de l'univers n'ont pas le même degré de perfection. Il y a les monades nues, corps bruts qui n'ont que des perceptions inconscientes ; les monades sensitives, douées de perceptions et de désirs (les animaux) et les monades raisonnables, dotées de conscience et de volonté (les hommes). Comme chaque substance est un point de vue sur le monde, il faut bien convenir que ce point de vue est différent : chaque monade perçoit l'univers à sa façon.

Mais qu'est-ce que percevoir ? Percevoir, c'est intégrer. La perception est ce qui intègre. Là encore, l'intégrale nous est utile pour comprendre. Quand nous entendons le bruit de la mer, nous n'entendons pas le bruit que fait la multitude des vagues, ni celui de la multitude des gouttes d'eau qui constituent les vagues… Nous entendons le bruit d'un tout intégré. Qu'est-ce qu'une intégration ? C'est un calcul. Percevoir,

Citation

« Les âmes sont des unités et les corps sont des multitudes, mais infinies, tellement que le moindre grain de poussière contient un monde d'une infinité de créatures. Et les microscopes ont montré aux yeux même plus d'un million d'animaux vivants dans une goutte d'eau. »

Repère

L'invention de l'inconscient ?

Leibniz semble être un des premiers à aborder le problème de l'existence d'un inconscient en relevant qu'il y a un contenu de la vie psychique qui échappe à la conscience. Il dépasse donc Descartes, qui construit une philosophie de la conscience à partir du « je pense », selon laquelle la pensée est indépassable, qu'elle se suffit à elle-même. Leibniz répond qu'il s'agit là d'une étroitesse perceptive. Au fond, Descartes oublie simplement les conditions qui permettent de dire : « Je suis » !

c'est calculer ; la pensée calcule. La perception est donc très complexe, elle est composée d'une infinité de petites perceptions dont nous n'avons pas nécessairement conscience. C'est ici que Leibniz s'oppose aussi à l'empirisme de Locke, qui voit dans les sensations simples l'origine de toute connaissance (lire page 189).

Les clones n'existent pas !

Allons encore un peu plus loin. Si chaque monade est un point de vue sur le monde, il n'y a pas deux monades identiques. Il n'y a pas dans la nature deux êtres identiques. La brebis Dolly (5 juillet 1996-14 février 2003) est célèbre pour avoir été le premier mammifère de l'histoire né sans que la fécondation d'un ovule par un spermatozoïde ait eu lieu, grâce à la technique de la constitution d'un embryon par fusion en laboratoire d'un noyau cellulaire et d'un ovule énucléé (le clonage). La brebis ainsi née possède donc un patrimoine nucléaire identique à un individu déjà existant. Cela semble contredire Leibniz, lequel soutient qu'il ne peut y avoir deux substances identiques : même le clone serait encore un autre point de vue sur le monde. Avait-il tort ? Pas sûr. Car Dolly n'est pas le clone parfait de Belinda. Dans l'ovule utilisé, comme dans toutes les cellules, se trouvaient des organites, les mitochondries (les « usines énergétiques » de la cellule), qui possèdent leur propre patrimoine génétique. Dolly est donc aussi le fruit de la brebis qui a donné son ovule. Un individu différent.

> **Repère**
>
> **Précurseur de l'ordinateur**
>
> Toute pensée peut être considérée comme une combinaison de notions. Si nous parvenions à créer une table de toutes les notions simples, nous pourrions donc concevoir des procédés de calcul permettant de découvrir toutes les pensées possibles – c'est-à-dire non contradictoires. Cette assimilation de la pensée au calcul ne préfigure-t-elle pas nos ordinateurs ? Leibniz a d'ailleurs inventé une machine à calculer, qui devait fonctionner selon un système numérique binaire...

Quels sont les liens entre l'âme et le corps ?

Pour sortir de l'impasse dans laquelle Descartes se trouve lorsqu'il aborde la question des rapports entre l'âme et le corps, l'affirmation de la substance comme monade ne semble pas suffisante. Certes, le corps n'est pas une substance puisqu'il est composé et divisible,

Anecdote

Construire une langue universelle

Leibniz a travaillé toute sa vie, sans y aboutir, au projet d'une langue universelle des signes. À de nombreuses reprises, il a discuté la possibilité d'une langue universelle formelle qu'il appelait la « caractéristique universelle » (*characteristica universalis* ou *lingua philosophica*). Elle aurait permis le développement de tous les discours rationnels et même esthétiques imaginables, la résolution de toutes les questions théoriques possibles par calcul – c'est-à-dire par un ensemble fini de procédés mécanisables déterminant la valeur de vérité d'une proposition. Les raisonnements seraient devenus de simples calculs mécanisables, semblables à ceux de l'arithmétique. Leibniz aurait même dit un jour : « Alors, il ne sera plus besoin entre deux philosophes de discussions plus longues qu'entre deux mathématiciens, puisqu'il suffira qu'ils saisissent leur plume, qu'ils s'asseyent à leur table de calcul (en faisant appel, s'ils le souhaitent, à un ami) et qu'ils se disent l'un à l'autre : "Calculons !" » Ce projet sera repris par Russell (1872-1970) et Whitehead (1861-1947), qui élaboreront une logique formelle sur le modèle de la mathématique (lire page 393).

mais quand même, il n'est pas rien ! Le corps a des perceptions, qui ne sont pas celles de l'âme. Or, si chaque substance est un point de vue unique sur le monde, on saisit mal comment une substance pourrait agir sur une autre. Pour rendre compte des rapports de l'âme et du corps, Leibniz va prendre alors la métaphore de l'horloge. Si deux horloges marquent la même heure, c'est soit qu'un individu passe son temps à les synchroniser ; soit qu'elles s'influencent mutuellement ; soit qu'elles ont été réglées de manière identique.

C'est la troisième solution qu'envisage Leibniz. Si chaque substance contient la totalité de l'univers, il n'y a en effet rien d'étonnant à ce que des substances différentes s'accordent. C'est un peu comme dans un orchestre, chaque instrument joue sa partition, et cela produit un ensemble harmonieux, voulu par le compositeur. C'est ce que Leibniz nomme *l'harmonie* préétablie. Les monades n'agissent pas l'une sur l'autre. L'autre m'échappera toujours, je ne saurai jamais exactement de quelle manière il voit le monde. Mais je peux vivre avec lui parce que même si nous avons un point de vue différent sur le monde, il s'agit du même monde !

Dieu grand horloger?

Mais si tout est ainsi réglé, il faut bien que quelqu'un règle. Il faut bien un horloger ou un compositeur. Telle est la place de Dieu qui, comme monade, a le point de vue de tous les points de vue. Dieu est la raison des choses, car rien ne se fait sans *raison suffisante*. De quoi s'agit-il? Suivez bien. Tout ce qui n'est pas contradictoire est possible; mais tout ce qui est possible n'est pas réel. Pour expliquer l'existence des choses, il faut ajouter le principe de raison suffisante : rien ne se produit dans le monde sans qu'il y ait une raison suffisante pour qu'il en soit ainsi.

Citation

« Il importe à la félicité du genre humain que soit fondée une Encyclopédie, c'est-à-dire une collection ordonnée de vérités suffisantes, autant que faire se peut, à la déduction de toutes choses utiles. »

La raison suffisante du monde, c'est Dieu, qui a tout réglé en calculant, et qui est le seul à avoir un point de vue absolu sur le monde. C'est ici que se manifeste l'esprit encyclopédique de Leibniz : si les substances communiquent entre elles, c'est parce qu'elles contiennent toutes le monde et qu'elles sont toutes réglées par Dieu. Dieu est cette monade qui a « programmé » toutes les autres monades et les a rendues compatibles entre elles. C'est le grand calculateur. Et c'est parce que le monde est ainsi construit rationnellement qu'on peut, grâce à notre raison, découvrir ses secrets.

Si tout est réglé d'avance, sommes-nous libres?

Si tout est programmé, il semble bien difficile de parler de liberté. Certes, la question ne se pose pas pour toutes les substances, mais elle se pose pour les substances raisonnables : les hommes. Nous l'avons vu, les actions sont déterminées par Dieu, cependant elles ne sont pas nécessaires. Que signifie nécessaire ici? D'un point de vue logique, est nécessaire ce dont le contraire implique contradiction. Or, il n'y aurait aucune contradiction à ce que Louis XVI ne meure pas sur l'échafaud, pas plus qu'il n'y aurait de contradiction à ce que César ne franchisse pas le Rubicond. Dieu aurait d'ailleurs pu créer un monde dans lequel César ne revient jamais à Rome! Au fond, dans notre monde, il y a d'excellentes raisons pour que César franchisse le Rubicond. Être libre, ce n'est pas faire ce qui nous passe par la tête, c'est être conforme à ce que nous sommes. En d'autres termes, chaque monade est autonome, est sa propre loi. N'est-ce pas cela la vraie liberté, l'autonomie?

Tout est-il pour le mieux dans le meilleur des mondes ?

Toute cette construction est bien rationnelle, mais comment expliquer les guerres, les luttes, les conflits ? Si Dieu a créé le monde harmonieusement, en calculant, il aurait donc pu faire en sorte qu'il y ait moins de souffrances et de douleurs. C'est en ce sens que Voltaire accusera Leibniz de naïveté : comment ose-t-il affirmer, comme il le fait, que tout est pour le mieux dans le meilleur des mondes possibles ? Mais la critique voltairienne repose sur un contresens, confondant les notions de perfection et d'optimum.
Ce monde n'est pas conforme à nos désirs, certes, mais attention, le meilleur possible ne signifie pas le bien absolu. Un monde possible est un monde qui répond aux critères de cohérence, dans lequel il n'y a pas de contradiction logique. A ne peut pas être en même temps non-A. Mais plusieurs possibles se présentent : je peux aller soit à New York, soit en Chine. Mais je ne peux pas faire les deux en même temps et si j'ai peu de vacances, il faut que je choisisse entre ces deux possibles. Il y a donc sans doute une infinité de mondes possibles, mais un seul monde réel. Et le passage au réel suppose de sacrifier des possibles. Or, nous n'avons qu'un point de vue partiel sur le monde ; Dieu, lui, qui a un point de vue absolu, juge en fonction de tout. Il fait un calcul qui nous échappe, mais il ne sacrifie rien au hasard ; il sacrifie en sachant déjà toutes les conséquences que cela implique.
Nous ne sommes pas capables de comprendre en quoi ce monde est le meilleur, mais il est le meilleur qui, selon le calcul de Dieu, était possible, même s'il n'est pas parfait. L'optimisme de Leibniz n'est pas candide, il est mathématique ! En partant tout de même du principe que Dieu est le mathématicien absolu… En même temps, s'il existe, on a du mal à imaginer qu'il ne soit pas bon en maths !

Spinoza, le rationalisme au service du salut

L'observation des comportements humains nous montre que les hommes sont en permanence nourris de sentiments contradictoires, tiraillés entre l'espoir et la crainte. Face à cette situation, ils trouvent bien souvent une compensation imaginaire dans la religion. Ils se représentent alors une ou des divinités à leur image, chargées de rendre compte des

Biographie

Polisseur de lentilles!

Baruch de Spinoza est né à en 1632 à Amsterdam. Une époque où les Pays-Bas vivent une période prospère, tant sur le plan économique qu'intellectuel. Issu d'une famille de commerçants juifs d'origine espagnole ou portugaise, il étudie le Talmud et se destine d'abord à devenir rabin, puis fréquente une école juive tenue par des ex-jésuites. Mais suspecté d'athéisme, il va être excommunié de la synagogue le 27 juillet 1656 pour avoir blasphémé les Écritures. Il sera initié à la géométrie, à la physique et à la philosophie cartésienne par un médecin chrétien. Installé à La Haye, il gagne sa vie en polissant des verres de microscopes et se consacre à ses recherches. Son *Tractatus theologico-politicus*, paru en 1670, est l'objet de critiques si violentes qu'il renonce à publier d'autres livres de son vivant. Son principal ouvrage philosophique, *L'Éthique*, paraîtra après sa mort, en 1677.

bonnes comme des mauvaises choses, et versent dans la superstition. Ils s'imaginent ainsi que toute chose est là et agit en vue d'une fin, d'un but, que le monde lui-même poursuit un but, comme ils le font en agissant. Ainsi, face à chaque événement, ils vont remonter de cause en cause jusqu'à l'idée d'un Dieu conçu à l'image de l'homme, doté d'une volonté et d'un entendement infinis et agissant conformément à des buts. Voilà qui commence fort, surtout pour l'époque!

La double illusion

De même, lorsque nous parlons de la nature, nous disons par exemple que nous avons des yeux pour voir alors que nous voyons parce que nous avons des yeux. Considérant la nature comme un outil, nous imaginons qu'un être ou des êtres l'ont créée pour nous, agissant également en poursuivant un but, et qu'ils règlent les choses pour notre usage. Constatant pourtant qu'il y a des choses nuisibles, nous les expliquons par la colère des dieux. D'où le culte et les louanges que nous adressons à Dieu ou aux dieux. Or, il s'agit là, affirme Spinoza, de deux illusions : l'anthropomorphisme (imaginer un Dieu à notre image) et l'anthropocentrisme (imaginer que tout existe pour nous). Pourquoi des illusions? Parce qu'il ne s'agit pas de vraies connaissances.

Sommes-nous libres ?

Nous avons tendance à penser, comme l'affirme Descartes, que notre liberté réside dans une libre disposition de notre volonté. Nous pensons alors vouloir librement ou librement désirer. Or, en affirmant cette liberté, nous confondons l'acte et sa cause.

Certes, nous sommes conscients de nos désirs ; mais non des causes qui nous déterminent à désirer. Par exemple, nous pensons que nous voulons boire parce que nous avons soif, et nous considérons la soif comme la cause de notre désir. Mais nous oublions que la soif s'impose à nous et qu'une véritable connaissance de la cause consiste à savoir pourquoi nous avons soif. La liberté de la volonté n'est donc qu'une illusion. Et nous agissons toujours en vue d'une fin, qui est l'utilité de nos actes pour nous-mêmes.

Qu'est-ce qu'une illusion ?

Cette première approche semble bien négative. On peut ainsi qualifier d'illusion de nombreuses conceptions que nous avons de la nature et de nous-mêmes. Mais encore faut-il prouver qu'il s'agit là d'illusions. Qu'est-ce qu'une illusion ? C'est la confusion entre ses désirs et la réalité, ou encore une forme de croyance que l'on prend pour une connaissance. Et justement, en confondant l'acte et sa cause, nous ne sommes pas dans le registre de la connaissance, nous dit Spinoza.

Pourquoi ? Parce que, comme nous l'enseigne la physique, connaître, c'est connaître par les causes. Or, quand nous disons que nous avons des yeux pour voir, nous prenons les choses à l'envers, nous expliquons les yeux non par leur cause, mais par leur but, par leur fin. C'est ce que Spinoza nomme l'illusion finaliste (qui ressemble étrangement à la philosophie d'Aristote !). Si nous voulons donc sortir de ces illusions, il nous faut établir une connaissance vraie du monde.

Mais alors, Dieu existe-t-il ?

Ainsi, lorsque nous croyons à un Dieu surhomme auxquels nous adressons des prières, nous tombons dans la superstition. Lorsque nous considérons que la nature est faite pour nous, nous nous trompons. Et lorsque nous considérons que nous sommes libres, nous sommes dans l'illusion. Que pouvons-nous dire, alors ? Que Dieu n'existe pas, que nous sommes aliénés et que nous n'avons aucune place privilégiée dans le monde ? Bien triste tableau qui a de quoi nous faire désespérer d'exister !

Et pourtant, quand on ouvre *L'Éthique*, le livre majeur de Spinoza, on voit comme titre de la première partie : Dieu. De quoi y perdre son latin (car *L'Éthique*, vous l'aviez deviné, est écrit en latin !). Jusqu'à ce que Spinoza nous explique ce qu'est Dieu. Ce n'est pas cet être imaginaire que les hommes vénèrent traditionnellement dans leurs religions et leurs superstitions, mais tout simplement ce qui est. Pas une personne, un surhomme gentil ou méchant, mais l'être. Nous appelons Dieu l'être infini et éternel ; et c'est bien là sa définition !
Dieu, c'est tout simplement le monde, la nature. D'où cette formule de Spinoza : « *Deus sive natura* », Dieu ou la nature. Pour lui, c'est la même chose. La nature désigne l'univers infini des modernes : elle possède les propriétés infinies qu'on réservait jusqu'ici à Dieu. Il ne s'agit donc pas de dire que Dieu n'existe pas, mais de commencer par affirmer que Dieu n'est pas à l'image d'un homme tout puissant. Dieu n'est pas présent, il est partout. Pour connaître la nature, Dieu et les hommes, il faut commencer par chasser les préjugés et les illusions qui nous encombrent. Ce ne sera donc pas la foi qui sera le moyen du salut, mais la connaissance rationnelle.

Qu'est-ce que la connaissance ?

Il faut cesser de se laisser entraîner par les délires de l'imagination. Et une fois de plus, ce sont les mathématiques qui nous apprennent à parler des choses telles qu'elles sont au lieu de les imaginer. Quand le géomètre parle du triangle, il étudie sa nature et ses propriétés, il ne se l'imagine pas ! Parler de Dieu va donc consister à faire de même. C'est pourquoi toute *L'Éthique* se présente comme une suite de propositions, de théorèmes et de scolies (commentaires), et commence par Dieu.
Comme le mathématicien part de l'essence du triangle et déploie ensuite ses propriétés, le philosophe va partir de ce qui est Dieu, et va déployer ses propriétés selon les lois de la nécessité. Il y a donc ce qui est, ce que Spinoza nomme Dieu ou la nature, défini comme une substance existant selon la seule nécessité de sa nature, puisqu'il est par définition le seul être qui n'ait besoin de rien d'autre que lui-même pour exister. Ce qui n'est pas le cas de l'homme, même si nous avons l'habitude de nous considérer comme des « petits dieux ». En tant qu'homme, nous dépendons de la nature et de ses lois nécessaires. Mieux : nous n'en sommes qu'une partie – « l'homme n'est pas un empire dans un empire » – et notre libération passera par une connaissance de la nature-Dieu et de ses lois nécessaires.

Comment parvenir à cette connaissance ?

Et ne pensons pas qu'il suffirait de combattre l'imagination, cause de nos illusions. En tant qu'hommes, nous imaginerons toujours. Quand nous voyons le soleil à une distance de 200 pas, même si nous savons qu'il est beaucoup plus éloigné, nous le « verrons » toujours à cette distance. En d'autres termes, la connaissance sensible n'est pas fausse ; elle n'est qu'une connaissance partielle, incomplète, inadéquate. Elle n'est une illusion que si nous ignorons sa vraie nature. La connaissance adéquate correspond à la véritable nature de l'objet et explique la cause même de nos erreurs (on sait que le soleil est à une distance considérable et qu'il apparaît nécessairement proche). Contrairement à Descartes, l'erreur n'est pas pour Spinoza affaire de volonté et affirmation de la liberté ; elle est l'effet d'une connaissance incomplète.

L'âme et le corps ne font qu'un

Si l'homme est une partie de la nature, il n'y a aucune raison de condamner ni ses sens ni son corps, de distinguer l'âme et le corps en voyant dans ce dernier le lieu de notre déchéance. Il n'y a qu'une substance, Dieu. L'homme est un individu dont le corps et l'âme sont les deux faces d'une seule et même réalité, et toute modification du corps correspond à une modification de l'âme. Spinoza récuse ainsi le dualisme de Descartes qui voit en l'homme deux substances. Il n'y a pas d'un côté une réalité matérielle et d'un autre une réalité spirituelle, il n'y a qu'une seule réalité qui peut être considérée tantôt comme corps, tantôt comme âme ; la conscience est nécessairement conscience d'un corps. Celui-ci n'est pas, comme le disait Platon, « le tombeau de l'âme », et il n'est pas non plus, comme le pense la tradition chrétienne, le lieu du péché.

Docteur Spinoza, psychanalyste ?

La vie de l'individu est donc en même temps vie de la conscience et vie du corps. Mais attention : conscience ne veut pas dire connaissance. Car comme nous l'a montré Spinoza, la conscience peut être confuse et tomber dans l'illusion. L'esprit n'a donc pas immédiatement une pleine connaissance de soi. La conscience de soi est d'abord conscience des modifications du corps, c'est-à-dire de ce qu'on

> **Citation**
>
> « On ne sait ce que peut un corps. »

nomme les affects, et cette conscience n'est pas toujours claire. C'est de cette confusion que naissent les passions.
En d'autres termes : il y a une dimension de notre vie psychique, certaines causes de nos désirs dépassent la conscience que nous en avons. Et quand notre conscience croit tout maîtriser, elle tombe dans l'illusion. Cela semble bien préfigurer ce que Freud, bien plus tard, nommera l'inconscient…

Les passions

La passion est avant tout naturelle et nécessaire. Pâtir, c'est éprouver une affection dont nous ne sommes pas nous-mêmes la cause. La soif, la peur, l'amour, la haine, etc. sont des passions. L'homme agit lorsqu'il est la cause complète de ses actes et pâtit lorsqu'il ne l'est pas. Être la cause complète de ses actes, c'est avoir une connaissance claire, adéquate de cette cause. Alors que l'homme dominé par la passion subit comme des contraintes des forces extérieures.
Mais il est nécessaire de distinguer nos passions. Plus précisément, il faut distinguer si nos passions sont accompagnées de joie ou de tristesse. Car la joie augmente notre puissance d'agir, alors que la tristesse la diminue. Par exemple, manger un bon plat peut être une joie, mais en manger avec excès peut devenir source de tristesse. Les passions ne sont donc pas condamnables en tant que telles : sont bonnes celles qui augmentent notre puissance d'action et mauvaises celles qui la diminuent.

Vive le désir !

Connaître ce que nous sommes, notre essence, va donc permettre de distinguer les passions utiles des passions inutiles. Nous sommes des êtres de la nature et en tant que tels, comme tous les êtres, nous sommes animés par cette force qui conduit à nous préserver malgré les obstacles. Cette force, Spinoza la nomme le *conatus*. Le désir n'est alors ni un péché ni un manque ; il est affirmation de la puissance, et créateur de valeur : la vie concrète du désir est le passage à une perfection supérieure ou à une perfection moindre. Le désir est créateur de valeurs : « Nous ne désirons pas une chose parce qu'elle est bonne, nous la trouvons bonne parce que nous la désirons. » Spinoza opère donc un renversement essentiel : c'est à partir du désir, *conatus*, que se déterminent les passions utiles et inutiles. Se trouve alors rejetée toute conception morale de la passion. Si une passion est utile, elle est bonne ; si elle est inutile, elle est mauvaise. Et c'est la raison qui permet de choisir les passions utiles.

Comment être heureux ?

Mais le bonheur que procurent les passions joyeuses, qui correspondent à une augmentation de notre puissance, reste passager. Seule la connaissance mène à la joie véritable. Ainsi, si nous voulons connaître la joie éternelle plutôt qu'un bonheur passager, il nous faut nous orienter vers la connaissance et non nous contenter de la vie passionnelle. Mais parvenir à cette joie éternelle suppose de connaître notre essence, de reconnaître que nous sommes des êtres de la nature. Et connaître notre nature, connaître tout ce qui nous détermine revient à connaître Dieu, donc à atteindre la béatitude. Notre salut – car c'est de cela qu'il s'agit – ne se trouve pas dans un autre monde, mais dans le nôtre.

Comment vivre ensemble ?

Spinoza a lu Hobbes. Il souscrit à l'idée que l'état civilisé, qui s'oppose à l'état de nature, est celui dans lequel les hommes sont soumis à des lois communes. Mais selon lui, ce n'est pas seulement une peur commune qui finit par souder l'humanité. Si les hommes prennent conscience que l'union fait la force, et se résolvent à se soumettre à un pouvoir commun et à des lois communes, c'est aussi la raison qui les réunit, et les rend capable de vivre ensemble. Non seulement dans la sécurité par la crainte d'un pouvoir fort, mais dans la concorde.

Les régimes politiques se distinguent donc selon que le pouvoir et ses sujets usent plus ou moins de raison. Un pouvoir sera d'autant plus tyrannique qu'il s'imposera par la terreur et contraindra les individus à se comporter de manière passionnelle (en obéissant seulement par crainte). De ce fait, un régime tyrannique se rapprochera de l'état de nature où tout le monde se méfie de tout le monde. En revanche, un pouvoir sera d'autant plus démocratique que les lois seront faites dans l'intérêt de tous, et que les sujets obéiront aux lois parce qu'ils en verront l'utilité. Et il sera démocratique en pratiquant la tolérance en matière d'opinions religieuses ou politiques, dès lors qu'elles ne portent pas atteinte à l'ordre public. Spinoza apparaît comme l'un des penseurs de la démocratie moderne. Ce qui ne lui attirera pas que des louanges !

Citation

« Ni rire ni pleurer, mais comprendre. »

Pascal, penser l'infini

Une révolution fondamentale a eu lieu, celle de l'infini. Avec Copernic puis Galilée, le cosmos des anciens a éclaté et l'univers se découvre infini. Jusqu'alors, l'homme semblait avoir une place définie dans un monde clos. Désormais, en regardant le ciel, il s'interroge : qu'est-ce qu'un homme dans l'infini ? Car le monde n'a plus de centre et les hiérarchies

Biographie

Un surdoué

Blaise Pascal est né le 19 juin 1623 à Clermont Ferrand. Très précoce, il écrit à onze ans un traité sur les sons, puis redécouvre seul les premières propositions d'Euclide et, à seize ans, rédige un traité sur les coniques. En 1631, la famille s'installe à Paris, puis, en 1640 à Rouen. Afin d'aider son père chargé d'une mission par l'administration fiscale, il conçoit la première machine à calculer. En 1647, il rencontre Descartes, mais ces entretiens ne donneront rien ; les deux hommes s'opposent, notamment, sur le vide, à propos duquel Pascal a rédigé un traité. En 1648, sur ses indications, son beau-frère réalise sur le puy de Dôme une expérience mettant en évidence le rôle de la pesanteur de l'air dans l'équilibre d'une colonne de mercure.

Son père mort en 1651 et sa sœur Jacqueline entrée au couvent de Port-Royal en 1652, il mène une vie mondaine jusqu'en 1654. Le 23 novembre de cette année-là, au cours d'une extase nocturne, il est saisi par la grâce. Il rejoint alors l'abbaye de Port-Royal afin d'y mener une vie spirituelle exigeante. À la demande d'Arnauld, prieur du couvent, menacé d'une condamnation par la Sorbonne pour ses thèses jansénistes, il rédige clandestinement dix-huit pamphlets contre les jésuites, les *Lettres Provinciales*, qui connaissent un important succès avant d'être brûlées en place publique, en 1657. Il entreprend ensuite une apologie de la religion chrétienne qui restera inachevée. Mais trouvera tout de même le temps d'impulser la création du premier transport en commun parisien, les « carrosses à cinq sols » ! Rongé depuis longtemps par la maladie, Pascal meurt le 19 août 1662 à l'âge de 39 ans. Les fragments de cette œuvre, rassemblés et classés par ses amis, seront publiés en 1670 sous le titre *Les Pensées*.

naturelles ont disparu : la politique s'est séparée de la religion.

Mais l'infini n'est pas seulement celui que nous fait découvrir la lunette astronomique, il est aussi celui du microscope : l'infiniment petit. L'homme est là, entre ces deux infinis qui sont de deux ordres différents. Face à l'infiniment grand, il se sent anéanti et face à l'infiniment petit, il est tel un colosse. Il semble alors bien perdu. Si le cosmos, l'ordre du monde des anciens pouvait nous servir de guide (il faut suivre la nature, se conformer à l'ordre du monde…) que nous reste-t-il désormais? On peut balancer entre le pyrrhonisme (lire page 88) et le dogmatisme, mais ni l'un ni l'autre ne semblent une issue. Certes, l'homme n'est pas n'importe qui : il pense. Descartes nous a offert le seul point fixe, la seule évidence, à partir de laquelle nous pouvons retrouver le monde. Mais est-ce suffisant?

> **Citation**
>
> « Le silence éternel des espaces infinis m'effraie. »

« Descartes inutile et incertain »

Le développement des mathématiques est bien essentiel, mais la raison ne peut prétendre maîtriser et dominer le monde. La confiance dans les mathématiques et dans la raison ne doit pas devenir synonyme d'aveuglement. Descartes fait un mauvais pari lorsqu'il mise tout sur la puissance de la raison. L'expérience nous le montre, la raison est bien impuissante face aux passions : « Descartes inutile. »

Mais surtout, il croit qu'il peut grâce à la raison lever les mystères de la nature. Mais la raison dans le domaine des sciences elles-mêmes rencontre ses limites : elle ne peut rendre compte des premiers principes, évidents par eux-mêmes. Les principes se sentent à défaut d'être démontrés. « Descartes incertain » : Descartes croit que la vérité peut être trouvée dans la physique. Il faut cesser de se faire des illusions sur les pouvoirs de l'homme et arrêter de croire que le « moi » constitue le fondement fixe et assuré.

« Le moi est haïssable » parce qu'il est avant tout synonyme d'orgueil. Mais mieux encore, il est introuvable. Par exemple, qu'est-ce que j'aime chez l'autre? On dira que celui qui aime quelqu'un pour sa beauté ou pour son intelligence ne l'aime pas vraiment, car ces qualités peuvent disparaître. Qu'aime-t-on alors chez l'autre? Son moi? Mais qu'est-il? Une substance abstraite? Bien difficile de l'aimer, alors! Finalement, « On n'aime donc jamais personne, mais seulement des qualités. Qu'on ne se moque donc plus de ceux qui se font honorer pour des charges et des offices, car on n'aime personne que pour des qualités empruntées. »

Faire preuve d'un peu de finesse...

Pascal est un grand mathématicien et croit en la valeur des mathématiques. Mais il refuse de penser que tout est calculable. L'esprit de géométrie n'est pas l'esprit de finesse. Notre rapport aux autres, notamment, ne peut pas simplement se régler sur un calcul rationnel. Pour les affaires humaines, depuis la psychologie du cœur jusqu'à la diplomatie, nous voyons bien que s'impose une forme d'intelligence qui nous apparaît supérieure, parce qu'elle est capable d'apercevoir ce que les principes n'isolent pas. C'est là qu'il faut faire preuve de finesse. Mieux encore : l'esprit de géométrie ne nous donne pas accès à l'essence des choses. Nous avons beau posséder toutes les règles de raisonnement, nos définitions restent nominales ; elles ne révèlent pas ce que les choses sont en elles-mêmes, mais seulement le nom que nous leur appliquons. Notre connaissance rationnelle est limitée, elle ne permet pas de lire pleinement le réel. Il faut donc limiter la méthode cartésienne au seul domaine des démonstrations. Qu'est-ce qui peut nous permettre alors d'atteindre l'essence des choses ? Le cœur.

> **Citation**
>
> « Le cœur a ses raisons que la raison ne connaît pas. » Et seule la foi permet de rendre compréhensible ce qui reste incompréhensible à la raison. Il est « incompréhensible que Dieu soit, et incompréhensible qu'il ne soit pas ».

La condition humaine et les trois ordres

Descartes voit l'homme et Dieu avec les yeux du savant qui veut comprendre. Mais il faut revenir à ce que tout homme recherche : le bonheur et le salut. Les sagesses antiques nous ont bien proposé des voies à suivre, mais elles reposaient sur l'idée d'un monde clos, d'un monde ordonné auquel il fallait s'adapter. Or, ce monde n'existe plus ; l'univers est devenu infini, et la question de la place de l'homme, de sa condition, se pose en de nouveaux termes. D'autant plus que l'homme n'est pas un : il est corps mais aussi esprit.
On connaît la célèbre formule : « L'homme est un roseau, le plus faible de la nature ; mais c'est un roseau pensant », qui devient encore plus claire lorsque nous lisons ce que nous

dit Pascal juste avant. « Quand l'univers l'écraserait, l'homme serait encore plus noble que ce qui le tue, parce qu'il sait qu'il meurt et l'avantage que l'univers a sur lui, l'univers n'en sait rien. » Ainsi, la noblesse ne réside pas dans la force, mais dans la pensée ; c'est la possibilité que nous avons de penser qui fait notre dignité. Mais la pensée ne suffit pas à faire de nous des hommes. Il y a une dimension encore supérieure : la charité.

Ainsi, nulles sont les richesses au regard de la moindre œuvre de l'esprit, et nulles sont toutes les œuvres de l'esprit au regard du moindre geste de charité. Pascal définit ainsi trois ordres : la force, l'intelligence et la grâce. Ces trois ordres correspondent à trois aspects de la nature humaine : le corps, l'esprit et le cœur. Pour être charitable, il ne suffit pas de raisonner, ni de le vouloir, comme le pense Descartes. Pour se sauver, la grâce est nécessaire.

Repère

Pascal janséniste

La question de la grâce est un point central, qui travaillera régulièrement la doctrine chrétienne. Déjà présente chez saint Augustin (voir chapitre 5) la théorie selon laquelle le salut de l'homme, depuis le péché originel et la chute, ne peut résulter que d'une faveur gratuite de Dieu et non de l'effort humain sera reprise par Calvin, puis par Jansénius. Janséniste, Pascal reprend cette idée et l'oppose à celle de la parfaite maîtrise de soi, qu'il juge vaine et orgueilleuse.

Que fait l'homme seul ?

Seul Dieu peut nous sauver et sans lui, l'homme est misérable. Il se perd dans les apparences, dans des occupations qui l'empêchent de penser à sa condition. Il se divertit. Même les guerres peuvent devenir un jeu. Il adore le monde matériel. On cherche à s'occuper, mais aussi à faire bonne figure, on se déguise et on cultive l'apparence. Par orgueil, tout le monde se déguise. On préfère la séduction à la foi, on transforme le monde en un théâtre où chacun joue un rôle, la comédie de l'existence.

Dès le XVIIe siècle, Pascal dénonce la société de consommation et la société du spectacle ! Cela fonctionne grâce au pouvoir de notre imagina-

Citation

« Tout le malheur des hommes vient d'une seule chose, qui est de ne savoir pas demeurer en repos, dans une chambre. »

Repère

La Fronde

Pascal est contemporain de la Fronde. En 1643, lorsqu'il accède au trône de France, Louis XIV n'a que 5 ans. La régence est assurée par sa mère, Anne d'Autriche, et le cardinal Mazarin. La situation financière est désastreuse. Mazarin emprunte aux marchands, aux bourgeois et à la noblesse de robe, et s'aliène les grands du royaume, dont le pouvoir a déjà été rogné par Richelieu. Peu à peu, le Parlement va se soulever face au pouvoir royal. En 1649, la cour est contrainte de s'exiler à Saint-Germain. Paris est assiégé pendant trois mois et le prince de Condé cherche à prendre le pouvoir. Mais, flattant le petit peuple, il se mit à dos les bourgeois, qui le chassèrent. Louis XIV rentre à Paris le 21 octobre 1652. L'ordre est rétabli.

tion, cette « maîtresse d'erreurs et de faussetés » qui nous emmène sans cesse au spectacle. Notre conscience est à ce point subvertie par l'imagination que nous déployons plus d'énergie à fantasmer notre vie qu'à la vivre. Et c'est ce « moi » fictif que nous offrons à la crédulité d'autrui.

Mais cette course est sans fin. Pour l'arrêter il faudrait se convertir au lieu de se divertir. Pour cela, il est nécessaire de se centrer sur soi-même, d'accepter sa condition et non d'essayer de l'oublier. Il faut ne plus être gouverné par le « moi » qui fait de nous des êtres orgueilleux, mais par la conscience. Il faut prendre conscience de sa propre condition. L'homme doit comprendre qu'il est incompréhensible !

L'imagination au pouvoir ?

Mais le règne des apparences n'est-il pas nécessaire pour maintenir un certain ordre politique ? À l'occasion de la Fronde, Pascal prend conscience de la nécessité d'un pouvoir politique fort. Il estime cependant que le pouvoir en place ne se maintient que par cette imposture nourrie par l'imagination. L'imagination au pouvoir n'est pas ici le rêve de 1968 ! Pour Pascal, c'est au contraire le constat que le monde est dominé par la loi du plus fort. « N'ayant pu faire que la force fut juste, on fit en sorte que la justice fut forte », écrit-il. On joue une parodie de justice. La hiérarchie imposée par les titres de noblesse et tout l'apparat qui l'accompagne n'est que le résultat de conventions et n'a pour origine qu'un coup de force initial.

On serait alors en droit de désespérer ou de vouloir se révolter. Mais Pascal lui-même répond que vouloir renverser l'ordre établi pour le remplacer par un nouvel ordre risquerait surtout de mener à la guerre civile – c'est ce que lui a appris la Fronde. Il en déduit qu'aucun ordre légitime n'est possible sur terre. Il n'y a de justice que divine. Les lois et les coutumes permettent de faire vivre les hommes confrontés aux réalités de la vie, et c'est pourquoi il faut respecter celles de son pays, comme le pensait déjà Montaigne. Rousseau en sera choqué, qui fera une critique radicale de ce « droit du plus fort ».

> **Citation**
>
> « Plaisante justice qu'une rivière borne. Vérité en deçà des Pyrénées, erreur au-delà. »

Faut-il prouver que Dieu existe ?

Si seul Dieu peut assurer notre salut, nous faire quitter le désespoir et les dérives de la société du spectacle, encore faut-il qu'il existe ! Et à l'époque, voilà qui est contesté dans certains cercles intellectuels, notamment les libertins (que nous avons déjà vu s'opposer à Montaigne au chapitre 7) qu'il a fréquentés avant sa « révélation ». Pour leur répondre, Pascal ne cherchera pas à ajouter aux nombreuses tentatives pour démontrer l'existence de Dieu. Elles sont inutiles, puisque Dieu échappe à la raison ! Ainsi, nous ne savons pas si Dieu existe ; mais nous sommes bien obligés de prendre une décision. Que faire alors ? Parier. Et Pascal retrouve là les mathématiques en nous proposant un simple calcul de probabilité.

100 % des gagnants ont tenté leur chance !

En pariant sur Dieu, je gagne la vie éternelle s'il existe, et je ne perds rien s'il n'existe pas. En revanche, si je parie qu'il n'existe pas, je perds la vie éternelle et je ne gagne rien. Telle est la simplicité du pari pascalien ! Il ne s'agit pas d'une preuve supplémentaire, car ce n'est pas par la raison qu'on atteint Dieu. En jouant à pile ou face avec 1 euro, si on gagne 1 euro avec pile, on en perd 1 avec face. Le jeu est équitable. Mais si on augmente le gain avec pile ou avec face, cela change tout : le jeu devient avantageux ou désavantageux. Maintenant, si on joue à un jeu où on a une chance sur deux de perdre sa vie et une chance sur deux d'en gagner deux autres, alors il faut jouer. Il vaut mieux vivre trois fois qu'une seule.

On peut certes objecter à ce raisonnement que si on parie que Dieu existe, on perd les passions terrestres qu'on a abandonnées pour bien se conduire. Mais ce qu'on perd n'est pas grand-chose, réplique Pascal, comparé à ce qu'on gagne. Car on gagne non seulement la vie éternelle, mais, en vivant selon le bien, on vit aussi mieux sa vie terrestre. Bref, on gagne sur tous les tableaux!

En quel Dieu faut-il croire?

Si le monde délire, si le monde est fou, on ne guérit pas de la folie par la raison. Descartes était bien naïf de croire que la raison pouvait combattre les passions et la folie. Pour Pascal, on ne vaincra la folie que par l'amour. Mais pas plus qu'il ne faille croire naïvement que l'homme peut se sauver sans Dieu, il ne s'agit pas d'attendre passivement que Dieu agisse, sous prétexte que l'homme ne peut se maîtriser et se sauver tout seul. C'est pourquoi Pascal nous dit que la seule religion est le christianisme, parce qu'elle repose sur l'idée d'un dieu trinitaire (le Père, le Fils et le Saint-Esprit). Le Christ est en effet cet intermédiaire entre Dieu et l'homme, il est amour. En se faisant homme, Dieu s'est fait plein d'amour, puisque le Christ va jusqu'à mourir sur la croix pour sauver les hommes. Voilà qui permet de comprendre la décision de Pascal de se retirer pour prier. Loin d'être en dehors du monde, la prière est au contraire ce lieu où l'homme et Dieu se rencontrent.

Citation

« Feu. Dieu d'Abraham, Dieu d'Isaac, Dieu de Jacob, non des philosophes et des savants. Certitude, certitude, sentiment, joie, paix. Dieu de Jésus Christ... Oubli du monde et de tout, hors Dieu. »

À retenir

Tout n'est pas rationnel!

Les grands successeurs de Descartes essaieront de le dépasser. Ils sont tous, comme lui, fascinés par la rationalité mathématique héritée de Galilée. Ce n'est pas le rationalisme de Descartes qui est en cause; c'est son excès de rationalisme. On ne peut pas tout expliquer par la raison, et la maîtrise absolue de soi-même est une illusion.

Si l'on peut se permettre ce raccourci, on pourrait dire que **Leibniz** et **Spinoza** entrouvrent déjà la porte par laquelle s'engouffrera Freud !

Les théories de **Leibniz** peuvent sembler opérer un retour vers l'aristotélisme. En réalité, ses travaux sur les nombres infinitésimaux préfigurent la physique des particules élémentaires, son encyclopédisme anticipe l'ordinateur et il a, l'un des premiers, l'intuition de l'inconscient !

Pour **Spinoza** aussi, Dieu existe. Mais il n'est pas un surhomme, un être doté de volonté et d'entendement. Spinoza affirme l'existence de Dieu. Mais Dieu, c'est la nature. Finalement, en nous parlant de Dieu, il construit un discours athée. Assimilant la croyance religieuse à la superstition, il nous montre en quoi il n'y a rien à attendre d'un autre monde. Philosopher ne consiste pas à juger notre monde à l'aune d'un monde idéal afin de le condamner ou de s'en plaindre, mais à le comprendre.

Pascal, mathématicien surdoué, ne se satisfait pas non plus des explications de Descartes. L'homme, affirme-t-il, ne peut se résoudre à sa raison. Et Dieu encore moins. À côté du corps et de l'esprit, il y a le cœur. Et « le cœur a ses raisons que la raison ne connaît pas ». Refusant le « moi » de Descartes, synonyme d'orgueil et entité introuvable, il estime que le salut de l'homme viendra de la grâce, de cette charité du cœur qui dépasse le raisonnement.

Mais tout est-il pour le mieux dans le meilleur des mondes possibles, comme le prétend Leibniz ? Voilà qui va continuer à faire débat !

Chapitre 10

L'empirisme

Locke construit sa philosophie à partir de son expérience de...

- [ ] Physicien.
- [ ] Médecin.
- [ ] Commissaire au commerce.
- [ ] Politicien.

Voir page 188

Oui ou non, Locke défend-il ces théories ?

- [ ] Le pouvoir de droit divin.
- [ ] Le droit du plus fort.
- [ ] La séparation de l'Église et de l'État.
- [ ] Le droit d'insurrection.

Voir page 193

Quel « objet » intéressera-t-il particulièrement les philosophes du XVIIe siècle ?

- [ ] Les aveugles de naissance.
- [ ] Les sourds-muets.
- [ ] Les enfants sauvages.
- [ ] Les orphelins.

Voir page 194

Berkeley ne croit pas à l'existence ...

- [ ] Des objets.
- [ ] De la matière.
- [ ] Des abstractions.
- [ ] De Dieu.

Voir page 196

Pour Hume, « Demain, le soleil se lèvera » est une affirmation fondée sur...

- [ ] La raison.
- [ ] La croyance.
- [ ] L'habitude.
- [ ] L'imagination.

Voir page 202

Hume a été accusé d'athéisme pour avoir soutenu que...

- [ ] Dieu ne peut être pensé.
- [ ] Les religions sont des superstitions.
- [ ] Nous pouvons douter de l'existence de Dieu.
- [ ] On ne peut pas démontrer l'existence de Dieu.

Voir page 205

Locke, tolérance et libéralisme

Quand pouvons-nous parler? Cette question peut sembler bien théorique; pourtant, elle doit tous nous préoccuper, en tant qu'hommes et en tant que citoyens. En effet, pour discuter utilement des grands problèmes politiques et religieux, il semble nécessaire de s'interroger sur les capacités de notre esprit et ses limites. Car si ce dont nous parlons dépasse le domaine du savoir, nous ne pouvons pas dire grand-chose! Toute interrogation sur la morale, la politique, la religion, tout grand problème métaphysique suppose au préalable une théorie de la connaissance, une capacité à déterminer ce dont nous pouvons parler de manière certaine.

Partir de l'expérience

La philosophie de Locke est donc avant tout issue de préoccupations pratiques. Médecin, il a travaillé auprès de Sydenham, dont la méthode consistait à déterminer les espèces des

Biographie

Médecin, philosophe et politique

John Locke est né à Wrighton, près de Bristol, le 29 août 1632. Il apprend le latin, le grec et la philosophie d'Aristote à l'école de Westminster, à Londres, puis fréquente l'université d'Oxford, tenue par les aristotéliciens, qui s'opposaient aux platoniciens de Cambridge. Il étudie la physique, la chimie et la médecine, mais c'est à la lecture de Descartes que Locke s'intéresse véritablement à la philosophie, vers 1659, et à la politique. Médecin, puis secrétaire du *Board of Trade* de 1672 à 1675, il s'exile à cause de sa santé fragile et de l'hostilité de la famille régnante, les Stuarts. D'abord à Montpellier, pendant deux ans, puis en Hollande. Il ne revient dans son pays qu'en 1689, après la révolution pacifique qui met fin au règne des Stuarts au profit de Guillaume III d'Orange. Nommé commissaire royal du commerce et des colonies, il publie ses ouvrages essentiels : *Lettres sur la tolérance* (1689), les deux *Traités sur le gouvernement civil* et l'*Essai sur l'entendement humain* (1990), l'*Essai sur l'éducation* (1993) et *Le Christianisme raisonnable* (1995). Il meurt à Oates, dans l'Essex, en 1704.

maladies en fonction de leur histoire, à observer les symptômes tels qu'ils se manifestent à l'expérience sensible en refusant toute forme d'hypothèse. Il appliquera la même méthode à la philosophie. Éviter les erreurs consiste à rejeter toute explication *a priori* qui, par définition, ne se fonde pas sur l'expérience et consiste avant tout en un produit de l'imagination.
Si cette démarche est essentielle pour comprendre la pensée de Locke, c'est parce qu'elle va le conduire à fonder une philosophie empiriste, selon laquelle la source de nos connaissances se trouve dans l'expérience.

D'où viennent nos idées?

Descartes a affirmé que nous avions des idées innées. Ainsi, nous avons en nous l'idée d'infini. Et puisque nous sommes des êtres finis, cette idée ne peut venir de nous. Et ce n'est pas la seule : l'idée de cause, l'idée de substance sont innées. De même, lorsque nous doutons de tout, nous finissons par découvrir en nous-mêmes une évidence : « Je pense donc je suis. » Cette idée d'une substance pensante est saisie de manière directe, immédiate. Nous aurions en notre esprit des idées innées.
Mais si nous avons des idées innées, rétorque Locke, pourquoi certaines d'entre elles se trouvent chez certains hommes et pas chez d'autres, pourquoi peuvent-elles différer d'une culture à une autre? Si l'innéisme était avéré, on devrait trouver les mêmes principes chez tous les hommes, ce qui n'est pas le cas. Par exemple, certaines peuplades sont privées de l'idée de Dieu. Or, Descartes démontrait l'existence de Dieu à partir de l'idée innée d'infini. Loin de nous conduire à la vérité, sa théorie, nous conduit plutôt aux préjugés en affirmant des vérités sans fondement.

Faire table rase

Si nos idées ne sont pas innées, elles ne peuvent donc venir que de l'expérience. Et si nos idées viennent de l'expérience, c'est que l'esprit est à l'origine une table rase. Comment notre esprit se forme-t-il alors les idées qu'il a des choses? À partir de deux sources possibles : la sensation et la réflexion. Notre esprit a la capacité d'organiser nos sensations. De là naissent les idées simples, que nous tenons de l'expérience. Les idées complexes, elles, naissent d'une activité de corrélation de l'esprit entre les idées simples. Par exemple, l'idée d'infini naît de la représentation d'une certaine quantité d'espace ou de temps : à un certain nombre, nous pouvons ajouter indéfiniment une quantité de même nature. L'infini n'est donc pas, comme le pensait Descartes, une idée innée, mais une construction numérique !

Nos idées représentent-elles les choses ?

Les sensations sont causées par les objets matériels extérieurs, mais elles n'en sont que les représentations. L'odeur, la couleur sont dans notre esprit, et non dans les choses. Les qualités premières, comme l'étendue et le mouvement, sont constitutives de la matière ; elles ne doivent donc pas être prises pour des éléments réels des choses.
Mais nous ne sommes pas seuls et pour assurer la communication de nos pensées, comme pour les conserver, des signes de nos idées sont nécessaires : ce sont les mots, instruments de notre connaissance. Le langage est une institution volontaire et conventionnelle qui assure la stabilité et la communication de nos idées. Mais il peut être source d'erreur lorsqu'il renvoie à des idées indéterminées. Examiner le champ du savoir, c'est donc aussi analyser les signes qui constituent ce savoir.

Peut-on tout connaître ?

L'existence des idées simples marque les limites de notre connaissance. Puisqu'elles sont directement issues de l'expérience, nous ne pouvons en engendrer de nouvelles. C'est simplement à partir d'elles que l'esprit combine ou associe. Toute connaissance relève ainsi de la constatation d'une convenance ou d'une disconvenance entre des idées : le vert n'est pas le rouge et deux carrés qui ont leurs quatre côtés égaux sont égaux.
Et Dieu, dans tout ça ? Comme le reste, il faudra prouver son existence à partir de l'expérience : l'existence de l'être contingent que je suis suppose un être éternel tout puissant. Contrairement aux thèses de Descartes, Locke estime que l'expérience montre que l'esprit s'élève dans sa formation, du particulier au général. Et surtout, que notre savoir a des limites. Et maintenant que nous savons ce que nous pouvons savoir, nous pouvons discuter des problèmes politiques et religieux !

En quoi une théorie de la connaissance permet-elle de faire de la politique ?

Reconnaître que notre savoir est limité est essentiel car cela permet de saisir pourquoi le dogmatisme et le fanatisme doivent être rejetés. Parce que le dogmatisme professe la capacité de l'homme à atteindre la certitude absolue et parce que le fanatisme est une attitude passionnelle d'intolérance à l'égard de ceux qui ne partagent pas la même foi ou la même conviction que soi. Et les deux conduisent bien souvent à des positions politiques dangereuses.

C'est notamment le cas des théoriciens du droit divin. Si cette doctrine apparaît inacceptable aux yeux de Locke (elle sera également rejetée par Rousseau), c'est parce qu'elle permet de justifier tous les crimes, toutes les inégalités et condamne de manière radicale tout soulèvement éventuel du peuple contre les souverains.

Locke rejette également Hobbes, qui défend une forme d'absolutisme permettant de garantir la sécurité au détriment de la liberté.

On le saisit dès cette première approche : la protection des libertés individuelles est une préoccupation centrale dans les analyses de Locke. En s'opposant à l'absolutisme de Hobbes, il ne va cesser de rechercher les moyens de contenir l'autorité et d'éviter tout abus de pouvoir afin de sauvegarder la liberté des individus.

Repère

Les théoriciens du droit divin

La théorie du droit divin ou naturel, naît au XVIIe siècle. Elle est illustrée par le *De Legibus* de Suarez et par la *Politique tirée des propres paroles de l'Écriture sainte* de Bossuet.

Ces deux auteurs entendent justifier l'absolutisme de Philippe II d'Espagne et de Louis XIV, c'est-à-dire un pouvoir sans borne que le souverain n'a à partager ni avec son peuple ni avec des corps intermédiaires (noblesse, parlement, etc.) puisqu'il est censé le tenir directement de Dieu.

Cette théorie s'appuie sur l'autorité des textes sacrés, considérés comme la source unique de toute connaissance. Tous les théoriciens du droit divin prennent pour point de départ de l'élaboration de leur doctrine le passage de L'*Épître aux Romains* où saint Paul prêche la soumission totale aux autorités établies. On y trouve la thèse fondamentale selon laquelle les princes sont des ministres de Dieu sur la terre, ce qui signifie qu'on leur doit obéissance comme à Dieu lui-même, fussent-ils les pires despotes.

À propos de l'état de nature

Pour soutenir que seul un État ayant un pouvoir absolu est concevable, Hobbes était parti de l'état de nature en montrant qu'il était un état de guerre perpétuelle. Certes, Hobbes était très préoccupé par la guerre civile qui rongeait son pays, mais rien ne permet d'appeler cela état de nature, rétorque Locke. L'état de nature est simplement l'état dans lequel les hommes vivent ensemble en l'absence de tout juge commun supérieur. Il ne se réduit donc pas à une lutte des désirs, car il n'est pas étranger à la raison (c'est aussi ce que pensait Spinoza). Et la raison nous commande de préserver notre propre existence, mais aussi toute l'humanité. Il existe une loi naturelle qui porte à respecter les droits d'autrui : sa liberté, sa santé et ses biens.

L'état de nature, selon Locke, connaît donc deux pouvoirs naturels : assurer sa propre conservation et celle des autres, et punir les crimes commis contre la loi de nature. En ce cas, pourquoi ne pas demeurer dans cet état de nature ? Parce que ce que Locke désigne sous le terme de droit de propriété, qui englobe la vie, la liberté et les biens, risque de ne pas être garanti, faute d'un juge supérieur. Ce juge, c'est le gouvernement, qui va avoir pour fonction de garantir équitablement le droit de propriété.

Quel pacte pouvons-nous faire ?

Le passage de l'état de nature à l'état civil se fait donc par consentement et n'implique en rien un renoncement aux droits naturels, comme l'énonçait Hobbes. Au contraire, la société est instituée pour garantir les droits qui existaient déjà dans l'état de nature. Le vrai fondement du gouvernement est donc la propriété individuelle, et le pacte social relève d'un engagement réciproque. Il serait en effet absurde, souligne Locke, de vouloir se mettre dans une situation pire que l'état de nature ! Un gouvernement doit donc être impartial, garantir des droits et disposer d'un pouvoir de contrainte quand ces derniers ne sont pas respectés. Les pouvoirs de l'homme à l'état de nature sont transférés à la société, mais pas abandonnés.

Comment éviter la corruption ?

Dès lors, la société possède deux pouvoirs, le législatif et l'exécutif. Toujours animé par le souci de préserver la liberté individuelle, d'éviter toute forme d'abus de pouvoir et de corruption, Locke va montrer la nécessité de mettre ces deux pouvoirs dans des mains

différentes, car la tentation serait trop grande si ceux qui font les lois avaient aussi le pouvoir de les faire exécuter. Dans son *Second traité du gouvernement civil* (1690), il théorise donc, avant Montesquieu (lire page 217), l'idée d'une séparation des pouvoirs – le pouvoir législatif demeurant le pouvoir suprême, puisqu'il est celui qui fait la loi.
De plus, puisque le pouvoir doit garantir les droits naturels, il n'est pas sans limite. Contre Hobbes, une fois encore, Locke affirme un droit d'insurrection, le souverain n'étant que le mandataire du peuple. À tout moment, celui-ci peut donc reprendre sa souveraineté. Ne risque-t-on pas alors l'anarchie permanente ? Non, répond Locke, car l'expérience montre que les peuples sont aisément inertes et ne se soulèvent pas au moindre prétexte !

Quels rapports l'Église doit-elle entretenir avec l'État ?

Il est donc essentiel de défendre les libertés individuelles. Comment ? En faisant de la tolérance une valeur politique. Là encore, il faut combattre tout dogmatisme et tout fanatisme. Dans sa *Lettre sur la tolérance*, Locke défend essentiellement deux thèses : l'autorité politique est limitée et il est impossible de produire une croyance par contrainte. Contre Hobbes qui fait du pouvoir politique le détenteur de l'autorité spirituelle, Locke va penser une séparation de l'Église et de l'État au nom de la liberté. Pour le comprendre, il suffit de revenir aux fins, aux buts de l'État qui sont la défense de la propriété, de la liberté et de la paix.
La contrainte n'est légitime que si elle poursuit ces fins. Or, le pouvoir spirituel, l'Église, s'occupe du salut des hommes, ce qui ne regarde en rien le pouvoir civil tant que ce dernier n'est pas mis en péril. Les croyances personnelles doivent donc faire l'objet de tolérance de la part du pouvoir civil. D'ailleurs, toute tentative de la part de l'État de contraindre à croire est vouée à l'échec puisque la volonté ne peut contraindre l'entendement, source de nos opinions et de nos croyances. En outre, toute conversion forcée est contraire à la volonté divine. Toutefois, puisque la tolérance est défendue au nom des fins de l'État, elle rencontre tout de même comme limite la remise en cause de l'ordre social. C'est pourquoi Locke estime qu'elle ne peut s'appliquer ni aux athées qui remettent en cause cet ordre, ni aux catholiques qui ne la pratiquent pas…
Choquant ? N'oubliez pas que nous sommes au XVIIe siècle… Substituez à athées et catholiques d'autres étiquettes, et vous verrez que les démocrates les plus endurcis n'ont jamais hésité à pratiquer le même ostracisme ! Avec Locke, ce sont bien les principes fondamentaux de la démocratie parlementaire et du libéralisme qui sont posés.

Berkeley, le langage trompeur

Que pourrait voir un aveugle de naissance à qui l'on donnerait la vue?

Supposons un aveugle de naissance qui, à la suite d'une opération, aurait recouvré la vue. Serait-il capable de distinguer, par la vue, la sphère et le cube qu'il sait discerner par le toucher? À cette question qu'un savant et politicien irlandais, William Molyneux, pose à Locke dans une lettre après avoir lu son *Essai sur l'entendement humain*, les deux hommes conclurent par la négative.

Mais pour Berkeley, le problème ne semble pas pour autant réglé. Il s'en empare, tout comme le feront Leibniz, Diderot, Voltaire… Pour que l'ex-aveugle puisse distinguer visuellement la sphère du cube, avance-t-il, il faudrait que notre perception nous livre l'étendue géométrique abstraite, qu'il y ait des éléments communs entre le toucher et la vue. Or, nous ne saisissons l'étendue que grâce aux objets; nous ne la saisissons pas en elle-même. Sans aucun objet servant de repère dans l'espace, nous ne pouvons pas saisir l'étendue. Un aveugle qui recouvrerait la vue aurait d'abord l'impression que tous les objets touchent ses yeux.

Biographie

Évêque et philosophe

George Berkeley est né en 1685 en Irlande, dans le comté de Kilkenny. Après ses études dans sa ville natale, puis à Dublin, il est ordonné prêtre de l'église anglicane en 1710. Professeur de grec, d'hébreu et de théologie, il publie des ouvrages sur les mathématiques et la théorie de la vision.

En 1725, il part pour l'Amérique afin de fonder aux Bermudes un collège destiné à former des ministres du culte anglican pour les colons et des missionnaires pour les Indiens. Il débarque près de Newport, où il achète une plantation, mais les fonds qui devaient arriver de l'État ne venant pas, il retourne à Londres en 1732 et, en 1734, il est nommé évêque de Cloyne. Il y demeure jusqu'à sa retraite, en 1752, puis se retire à Oxford, chez son fils. Mort subitement en janvier 1753, il est enterré dans la Christ Church Cathedral d'Oxford.

Anecdote

Les aveugles sont-ils dangereux?

Le 24 juillet 1749, Denis Diderot fut arrêté et jeté en prison à Vincennes sur ordre du comte d'Argenson, garde des Sceaux. Motif : la publication sous le manteau d'une *Lettre sur les aveugles*. Pour Diderot, l'aveugle-né est un démenti infligé à la Providence, l'exemple même du monstre qui remet en cause la notion d'ordre et de perfection de la nature. La lettre s'achève en rêverie sur l'histoire de la nature, sans cesse soumise à des transformations et à des vicissitudes diverses : le mouvement paraît ainsi essentiel à la matière. Ce sont ces idées matérialistes qui le conduiront en prison, et nous allons voir pourquoi elles paraissent à certains si insupportables...

Le langage nous trompe-t-il?

Et pourtant, spontanément, nous considérons qu'il existe un espace objectif, indépendamment de nous et de notre perception. Pourquoi? À cause du langage. Ce sont les mots qui produisent en nous cette illusion. Pour que l'aveugle qui aurait recouvré la vue fasse le lien entre le cube qu'il voit et le cube qu'il touchait, il suffirait de lui dire que c'est le même objet et que cet objet se nomme cube.

De même, pour qu'il fasse la différence à vue entre la sphère et le cube, il suffit de lui dire où est la sphère et où est le cube. Et ainsi, lier la sensation qu'il avait au toucher avec la sensation que lui donne la vision. Cela signifie que c'est bien le langage qui lui permettrait de faire le lien : c'est le mot « cube » qui met en rapports ces deux sensations, celle du toucher et celle de la vue.

Tout objet que nous percevons n'est qu'une collection de sensations. C'est parce que nous percevons sa couleur, sa forme, son odeur, que nous pouvons dire qu'un objet existe. Il n'existe que parce qu'il est perçu. L'étendue n'est ni grande ni petite, le mouvement n'est ni lent ni rapide ; ils ne sont rien.

De même, je ne puis former l'idée d'un corps étendu en mouvement sans lui donner aussi une couleur. Le langage fait le lien entre ces différentes sensations, mais celles-ci ne sont pas liées. Et c'est là que le langage nous trompe : il nous fait croire que l'objet cube existe en lui-même, indépendamment de l'expérience que nous en avons.

La matière existe-t-elle ?

Il faut se méfier de la confusion entre les signes et ce qu'ils signifient. Les mots nous font croire aux idées abstraites, à l'existence des choses en dehors de la sensation. Affirmer l'existence des objets indépendamment de notre esprit, affirmer l'existence de l'étendue, est le résultat d'une abstraction de l'esprit.

Or, toute abstraction, comme nous venons de le voir, est pour Berkeley une construction et ne renvoie en rien à une réalité. Toute abstraction est illégitime ! Rien ne justifie en effet que nous procédions à une abstraction pour dire qu'un objet existe en lui-même, indépendamment de nos perceptions.

Ainsi, nous considérons spontanément que la matière existe en elle-même. Mais là encore, ce n'est qu'une illusion du langage. Car qu'est-ce que la matière, sinon une abstraction – qui de plus est bien difficile à concevoir. Posons-nous la question de sa définition et nous verrons que nous sommes bien embêtés pour répondre !

Citation

« C'est une chose que de lier toujours le même mot à la même définition ; c'en est une autre que de lui faire toujours représenter la même idée : la première est nécessaire, la seconde est inutile et impraticable. »

Dieu et la matière

Croire en l'existence d'une substance matérielle, tomber dans le matérialisme, c'est penser l'existence d'une puissance matérielle à la fois indépendante de notre esprit et inconnaissable, qui prendrait la place de Dieu.

Affirmer l'existence d'une puissance indépendante, voilà qui est insupportable pour l'évêque Berkeley, puisqu'elle devient une atteinte à la toute-puissance de Dieu.

De plus, lorsque nous affirmons l'existence d'une matière indépendante, nous sommes bien en mal de dire ce qu'elle est.

Nous devons reconnaître que nous n'accédons jamais à cette matière en elle-même. Et le reconnaître, c'est adopter une position sceptique : nous n'avons pas accès à la réalité des choses.

Le matérialisme est donc bien synonyme d'athéisme et de scepticisme, et c'est pourquoi il faut le rejeter. D'ailleurs, l'analyse de la vision nous montre qu'il repose sur les illusions du langage.

Repère

Sade contre Berkeley

Dans *La philosophie dans le boudoir*, les paroles que Sade, libertin et athée, met dans la bouche de Dolmancé, sont à l'exact opposé de la pensée de Berkeley. « Si la matière agit, se meut, par des combinaisons qui nous sont inconnues, si le mouvement est inhérent à la matière, si elle seule enfin peut, en raison de son énergie, créer, produire, conserver, maintenir, balancer dans les plaines immenses de l'espace tous les globes dont la vue nous surprend et dont la marche uniforme, invariable, nous remplit de respect et d'admiration, que sera le besoin de chercher alors un agent étranger à tout cela, puisque cette faculté active se trouve essentiellement dans la nature elle-même, qui n'est autre chose que la matière en action? Votre chimère déifique éclaircira-t-elle quelque chose? Je défie qu'on puisse me le prouver. À supposer que je me trompe sur les facultés internes de la matière, je n'ai du moins devant moi qu'une difficulté. Que faites-vous en m'offrant votre Dieu? » Le plus grand danger pour Berkeley est bien ce genre de matérialisme athée qui n'a pas besoin de Dieu.

Le monde n'est-il qu'un fantôme?

Il ne s'agit pas alors de réduire le monde en niant son existence, mais de cesser de croire en l'illusion du langage. N'est véritablement que ce qui est perçu, ce qui suppose d'ailleurs des esprits qui perçoivent : « Être, c'est être perçu ou percevoir. » Faut-il alors en conclure que la table et la chaise que nous voyons n'existent pas? Berkeley est loin de croire que le monde n'est qu'une collection de fantômes : « Le cheval est à l'écurie, les livres sont dans la bibliothèque comme avant. » Les idées attestent d'une réalité extérieure, mais cette réalité extérieure n'est pas matérielle. Ces choses existent parce que nous les percevons.

Citation

« Ce qu'on raconte de l'existence absolue de choses non pensantes, sans rapport avec le fait qu'on les perçoit, cela semble parfaitement inintelligible. Leur *esse est percipi*, et il est impossible qu'elles aient aucune autre existence hors des esprits ou choses pensantes qui les conçoivent. »
Les principes de la connaissance humaine.

Berkeley revendique un appel au bon sens, et c'est ce même bon sens qui le conduit à affirmer qu'il n'y a aucune réalité substantielle qui existe dans le monde. Mais alors, si « être c'est être perçu », que devient le monde quand nous ne le percevons pas ? Qu'est-ce qui peut garantir la continuité du monde quand je ferme les yeux et que je les ouvre à nouveau ? Dieu. Ce n'est pas l'existence d'un substrat matériel qui assure la continuité du monde, mais Dieu. Pour faire référence à Descartes qui, dans le *Discours de la méthode*, faisait l'hypothèse d'un Dieu trompeur qui s'évertuerait à nous montrer n'importe quoi, on peut dire avec Berkeley qu'il y a un Dieu et qu'il n'est pas trompeur. En revanche, il n'y a pas de matière, il n'y a que des choses perçues et des esprits qui perçoivent, mais la cohérence de nos perceptions nous assure de l'existence de Dieu.

Hume, le soleil se lèvera-t-il demain ?

Newton a introduit la méthode expérimentale dans les sciences. Au lieu de partir des principes, il montre qu'il faut procéder à l'inverse : ce sont les phénomènes qui sont donnés, et les principes qu'il faut chercher. Il s'agit d'objectiver le réel ici et maintenant, c'est-à-dire d'abstraire un cas général du divers qui est donné. Si cette méthode a porté ses fruits et nous permet de tenir un discours vrai, pourquoi ne pas l'introduire dans d'autres champs que la physique ? pense Hume. On s'attache, depuis Galilée, à construire une science physique, essayons donc de construire une science de l'homme. Qu'est-ce qu'une science physique ? L'énonciation de lois qui régissent les rapports entre les phénomènes. Que peut être une science de l'homme ? La détermination des principes qui règlent les opérations de notre pensée. Mais pour y parvenir, il faut d'abord se défaire de ses préjugés et de ses certitudes.

Philosophe ou détective ?

En philosophie, on utilise communément des termes tels que substance, âme, monde, moi, cause, effet… Mais à quoi cela correspond-il dans la réalité ? Et si ce n'étaient que de belles constructions intellectuelles conduisant à des débats infinis sans que rien ne corresponde à la réalité ? Pour régler ce problème, la démarche de Hume est simple : demandons-nous d'où nous viennent ces idées dont nous faisons constamment usage et, plus, généralement, d'où nous viennent nos idées ? Hume reprend alors l'exemple de l'aveugle

Biographie

Sceptique et libéral

Né en 1711 à Édimbourg, David Hume étudie la physique de Newton, puis voyage en France où il accomplit des missions diplomatiques. Après avoir rencontré Rousseau et fréquenté les salons littéraires, il rentre en Écosse où il finira ses jours en 1776. Hume ramena Rousseau en Angleterre, où ses ennemis supposés ne pouvaient pas l'atteindre. Mais Rousseau – un peu paranoïaque, il est vrai ! – finit par l'accuser de conspirer pour le tuer. L'autobiographie de Hume est truffée de détails sur l'accroissement progressif de son patrimoine, passant d'une relative pauvreté à une certaine opulence. Elle se termine par une analyse de son caractère : « Doux, maître de moi-même, d'une humeur gaie et sociale, capable d'amitié mais très peu susceptible de haine, et très modéré dans toutes mes passions. »

Mais s'il est décrit par tous, sauf Rousseau, comme jovial et sympathique, Hume ne semblait pas être gâté par la nature. Le Comte de Charlemont le décrit ainsi : « Son visage était large et gras, sa bouche était grande et sans autre expression que l'imbécillité. Ses yeux étaient vides et sans esprit et la corpulence de toute sa personne était plus propre à donner l'idée d'un conseiller municipal mangeur de tortue que celle d'un philosophe raffiné. »

Pourtant, ses *Essais moraux et politiques* inspireront les théories économiques d'Adam Smith et des économistes libéraux.

de naissance qui va tant occuper le XVIIe siècle. À la question posée par Molyneux, il répond qu'un aveugle de naissance ne saurait avoir aucune idée des couleurs. Pourquoi ? Parce que nos connaissances nous viennent de l'expérience.

Comme Locke, Hume est empiriste. Il pense que nos impressions se transforment en traces mentales, des « idées ». Le problème peut s'énoncer simplement : se demander à quoi correspondent les termes de substance et d'âme, c'est se demander à quelles impressions ils correspondent dans la réalité, à quelle expérience ils renvoient. Il faut donc mener une enquête sérieuse sur les modes de fonctionnement de notre esprit et sur l'origine de nos idées. Et comme dans toute enquête, il faut procéder par ordre et revenir au point de départ, aux impressions premières.

Repère

Newton et la gravitation universelle

Newton recherche le pourquoi de la trajectoire des planètes à partir des trois lois de Kepler et découvre la gravitation universelle : l'attraction entre les corps est proportionnelle à leur masse et inversement proportionnelle au carré de la distance qui les sépare. Pourquoi la Lune tourne-t-elle autour de la Terre ? Parce qu'en fait, elle tombe ! Mais la loi d'attraction fait qu'elle tourne, puisque les deux corps s'attirent. Newton découvre que les lois sont les mêmes sur terre (sur une pomme) et dans le ciel (pour les corps célestes). Il suggère qu'un petit nombre de lois physiques font le monde comme l'inertie (démontrée par Galilée) et l'attraction universelle. Newton, comme ses prédécesseurs, sera contesté par les églises. Pourtant, il défend que les lois de la physique ne sont pas en contradiction avec la religion. Au contraire, elles démontrent la toute puissance de Dieu. Il ne convaincra pas tout le monde...

Faisons preuve d'imagination !

Revenons donc au cas de l'aveugle. Si l'aveugle de naissance ne saurait avoir une idée des couleurs, l'homme voyant à qui on présenterait un dégradé de couleurs saurait saisir si une nuance est absente, quand bien même il ne l'aurait jamais vue. Notre esprit est capable de percevoir un vide grâce à l'activité de l'imagination. Nous avons certes des impressions, mais nos idées viennent essentiellement de notre mémoire et de notre imagination. Elles sont le souvenir des impressions ou des images que nous nous formons. C'est parce que nous avons eu plusieurs fois l'impression du jaune que nous forgeons en notre esprit l'idée de jaune, et c'est par l'exercice de l'imagination que nous formons l'image d'un objet existant ou possible.

Mais l'imagination ne nous détourne-t-elle pas de la réalité ?

Cela ne signifie pas que nos impressions sont externes et nos idées internes. Les idées diffèrent des impressions en degré, mais les impressions sont plus vives, plus présentes. Et c'est l'imagination qui va permettre de construire ce que nous ne voyons pas. Nous

Anecdote

Des enquêtes pour séduire le lecteur

Hume va donner à deux de ses ouvrages le titre d'*Enquête sur l'entendement humain* (1748) et d'*Enquête sur les principes de la morale* (1751). En publiant d'abord, lors de son séjour à Paris, le *Traité de la nature humaine*; il s'attendait à susciter la polémique. Mais, selon sa propre expression, son traité « tomba mort-né de la presse ». Il décida donc dans ses enquêtes de reprendre les mêmes idées en les exposant de manière plus séduisante.

pouvons ainsi forger l'idée d'une licorne comme nous pouvons forger l'idée de la couleur manquante dans le spectre qui nous est présenté. Mais alors, à quelles conditions pouvons-nous dire que nos idées correspondent à la réalité ? En effet, il se pourrait bien que notre imagination nous induise en erreur. Après tout, ne nous fait-elle pas parfois délirer et perdre tout contact avec la réalité ?

Le soleil se lèvera-t-il demain ? On a intérêt à y croire...

Tous les matins, nous voyons le soleil se lever. Nous affirmons ainsi que le phénomène A (c'est le matin) va impliquer nécessairement le phénomène B (le soleil se lève). À partir de cette habitude que nous avons de voir le soleil se lever chaque matin, nous affirmons que tous les matins, le soleil se lève. Nous posons donc un rapport de nécessité entre les deux phénomènes. Or que voyons-nous réellement, quelles sont nos impressions ? Nous voyons deux phénomènes, A puis B, mais nous ne voyons en rien le lien nécessaire qui relie ces deux phénomènes.
Par habitude nous disons que tous les matins le soleil se lève, mais rien ne nous prouve qu'il se lèvera tous les jours. « Demain le soleil ne se lèvera pas » n'est pas une contradiction, même si cette affirmation a de grandes chances d'être fausse. Après tout, il est possible que le soleil ne se lève pas demain. D'ailleurs, cela arrivera bien un jour !

Tout n'est-il qu'une question d'habitude ?

Nos impressions nous offrent des phénomènes, elles ne nous offrent en rien le lien entre les phénomènes. Nous voyons bien qu'il y a un rapport entre le matin et le lever du soleil,

Repère

La partie de billard

Si l'on voit sur un tapis de billard une boule s'avancer en direction d'une autre boule immobile, on aura tendance à penser qu'à partir du choc, la deuxième boule se mettra en mouvement. Mais qu'est-ce qui nous permet de faire une telle déduction ? Rien, en effet, dans la cause (le mouvement de la première boule) n'implique l'effet (le mouvement de la deuxième boule). Il n'est pas possible de déduire logiquement le mouvement de la seconde à partir de la première. On ne voit rien qui relie les deux événements en question, si ce n'est qu'ils se succèdent.

mais nous n'en voyons pas la raison, même si nous l'affirmons. Entraînée par le poids de l'habitude, notre imagination passe du phénomène A au phénomène B, comme elle nous permet de combler le vide dans le spectre des couleurs. Dire que le soleil se lève tous les matins est une croyance née de l'habitude ! Revenir aux impressions en chassant nos préjugés nous conduit donc à saisir que nos affirmations sont avant tout des croyances, et qu'elles ne sont pas nécessairement fondées en raison. Hume montre ainsi que la causalité (A implique nécessairement B) est une construction de l'esprit mais qu'elle n'existe pas dans les choses. La causalité résulte de l'habitude née de l'expérience.

Que faire des termes philosophiques ?

Nous devons reconnaître que de nombreuses idées sont des constructions de notre imagination mais ne correspondent à rien dans la réalité. Pourquoi ? Parce qu'elles n'ont aucune impression correspondante. Or, tel est bien le critère puisque l'expérience est première. Au moins pour le soleil, nous le voyons tous les jours se lever. Mais qu'est-ce que le moi ? Qu'est-ce que la substance ? Qu'est-ce que l'âme ? Que sont finalement toutes ces notions qui appartiennent à ce qu'on nomme la métaphysique ? Ce sont des constructions de l'imagination qui ne trouvent leur fondement ni dans l'expérience ni dans la raison. Ainsi, l'idée de moi, d'identité personnelle est une fiction de l'imagination puisque quand je me retourne en moi-même, je ne saisis qu'une collection d'impressions, mais jamais une unité. Nous n'avons jamais l'expérience d'un sujet permanent, le moi dont nous parlons n'est pas une impression.

Peut-on connaître son voisin ?

Il s'agit bien ici de combattre un préjugé. En effet, nous pensons spontanément que le moi a une réalité. Nous adorons d'ailleurs définir les autres en disant : « Il est comme ceci ou comme cela. » En fait, nous faisons référence à des impressions, mais nous ne faisons jamais l'expérience de l'autre comme d'un objet. En passant notre temps à nous définir et aussi à définir les autres, nous considérons que chacun a un moi bien défini. Nous prétendons connaître l'autre par ses comportements. C'est la croyance populaire. Or, chaque personne est une énigme pour les autres. Rien ne prouve quoi que ce soit que soi-même. Finalement, en parlant des autres, on parle de soi. Ainsi, le soleil se lèvera-t-il demain ? Il y a de grandes chances ! L'expérience nous montre que cela arrive tous les jours ; normalement, cela devrait donc encore arriver demain. Mais le moi existe-t-il ? Non. Là, il s'agit bien d'une fiction car l'expérience ne nous donne rien de tel à saisir. Il faut donc se méfier du langage qui produit toutes ces fictions métaphysiques.

Anecdote

Hume réveille Kant

En montrant que c'est l'habitude qui nous conduit à affirmer l'existence de rapports nécessaires entre des phénomènes, Hume nous donne finalement une explication psychologique de ce qu'est une idée. Cela impressionnera fortement Kant qui, sans souscrire à ses analyses, trouvera dans Hume de quoi le réveiller de son « sommeil dogmatique ».

Peut-on distinguer la croyance du savoir ?

Nous passons notre temps à opposer la croyance et le savoir. Croire, c'est tenir quelque chose pour vrai. Mais la croyance est moins solide que le savoir, parce qu'elle n'est pas démontrée. Tout le monde semble d'accord sur ce point. Sauf Hume ! Pourquoi ? Parce que si on y regarde de près, notre connaissance repose sur une croyance.

Finalement, je crois que le soleil va se lever demain et, en étant honnête, je ne peux pas en dire beaucoup plus. Certes, cette croyance n'est pas la même que celle qui me fait croire que le « moi » existe, parce qu'au moins, je fais quotidiennement l'expérience du lever du soleil. Mais c'est tout de même une croyance !

En ce sens, Hume rejoint les sceptiques : l'intelligence humaine est limitée, et ne peut saisir aucune relation nécessaire entre les choses.

L'avantage des mathématiques : ne pas quitter son fauteuil !

Toutes nos connaissances ne sont pourtant pas de même nature. Il y a une différence entre dire « le soleil se lèvera demain » et « 2 + 2 = 4 ». La première formule renvoie à une relation entre des faits, la seconde à une relation entre des idées. La relation entre ces nombres peut être découverte par la pensée, sans recours à l'expérience, car elle ne dépend de rien de ce qui se rencontre dans l'univers. Pas besoin de quitter son fauteuil ! Nous avons affaire ici à ce qu'on nomme une *vérité formelle*. Dans ce cas, nous pouvons bien parler de nécessité, mais cette dernière ne correspond à rien de réel.

Finalement, il y a deux choses intéressantes : les relations entre les données, qui renvoient à l'expérience, et les relations entre les idées (comme les mathématiques) qui relèvent d'une nécessité. Le reste n'a aucun intérêt !

Faut-il douter de tout ?

En voulant fonder une science expérimentale de l'esprit humain, Hume introduit le doute dans la certitude de nos connaissances. Toutefois, s'il est ainsi conduit à douter en tant que philosophe, il prend bien soin de distinguer la théorie de la pratique. Dans nos actions quotidiennes, il serait absurde de douter.

Nous pouvons pratiquer, en philosophes, une critique de la connaissance, mais en tant qu'hommes du quotidien, nous avons besoin de nos croyances et pour agir, nous devons y rester attachés. Nous devons bien considérer que si une voiture arrive au moment où nous traversons la route, il vaut mieux rester sur le trottoir ! Certes, la relation entre la voiture et moi au milieu de la route me faisant renverser n'est pas une relation nécessaire. Toutefois, si je traverse, je vais quand même me faire renverser ! Certes, ce n'est pas aussi vrai que 2 + 2 = 4. Mais j'ai intérêt à y croire !

Loin des yeux, loin du cœur ?

Un homme politique français a dit, il y a quelques années, dans une bonne tradition populiste : « Je préfère mes filles à mon voisin, mon voisin à celui qui habite à l'autre bout du pays et celui qui habite à l'autre bout du pays à celui qui vit dans un autre pays. » Au passage, on remarquera que cela devient compliqué quand sa fille habite dans un autre pays et que son voisin est étranger… Mais plus sérieusement, il pensait par ces paroles justifier une politique d'exclusion ou de préférence. Bien sûr, ces propos peuvent avoir une certaine efficacité sur le moment, car il est vrai que nous préférons ce que nous connaissons et ceux qui nous sont proches à ceux qui habitent à l'autre bout de la planète et que nous ne connaissons pas !

Mais il y a une différence entre l'amour et la morale. Si je n'ai un comportement moral qu'avec les gens que j'aime et surtout, si cela paraît justifié, autant dire que je peux marcher sans scrupule sur celui qui est tombé dans la rue et que je ne connais pas sans que l'on considère que cela est mal… On voit que « l'argument » est un peu court !

Pourquoi faut-il des lois ?

Ainsi, nous avons vu que l'imagination nous conduit à aller au-delà de ce que nos sens nous offrent. Quand nous disons que le soleil se lèvera demain, nous imaginons plus que ce que nous pouvons dire de manière sûre et certaine. Dès lors, si notre imagination nous permet cela, ne la rejetons pas. La morale est une question de perception du monde ! Elle exige qu'on regarde au-delà de sa rue.

Dans l'analyse des passions, il s'agit de se demander comment il est possible d'inventer cette extension à partir de la partialité de la nature humaine. En effet, la source du jugement moral se trouve dans nos sentiments. Là encore, Hume part de la particularité du senti. Comment est-il alors possible d'étendre un sentiment particulier ?

En s'élargissant, les passions perdent de leur intensité : je suis plus affecté par la souffrance de mon voisin que par celle d'une personne éloignée. C'est pourquoi il est nécessaire qu'il y ait des instances au sein du pouvoir social, un système de sanctions et de récompenses. Ce dernier permet de donner une vivacité supplémentaire aux passions.

Mais la morale réelle n'est pas universaliste, elle est comparatiste. L'empirisme de Hume débouchera donc sur une forme de pragmatisme éthique et politique. Un système politique n'est alors pas une affaire de raison, il définit avant tout un type de comportement qui puise là encore ses racines dans la force de l'habitude. Là encore, tout est question d'habitude.

Dieu existe-t-il ?

Quand il fait appel à Dieu, le philosophe invoque généralement l'harmonie de l'univers, l'ordre de la nature. Il nous dit ainsi qu'il doit y avoir un Dieu, grand artisan parce que le monde est harmonieux. Il semble impossible que cela soit arrivé tout seul ! Au contraire, le commun des mortels ne se tourne vers Dieu que parce qu'il trouve que l'univers manque d'ordre, qu'il est imprévisible. Il prie, fait des offrandes en espérant que les choses vont s'améliorer et mieux se passer. On le voit bien, pour le commun des mortels, la religion trouve communément sa source dans la crainte et dans l'espérance.

Mais cela permet-il de dire que Dieu n'existe pas? Peut-être que le Dieu du commun des mortels est une construction de l'imagination, mais que dire du Dieu grand auteur de l'univers? Le spectacle de l'univers nous parle d'un Dieu intelligent, mais nous ne pouvons en rendre compte rationnellement. Cela ne revient pas à revendiquer un athéisme, bien au contraire : la raison humaine doit rester sage et ne pas inférer que ce qu'elle ne peut pas expliquer n'existe pas, même si elle ne peut démontrer aucune existence. Il ne s'agit pas de nier l'existence de Dieu, mais de montrer que la méthode scientifique ne peut pas s'étendre au domaine théologique.

Anecdote

Encore un hérétique!

Décidément, il ne fait pas bon s'écarter des dogmes! La simple affirmation que l'existence de Dieu ne peut être démontrée a valu à Hume d'être accusé d'hérésie et d'athéisme. Ces opinions religieuses originales lui coûteront d'ailleurs la chaire de philosophie morale à l'université d'Edimbourg, en 1744.

On raconte même qu'un jour, une vieille femme trouva Hume embourbé jusqu'à la taille et n'accepta de l'aider à s'en sortir qu'après qu'il eut récité le Credo et le Notre Père!

À retenir

Partir de ce qu'on voit!

À la suite de Hobbes, mais souvent en réaction contre lui, l'empirisme sera le fait des Britanniques! L'Anglais **Locke** va s'attacher à penser des limites à la souveraineté afin de protéger la liberté des individus.

En définissant des doits inaliénables, Locke établit les fondements de la démocratie libérale et sa doctrine du gouvernement civil servira de modèle aux libéraux à partir du XVIIIe siècle.

Empiriste, l'Irlandais **Berkeley** l'est assurément, puisque toute son analyse part de la sensation. Pour lui, la matière n'existe pas ! Est-ce à dire que le monde n'est qu'une illusion ? Non, rassurez-vous. Les choses que nous voyons, que nous touchons, existent bien. C'est la matière comme substrat qui n'est que le produit d'une illusion, portant atteinte à la toute puissance divine. Un empirisme idéaliste, donc, qui s'oppose résolument au matérialiste. Lequel, pour l'évêque anglican Berkeley, ne peut être qu'athée et sceptique. Véritable scandale !

À l'accusation d'athéisme, l'Écossais **Hume** n'échappera pas. En montrant en quoi la recherche du secret des choses est illusoire, il développe effectivement une position sceptique sans que celle-ci implique pourtant la négation de la science, ni de Dieu. Il nous montre simplement en quoi notre savoir est limité. Kant affirmera qu'il l'a « réveillé de son sommeil dogmatique » et Husserl le présentera comme celui dont l'intuition est la plus juste dans son effort pour revenir aux choses mêmes. Mais le scepticisme philosophique ne doit pas nous faire sombrer dans le désespoir, affirme heureusement Hume, car celui qui prétend vivre et philosopher sera toujours divisé. Finalement la philosophie n'est pas toute la vie !

Chapitre 11

Et les Lumières furent !

Montesquieu estime que les lois...

- ☐ Sont, en dernier recours, dictées par Dieu.
- ☐ Résultent du bon vouloir du souverain.
- ☐ Relèvent d'un rapport nécessaire entre des phénomènes.
- ☐ Doivent être décidées par le peuple.

Voir page 213

Quel est, pour Montesquieu, le meilleur système politique ?

- ☐ La monarchie absolue.
- ☐ La monarchie modérée.
- ☐ La république aristocratique.
- ☐ La république démocratique.

Voir page 215

Montesquieu est surtout connu pour sa théorie sur...

- ☐ La séparation des pouvoirs.
- ☐ La séparation de l'Église et de l'État.
- ☐ La liberté du commerce.
- ☐ Le rôle social de l'État.

Voir page 216

Sur quoi portent les deux premiers *Discours* de Rousseau ?

- ☐ L'éducation.
- ☐ Les sciences et les arts.
- ☐ L'inégalité.
- ☐ La démocratie.

Voir pages 218 et 219

Rousseau pense que l'origine des inégalités vient de...

- ☐ L'instauration des lois.
- ☐ La tyrannie.
- ☐ La propriété privée.
- ☐ La religion.

Voir page 219

Voltaire et Rousseau...

- ☐ Pensent la même chose.
- ☐ Ont des théories complémentaires.
- ☐ Ne se sont jamais fréquentés.
- ☐ N'ont pas cessé de s'opposer.

Voir page 221

Montesquieu, fondateur des sciences sociales et politiques

La simple observation de différents pays nous montre que les lois, les régimes, les mœurs, les comportements sont divers. Cela a généralement conduit à affirmer l'arbitraire des conventions. Montaigne nous dit ainsi qu'il n'y a pas de justice absolue et que, par précaution, mieux vaut « suivre les lois et les coutumes de son pays ». Pascal affirme de son côté que la justice humaine est relative : « Vérité en deçà des Pyrénées, erreur au-delà. »
Ce constat de la diversité des lois pourrait nous entraîner vers une forme de scepticisme ou au contraire, vers une position dogmatique qui consiste à juger toutes les lois à l'aune de notre conception de la justice, au risque de tomber dans une forme d'ethnocentrisme,

Biographie

Un aristocrate réformateur

Charles-Louis de Secondat, baron de La Brède et de Montesquieu, est né le 18 janvier 1689 à la Brède en Gironde. Reçu avocat en 1708, il passe quatre ans à Paris pour étudier l'histoire. En 1714, il entre dans la magistrature comme conseiller au parlement de Bordeaux. Il écrit parallèlement plusieurs ouvrages, traitant d'économie, de sciences et de philosophie. Son roman épistolaire, les *Lettres persanes*, publié en 1721 est un succès qui lui donne accès aux salons parisiens. En 1726, l'écrivain (qui continue à gérer son domaine familial), quitte la magistrature pour se consacrer à la littérature. L'année suivante, il est élu à l'Académie française et commence à voyager en Europe. De cette expérience et de son observation des différents régimes politiques, Montesquieu retire une analyse politico-philosophique, *De l'esprit des lois* (1748), qui, en deux ans, connaîtra 22 éditions ! Violement critiqué, notamment par les jansénistes, son ouvrage sera condamné en Sorbonne et censuré à Rome. Aristocrate, mais réformateur, il est apprécié de tous ses contemporains pour ses qualités humaines et intellectuelles. Devenu presque aveugle, il meurt à Paris le 10 février 1755.

toujours réducteur. Pour éviter ce double écueil, Montesquieu prône une autre approche : au lieu de juger, essayons d'abord de comprendre ce qui se cache derrière cette diversité. Pourquoi les lois et les mœurs ne sont-elles pas les mêmes en Asie et en Europe, en Europe du Nord et autour de la Méditerranée ?

Vocabulaire

L'ethnocentrisme

Même s'il en explicite la notion, ce terme ne se trouve pas sous la plume de Montesquieu. Apparu au XXe siècle, il désigne l'attitude consistant à évaluer toutes les cultures à partir de sa propre culture et de ses propres valeurs.

Ne commençons pas par juger le monde

Face à la diversité des lois, on peut prendre une position théologique ou moraliste. Nous jugeons le monde en fonction de préceptes moraux ou religieux, pour constater qu'au regard de ces préceptes, certains peuples sont des sauvages parce que leur religion est primitive ou parce qu'ils sont dénués de sens moral – du moins comme nous l'entendons. Et parce que nos préceptes, notre religion, notre régime politique et nos mœurs sont forcément plus avancés que les leurs.

Repère

Les *Lettres persanes*

Publiées en 1721, les *Lettres persanes* dressent un portrait incisif de la société française. Usbek, un seigneur persan, accompagné de son ami Rica, fait un voyage en Europe jusqu'à Paris. En tenant à jour une correspondance avec des amis rencontrés dans les pays traversés, il dépeint d'un œil faussement naïf – celui qu'une civilisation lointaine pourrait porter sur l'Occident, réduit dès lors lui-même à quelques contrées exotiques – les mœurs, les conditions et la vie de la société française du XVIIIe siècle. Le lecteur lisant ce roman épistolaire se moque d'abord du Persan faisant preuve d'une naïveté à l'égard des modes occidentales. Mais il ne rit pas longtemps, car en continuant sa lecture il se rend compte que c'est de lui qu'on se moque. Il est piégé !

Une autre solution consiste à critiquer ce qui est – même dans notre pays – en fonction de ce qui devrait être. Il s'agit là de la démarche des théoriciens du droit naturel. Supposant un état de nature (pour Hobbes et Spinoza) ou état de solitude (pour Rousseau), nous essayons de comprendre comment nous en sommes arrivés là, et ce qu'il faudrait faire pour que règne un ordre juste. Ce qui va évidemment donner lieu à de nouvelles théories.

Qu'est-ce que la science politique ?

Et ces diverses théories vont à coup sûr entraîner de nouvelles polémiques. Pourquoi telle religion ou telle forme d'État serait-elle définitivement supérieure aux autres ? Faut-il préférer Hobbes, Locke ou Rousseau ? Seule une attitude scientifique peut nous permettre d'abandonner la posture polémique. Mais comment parler de science dans ce domaine ?

La science physique moderne nous a montré comment, derrière l'apparence diverse des choses, nous pouvions dégager des lois. Une fois encore, Galilée est passé par là. La science politique doit faire de même ! Comme le physicien se pose face à la nature, posons-nous face à la diversité des lois qui régissent les multiples sociétés humaines. Mettons en place une « physique sociale ». Après tout, nous savons désormais que la nature agit sans intention en étant régie par des lois, même si ce que nous observons ne nous paraît pas toujours très rationnel. Il se pourrait donc bien que le fonctionnement des sociétés soit, lui aussi, régi par des lois. Inutile de chercher une quelconque origine, un état de nature. D'ailleurs, les hommes naissent tous déjà liés (un enfant à sa mère ou à son père car il ne s'engendre pas tout seul). Être scientifique c'est d'abord refuser tout jugement de valeur. Essayons plutôt de comprendre la nécessité présente. Bref, abordons la société humaine et la politique en savant !

> **Citation**
>
> « J'ai d'abord examiné les hommes, et j'ai cru que, dans cette infinie diversité de lois et de mœurs, ils n'étaient pas uniquement conduits par leur fantaisie. »

Le Galilée de la société

Affirmer que les sociétés sont régies par des lois n'a rien de nouveau. Nous le savions depuis l'Antiquité. Et ce sont bien ces lois que nous considérons comme justes ou injustes. On pourrait se contenter de les décrire, mais nous en resterions encore à un simple constat : il y a telles lois dans tel pays et telles autres dans un autre. En disant cela, nous ne comprendrions pas plus les lois. Il faut donc, si nous voulons nous comporter en savant, passer à un niveau supérieur. Que nous a appris Galilée ? Que les lois sont des rapports nécessaires entre des phénomènes. Par exemple, si dans les mêmes conditions données d'apesanteur, je lance un objet, il tombe nécessairement ; et cela autant de fois que je répète l'expérience.

Énoncer une loi, c'est énoncer un rapport nécessaire (dans les mêmes conditions d'expérience si X, alors nécessairement Y). Faire de la science politique va donc consister à dégager les rapports nécessaires entre des phénomènes, à essayer de comprendre quelle nécessité se cache derrière les lois que nous observons dans les diverses sociétés. Il faut trouver la loi de la loi, « l'esprit des lois » : quelle nécessité fait qu'on trouve certaines lois dans un pays, et d'autres lois dans d'autres pays ?

Citation

« Je ne traite point des lois mais de l'esprit des lois, et cet esprit consiste dans les divers rapports que les lois peuvent avoir avec les diverses choses. »

Montesquieu révolutionnaire ?

Montesquieu opère ici une véritable révolution. Jusqu'alors, on considérait que la loi était instaurée par celui qui commande pour faire obéir celui qu'il domine. Même Descartes, qui voyait dans les lois de la nature un rapport nécessaire entre des phénomènes et considérait qu'en les connaissant on allait pouvoir se rendre « comme maître et possesseur de la nature », finissait par dire : les lois de la nature ont été établies par Dieu, qui les a instaurées « comme un roi en son royaume ». Il y a encore quelqu'un qui commande derrière tout cela !

Montesquieu, va beaucoup plus loin : toute loi relève d'un rapport nécessaire entre des phénomènes. Personne ne commande. Les lois, même édictées par les religions, découlent de causes qu'il faut comprendre. Et ces causes sont multiples : climat, nourriture, différence des sexes, mœurs, commerce, religion… Il ne faut rien isoler et tout considérer. Voilà une révolution qui n'est pas dans la rue, mais dans l'esprit !

Tous les systèmes se valent-ils ?

Mais lorsqu'on a compris la nécessité des lois, en quoi sommes-nous plus avancés ? En dévoilant cette nécessité des lois et leur fonctionnement, le savant nous montre d'abord la

Repère

La théorie des climats

Jean Bodin précède Montesquieu avec la théorie des climats. Le Nord est le domaine de la force, le Midi celui de la religion, alors que le climat tempéré entraîne raison et justice. Mais il précise que la discipline (l'homme-esprit, la vertu, l'honneur) peut changer la nature (l'homme-animal). Montesquieu va dans le même sens. Il croit que la température a une influence décisive (fibres). Dans les régions froides, l'homme est fort, maîtrise beaucoup de connaissances et est peu sensible aux plaisirs. La monarchie et la liberté règnent (il pense aux Anglais !). Dans les pays chauds, les peuples, plus paresseux, préfèrent le despotisme ! Pourquoi en Asie trouve-t-on un esprit de servitude, et en Europe, un esprit de liberté ? Parce qu'il n'y a presque pas de zones tempérées en Asie, et parce que les États sont très étendus. En Europe, les zones tempérées sont importantes et les États ont une moindre superficie.

différence entre les lois qui gouvernent les hommes à leur insu. Et il met aussi en évidence que si les lois ont bien des causes naturelles, il y a aussi des principes propres à chaque institution politique.

Il faut donc distinguer différentes formes de régime politique et de gouvernement. Et nous sommes bien obligés de constater que certaines rendent l'homme plus libre que d'autres. Reste à comprendre comment on peut parler de liberté quand on affirme, comme le fait Montesquieu, que les lois sont déterminées par des causes qui semblent agir à notre insu…

Le despotisme, un danger permanent

Parmi les régimes que nous pouvons observer, l'un d'eux repose sur la crainte : le despotisme. Le despote recherche la tranquillité pour vivre selon l'arbitraire de son bon plaisir. Dans un tel régime, il n'y a ni loi fondamentale ni développement du courage. Rien n'est stable, et le pouvoir a tout intérêt à maintenir le peuple dans l'ignorance. Le despotisme, c'est finalement la destruction de la vie sociale et le règne du caprice. Montesquieu souligne que ce régime est le fait des pays chauds, comme l'Asie, et des territoires étendus. Mais il nous menace tous à chaque instant. Non, tous les régimes ne se valent pas ; la destruction de toute forme de vie sociale ne peut pas être un but à atteindre. Le despotisme devient le repoussoir, le danger. Mais quel est le meilleur régime?

République ou monarchie?

En bons Français du XXIe siècle, nous serions tentés de dire que si le meilleur régime est celui qui assure la liberté, c'est la république qu'il faut défendre. Or, Montesquieu va donner sa préférence à la monarchie.

La monarchie, analyse-t-il, est un régime dans lequel « un seul gouverne, mais par des lois fixes et établies ». Il est fondé sur l'ambition, le désir de distinction, la noblesse, la franchise et la politesse.

La république, en revanche, est un régime dans lequel « le peuple en corps, ou seulement une partie du peuple, a la souveraine puissance ». Si c'est seulement une partie du peuple qui gouverne, qui peut élire ses représentants, nous sommes dans une république aristocratique. Si c'est le peuple tout entier, nous sommes en démocratie. Les représentants sont tirés au sort parmi les citoyens, tous égaux.

> **Repère**
>
> **L'accusation d'athéisme**
>
> La définition de la loi proposée par Montesquieu va – on s'en serait douté! – le faire accuser d'athéisme par ses détracteurs. En effet, la religion est abordée désormais de manière humaine, comme un phénomène parmi d'autres. Et même le rapport de Dieu aux hommes n'est plus saisi comme un commandement. Inacceptable!

Pourquoi ne pas défendre la république?

Les régimes républicains reposent sur un principe : la vertu. Il ne s'agit pas ici d'une qualité morale, mais de l'amour de la patrie : dévouement, patriotisme, comportements moraux et austérité traditionaliste, liberté, amour des lois et de l'égalité.

Pour que perdure un régime républicain, il faut donc que les hommes aiment plus la patrie qu'eux-mêmes. Et Montesquieu constate que cette vertu n'est pas de son temps. Il faut donc défendre la monarchie.

Politiquement, Montesquieu n'est pas révolutionnaire! Il pense qu'une monarchie modérée est le meilleur rempart contre le despotisme. Une monarchie dans laquelle le monarque ne peut pas changer les lois selon son bon vouloir, et où des pouvoirs intermédiaires, tels que

Repère

Montesquieu contre l'esclavage

Montesquieu ne s'accommode pas de l'idée d'esclavage. Il décide donc de ridiculiser les esclavagistes.

« Si j'avais à soutenir le droit que nous avons eu de rendre les nègres esclaves, voici ce que je dirais : Les peuples d'Europe ayant exterminé ceux de l'Amérique, ils ont dû mettre en esclavage ceux de l'Afrique pour s'en servir à défricher tant de terres. Le sucre serait trop cher, si l'on ne faisait travailler la plante qui le produit par des esclaves. Ceux dont il s'agit sont noirs depuis les pieds jusqu'à la tête ; et ils ont le nez si écrasé qu'il est presque impossible de les plaindre.

Une preuve que les nègres n'ont pas le sens commun, c'est qu'ils font plus de cas d'un collier de verre que de l'or, qui, chez des nations policées, est d'une si grande conséquence. »

la noblesse et le clergé, peuvent à tout moment poser des limites – c'est le modèle de la monarchie parlementaire qui prévaudra dans de nombreux pays européens.

Si la monarchie permet plus de liberté que la république, c'est parce qu'en monarchie, il est permis de faire tout ce que les lois n'interdisent pas alors qu'en république, la morale et le dévouement contraignent les individus.

Comment éviter l'esclavage et la tyrannie ?

Pour assurer la liberté, il est nécessaire d'ériger des remparts contre le despotisme, c'est-à-dire contre l'arbitraire du pouvoir.

Pour cela, nul besoin qu'un régime soit démocratique (d'ailleurs, la démocratie peut toujours dégénérer), mais il est indispensable de faire en sorte que le pouvoir arrête le pouvoir. C'est sans doute la théorie la plus connue de Montesquieu : la séparation des pouvoirs.

Et ses principes sont encore les nôtres, qui distinguent le pouvoir exécutif, où « un seul agit mieux que plusieurs » ; le pouvoir législatif, qui rédige, corrige et abroge les lois, et appartient en principe au peuple ou à ses représentants ; le pouvoir judiciaire, enfin, qui juge d'après les lois et qui relève d'organismes particuliers.

Le commerce pour maintenir la paix

La protection de la propriété privée devient inséparable de l'exercice effectif de la liberté. La garantie du droit de propriété ne peut que favoriser l'esprit d'initiative et d'entreprise et, par suite, le commerce. La liberté du commerce est, pour Montesquieu, le principal facteur de prospérité et de paix civile, à l'intérieur comme à l'extérieur. Car le commerce et la monnaie constituent une forme de communication entre les nations : ils adoucissent les mœurs et contribuent à la paix, car ils rapprochent les peuples, prenant en compte leurs intérêts réciproques. D'ailleurs, la rupture de l'échange est bien souvent synonyme de conflit à venir.

L'économie lui apparaît comme un moyen fondamental des sociétés pour modérer le pouvoir politique. Cette liberté du commerce, bannie des sociétés despotiques mais favorisée par les gouvernements modérés, implique la non-intervention de l'État dans l'économie.

Toutefois, l'État ne peut demeurer indifférent à la misère de ceux qui ne peuvent participer à l'activité économique générale. Il a en ce domaine des obligations, en particulier celle de permettre à tous les citoyens d'assurer leur subsistance. Ces dispositifs humanitaires publics doivent se substituer à la charité privée.

Repère

Montesquieu a-t-il inventé la séparation des pouvoirs ?

L'idée de la séparation des pouvoirs qui va marquer la pensée politique de manière jusqu'alors définitive se trouve déjà chez Locke (page 193), lorsque ce dernier aborde la question de la corruption et de l'abus de pouvoir. Dans son *Second Traité du Gouvernement civil* (1690), il reprend une distinction classique des pouvoirs politiques et recommande leur séparation entre plusieurs personnes, car la tentation de porter la main sur le pouvoir serait trop grande si les mêmes personnes qui ont le pouvoir de faire les lois avaient aussi entre les mains le pouvoir de les faire exécuter.

Montesquieu libéral ?

La pensée libérale se construit entre le milieu du XVIIe siècle et le milieu du XVIIIe siècle, sous l'impulsion des philosophes des Lumières, en opposition à l'absolutisme politique légitimé par des conceptions religieuses. Les principes de John Locke, nous l'avons vu au chapitre précédent, posent les fondations de ce qui deviendra la philosophie libérale moderne : théorie des droits naturels, limitation et séparation des pouvoirs, justification de la désobéissance civile, affirmation de la liberté de conscience, séparation de l'Église et de l'État. En reprenant cette séparation des pouvoirs, ce qui revient à affirmer que chaque être humain possède des droits fondamentaux qu'aucun pouvoir ne peut violer, Montesquieu apparaît bien comme un penseur libéral : libéralisme politique, mais aussi libéralisme économique. Mais son libéralisme s'accompagne déjà d'une vision du rôle social de l'État.

Rousseau, comment retrouver un état d'innocence ?

Le rétablissement des sciences et des arts a-t-il contribué à épurer les mœurs ? Tel est le sujet proposé par l'académie de Dijon en 1750. Nous sommes au cœur du siècle des Lumières, siècle qui donne toute sa valeur à la raison, qui affirme que les progrès de la connaissance conduisent à un nécessaire progrès de l'humanité. Rousseau remporte le prix de l'Académie… en prenant le contre-pied du discours dominant.

Son *Discours sur les sciences et les arts* est un réquisitoire contre son époque : les sciences et les arts n'ont fait que corrompre les mœurs et camoufler le joug des tyrans en occupant les hommes à des futilités et en leur faisant oublier leur servitude. L'affirmation du progrès moral n'est qu'une illusion. À la dépravation produite par le développement des sciences et des arts, il faut opposer l'innocence de l'ignorance et la simplicité vertueuse. La culture n'est pas un progrès ! Contre le savoir incertain et inutile, il faut valoriser l'ignorance et la simplicité vertueuse.

> **Repère**
>
> **Une référence biblique ?**
>
> Sous une autre forme, la Bible le dit déjà : la perte de l'innocence fait naître les guerres et les conflits. Chercher à trop savoir, c'est s'élever contre l'ordre divin et tenter de le concurrencer. On trouve cette idée dans la Genèse, puisque Adam et Ève sont chassés du jardin de l'Eden pour avoir goûté au fruit de l'arbre de la connaissance du bien et du mal, mais surtout dans l'Ecclésiaste où il est dit : « Avec beaucoup de sagesse on a beaucoup de chagrin, et celui qui augmente sa science augmente sa douleur. »

Biographie

Le plus français des Suisses

Jean-Jacques Rousseau est né à Genève en juin 1712 d'une famille protestante émigrée en 1550. Sa mère meurt lorsqu'il naît; il est élevé par son père, horloger, puis par un pasteur. Il s'enfuit en 1728. Laquais chez un comte à Annecy, séminariste, puis musicien, il passe par Fribourg, Genève, Lausanne, Paris, puis sera secrétaire d'ambassade à Venise. En 1742, il s'installe à Paris et fréquente le milieu littéraire. Il y rencontre Diderot, Condillac, Grimm, Voltaire et d'Alembert, avec qui il se lie. C'est ainsi qu'il rédige des articles de musique pour l'*Encyclopédie*. En 1755, après la publication de ses deux *Discours*, il devient célèbre et se retire à Montmorency. En 1761, il publie *La Nouvelle Héloïse*, un roman épistolaire puis, en 1762, *Du contrat social* et *Émile*. Ses théories lui vaudront d'être condamné par l'archevêque de Paris, mis à l'index par Rome, censuré à la Sorbonne. Ses ouvrages sont brûlés publiquement. Bien qu'également blâmé par les ministres de Berne, Neuchâtel et Genève, il se réfugie en Suisse et commence la rédaction de ses *Confessions* en 1765. Rentré à Paris en 1770, après avoir séjourné à Londres à l'invitation de Hume (page 199), il écrit les *Rêveries du promeneur solitaire*. Il meurt à Ermenonville en juillet 1778. Ses cendres ont été transférées au Panthéon en 1794.

D'où viennent les inégalités entre les hommes?

En 1752, l'Académie propose une autre question : quelle est l'origine des inégalités parmi les hommes? Rousseau remporte de nouveau le premier prix. Sa réponse est sans hésitation : la civilisation a perverti la nature. Reprenant les termes de son premier discours, il montre que les sciences et les arts n'ont pas épuré les mœurs, mais ont conduit à la servitude, au despotisme, à l'inégalité, aux vices et aux guerres.

Les inégalités sont nées avec la société qui ne représente pas un progrès, mais une perte de l'innocence et, surtout, une perte de la liberté. Selon la formule qui ouvrira le *Contrat social* : « L'homme est né libre et partout il est dans les fers. » Après avoir, dans le premier discours, constaté les mœurs de son temps, Rousseau va retracer les étapes du processus de civilisation. Tel va être l'objet du *Discours sur l'origine et les fondements de l'inégalité parmi les hommes* (1755), connu également sous le nom de *Second Discours*.

Repère

Lumières et Encyclopédistes

Le mot « Lumières » définit métaphoriquement le mouvement culturel et philosophique qui a dominé, en Europe et particulièrement en France, le XVIIIe siècle auquel il a donné, par extension, son nom de siècle des Lumières. Les Lumières ont marqué le domaine des idées et de la littérature par leurs remises en question fondées sur la « raison éclairée » de l'être humain et l'idée de liberté. Par leur engagement contre les oppressions religieuses, morales et politiques, les membres de ce mouvement, qui se voyaient comme une élite avancée œuvrant pour un progrès du monde, combattant l'irrationnel, l'arbitraire et la superstition des siècles passés, ont procédé au renouvellement du savoir, de l'éthique et de l'esthétique de leur temps.

Parmi eux, les Encyclopédistes forment la « société de gens de lettres » à l'origine de la rédaction, de juin 1751 à décembre 1765, du *Dictionnaire raisonné des sciences, des arts et des métiers* dirigé par Diderot et D'Alembert, plus connu sous le nom d'*Encyclopédie*.

Qu'est-ce que l'homme sans la société ?

On peut croire en un progrès de l'humanité si on imagine les hommes livrés à eux-mêmes et en lutte permanente, avant que la civilisation vienne pacifier leurs rapports. C'est la théorie de Hobbes qui assimile l'état de nature à un état de guerre de tous contre tous. Mais Rousseau estime qu'une telle approche est une erreur. Elle revient à prendre l'homme tel que nous le connaissons actuellement et à le transporter dans un état sans lois et sans règles. Nous pouvons alors être certains que des passions telles que l'envie et la jalousie conduiraient rapidement à de violents conflits pour détenir le pouvoir ou obtenir des richesses.

Si nous voulons déterminer comment était l'homme avant la société, il ne suffit pas de mettre l'homme d'aujourd'hui dans la forêt ! Il faut lui ôter tout ce que la société lui a apporté. Il s'agit donc de construire une fiction. Nous ne savons pas si l'état de nature a réellement existé, mais si c'est le cas, l'homme ne pouvait être alors qu'un homme sans tous les attributs de la société. Il n'était pas habité par des passions telles que l'envie et la jalousie, puisque ces dernières naissent de la comparaison, de la vie en commun.

L'homme, en dehors de toute socialisation, est un animal « stupide et borné » qui vit dans l'instant et se satisfait de ce que les choses qui l'entourent lui fournissent.

L'homme est-il un animal comme les autres ?

Mais cela ne revient pas à dire que rien ne différencie l'homme des animaux. Au contraire, l'homme possède une qualité qui lui est propre, la perfectibilité, faculté de se perfectionner, de développer ses facultés. Ainsi, une colonie de fourmis vit aujourd'hui comme ont toujours vécu les colonies de fourmis, alors que la vie de l'homme a évolué ; il a développé des facultés, des capacités, des connaissances, des outils. Parce qu'il est perfectible, l'homme n'est pas resté un animal « stupide et borné », il est devenu l'homme que nous connaissons.

Mais cette faculté de se perfectionner ne conduit pas nécessairement au progrès moral. Justement, parce qu'il peut développer ses facultés, l'homme est aussi capable d'user de son intelligence pour faire des guerres de plus en plus cruelles et développer des armes

Repère

Rousseau et Voltaire, penseurs ennemis

Rousseau, dans son *Discours sur les sciences et les arts*, s'attaque directement aux philosophes des Lumières : « Que penserons-nous de ces compilateurs d'ouvrages qui ont indiscrètement brisé la porte des sciences, et introduit dans leur sanctuaire une populace indigne d'en approcher. » C'est une attaque directe contre Voltaire, qui pense que le progrès des sciences et des arts est synonyme de progrès de l'humanité, puisqu'il est un obstacle au fanatisme, au despotisme et à la superstition.

L'opposition entre les deux hommes ne cessera jamais. À la lecture du *Second Discours*, Voltaire avec ironie, accusera Rousseau de vouloir nous faire retourner vivre à quatre pattes dans la forêt. Pourtant, Rousseau ne prône en rien un retour à l'état de nature, qui reste pour lui une fiction. Mais la polémique demeurera vivante, et Rousseau reste, pour beaucoup – qui ne l'ont pas lu – le défenseur d'un « bon sauvage », modèle idéal et utopique face à la civilisation. Ce qui est bien réducteur.

de plus en plus meurtrières. Finalement, l'homme est le seul être capable de devenir bête et méchant !

L'homme est-il naturellement bon ou mauvais ?

Considérer que l'homme est naturellement mauvais, c'est oublier que tous les calculs pour faire le mal, pour dominer les autres, n'ont de sens que parce que l'homme vit en société. Or, à l'état de nature, l'homme est d'abord seul. Il vit « rivé au piquet de l'instant », dira Nietzsche. Dès lors, il est animé par une première passion : l'amour de soi, un sentiment naturel qui pousse tout être vivant à « persévérer dans son être », c'est-à-dire à assurer sa propre survie. L'homme naturel agit donc pour ne pas se détruire ou se laisser détruire. Mais il n'ira pas détruire son semblable, s'il le croise, tant que sa propre vie n'est pas en danger.
De cet amour de soi naît une autre passion, la pitié. Pas de confusion : la pitié ne consiste pas à se mettre à la place de l'autre, ni à faire preuve de condescendance comme lorsque nous disons « Il fait pitié ! », mais simplement à ne pas supporter de voir l'autre souffrir, et à se porter à son secours si cela est possible. L'homme, décidément, n'est pas naturellement mauvais.

Pourquoi les hommes sont-ils devenus mauvais ?

Mais il l'est devenu ! Cette saine passion qu'est l'amour de soi s'est transformée en amour-propre, passion qui consiste à se préférer aux autres. « N'ayant regardé jusqu'à présent que lui-même, le premier regard qu'il jette sur ses semblables le porte à se comparer à eux, le premier sentiment qu'excite en lui cette comparaison est de désirer la première place. Voilà le point où l'amour de soi se change en amour-propre et où commencent à naître toutes les passions qui tiennent de celle-là. »
Toutes les passions sociales trouvent donc leur origine dans l'amour-propre, qui engendre la vanité, la présomption. Être vaniteux, c'est désirer les choses non pas pour elles-mêmes, mais pour le prestige qui s'y rattache. Toutefois, le passage de l'amour de soi à l'amour-propre, de l'état de nature à la vie en société n'est pas une évolution nécessaire, mais est dû aux circonstances.

Comment est née la société ?

Après l'état de nature va naître l'état sauvage, durant lequel les hommes commencent à se regrouper. D'abord en troupeaux de chasse passagers puis, à cause des inondations et des tremblements de terre, en tribus. Peu à peu, l'agriculture et la découverte des métaux vont conduire à la naissance de la civilisation.

Mais la grande rupture est la naissance de la société civile à travers la possession. Le jour où un individu dit « ceci est à moi », le jour où l'on trace une frontière entre ce qui est « mien » et ce qui est « tien » naît le risque que la frontière devienne un front sur lesquels les hommes se battent. Le semblable devient le rival, la pitié devient jalousie. C'est dans ces conditions que la société va se diviser entre pauvres et riches, que les mœurs vont changer, que les inégalités vont se développer. En tombant dans le règne de l'apparence, l'homme perd, avec l'innocence, la simplicité du bonheur.

Citation

« Le premier qui, ayant enclos un terrain, s'avisa de dire : "Ceci est à moi", et trouva des gens assez simples pour le croire, fut le vrai fondateur de la société civile. Que de crimes, que de guerres, de meurtres, que de misères et d'horreurs n'eût point épargnés au genre humain celui qui, arrachant les pieux ou comblant le fossé, eût crié à ses semblables : "Gardez-vous d'écouter cet imposteur ; vous êtes perdus, si vous oubliez que les fruits sont à tous, et que la terre n'est à personne". »

Comment s'en sortir ?

Face à ces constats, il ne s'agit pas de s'enfermer dans une position fataliste, ni de retourner vivre à l'état de nature. Nous ne savons pas si ce dernier a existé et, surtout, nous ne pouvons pas détruire la vie sociale. Dès lors, il faut se demander comment vivre autrement ensemble, comment retrouver ce bonheur perdu, cette liberté perdue. Cela exige de changer l'ordre politique. Tel va être le sens de la réflexion menée dans le *Contrat social*. L'État social est devenu nécessaire, les hommes ne peuvent plus se passer des autres hommes. Toutefois, cet État n'est pas naturel ; il repose sur des conventions. Quelles conventions trouver pour que les avantages de l'État social se combinent avec ceux de l'état de nature ? Quel État inventer qui garantisse la paix, la sécurité et la liberté ?

Ce que l'État ne doit pas être

S'interroger de la sorte, c'est déjà reconnaître que les régimes en place doivent tomber sous le feu de la critique. Si l'homme est partout dans les fers, cela signifie qu'aucun régime ne garantit actuellement la liberté. Rousseau va donc commencer par exposer dans les

premiers chapitres du *Contrat social*, ce qui rend ces régimes illégitimes. Il opère alors une critique de la monarchie, de tout régime qui repose sur la force et de tout régime qui au nom de la sécurité nie toute liberté. Hobbes est clairement visé ici.
L'État qu'il nous propose, le Léviathan, garantit bien la sécurité en maintenant les hommes dans la crainte, mais il nie ce qui fait d'un homme un homme : sa liberté. Faire de la sécurité la principale valeur politique est liberticide. En effet, « on est en sécurité au fond d'un cachot » ! Il faut distinguer ainsi le fait du droit. Il y a des faits, ce qui est, mais le fait n'est pas le droit, ce qui doit être.

Comment concilier justice, liberté et sécurité ?

Il faut intégrer dans la communauté politique les libertés individuelles sans tomber dans l'inégalité. Il faut faire en sorte que la force protège les biens et les personnes, sans que cela ne se fasse au détriment de la liberté. En d'autres termes, il faut une égalité de droits, donc à chacun les mêmes lois, et une force pour faire respecter ces lois. Mais dans ces conditions, comment peut-on encore parler de liberté là où la loi semble limiter les actes de chacun et là où la force contraint à obéir ?
La loi ne s'oppose pas à la liberté à partir du moment où on obéit à une loi qu'on s'est donnée soi-même. Telle est la définition de l'autonomie qui vient du grec *auto* qui signifie propre et *nomos* qui signifie loi. La liberté est alors « obéissance à la loi qu'on s'est prescrite ». La loi garantissant l'égalité des droits et la sécurité des biens n'est légitime que si elle est une loi déterminée par chacun. Chacun contracte avec lui-même et en se donnant à tous, ne se donne à personne en particulier.

Citation

« Trouver une forme d'association qui défende et protège de toute la force commune la personne et les biens de chaque associé, et par laquelle chacun s'unissant à tous n'obéisse pourtant qu'à lui-même et reste aussi libre qu'auparavant. »

La liberté s'arrête-t-elle là où commence celle des autres ?

On perd alors la liberté naturelle qui consistait à agir à sa guise, on ne peut plus faire ce qu'on a envie de faire, mais on gagne la liberté civile fondée sur la loi, qui rend possible la vie en commun. Mais que faire de celui qui ne respecte pas la loi ? Rousseau répond : « On le forcera à être libre. »

Cette formule peut paraître contradictoire, tant qu'on considère qu'être libre, c'est faire ce qu'on a envie de faire. Mais une telle liberté qui se trouvait dans l'état de nature n'est pas possible dans la société. Elle rencontre immédiatement comme obstacle l'autre et son désir de faire ce qu'il a envie de faire. C'est pour cette raison que nous considérons que les autres sont des obstacles à notre liberté. On dit ainsi que « la liberté s'arrête là où commence celle des autres ». Mais alors, il ne reste pas beaucoup de place pour être libre! Par ailleurs, penser un tel État, c'est penser une situation dans laquelle l'autre est toujours susceptible de me gêner. C'est pourquoi Hobbes dira qu'il n'y a de liberté que là où la loi n'interdit rien. Erreur, nous dit Rousseau. Pourquoi? Parce qu'on veut sauver la liberté naturelle dans l'État civil. Or, ceci est incompatible. Il ne faut pas confondre l'état de nature et l'État civil. Hobbes avait déjà fait cette confusion en nous disant que l'état de nature était un état de guerre perpétuelle. Il n'y a pas de liberté naturelle dans l'État civil. Je ne peux pas faire ce que j'ai envie de faire à tout moment. Je dois respecter la loi. Mais respecter la loi, c'est respecter une loi qu'en tant que citoyen, j'ai établie. Dès lors, en tant que sujet, je respecte ce que j'ai décidé en tant que citoyen. J'obéis donc à moi-même et c'est en ce sens que je suis libre! Or, les lois sont les mêmes pour tous. Si c'est en obéissant à la loi que je suis autonome, libre, il en est de même pour chaque citoyen. Dès lors, contrairement à ce que nous dit l'adage, ma liberté commence là où commence celle des autres et s'arrête là où s'arrête celle des autres!

Qu'est-ce qu'une bonne loi?

La loi est donc ce qui garantit la liberté, non pas en ce qu'elle permet aux individus de faire ce qu'ils ont envie de faire, mais parce qu'elle est ce qui définit la liberté. En tant qu'individu privé, nous avons tous des intérêts égoïstes. Lorsque nous arrivons à un carrefour, nous avons tous envie de passer en premier. Que peut-il se passer?

- J'ai une voiture plus grosse que les autres donc j'accélère et les autres s'arrêtent parce qu'ils ont peur et qu'ils sont plus faibles. C'est la société inégalitaire où règne la force. Et je peux m'arranger, comme le loup dans la fable de La Fontaine, pour faire croire que j'ai raison d'agir de la sorte. C'est ce qu'on appelle le droit du plus fort, qui n'est finalement pas un droit.
- Chacun estime qu'il a autant de droit que les autres et avance en même temps. On se retrouve dans un embouteillage dont on ne sort pas et ça risque de mal finir. Les intérêts particuliers entrent en conflit.

• Nous reconnaissons que le carrefour est un espace de vie en commun et qu'en tant que membre de cette communauté, nous avons tous intérêt à ce qu'il reste un espace de circulation, même si nous n'y passons presque jamais. Le bien commun, c'est la préservation de cet espace commun. Nous avons ici un intérêt commun qui est différent de notre intérêt particulier. Nous pouvons ainsi tous décider d'une loi qui va régler la circulation pour préserver cet intérêt commun. La loi qui va régler la circulation (en mettant des feux par exemple) est la même pour tous. Le feu ne change pas en fonction de mon intérêt du moment ou de la taille de ma voiture !

Cette troisième option nous fait découvrir la définition de la loi comme « expression de la volonté générale ». Celle-ci n'est pas la somme de volontés particulières qui constituerait le plus grand nombre ou la majorité – ce qui conduirait à recréer des communautés qui s'affrontent –, elle est une et témoigne de l'intérêt général.

La loi est l'expression de la volonté générale et l'homme est libre parce que chaque citoyen est membre du souverain.

Démocratie représentative ou participative ?

Pour que l'État reste un État libre, il faut que la volonté générale demeure une et que les intérêts particuliers ne reprennent pas le pouvoir. Car tel est le risque constant d'un régime dans lequel les citoyens désignent des représentants pour plusieurs années. Une fois désignés (ou élus), ceux-ci risquent de servir de nouveaux leurs intérêts propres. Seul le peuple peut donc être souverain : il ne peut déléguer à un homme ou à une assemblée sa volonté car elle deviendra alors une volonté particulière. Ainsi, le gouvernement n'est pas la représentation, il est la loi expression de la volonté générale. La démocratie n'est pas représentative, elle est participative !

Mais l'État du *Contrat social* est petit et Rousseau constate les problèmes que cela pose dans les grands pays, où il reconnaît que « la puissance législative ne peut agir que par députation ». Mais si la représentation est inévitable, il faut renouveler très fréquemment les représentants,

Citation

« Je dis donc que la souveraineté, n'étant que l'exercice de la volonté générale, ne peut jamais s'aliéner, et que le souverain, qui n'est qu'un être collectif, ne peut être représenté que par lui-même ; le pouvoir peut bien se transmettre, mais pas la volonté. »

limiter le nombre de leurs mandats et, surtout, les obliger à suivre des instructions très précises rédigées par des collèges électoraux. Simples porte-parole du peuple qui les a élus, les représentants ne doivent avoir aucune initiative législative. C'est ainsi que Rousseau s'efforce de ne pas être en contradiction avec les principes du *Contrat social*.

Que fait-on des enfants ?

Si l'homme peut résister au mal grâce à la politique, il doit pouvoir le faire dès son enfance. Tel est le sens de l'*Émile*. Bien souvent, nous considérons l'enfant comme le petit de l'homme, comme un homme en devenir. Nous ne lui accordons une existence pleine et entière que lorsqu'il est devenu adulte. C'est ainsi, au regard de l'adulte, que l'enfant est considéré. En le saisissant comme un être en devenir, nous le saisissons comme cet être à qui il manque quelque chose pour être pleinement un individu. Or, une telle approche nous empêche de reconnaître une personnalité pleine et entière à l'enfant.

Pour renverser ce rapport, il est nécessaire de respecter le rythme d'apprentissage et de faire apprendre par l'expérience plutôt que par les livres. L'enfant et sa spontanéité doivent être le point d'ancrage de toute éducation. L'enfant n'est pas un être immature – dire cela, c'est encore le juger au regard de l'adulte – mais un être à part ; et il ne viendra à la vie sociale que lorsqu'il sera prêt à l'affronter. Il s'agit d'abord, loin des contraintes artificielles de la civilisation, de laisser se développer la bonté et l'intelligence naturelles de l'homme. L'éducation doit alors concilier la liberté et la bonté et, bien sûr, le bonheur. Il faut faire d'Émile un enfant puis un adulte heureux ! Son éducation achevée, Émile trouvera une compagne, Sophie, la sagesse.

Repère

Rousseau éducateur ?

Les thèses de Rousseau sur l'éducation auront une grande influence jusqu'à nos jours. L'attention portée aux rythmes de l'enfant reconnu comme personne, l'apprentissage non directif par l'expérience nourriront de nombreuses réflexions pédagogiques du XXe siècle. Il ne faut pourtant pas oublier qu'il s'agit d'une construction théorique. Rousseau lui-même a d'ailleurs abandonné cinq enfants à l'assistance publique ! En écrivant l'*Émile*, peut-être s'agit-il encore une fois, pour lui, de penser le moyen de retrouver l'innocence dans la dépravation…

À retenir

Des lumières en marge des Lumières

Montesquieu et **Rousseau**, deux grands philosophes du XVIIIe siècle, sont, finalement, en marge de ce qu'on a coutume d'appeler la philosophie des Lumières.

Montesquieu développe pour la première fois une physique sociale. Son influence sera déterminante pour la création de la sociologie moderne, notamment chez des penseurs comme Auguste Comte et Durkheim. C'est aussi à lui que les législateurs des assemblées révolutionnaires ont emprunté le principe de la séparation des pouvoirs. Participant à l'*Encyclopédie* et proche des idées des Lumières, il s'en éloignera par son intégration sociale : Montesquieu reste un aristocrate qui ne prône pas la révolution, mais une évolution du système juridique fondé sur l'évolution de la société et des mœurs.

Rousseau occupe une place particulière dans le siècle des Lumières, puisqu'il refuse de voir dans le progrès des sciences un progrès de l'humanité. Animé par une question centrale – comment vivre libre et heureux malgré la dépravation de la société ? – il a fortement influencé la pensée politique de son siècle et des suivants, et a nourri la déclaration des droits de l'homme.

En refusant de comparer l'état de nature aux populations primitives de son époque, il rompt – contrairement à la caricature qu'on fait de sa pensée – avec le mythe du bon sauvage. Au XXe siècle, Claude Lévi-Strauss le considérera comme le fondateur de l'ethnologie.

Chapitre 12

Kant, la nouvelle révolution copernicienne

Quelle matière Kant n'a-t-il pas enseigné ?

- [ ] Mathématique.
- [ ] Géographie.
- [ ] Histoire.
- [ ] Théologie.

Voir page 230

Lequel de ces titres ne correspond pas à un ouvrage de Kant ?

- [ ] Critique de la raison pure.
- [ ] Critique de la raison pratique.
- [ ] Critique de la faculté de juger.
- [ ] Critique de la philosophie.

Voir pages 230 et 231

Kant démontre

- [ ] Que Dieu existe.
- [ ] Que Dieu n'existe pas.
- [ ] Qu'on ne sait pas s'il existe ou non.
- [ ] Que prétendre que l'on sait que Dieu existe est une illusion.

Voir page 233

Kant pense qu'agir moralement c'est...

- [ ] Agir en calculant ce qui est le plus intéressant.
- [ ] Agir conformément au devoir.
- [ ] Agir en écoutant ses sentiments.
- [ ] Agir par devoir.

Voir page 235

La philosophie de Kant peut être définie comme...

- [ ] Empiriste.
- [ ] Pessimiste.
- [ ] Matérialiste.
- [ ] Idéaliste.

Voir page 240

Kant estime que la paix est possible...

- [ ] Parce que c'est une exigence de la raison.
- [ ] Grâce à l'équilibre des forces.
- [ ] Grâce à l'établissement d'un droit international.
- [ ] Après la mort.

Voir page 239

Qu'est-ce que la critique ?

Toute l'histoire de la philosophie est le lieu de polémiques et d'oppositions sur des questions aussi fondamentales que l'existence de Dieu, l'origine du monde, l'immortalité de l'âme ou la liberté humaine. On a toujours affaire alors à deux positions opposées : la position dogmatique qui affirme sans discussion possible ou la position sceptique qui dit finalement qu'on ne peut pas dire grand-chose.
Comme dans tout conflit, pour instaurer la paix dans ces débats, il faut faire appel à un tiers, à un tribunal qui énoncera ce qu'on a le droit de dire, ce sur quoi il est légitime de se prononcer. Or, dire le droit, c'est quitter la passion et adopter une attitude rationnelle. Ce tribunal sera donc celui de la raison. En d'autres termes, il s'agit de ne plus tomber dans la crédulité, de faire preuve d'esprit critique. La critique n'est pas alors synonyme d'opposition, c'est cette attitude qui consiste à ne plus croire de manière aveugle.
Kant va donc s'interroger sur notre usage de la raison et sur les limites de son pouvoir. La raison doit se faire critique et être critique, c'est poser des limites !

Biographie

Une vie très banale

Emmanuel Kant (1724-1804) est né et mort à Königsberg. Sa vie, contrairement à sa pensée, est d'une extrême banalité. Dès 1755, il commence à enseigner à l'université de Königsberg : c'est le premier grand philosophe à donner un enseignement universitaire régulier. Ses cours, tout comme ses publications, sont très diversifiés : mathématiques, logique, géographie, théologie, pédagogie, droit, anthropologie, métaphysique. Très soucieux de la vie du monde, il mena toutefois une vie organisée de manière très rigide, ne sortant jamais de sa ville. On dit qu'il n'aurait changé qu'une seule fois le trajet de sa promenade quotidienne : lors de l'annonce de la victoire de Valmy ! Et aussi qu'il n'aurait eu aucune vie sexuelle...

Qu'est-ce que l'homme ?

Kant est professeur de géographie ; il va donc tout d'abord tracer les limites de la raison, les limites du territoire à l'intérieur desquelles elle peut se prononcer de manière légitime lorsqu'elle cherche à connaître. Telle sera la question qui guidera la *Critique de la raison pure* : que puis-je savoir ? Puis-je en effet savoir quelque chose de Dieu, de l'âme, du monde, etc. ? Déterminer le champ du savoir, c'est ainsi s'interroger sur l'usage théorique de la raison. Mais être homme, c'est également agir. Il s'agit donc ensuite de s'interroger sur l'usage pratique de notre raison. Telle sera la question qui guidera la *Critique de la raison pratique* : que dois-je faire ?

Mais ce n'est pas tout de savoir ce que je peux connaître et de déterminer quel est mon devoir ; une fois défini l'usage légitime de ma raison d'un point de vue théorique (que puis-je savoir ?) et d'un point de vue pratique (que dois-je faire ?), que m'est-il permis d'espérer en tant que sujet qui connaît le monde qui m'entoure et qui ai déterminé quel est mon devoir, comment je dois agir ? Telle est la question qui sera l'objet de la *Critique de la faculté de juger*. Ces trois questions se résument alors en une seule : qu'est-ce que l'homme ?

Citation

« Le domaine de la philosophie se ramène aux questions suivantes : que puis-je savoir ? Que dois-je faire ? Que m'est-il permis d'espérer ? Qu'est-ce que l'homme ? À la première question répond la métaphysique, à la seconde la morale, à la troisième la religion, à la quatrième l'anthropologie. Mais au fond, on pourrait tout ramener à l'anthropologie, puisque les trois premières questions se rapportent à la dernière. »

Que puis-je savoir ?

Pour répondre à la première question, « Que puis-je savoir ? », il faut opérer une analyse de notre faculté de connaître, en ses différents éléments. Opérer, en quelque sorte, une décomposition chimique des éléments de la connaissance. Qu'est-ce qui entre en jeu quand je porte un jugement de connaissance ?

Partons du plus simple : connaître un objet, c'est d'abord le saisir comme « cet objet » c'est-à-dire le saisir dans l'espace et dans le temps, et ne pas le confondre avec un autre objet. Or, l'espace et le temps n'ont pas de réalité objective, extérieure à nous. Lorsque nous entendons une mélodie, par exemple, celle-ci est constituée d'un ensemble de notes que nous lions mentalement en un tout. C'est notre esprit qui opère cette liaison. En d'autres termes, l'espace et le temps sont des structures de notre esprit, que Kant nomme « des formes *a priori* de la sensibilité ». Tout ce que nous saisissons prend forme et est mis en forme grâce à l'espace et au temps.

Il n'y a donc d'expérience possible que sur ce qui peut être saisi dans l'espace et dans le temps, ce que Kant nomme les *phénomènes*. Ces phénomènes ne sont pas les choses elles-mêmes, mais les choses telles que nous en faisons l'expérience, telles que nous les saisissons dans l'espace et dans le temps. Dès lors, il n'y aura pas de connaissance possible des choses en soi, pas plus qu'il n'y aura de connaissance possible de ce qui est en dehors du champ de l'expérience possible, c'est-à-dire en dehors de l'espace et du temps. Par exemple, Dieu, en tant qu'être éternel et infini, est inconnaissable.

Une nouvelle révolution copernicienne

Définir les limites de notre pouvoir de connaître va donc consister à montrer en quoi la connaissance n'est pas simplement une croyance. Hume (lire chapitre 10) montrait que le rapport de causalité entre un phénomène A et un phénomène B était un produit de l'imagination naissant de l'habitude, qu'il relevait d'une croyance, ce qui semait un doute sur le fondement de la science. Kant réplique que certains jugements ne relèvent pas d'une croyance mais de principes *a priori*, ce qui permet de sortir du scepticisme.

Lorsque je dis : « Si je chauffe l'eau, celle-ci va bouillir », j'énonce un jugement. Comme l'avait vu Hume, ce lien nécessaire ne se déduit pas de l'expérience ; s'y ajoute un jugement synthétique (par opposition au jugement analytique par lequel je décompose, je fais une analyse). Or, cette possibilité de synthèse, qui consiste à tirer une conclusion au-delà de ce qui est donné nous vient de la présence en notre esprit de concepts *a priori* (c'est-à-dire présents avant toute expérience), que Kant nomme des *catégories*. Là encore, c'est une structure de notre esprit qui nous conduit à saisir le donné.

Citation

« Que toute connaissance commence avec l'expérience, cela ne soulève aucun doute [...] Mais si toute notre connaissance débute avec l'expérience, cela ne prouve pas qu'elle dérive toute de l'expérience. »
« Sans la sensibilité, nul objet ne nous serait donné ; sans l'entendement, nul ne serait pensé. Des pensées sans matière sont vides ; des intuitions sans concepts sont aveugles. »

Voici une véritable révolution ! De même que Copernic a opéré un grand renversement en montrant que la Terre tournait autour du Soleil, Kant renverse le rapport entre le sujet et l'objet : ce n'est plus le sujet qui est soumis à l'objet qu'il observe, c'est l'objet qui est ordonné par le sujet. Notre faculté de connaître est législatrice.

Peut-on démontrer l'existence de Dieu ?

S'il n'y a de connaissance possible que de ce qui est dans l'espace et dans le temps, la métaphysique ne peut être l'objet d'une connaissance ; elle relève donc de la croyance. Dieu qui, par définition, est infini et éternel (sinon ce n'est pas Dieu !), est en dehors de l'espace et du temps. On ne peut donc pas en faire l'expérience ; il ne peut pas être l'objet d'un savoir. Tout ce qui relève de la métaphysique, Dieu, mais aussi l'âme, l'origine du monde et la liberté, sont l'objet d'une croyance et non d'un savoir. D'où cette formule de Kant : « J'ai fait sa place au savoir, j'ai fait sa place à la croyance. »

On peut donc mettre fin à toutes les discussions interminables. Certains démontrent que Dieu existe, d'autres qu'il n'existe pas. Qui a raison ? Personne, car Dieu ne relève pas du champ du savoir. On ne peut rien démontrer. Celui qui affirme que « Dieu existe est aussi vrai que 2 + 2 = 4 » confond le savoir et la croyance ; il prend ses rêves pour la réalité. C'est tout simplement ce qu'on appelle une illusion ! Mais il en est de même pour celui qui affirme que « Dieu n'existe pas est aussi vrai que 2 + 2 = 4 ». Dieu existe-t-il ? L'âme est-elle immortelle ? Le monde a-t-il une origine ? Nous n'en savons rien à proprement parler !

Repère

Kant contre saint Anselme

Si vous avez lu ce livre depuis le début, vous vous souvenez sans doute de la réfutation que fait Kant de « l'argument ontologique » de l'existence de Dieu produite par saint Anselme (chapitre 6, page 114) : l'existence de Dieu ne peut être déduite de son seul concept. Et le fait que Dieu existe ou non n'ajoute rien au concept de Dieu !

Que dois-je faire ?

Nous savons ce que nous pouvons connaître : les phénomènes, qui sont l'objet d'une expérience possible. Ainsi, nous pouvons faire des mathématiques et de la physique. Car dans ces domaines, nous sommes dans le champ du savoir. La nature est bien un ensemble de phénomènes régi par des lois. Mais au sein d'une nature que je connais comme ensemble de phénomènes, comment dois-je agir pour ne pas me comporter n'importe comment? Car nous ne sommes pas des bêtes! Nous ne devons donc pas nous comporter comme des bêtes. L'être humain, parce qu'il n'est pas simplement mû par le seul mécanisme de l'instinct, peut agir selon sa raison.

Et la raison est toujours poussée par un penchant de sa nature à sortir des limites de l'expérience pour s'aventurer vers l'absolu. La raison n'est pas seulement théorique, elle est aussi pratique.

Qu'est-ce qu'un acte gratuit?

Qu'est-ce alors qu'agir selon sa raison? C'est ne pas agir en fonction de son désir ou de son intérêt propre. C'est pourquoi Kant distingue l'impératif catégorique de l'impératif hypothétique. Agir selon son désir, c'est toujours rechercher un but. Dès lors, l'action prend la forme suivante : « Si je veux X, alors je fais Y. » Mon action est conditionnée par le but à atteindre, il s'agit d'un impératif hypothétique. Par exemple : je fais mes courses et on me rend trop de monnaie. Je décide de rendre l'argent. On dira que j'ai fait un acte moral.

Mais cela n'est pas si sûr! Je peux avoir rendu l'argent parce que j'avais peur que la caissière se rende compte de son erreur et me le réclame. Là, mon acte est soumis à une condition : « Si je ne veux pas me faire prendre, je rends l'argent. » Je peux aussi rendre l'argent parce que j'ai envie de passer pour une personne morale, je désire qu'on ait une bonne image de moi. Là encore, mon acte est soumis à une condition : « Si je veux qu'on ait une bonne image de moi, je rends l'argent. » Mon acte a l'apparence du devoir, il est conforme au devoir, mais là encore, il est conditionné. Il relève d'un calcul. Or, agir moralement, ce n'est pas agir en calculant.

La langue courante nous le dit, l'acte moral est gratuit et « gratuit » signifie que je le fais pour ne rien récupérer en retour.

Qu'est-ce que faire son devoir?

L'acte moral s'impose à moi, c'est un impératif, comme tout ce qui s'impose, mais il y a différentes formes d'impératifs : « S'il pleut et que je ne veux pas être mouillé, je prends un parapluie. » L'impératif ici est de prendre un parapluie. « Si je veux passer pour une personne morale, ou si je ne veux pas me faire prendre, je rends la monnaie. » L'impératif ici est de rendre la monnaie. Mais nous le voyons, les impératifs sont ici soumis à des conditions : « Si… » ; c'est ce qu'on nomme un impératif hypothétique. Il repose sur une hypothèse : « Si… ».

Par contre, il y a des impératifs sans condition. J'agis comme cela parce que cela s'impose à moi, sans condition. J'agis comme cela parce que je suis un homme, c'est-à-dire un être doté de raison, et pas une bête. L'impératif qui n'est soumis à aucune condition est ce qu'on nomme un impératif catégorique. Je n'agis pas alors pour obtenir ce que je souhaite, le bonheur, la richesse, le plaisir… j'agis comme tout le monde devrait agir à ma place en tant qu'être de raison. L'impératif catégorique détermine alors la volonté, quelles que soient les conditions de réalisation de l'action. L'acte moral est un acte dont on exige qu'il soit inconditionné et désintéressé. L'action morale procède donc d'une loi morale qui s'exprime sous la forme d'un devoir : « Tu dois. » Je dois agir comme tout homme devrait agir à ma place, non pas parce qu'il a des désirs mais parce qu'il est un être de raison.

Citation

« Agis de manière à ce que la maxime de ton action puisse être érigée en loi universelle de la nature. »

Comment dois-je me comporter avec les autres ?

Mais il ne s'agit pas de se dire, en son for intérieur, pour se donner de bonnes raisons, que les autres feraient comme moi. Il ne faut pas utiliser les autres comme de bonnes excuses pour se donner bonne conscience. Pourquoi ? Parce que les autres ne sont pas des objets, pas des moyens que je peux utiliser pour un but que je me donne. D'où cette autre formule de Kant : « Traite toujours autrui comme une fin et jamais seulement comme un moyen. »

Une « fin », qu'est-ce que cela signifie ? La fin c'est le but ; et le moyen, ce par quoi nous passons pour y parvenir. Traiter l'autre comme fin, c'est l'utiliser pour parvenir au but que je me suis fixé. Il m'arrive de traiter l'autre comme un moyen : je le fréquente parce que cela me procure du plaisir. Certes, mais je ne dois pas uniquement le traiter de la sorte et le laisser tomber quand je n'éprouve plus de plaisir à le voir. Pourquoi ? Parce que l'autre n'est pas un simple objet. Il n'est pas un simple phénomène de la nature. Il est plus que cela, car il est un être de raison ; c'est ce qui fait de lui un homme, une personne.

Mais tout cela nous rend-il heureux ?

On le voit bien, agir moralement ne consiste pas nécessairement à faire ce qui nous fait plaisir. Quand on agit moralement, on fait ce qu'on doit faire, pas ce qu'on a envie de faire. Alors, et c'est là aussi toute la difficulté, être moral ne nous rend pas nécessairement heureux. Je n'agis pas bien parce que cela me fait plaisir, mais parce que je dois le faire. Et pourquoi dois-je le faire ? Parce que je suis un homme, c'est-à-dire un être de raison et non simplement un être vivant ayant des désirs et des envies. Finalement, faire son devoir c'est agir dignement. Ce n'est donc pas se rendre heureux, mais c'est se rendre digne d'être heureux.

Sommes-nous libres ?

Pour Kant, la liberté humaine est aussi indémontrable que l'existence de Dieu, car il s'agit d'une causalité première, hors du champ de l'expérience possible, hors de l'espace et du temps. Néanmoins, d'un point de vue théorique, la liberté est possible. Mais qu'en est-il en pratique ? Comme bien d'autres avant lui, Kant pense que l'obligation morale n'aurait aucun sens si notre conduite était entièrement déterminée par nos influences. Pour celui qui n'est pas libre, il n'y a pas de responsabilité morale ni de condamnation morale, puisqu'il ne peut pas faire autrement. Être moralement obligé, c'est à tout moment avoir le pouvoir d'accepter ou de refuser la loi morale : « Tu dois, donc tu peux. »

Si la liberté ne peut jamais être connue, elle est un fait de la raison ; et inversement, en obéissant à la loi morale, à la loi de sa raison, on ne fait qu'obéir à sa propre loi. Tel est le sens de la notion d'autonomie. Oui, nous sommes libres, sinon la question morale ne se poserait pas.

Repère

Kant et le mensonge

L'approche de la loi morale développée par Kant se heurte à un problème, celui du mensonge. Pour lui, la maxime de notre action doit être « universellement valable ».
Si je mens, cela signifie donc que la maxime qui consiste à mentir est universellement valable. Mais qu'est-ce que mentir, sinon traiter celui à qui je parle comme un moyen pour parvenir à ma fin ? Kant en déduit qu'on ne doit jamais mentir. Mais cela n'est-il pas discutable ? Imaginons par exemple qu'un résistant est caché chez nous et qu'un soldat de l'armée adverse débarque en demandant si nous cachons quelqu'un. Devons-nous dire la vérité ? Où est la morale ?

D'ailleurs quand nous fait quelque chose de répréhensible, nous essayons toujours de nous justifier en arguant que ce n'est pas de notre faute, que nous ne pouvions pas faire autrement… comme si nous n'étions pas libres de nos actes. Mais le fait que nous cherchions des justifications, que nous nous posions une question morale, prouve justement que nous sommes libres !

Que m'est-il permis d'espérer ?

Dire ce que nous pouvons savoir, c'est déterminer le champ dans lequel nous pouvons juger objectivement et nous l'avons vu, en dehors de ce champ, nous ne pouvons être que dans le domaine de la croyance. Mais il existe différentes manières de juger. Juger, c'est mettre en relation un cas particulier avec une règle générale. Si je dis « il fait beau », je porte un jugement. J'ai l'élément général en tête qui correspond à la définition du beau temps et je regarde, par la fenêtre, le cas particulier de cette journée. Si ce cas rentre sous la règle générale « beau temps », je peux prononcer mon jugement. Par contre, si en regardant par la fenêtre je vois qu'il pleut, mon jugement sera autre. C'est assez simple : juger, c'est alors mettre en relation un cas particulier avec une règle générale. La bêtise est d'ailleurs en ce sens l'absence de jugement, « de jugeote » comme dit l'expression populaire.

Qu'est-ce que juger ?

Mais il y a au moins deux cas différents : soit la règle générale est donnée et je vois si je peux y faire entrer le cas particulier, soit j'ai le cas particulier sans posséder la règle générale. Par exemple, un médecin doit soigner un malade et lui faire une prescription : il possède donc, avec la prescription, l'ensemble des règles d'usage et des recommandations accompagnant les médicaments qu'il doit proposer. Il regarde alors s'il n'y a pas de contre-indication, c'est-à-dire si le cas particulier, le malade, rentre bien sous la règle générale. C'est ce qu'on nomme un *jugement déterminant*.

Mais nous sommes parfois face à des cas particuliers sans que la règle générale soit donnée. Il faut donc, à partir d'un cas particulier, prononcer un jugement qui se veut valable au regard de tous. C'est ce qu'on nomme un *jugement réfléchissant*. Et il est un domaine dans lequel nous expérimentons ce jugement : l'art.

Qu'est-ce qu'une œuvre d'art ?

Quand nous disons qu'une œuvre est belle, nous sommes face à un cas particulier : cette œuvre-ci, que nous avons devant les yeux ou que nous écoutons. Mais nous ne connaissons pas la règle générale, à savoir le beau. Si nous connaissions les critères du beau, il suffirait de les appliquer pour écrire un grand roman ou créer un chef-d'œuvre. Et pourtant, face à une œuvre particulière, nous disons « c'est beau ». Nous nous élevons du particulier au général. Nous ne disons pas simplement que cela nous plaît. Dire cela, c'est considérer que le jugement dépend de nous. Nous disons « c'est beau », comme si ce jugement était objectif alors qu'il ne l'est pas. Nous faisons comme si la beauté était une qualité de l'œuvre, comme si tout le monde devait la trouver belle. D'où cette définition de Kant qui dit que « le beau est ce qui plaît universellement sans concept ».
Nous pouvons toujours répondre que ce jugement est entièrement relatif, que ce n'est qu'une affaire de goûts. Mais si tout est ainsi relatif, pourquoi parlons-nous encore d'art ? Nous sommes bien contraints de reconnaître qu'il y a des œuvres d'art et que tout ne se vaut pas. Ne pas accepter cela, c'est dire que l'art n'existe pas et que la question ne se pose même pas. Mieux encore : face aux œuvres d'art, nous avons le sentiment que tout a été agencé de manière que nous les trouvions belles. Tout se passe comme si les œuvres étaient faites pour nous plaire, comme si elles obéissaient à une finalité. Et pourtant, nous ne pouvons pas démontrer cette finalité (le fait que tout soit fait en poursuivant une fin), nous ne pouvons que la postuler. Mais quel est le rapport entre l'œuvre d'art et « ce qu'il nous est permis d'espérer » ?

Notre existence poursuit-elle un but ?

Récapitulons ! La nature était déterminée par des lois. Nous sommes libres parce que nous ne sommes pas des bêtes mais nous ne pouvons pas démontrer cette liberté. Comment alors réconcilier la nature déterminée par des lois que nous pouvons connaître et la liberté qui ne peut être démontrée ? Par la finalité : la nature n'est pas seulement un ensemble de lois et dans les organismes vivants, nous pouvons saisir une finalité. Ce principe n'est pas démontrable, mais tout se passe comme si le poisson était conçu pour nager. L'art est également un domaine dans lequel nous saisissons cette finalité. Il est alors possible de postuler – sans pouvoir le démontrer – que dans la nature, nous pouvons accomplir nos propres fins, celles d'êtres dotés de raison. Il est possible de l'espérer en vivant selon notre raison. Elle va alors être ce qui nous permet de penser l'histoire.

L'histoire a-t-elle une fin ?

Sans le postulat d'une finalité, l'histoire nous apparaît tel un chaos. Certes, son spectacle nous montre que l'homme est « insociable », cherchant bien souvent à satisfaire avant tout ses désirs propres. Néanmoins, cette insociabilité va être saisie comme le moyen du progrès en général. Par le conflit, l'humanité progresse, car si chacun cherche son intérêt, chacun cherche aussi à vivre en société.

Une forme de pessimisme anthropologique n'est pas contradictoire avec un optimisme moral. Par une ruse, la nature contraint l'homme au développement de ses facultés. Petit à petit, par ses efforts, l'homme s'humanise et tend à faire triompher l'ordre de la raison. Ainsi, les conflits entre les États les pousseront à chercher une constitution régulière, moyen de la paix. Tout se passe ainsi comme si la nature mettait en œuvre un ensemble de moyens pour réaliser le but final de l'espèce.

Anecdote

Kant, inspirateur de la SDN

Après le carnage de la Première Guerre mondiale, on dit que le président des États-Unis, Woodrow Wilson, avait le texte de Kant sur sa table de chevet lors des négociations pour l'établissement de la Société des Nations. Créée en 1919, la SDN sera cependant impuissante à empêcher le second conflit mondial. Mais en 1945, c'est le même principe qui présidera à la fondation de l'Organisation des Nations unies (ONU).

Vers la paix perpétuelle

Si nous pouvons espérer que la raison se développe, nous pouvons alors espérer que les conflits cessent. Car la guerre est non seulement moralement condamnable, mais aussi toujours horrible dans les faits. Au-delà de la « paix des cimetières », qui n'est qu'une trêve, un intermède entre deux guerres, il s'agit d'établir une paix durable et, pourquoi pas, perpétuelle. Pour l'atteindre, faut-il que l'homme change ? Pas du tout, répond Kant. C'est l'avènement du droit qui conduira à notre salut politique, car de sa mise en œuvre découle l'établissement de la paix. Or, le droit est bien l'œuvre de la raison humaine. On n'a jamais vu des animaux établir des règles de droit !

Le droit s'impose lorsqu'on commence à raisonner au lieu de laisser parler la violence ; il définit la coexistence pacifique des libertés. Est légal un rapport entre deux individus ou deux États qui ne passe plus par la violence, mais par la libre soumission à une loi commune – c'est déjà ce que pensait Rousseau. De ce point de vue, la paix n'est pas un

Citation

Qu'est-ce que les Lumières?

« Qu'est-ce que les Lumières? La sortie de l'homme de sa minorité dont il est lui-même responsable. Minorité, c'est-à-dire incapacité de se servir de son entendement sans la direction d'autrui, minorité dont il est lui-même responsable puisque la cause en réside non dans un défaut de l'entendement mais dans un manque de décision et de courage de s'en servir sans la direction d'autrui. *Sapere aude*! (Ose penser) Ait le courage de te servir de ton propre entendement. Voilà la devise des Lumières. »

idéal inaccessible, qui ne pourrait être assuré qu'après la mort (« qu'il repose en paix »), mais une exigence de la raison elle-même. Kant établit ainsi les éléments qui rendent possible les conditions juridiques grâce auxquelles toute guerre deviendra impossible. Il a anticipé de manière géniale ce que l'humanité, bien plus tard, a tenté – et tente encore – de réaliser à travers les structures de l'Organisation des Nations unies.

À retenir

La plus brillante des lumières

Comment ne pas tomber dans le dogmatisme, ni dans le scepticisme ? En développant une position critique. **Kant** opère alors une nouvelle révolution copernicienne : le sujet doté de raison donne ses lois à la nature, et non l'inverse. Les phénomènes, n'existent « en tant que tels que par et pour le sujet ». En ce sens, Kant est bien un idéaliste – il défend que les idées qui font marcher le monde.

Cela ne fait pas pour autant de lui un doux rêveur ! Par un usage critique de la raison, il nous montre en quoi le savoir a ses limites, ce qui n'empêche en rien de se conduire raisonnablement et de s'accomplir comme un être libre. Kant prend ainsi toute sa place comme philosophe des Lumières, qu'il définit comme un mouvement travaillant à l'éveil de la raison par la raison.

Le rigorisme de sa morale suscitera des critiques. Mais peut-on être moral sans rigueur ? Hegel parlera de « belle âme » détachée de la réalité concrète du monde... La distinction entre le phénomène et la chose en soi, l'affirmation selon laquelle la réalité en elle-même nous échappe sèmera également le trouble et sera le point de départ de la réflexion de Schopenhauer, qui verra en Kant un des grands génies de la philosophie. Difficile de faire ensuite de la philosophie sans penser avec ou contre **Kant**...

Partie
3

De la pensée de la totalité à la mort de Dieu

Depuis la fin du Moyen Âge, la philosophie, délivrée de la subordination religieuse, s'est imposée comme l'instrument d'une reconquête de l'homme par lui-même. Ce dernier est invité à utiliser sa raison. Le sujet devient le fondement de toute connaissance. Puisque la nature est écrite en langage mathématique, il devient possible de l'apprivoiser. L'idée d'un progrès de l'humanité s'impose. C'est le siècle des Lumières. L'homme doit être remis à sa place. Le sujet gagne son autonomie.

Penser la totalité

Un événement historique considérable a lieu : la Révolution française. Même si certains de ses excès sont condamnés, il impose une rupture radicale. La philosophie continue à se donner comme tâche la compréhension du monde.

Or, elle est en permanence au cœur de tensions : l'histoire progresse, mais elle est l'histoire de luttes. Et il n'y a pas que dans ce domaine que les tensions existent : la religion judéo-

chrétienne n'a cessé d'opposer le monde et Dieu ; la raison moderne, elle, a opposé l'esprit et la matière, l'âme et le corps, la raison et la sensibilité, la foi et l'entendement…
Si la philosophie veut remplir sa mission, elle doit parvenir à penser ensemble ce qui est ainsi sans cesse séparé. Or, la Révolution française nous montre qu'un nouvel ordre ne se pose qu'en s'opposant à l'ordre qui précède, que l'histoire avance, que des tensions sont dépassées. C'est cela que la philosophie doit comprendre. Vaste programme ! Penser, ce n'est pas saisir une petite partie du monde, c'est en saisir la totalité.
Comment penser la totalité au-delà de ces déchirements, de ces tensions qui s'imposent aussi bien dans le monde que dans la pensée ? Tel sera le travail de **Hegel**.

Penser la société

Ces changements essentiels exigent de penser la société à nouveaux frais. Avec la Révolution française et ses conséquences, deux tendances antagonistes s'opposent : l'une, réactionnaire, est incapable de progresser et voudrait en revenir à un état antérieur ; l'autre, révolutionnaire, est incapable de construire.
Comment dépasser cette crise ? Faut-il choisir entre l'ordre et le progrès ? se demande **Auguste Comte**.
La question est d'autant plus centrale que la révolution industrielle amène de nouveaux changements. Le philosophe ne peut rester simple spectateur du monde pour le décrire et le comprendre. À quoi bon faire de la philosophie si ce n'est pas pour agir ! Car l'homme n'est pas une abstraction, il est un être concret, engagé dans des rapports économiques et sociaux.
L'histoire avance, mais elle doit faire naître les conditions qui permettent à l'homme de se libérer. Il est alors essentiel de ne plus simplement interpréter le monde, mais de le transformer.
Marx nous interroge : comment faire en sorte que la société ne soit plus le lieu de l'aliénation ?
Mais alors, si l'idéal révolutionnaire pouvait nous réjouir, comment en est-on arrivé à la dérive de la Terreur, puis à la captation du pouvoir au profit d'un seul, au despotisme du Consulat et de l'Empire ? Et même lorsque la démocratie se développe, puisque ce constat semble inéluctable, quels en sont les dangers ?
Comment sauver la liberté ? Telle sera l'interrogation de **Tocqueville**.

Désespoir, angoisse, nihilisme

Néanmoins, si l'histoire semble nous montrer un progrès de la raison, peut-on se contenter d'une interprétation rationnelle de la réalité ? Car enfin, si Hegel s'est bien proposé de penser la totalité, au-delà des tensions que connaissent la pensée et l'histoire, pense-t-il vraiment l'homme concret ? Hegel prétend tout résoudre par la pensée rationnelle. Mais nous parle-t-il vraiment du réel ? Ne doit-on pas remettre en cause cette prétention de la raison à vouloir tout saisir, tout comprendre ? N'y a-t-il pas des domaines qui échappent à la raison ? La raison gouverne-t-elle le monde ?

Trois francs-tireurs vont se lever au XIXe siècle. Et si le monde, si notre vie n'étaient pas gouvernés par la raison ? Comment vivre alors ? se demande **Schopenhauer**. Et si la philosophie avec ses concepts et ses abstractions était incapable de penser l'existence concrète ? Comment alors penser l'existence ? s'interroge **Kierkegaard**.

Et si la philosophie jusqu'alors n'avait fait que nier la vie, que nous bercer d'illusions en nous inventant un monde qui n'existe pas ? Car pouvons-nous vraiment nous réjouir de notre état, de notre civilisation ? Ne faut-il pas faire exploser tout système ? Ne faut-il pas remettre en cause toutes ces valeurs qui nous font croire au progrès et qui font de nous les hommes d'une civilisation malade ?

Face à un tel constat, **Nietzsche**, « à coups de marteau », va dénoncer cette maladie qui nous ronge, en se faisant peut-être le prophète du XXe siècle…

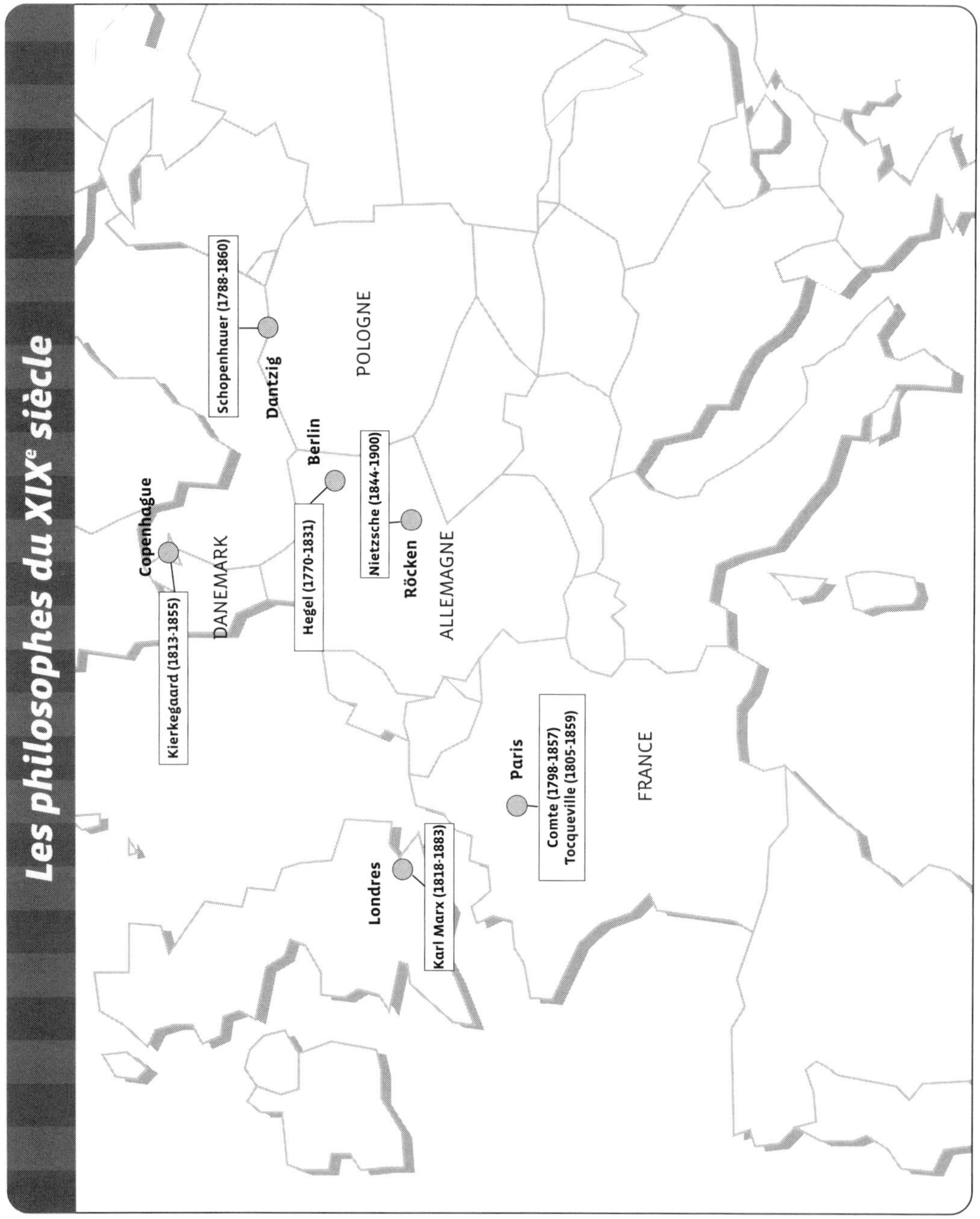
Les philosophes du XIXe siècle
Kierkegaard (1813-1855)
Copenhague
DANEMARK
Schopenhauer (1788-1860)
Dantzig
POLOGNE
Hegel (1770-1831)
Berlin
Nietzsche (1844-1900)
Röcken
ALLEMAGNE
Karl Marx (1818-1883)
Londres
Comte (1798-1857)
Tocqueville (1805-1859)
Paris
FRANCE

Chronologie

1750

1770 • Naissance de Hegel

1774 • Début du règne de Louis XVI

1775-1783 • Révolution américaine

1776 • Mort de Hume

1778 • Mort de Rousseau

1788 • Naissance de Schopenhauer

1781 • Publication de la *Critique de la raison pure*, de Kant

1789 • Prise de la Bastille le 14 juillet

1798 • Naissance d'Auguste Comte

1800

1804 • Mort de Kant

18 mai 1804 • Napoléon Ier est sacré empereur

1805 • Naissance de Tocqueville

1805 • Les troupes françaises entrent dans Vienne. Victoire d'Austerlitz

1806 • Les troupes françaises entrent à Iéna

1807 • Parution de *La Phénoménologie de l'esprit*, de Hegel

1812 • Retraite de Russie

1813 • Naissance de Kierkegaard

1814 • Défaire de Napoléon à Waterloo. Chute du premier Empire

1815 • Le congrès de Vienne partage l'Europe

1815 • La Restauration en France

1818 • Naissance de Marx. Schopenhauer publie *Le Monde comme volonté et comme représentation*

1821 • Mort de Napoléon à Sainte-Hélène

1830 • Monarchie de Juillet

1830 • La France relance les conquêtes coloniales

1831 • Mort de Hegel

1835 • Tocqueville, *De la démocratie en Amérique* (1re partie)

1843 • Kierkegaard publie *Ou ceci ou cela, fragments de vie et Journal du séducteur*

1844 • Naissance de Nietzsche. Rencontre de Marx et Engels à Paris

1848 • Marx et Engels publient le *Manifeste du parti communiste*

1848 • Mouvements révolutionnaires en Europe, et notamment en France. Louis-Philippe abdique. Proclamation de la IIe République

1850

2 décembre 1851 • Coup d'État de Louis-Napoléon Bonaparte

1855 • Mort de Kierkegaard

1856 • Tocqueville publie *L'Ancien Régime et la Révolution*

1857 • Mort d'Auguste Comte

1859 • Mort de Tocqueville

1860 • Mort de Schopenhauer

1860 • Abraham Lincoln devient président des États-Unis

1861-1865 • Guerre civile américaine (guerre de Sécession)

1870 • Guerre entre la France et la Prusse

1871 • Commune de Paris

1871 • Thiers élu premier président de la IIIe République

1873 • Mort de Napoléon III

1875 • L'amendement Wallon entérine la fondation de la IIIe République

1883 • Mort de Marx

1885-1887 • Publication des principaux ouvrages de Nietzsche

1889 • Nietzsche sombre dans la folie

1894 • Engels publie les derniers tomes, posthumes, du *Capital* de Marx

1900 • Mort de Nietzsche

1900

Chapitre 13

Hegel, penser la totalité

Oui ou non, Hegel reproche à la philosophie…

- ☐ De trop parler de Dieu.
- ☐ D'être fondamentalement dualiste.
- ☐ De ne rien comprendre à l'histoire.
- ☐ De n'être pas assez morale.

Voir page 254

Hegel admire Napoléon…

- ☐ Pour sa détermination politique.
- ☐ Parce qu'il poursuit la Révolution.
- ☐ Parce qu'il libère l'Allemagne.
- ☐ Parce qu'il incarne l'État moderne.

Voir page 254

Pour Hegel, l'histoire est…

- ☐ Irrationnelle et amorale.
- ☐ Irrationnelle et morale.
- ☐ Rationnelle et amorale.
- ☐ Rationnelle et morale.

Voir page 255

La dialectique de Hegel (thèse, antithèse, synthèse) permet…

- ☐ De trouver le juste milieu.
- ☐ D'exposer tous les arguments.
- ☐ De réfuter les objections.
- ☐ D'avancer en résolvant les contradictions.

Voir page 256

Dans la dialectique du maître et du serviteur, oui ou non…

- ☐ Le serviteur a besoin du maître.
- ☐ Le maître a besoin du serviteur.
- ☐ Le maître devient le serviteur du serviteur.
- ☐ Le serviteur devient le maître du maître.

Voir page 257

Qui, après Hegel, défend la thèse de la fin de l'histoire ?

- ☐ Marx.
- ☐ Heidegger.
- ☐ Staline.
- ☐ Fukuyama.

Voir page 258

Le besoin de philosophie

« Ils se marièrent et eurent beaucoup d'enfants ». C'est généralement ainsi que finissent les contes de fées. L'histoire est alors terminée, et il n'y a plus rien à raconter. Tout, désormais, va bien se passer. Il y a par contre des choses à dire lorsqu'il se passe quelque chose ; et généralement, il s'agit de luttes, de conflits, de tensions, de séparations… Tel est bien le spectacle de l'histoire : des guerres, des luttes, des conflits, des tensions. Si nous voulons penser le monde, il nous faut penser ces tensions et ces crises.

Anecdote

L'arbre de la liberté

Très marqué par la Révolution française, Hegel a fait partie de ceux qui, partout en Europe, ont planté un arbre de la liberté pour célébrer l'événement.

Mais pour penser le monde, s'attacher à le comprendre, il ne faut pas avoir qu'un accès partiel à ce dernier. Il faut le saisir pleinement. Hegel est contemporain de la Révolution française. Il observe qu'un nouvel ordre ne se pose qu'en s'opposant à l'ordre qui précède,

Biographie

Un prestigieux professeur

Georg Wilhelm Friedrich Hegel est né à Stuttgart en 1770. Après avoir été précepteur à Berne, puis à Francfort, il devient « maître conférences » à l'université d'Iéna en 1805. Il écrit notamment *La phénoménologie de l'esprit*, terminée rapidement le soir de la bataille d'Iéna, et assiste à l'entrée triomphante de Napoléon dans la ville. En 1807, il quitte sa chaire pour la rédaction en chef de la *Gazette de Bamberg*. Il s'installe ensuite à Nuremberg, où il épouse Maria Von Tucher et rédige, de 1812 à 1816, sa *Grande Logique*.
À nouveau professeur, à Heidelberg cette fois, il acquiert un grand prestige qui lui vaut, en 1818, d'être nommé à la chaire de philosophie de l'université de Berlin. Il y enseigne sa propre philosophie, en approfondissant de nombreux domaines : philosophie du droit, de l'histoire, de la religion, histoire de la philosophie.
Touché par l'épidémie de choléra qui décime l'Europe, il meurt le 13 novembre 1831.

que l'histoire avance, que des tensions sont dépassées. C'est cela que la philosophie doit comprendre.

Hegel lecteur de Kant

Un grand philosophe, également allemand, a essayé ainsi de comprendre l'histoire et de voir ce que la philosophie pouvait dire sur le monde : Kant. S'interrogeant pour savoir ce qu'on pouvait dire du monde, il a commencé par se demander ce qu'on pouvait savoir. Il a distingué alors ce qui relève de la connaissance, du théorique, et ce qui relève de l'action, du pratique. Pourquoi ? Parce qu'en déterminant ce que nous pouvions savoir, il a montré qu'il n'y avait de connaissance que dans l'espace et le temps, qui sont des structures de notre esprit. Nous saisissons le monde à travers des structures de notre esprit. Ainsi, nous ne saisissons pas le monde tel qu'il est en lui-même, nous ne connaissons que des phénomènes. Nous ne pouvons rien dire objectivement de Dieu, de l'origine du monde, de l'immortalité de l'âme, de la liberté… Nous pouvons aussi bien dire que Dieu existe que dire qu'il n'existe pas… Là encore d'ailleurs, nous sommes bien au cœur de tensions pour la pensée.
Une fois qu'il a déterminé le champ de la connaissance, ce qui est de l'ordre du théorique, Kant aborde le champ de l'action, ce qui est pratique. (« Pratique » vient du grec *praxis*, qui signifie « action »). Il sépare donc d'un côté le théorique, d'un autre, le pratique. Il crée ainsi une tension qu'il faut dépasser. Pourquoi ?

La morale de Kant sert-elle à quelque chose ?

Quand il aborde le champ de l'action, Kant nous dit ce que doit être un acte moral. Un acte moral est un acte ayant une portée universelle, un acte inconditionné et totalement désintéressé. Quand j'agis moralement, j'agis comme chacun devrait le faire indépendamment de mes sentiments, de mes désirs, de mes envies, de mes attachements… Voilà l'acte moral, nous dit Kant. Certes, mais une fois celui-ci défini, il nous dit alors qu'il se pourrait bien qu'un tel acte n'ait jamais existé ! Voilà la « belle âme », nous dit Hegel. Elle nous pose des principes extraordinairement purs nous conduisant à juger le monde et, en même temps, nous dit que ces principes sont irréalisables.
L'action morale est détachée du réel. Cette universalité dont Kant parle est inopérante. On ne peut pas obéir effectivement à un tel moralisme. La pensée kantienne ne comprend pas l'activité qui règne en cette vie, la vie concrète, parce que la pensée s'en est détachée.

Comment rester kantien si l'on agit ? Car il est bien gentil de nous dire ce que nous devons faire, mais encore faut-il ne pas oublier le réel. Là encore, nous avons une tension entre la pensée et le réel.

Pourquoi la philosophie ?

Si la philosophie veut parler du monde, il faut donc qu'elle dépasse toutes ces tensions. Qu'est-ce que philosopher ? C'est parvenir à comprendre le monde comme unité. Si l'on veut tout comprendre, il faut que ce tout forme un tout ! Or, il n'y a pas que chez Kant que cette scission est présente, elle l'est dans tous les domaines : dans l'histoire, nous l'avons vu, qui se présente comme l'histoire de luttes et de tensions, dans la religion judéo-chrétienne qui a opposé le monde et Dieu, dans la raison moderne qui a opposé l'esprit et la matière, l'âme et le corps, la raison et la sensibilité, la foi et l'entendement… Penser la totalité, c'est penser l'unité.

Le philosophe va donc s'attacher non pas à juger le monde, mais à le comprendre, à comprendre ces tensions et à en rendre raison. C'est pourquoi la philosophie n'arrive qu'après coup, une fois les choses accomplies. Hegel va être le penseur de la réconciliation et de la totalité. La philosophie est un besoin qui naît de la séparation, du déchirement que connaît l'humanité, et par conséquent l'homme, et elle consiste à saisir la totalité.

Citation

« La chouette Minerve prend son envol au crépuscule »
(*La Raison dans l'histoire*).
La chouette Minerve, symbole de la sagesse, de la philosophie, arrive après coup, lorsque tout est terminé, lorsque l'histoire est finie.

« Tout ce qui est rationnel est réel et tout ce qui est réel est rationnel »

Si la compréhension du monde est possible, c'est qu'il est compréhensible. Le philosophe ne peut comprendre le monde que parce qu'il est rationnel, sinon nous ne pourrions rien en dire. On a pu ainsi, par exemple, énoncer des lois de la nature, développer une science physique parce qu'il ne se passait pas n'importe quoi dans la nature. C'est ce que nous disait Galilée avec la formule : « Le grand livre de la nature est écrit en langage mathématique. » (lire chapitre 8). S'il n'y avait pas de rationalité dans la nature, nous ne pourrions pas en faire une science.

Ainsi, d'une manière générale, si nous pouvons tenir un discours sur le monde, c'est que la raison n'est pas ce qui juge le monde de l'extérieur ou le condamne. Il n'y a pas, d'un côté, un sujet qui pense avec une raison et, d'un autre côté, le monde comme objet. Il n'y a pas de face à face ni de tension entre les deux. Nous l'avons vu, il faut sortir de toute tension comme nous en constatons une chez Kant. Si nous pouvons comprendre le monde, c'est parce que la raison est dans le monde, présente en lui. Sans quoi, d'ailleurs, nous ne pourrions rien en dire. C'est la thèse centrale de Hegel : « Tout ce qui est rationnel est réel, tout ce qui est réel est rationnel. »

Qu'est-ce que l'Esprit ?

Philosopher va ainsi consister à reconnaître la marque de la raison dans ce qui est. Il ne faut pas distinguer les apparences qui seraient désordre d'une réalité qui serait rationnelle, ce qui reviendrait à conserver une tension entre les apparences et la réalité, entre la raison et le sensible. Tout ce qui est porte la marque, l'empreinte de la raison. Il y a une rationalité du réel.

Une des grandes pensées de référence d'Hegel a été Montesquieu, avec l'*Esprit des lois* (lire chapitre 11). Dans ses analyses, Montesquieu montre que les lois sont le produit des conditions géographiques, climatiques, etc. Il suggère ainsi un déterminisme sociologique, géographique de la réalité sociale. Cela écarte alors la possibilité d'une analyse historique et évolutive. Toutes les lois doivent être rationnellement coordonnées. Mais les lois ont une unité qui est l'esprit des lois, elles forment une unité dont on peut analyser l'esprit.

Hegel va reprendre ce terme d'esprit. Mais si Montesquieu observe ainsi les lois, Hegel, lui va essayer de comprendre l'histoire. Pourquoi ? Parce que le monde change, il est avant tout histoire.

Malgré le désordre apparent, l'histoire est rationnelle

Comprendre le monde, c'est donc le saisir dans sa dimension historique et saisir dans cette dimension historique la manifestation de la Raison. L'esprit n'est donc pas simplement à saisir à un moment donné, comme Montesquieu le fait en analysant les lois, il est ce qui se développe au cours de l'histoire, et cela de manière rationnelle : l'histoire est histoire de l'Esprit. Cela signifie alors que l'histoire est progrès. Nous ne voyons généralement dans l'histoire que des guerres, des luttes et des tensions. Or, avec une telle approche, nous en restons aux apparences. Comprendre l'histoire, c'est saisir que ces luttes participent du progrès de l'histoire. Hegel admirait Napoléon rentrant sur son cheval dans la ville d'Iéna.

Or, si Napoléon est l'auteur de violences et des destructions, il est celui qui a imposé le code civil dans tous les pays qu'il a pu conquérir ; et le code civil est une manière rationnelle de régler les rapports entre les individus.

Kant avait tort avec son universel abstrait qui, finalement, était bien éloigné de la vie, puisque impossible à réaliser. L'universel est concret, pas abstrait. Les actes humains sont toujours particuliers, ce sont les événements qui ont un caractère universel. C'est ce que nous montre l'histoire : la finalité des actions est individuelle, mais ces actions ont d'autres conséquences.

Citation

« Je vis l'empereur, cette âme du monde, traverser à cheval les rues de la ville. »
Nous sommes au lendemain de la bataille d'Iéna, Hegel a vu Napoléon. Il est fasciné de voir non seulement l'histoire en marche, mais l'incarnation de l'universel, car Napoléon incarne pour lui l'État moderne.

« Rien de grand ne s'est accompli dans le monde sans passion »

Ce sont même les passions qui font agir les hommes et les passions sont toujours individuelles. Mais à travers leurs passions, les hommes accomplissent des œuvres qui les dépassent et qui ne relèvent pas de leurs intentions propres. Là où, lorsque nous en restons aux apparences, nous sommes tentés de condamner, nous sommes dans l'attitude de celui qui ne comprend pas l'histoire. Nous l'avons vu, il faut cesser de penser que la raison est extérieure au monde et qu'elle le juge.

Toutefois, cela ne signifie pas qu'il y ait les apparences trompeuses et une réalité rationnelle, ce qui conduirait à rester au cœur d'une tension. Tout ce que nous saisissons dans l'histoire est rationnel.

En fait, la raison se sert des passions des hommes pour avancer. C'est ce que Hegel nomme « la ruse de la Raison ». Dès lors, chaque moment dans le monde est nécessaire et participe de son progrès. L'histoire n'est alors pas bonne ou mauvaise. Elle est amorale. Cela peut tout de même nous interroger : peut-on dire que toute horreur, tout mal que l'histoire connaît est un moment nécessaire pour faire avancer l'histoire ? Peut-on ainsi tout justifier ?

Repère

Le valet de chambre et l'histoire

Il ne faut pas se fier aux apparences ni regarder l'histoire par le trou de la serrure en faisant de la psychologie. Les grands hommes, comme Napoléon, font que l'histoire avance, que la Raison est en marche.
Celui qui fait simplement de la psychologie n'y comprend rien. (Pour distinguer la Raison qui est dans le monde et la raison comme faculté, on écrit généralement la première avec un « R » majuscule. Il en est de même pour l'Esprit). C'est pourquoi « Il n'y a pas de héros pour son valet de chambre, non parce que le héros n'est pas un héros, mais parce que le valet de chambre n'est qu'un valet de chambre. »

L'histoire de la conscience

Puisque la philosophie a pour tâche de décrire le développement de l'Esprit, son devenir, il convient de partir de la forme la plus simple de la connaissance, ce que notre tradition désigne comme la conscience puisque l'étymologie du terme signifie « accompagné de savoir ».
Or, la conscience est d'abord la présence de ce qui est là, ici et maintenant. Le premier moment de la conscience est la sensation. Assis sur une chaise, je vois et je sens la chaleur du soleil, c'est l'immédiat et dans cette immédiateté une certitude est donnée. Puis, je me rends compte que c'est le soleil qui me chauffe. Au-delà de la certitude, je détermine un objet de la certitude. Je passe de la sensation à la perception. Non seulement, je perçois que quelque chose me chauffe, mais il me chauffe « parce que… ». Je passe de la science, au travail de l'entendement. Nous dépassons la perception pour nous élever à la connaissance. De moment en moment, la conscience va se développer, pour devenir conscience de soi puis raison.
C'est d'abord ce devenir que Hegel va nous décrire dans la *Phénoménologie de l'esprit* qui est cette aventure de l'esprit qui de sensation devient un savoir qui se saisit lui-même, et cette histoire est celle de la culture. La conscience n'est plus alors à comprendre comme le sujet individuel. Parler de cette histoire de la conscience, c'est évoquer ce « nous » qui se développe au cours de l'histoire.

Le maître de la dialectique

Retournons au lycée ! Pour composer une dissertation, on dit généralement qu'il faut faire un plan dialectique : thèse, antithèse, synthèse. En gros, « oui », « non » et puis « ça dépend », « bof » ou « peut-être ». Il s'agirait de dire une chose, puis son contraire, pour finir par ne pas trancher. Nous nous demandons alors à quoi cela nous avance ! Or, le mouvement dialectique est ce qui fait avancer les choses. Pour mieux comprendre ce qu'il faut entendre par thèse, antithèse et synthèse, suivons l'exemple que nous donne Hegel dans la préface de la *Phénoménologie de l'esprit*.

Qu'est-ce que la dialectique ?

Comment cette histoire avance-t-elle ? Par ce que Hegel nomme le travail du négatif ou encore le mouvement dialectique. Prenons l'image du bourgeon qui devient fruit. Au premier moment, le bourgeon apparaît (la thèse) ; puis, il va devenir fleur. La fleur suppose la suppression du bourgeon, son dépassement, sa négation (l'antithèse). Mais la négation ne signifie pas ici simple opposition, comme lorsque nous disons simplement « non ». Il ne pourrait y avoir de fleur sans bourgeon. Le bourgeon est une condition de la fleur. Puis la fleur devient fruit, elle est le résultat, la synthèse qui suppose à son tour le bourgeon, sa négation (la fleur), et le dépassement de ce deuxième moment.

La négation doit donc être comprise comme une conservation et un dépassement. Elle ne consiste pas à dire le contraire ! Donc, dire « non » dans la deuxième partie ne consiste pas à dire le contraire de la première partie, mais à dépasser ce qui a été dit pour aller plus loin, tout en reconnaissant que la première partie était nécessaire pour y parvenir. La contradiction n'est plus alors à saisir comme ce qu'il faut éviter, elle est le moteur de la pensée et de l'histoire. L'Esprit se développe dans le monde par ce mouvement dialectique, mouvement de négation.

La dialectique du maître et du serviteur

De là le célèbre passage de la dialectique du maître et du serviteur qui correspond à un moment de développement de la conscience : lorsque la conscience se découvre conscience de soi, elle découvre également l'autre. Elle se découvre en même temps par différence : il y a « moi » et il y a « toi ». Mais elle n'est sûre d'elle-même que si l'autre la

reconnaît comme telle. La conscience devient désir de reconnaissance. Mais l'autre conscience est animée par ce même désir. La rencontre devient alors une lutte, lutte pour s'imposer, lutte pour la reconnaissance.
Dans cette lutte, va d'abord dominer celui qui n'a pas peur de mourir. D'où le terme de serviteur : le serviteur est celui qui se soumet car il a peur de mourir. Le refus de l'esclavage c'est « la liberté ou la mort ». L'esclave est celui qui est trop attaché à la vie pour supporter cette alternative. Le maître est celui qui domine, il a alors tous les droits sur l'autre. Toutefois, il a aussi besoin de cet autre pour rester le maître : sans esclave, il n'y a pas de maître. Le maître devient l'esclave de l'esclave qui lui-même demeure esclave. Voilà comment une première tension disparaît pour en produire une seconde. Néanmoins, plus l'esclave travaille, plus il se doit de devenir intelligent et inventif. Le travail de l'esclave renverse alors la situation. Par son travail, il devient le maître du maître.

Repère

Après Hegel, Marx

Marx reprendra la notion de dialectique. L'histoire est bien conflit, tensions, dépassement. Toutefois, pour Marx, ce ne seront pas les Idées qui gouverneront le monde, mais les rapports entre les classes sociales. Cette analyse de la dialectique du maître et du serviteur sera un des points de départ de la réflexion de Marx sur le travail, comme nous le verrons au chapitre suivant.

Le dépassement : de la conscience à la raison

Ce moment de la conscience s'exprime historiquement dans le stoïcisme et le scepticisme. En effet, il faut bien comprendre que l'histoire de la conscience est aussi l'histoire de la culture. Le sage stoïcien est celui qui, sortant de cette tension, se réfugie en lui-même, mais sa liberté est bien abstraite : il est libre même s'il est enfermé en prison ! Ça n'est pas très concret comme liberté ! Le sceptique cherche au contraire à agir, à sortir de cette liberté abstraite, mais le fait au prix d'une dissolution du monde, en doutant de tout (lire chapitre 4).
L'un et l'autre se découvrent impuissants. La conscience va devoir sortir de cette impasse, de cette subjectivité. Elle va donc se faire raison. Telle sera, dans l'histoire, l'attitude du physicien qui se reconnaît dans la nature, qui dépasse, d'un côté, l'enfermement abstrait loin du monde du stoïcien et, de l'autre côté, la dissolution du monde du sceptique. Le physicien est celui qui reconnaît une certaine rationalité du monde.

Nous ne cherchons pas ici à rendre compte de tous les moments de la culture, mais à montrer en quoi se manifeste ce mouvement dialectique de dépassement qui n'est pas l'histoire d'un individu, mais celle de l'humanité, de la culture. Cette humanité se manifestera ainsi dans l'art, la religion et l'État. Notons alors qu'en s'efforçant de penser la totalité, la philosophie est donc bien descriptive.

Esprit es-tu là?

Finalement, il n'y a donc plus une opposition entre un ou des sujets et des objets, l'homme n'est plus spectateur du monde. Il y a l'esprit qui se manifeste dans l'histoire, mais aussi dans toutes les productions humaines. La pensée se découvre finalement comme n'ayant affaire qu'à elle-même. Le système ne se limite pas à la métaphysique. La lecture de Hegel est difficile parce qu'elle s'installe au cœur de la pensée. Mais Hegel a également exposé ses thèses sur le terrain de l'histoire, de la politique, de l'art et de la religion. En tant qu'effets de la pensée, on doit montrer que l'État, la religion, les sciences et les arts obéissent à un mouvement d'unification de la multiplicité, tout comme celui de l'activité de la pensée. Ce mouvement dialectique que nous avons décrit, mais aussi ce mouvement de l'esprit sont partout présents.

L'art est-il mort?

On reprend parfois la formule de Hegel « l'art est mort » pour affirmer qu'il n'y a plus d'art, que les œuvres actuelles ne sont pas de l'art comparées aux chefs-d'œuvres de l'histoire. Mais ce n'est pas du tout le sens qu'il faut donner à ce jugement. L'art, comme toute production, est manifestation objective de l'Esprit, il est union de la forme et du contenu. Or, les œuvres d'art ont d'abord bien eu une dimension spirituelle. Par exemple, une statue d'Athéna que nous voyons désormais dans un musée avait originellement sa place au milieu d'un temple consacré à cette déesse. C'est en ce sens que l'on peut dire que les œuvres ont eu une dimension spirituelle et religieuse. Mais que voyons-nous désormais? Des œuvres exposées dans des musées, non plus en relation avec cette dimension, mais classées par périodes, par thèmes ou par artistes. Les œuvres d'art ont perdu la dimension spirituelle qui était la leur.

Ce qui fait dire à Hegel que l'art dans sa destination première, c'est-à-dire dans sa dimension spirituelle, appartient au passé. Ce n'est pas l'art qui est mort, c'est notre rapport aux œuvres d'art qui a changé, car désormais, nous n'abordons les œuvres que du point de vue du plaisir esthétique.

À quoi sert l'État ?

L'État, comme manifestation de la raison, est un moyen pour dépasser l'arbitraire. L'individu tend en effet, naturellement à maintenir son individualité qui risque sans cesse de devenir caprice. L'État, au contraire s'oppose à l'arbitraire et parle de manière universelle aux sujets. Il incarne la raison. De même que la société civile (système dans lequel chaque activité professionnelle renvoie à toutes les autres) ordonne les activités individuelles, l'État organise la société civile.

Il n'y a pas à se demander ce qu'il doit être, il est, en tant que produit de l'histoire, la Raison réalisée. La loi qui se pose comme étant égale pour tous les citoyens est bien ainsi un accès à l'universel concret. Dans les *Principes de la philosophie du droit*, Hegel va ainsi s'attacher à exposer ce qu'est l'État et à déterminer les règles de fonctionnement de l'État moderne dont le but est d'organiser le dynamisme de la société civile. Malgré tout, peut-être faudra-t-il encore beaucoup de guerres et de destructions pour que se réalise l'État mondial au sein duquel tout le monde pourra se reconnaître…

> **Repère**
>
> **Hegel totalitaire ?**
>
> Hegel n'est pas totalitaire. Penser la totalité ne conduit pas à penser politiquement le totalitarisme. L'État moderne qu'il défend est bien un État dans lequel la liberté est réalisée.

L'histoire est-elle finie ?

Si la philosophie vient après coup pour penser le monde et l'histoire, si elle vient quand la pièce est jouée, faut-il alors penser que l'histoire est finie ? Ce jugement peut paraître surprenant. Faut-il considérer qu'il ne va plus rien se passer dans l'histoire ? En affirmant que l'histoire est finie, Hegel signifie que le sens de l'histoire a été délivré, que l'universel est désormais réalisé. Comment ? Sous la forme de l'État moderne qui incarne la liberté réelle des individus. En ce sens, l'histoire est finie.

Faut-il penser qu'il n'y aura alors plus rien de nouveau ? Dans sa forme peut-être, mais cet État international dont Hegel nous parle, cet État qui permettra la conservation la plus

Repère

La fin de l'histoire ?

Le thème hégélien de la fin de l'histoire a été repris par Kojève (philosophe français qui a introduit la lecture de Hegel en France au XXe siècle) qui verra ensuite la réalisation de « l'État universel et homogène » de Hegel dans l'État stalinien, puis dans la construction européenne, dont il est un des activistes jusqu'à sa mort en 1968. Avec la chute du communisme, ce thème revient dans le livre de Francis Fukuyama, (philosophe et économiste américain) un ouvrage paru en 1992, *La Fin de l'histoire et le Dernier Homme* qui défend l'idée de la progression de l'histoire humaine, envisagée comme un combat entre des idéologies, touche à sa fin avec le consensus sur la démocratie libérale qui tendrait à se former après la fin de la Guerre froide.

longue des conditions élémentaires d'une vie humaine est voué à un avenir qui peut toujours être à la merci d'une catastrophe, naturelle ou humaine, ce qui rend son processus fragile. Nous sommes maintenant contemporains de cette possibilité qu'a l'humanité de se détruire, ne serait-ce que partiellement – mais c'est déjà beaucoup !

Comment penser après Hegel ?

La philosophie de Hegel est bien une philosophie du système qui s'efforce de comprendre le monde comme un tout à travers toutes ses manifestations. L'histoire du monde est ainsi l'histoire de l'Esprit qui n'est peut-être qu'un autre nom de Dieu, un Dieu qu'il ne faut pas chercher dans un au-delà, mais comme ce qui se manifeste dans le monde.

On a affaire à un système très impressionnant, puisque Hegel s'efforce de penser la totalité. Finalement, penser contre, c'est encore penser avec ! La Raison dans l'histoire nous montre que tout moment, même le plus horrible, est nécessaire pour que l'histoire avance. Sinon, on ne peut pas penser l'histoire comme totalité.

Si on pense le réel, si on veut penser la totalité comme pensable, c'est-à-dire comme rationnelle, on ne peut penser que comme Hegel, semble-t-il. Pourtant, il y a des horreurs dans l'histoire qu'il est difficile de penser comme de simples moments transitoires nécessaires. Les tentatives de négation absolue d'une partie de l'humanité qu'a pu connaître le XXe siècle, en particulier, ne semblent pas pouvoir être comprises comme des moments transitoires nécessaires ! On ne peut pas tout justifier… et pourtant, penser le réel n'est-ce pas le penser comme rationnel ? Comment alors penser le réel après Hegel sans être Hegel ?

À retenir

La fin de la philosophie ?

La pensée, pour vraiment penser, doit dépasser les tensions au cœur desquelles elle se trouve depuis le commencement de son histoire. Elle doit dépasser les contradictions. Loin de juger le monde réel de l'extérieur, elle doit s'attacher à le comprendre. Mais si elle peut le comprendre, si la raison peut le saisir, c'est que le réel est rationnel. **Hegel** s'attache donc à penser l'histoire de l'humanité, l'histoire de la culture, comme un déploiement de la Raison et comme une histoire de l'Esprit. La philosophie arrive après coup, lorsque l'histoire est finie. Mais si tout est fini, peut-on encore faire de la philosophie après Hegel ?
Hegel construit le système philosophique par excellence : philosopher, c'est penser la totalité. Après lui, une grande partie de la philosophie ne va cesser, jusqu'au XXe siècle, d'être en discussion avec sa pensée. Schopenhauer le considérera comme un philosophe fumeux et obscur nous perdant dans ses abstractions ; Kierkegaard lui reprochera de ne pas penser l'existence concrète ; Marx l'accusera de comprendre le monde à l'envers.
Au siècle suivant, la pensée analytique se développera également contre le « néo-hégélianisme » mais, parallèlement, des philosophes comme Sartre et Derrida seront habités par sa réflexion.

Chapitre 14

Penser la société, changer le monde

Pour Comte, quelle science dépasse toutes les autres ?

- [ ] Les mathématiques.
- [ ] La physique.
- [ ] La biologie.
- [ ] La sociologie.

Voir page 269

Deux de ces régimes ont été inspirés par le positivisme. Lesquels ?

- [ ] La république d'Argentine.
- [ ] La république du Brésil.
- [ ] La IIIe République française.
- [ ] L'URSS.

Voir page 270

Qu'est-ce qui, selon Marx, ne fait pas partie des « superstructures » ?

- [ ] L'économie.
- [ ] La politique.
- [ ] La religion.
- [ ] Le droit.

Voir page 277

Marx conçoit le matérialisme dialectique comme…

- [ ] Une philosophie.
- [ ] Une méthode d'analyse.
- [ ] Une idéologie.
- [ ] Une théorie politique.

Voir page 276

Pour Tocqueville, qu'est-ce qui n'est pas indispensable à la démocratie ?

- [ ] La liberté d'association.
- [ ] La liberté de la presse.
- [ ] Le parlement.
- [ ] La république.

Voir page 285

Le principal danger qui menace la démocratie, pour Tocqueville, c'est…

- [ ] La démagogie.
- [ ] Le despotisme.
- [ ] Le conformisme.
- [ ] Le socialisme.

Voir page 287

Comte, l'ordre et le progrès

L'humanité est en crise. La Révolution française vient d'avoir lieu. Nous assistons à l'essor de la société industrielle. Ces développements tendent à procurer aux hommes davantage de liberté mais semblent être le terreau de l'égoïsme et de l'individualisme. Deux tendances antagonistes s'opposent : l'une réactionnaire, incapable de progresser, voudrait en revenir à un état antérieur ; l'autre, révolutionnaire, incapable de construire. Cette tension qui se déploie oppose, d'un côté, l'ordre et de l'autre, le progrès. Les partisans d'un retour à l'ordre voient le progrès comme synonyme d'anarchie, les partisans du progrès voient l'appel à l'ordre comme une rétrogradation. Comment sortir de cette crise ? Faut-il choisir entre l'ordre et le progrès ? Non si l'on comprend que ces deux tendances confondent tout. Pour cela, il est nécessaire de commencer par comprendre l'humanité et surtout ce qui la fait évoluer.

Biographie

De l'amour des sciences à la religion de l'humanité

Né en 1798 à Montpellier, Auguste Comte affirme, à 14 ans, avoir perdu la foi et quitte le foyer.

À 16 ans, il entre à l'École polytechnique, mais s'en fera renvoyer ! Il enseigne les mathématiques puis, à 19 ans (1817), il devient disciple et secrétaire de Saint-Simon, avec qui il se brouille en 1824. En 1826, il ouvre son cours de philosophie positive.

En 1844, il rencontre Clotilde de Vaux, une jeune tuberculeuse, qu'il aime d'un amour romanesque et platonique. À la mort de celle-ci, deux ans plus tard, sa pensée évolue vers une forme de religiosité. Il codifie une religion sans Dieu, s'institue grand prêtre de l'humanité et élève « sainte Clotilde » au rang de divinité centrale.

Il publie son œuvre principale, *Système de politique positiviste*, entre 1852 et 1854. Sans situation, il vit surtout de la contribution de ses amis, qui s'éloignent petit à petit de lui à cause de son caractère difficile. À sa mort, le 5 septembre 1857, il est inhumé au cimetière du Père-Lachaise, à Paris.

Repère

Saint-Simon

Auguste Comte, après avoir quitté l'École polytechnique d'où il a été chassé, entre au cabinet de Saint-Simon qui est animé par des grands projets de réforme sociale. Saint-Simon (1760-1825) est le fondateur d'une doctrine du progrès par l'industrie pour succéder à « l'âge féodal ».

Il s'agit de faire avancer les sciences. Pour cela, il faut changer la société en plaçant notamment à sa tête des savants et des industriels. Cette foi dans le progrès, cette place des sciences dans la société influencera très fortement Auguste Comte, qui fut son secrétaire de 1818 à 1824, et qui lui doit d'ailleurs la notion de positif. Il le quittera ensuite, considérant son approche aristocratique.

Qu'est-ce que l'enfance ? L'âge théologique

Tout comme un homme progresse au cours de son existence, l'humanité évolue. L'enfant commence ainsi d'abord, face au spectacle de la nature, à se poser la question « pourquoi ? ». Pour comprendre le monde, il cherche des causes. L'humanité est passée par ce même état, ce qu'Auguste Comte appelle « l'âge théologique ». Les hommes ont ainsi d'abord cherché les causes des phénomènes et ont commencé par attribuer des intentions aux choses ; c'est ce qu'on nomme le fétichisme, tendance qui consiste à saisir les corps extérieurs comme ayant une vie essentiellement analogue à la nôtre. On est dans une sorte de religion de la nature. Puis, quittant ce premier moment, ils ont ensuite supposé l'existence d'êtres surnaturels (polythéisme) ou encore d'un seul Dieu (monothéisme). L'enfant est finalement un petit théologien. En ne cessant de demander pourquoi, en attribuant à la nature et aux objets des intentions, en cherchant une cause suprême, il entretient un rapport magique au monde. Mais le théologien est, lui, un grand enfant parce que comme l'enfant, il se pose la question « pourquoi ? » et imagine des causes.

Qu'est-ce que l'adolescence ? L'âge métaphysique

Mais l'enfant finit par perdre ce rapport magique au monde. Il devient adolescent. Il sait qu'il ne suffit pas d'invoquer des forces mystérieuses pour faire apparaître un génie, ouvrir la porte d'une caverne ou transformer la nature. Il cesse de croire en des agents surnaturels. Ces derniers sont remplacés par des forces abstraites. On quitte l'anthropomorphisme infantile pour avoir recours à des principes universels et abstraits. On cesse de prêter aux choses des intentions, mais dans notre recherche d'un fondement on fait appel à d'autres notions.

> **Vocabulaire**
>
> **L'anthropomorphisme**
>
> C'est l'attitude qui consiste à étendre à tous les êtres les manières de penser, d'agir et de raisonner qui sont propres à l'homme.

Le propre de l'adolescence est de croire en l'absolu. En ce sens, l'âge métaphysique est bien l'âge de l'adolescence de l'humanité. Il pose en absolu la raison, (les Lumières), Dieu (Descartes) ou la Nature (Spinoza). Ces idées ne font finalement pas progresser le savoir, mais permettent de quitter un rapport naïf au monde. Ce n'est pas parce qu'on invoque la raison ou la nature comme premier principe qu'on en sait plus ! Nous avons remplacé des êtres à notre image par des principes abstraits. C'est ce que Comte nomme « l'âge métaphysique ». La métaphysique n'est finalement que la construction d'abstractions vides telles que l'âme, Dieu, la nature, l'Être qui ne nous permettent en rien de mieux connaître. Toute la tradition métaphysique ne fait alors que se quereller à l'aide d'abstractions qui ne nous disent rien du monde, mais qui nous indiquent simplement que l'homme a quitté le stade de l'enfance. Cet âge est donc avant tout négatif, essentiellement critique ; il est la négation de l'âge théologique.

Qu'est-ce que l'âge adulte ? L'âge positif

La crise que nous connaissons est donc encore bien prisonnière de l'âge métaphysique. En posant l'alternative de l'ordre ou du progrès, elle se pose dans le tout ou rien : soit le progrès qui accepte le désordre, soit l'ordre qui refuse le progrès. Mais il est temps de passer à l'âge adulte, de cesser de projeter des fictions métaphysiques et de croire en l'absolu. Il faut passer du négatif au positif.

Qu'est-ce que l'état positif ? C'est d'abord le rejet de la question « pourquoi ? » Parvenir à l'âge adulte, c'est cesser de faire comme l'enfant qui demande sans cesse « pourquoi ? » et se poser enfin la question « comment ? ». En se posant la question « pourquoi ? », on recherche des causes qu'on finit par imaginer. On est alors loin de la science. Avoir une attitude scientifique et ne pas se laisser déborder par l'imagination, c'est chercher à établir des lois, c'est-à-dire des rapports nécessaires entre des phénomènes, et cela sans avoir recours à un absolu. Newton, par exemple, en établissant la loi de gravitation universelle, n'a pas besoin de faire l'hypothèse de Dieu.

Il est donc temps de recourir aux faits, de les comprendre, de saisir les lois qui nous gouvernent sans faire appel à des fictions. Le positif est synonyme de réel, par opposition à chimérique. Il n'y a pas de connaissance de l'absolu. Il n'y a que des lois qui sont des relations : « Tout est relatif, voilà la seule chose absolue. »

> **Vocabulaire**
>
> **La loi des trois états**
>
> La loi des trois états énoncée par Comte consiste à affirmer que chaque individu, comme l'espèce humaine entière, passe nécessairement par trois états successifs. Le premier est l'état théologique, le second l'état métaphysique et le troisième l'état positif.

La classification des sciences

Si nous voulons ainsi comprendre l'humanité, seul l'état d'esprit positif peut nous y conduire. Cela suppose une approche scientifique, et non plus imaginaire. Distinguons alors les différentes sciences. Nous pouvons les classer d'après leur objet. Comte en énonce six fondamentales : les mathématiques, l'astronomie, la physique, la chimie, la biologie et la sociologie. Chaque science ajoute un plan de complexité. On part des sciences théoriques pour passer aux sciences concrètes. Car l'explication scientifique est susceptible d'étendre son domaine et peut englober presque tous les champs de l'expérience.

Or, la vie de la société suppose une harmonie des sentiments, un accord intellectuel et une communauté d'intérêts. Cela suppose donc l'établissement de principes fondateurs qui peuvent être établis scientifiquement. D'où l'idée d'une « physique sociale » qui va déterminer les principes et les lois de fonctionnement de la société, tout comme la science physique énonce les lois de la nature. Il n'est donc pas question de tracer les plans d'une société idéale, mais plutôt de vouloir ce qui correspond au degré d'évolution réelle de l'humanité. Comte invente ainsi le terme de « sociologie ».

Ne pas tout confondre

Attention, parler de physique sociale ne veut pas dire que l'on peut traiter les questions de la société avec d'autres sciences. Chaque science a ses méthodes : les mathématiques ;la

Anecdote

Allègre contre Comte !

Une statue d'Auguste Comte a été inaugurée en 1902 place de la Sorbonne, sous la présidence du général André, en présence de membres de la société positiviste. Quelque quatre-vingt-dix ans plus tard, Claude Allègre, auteur d'un *Dictionnaire amoureux de la science*, a souhaité déboulonner cette statue. Ministre de l'Éducation nationale, il a tenté de faire disparaître cette statue pour la remplacer par celles de Victor Hugo et de Louis Pasteur. Il reprochait en effet à Auguste Comte et aux positivistes d'avoir en leur temps été opposés au concept d'atome, à l'usage du microscope et du télescope, au calcul des probabilités, et d'avoir établi « une classification des sciences dont les dégâts dans les esprits font encore des ravages aujourd'hui ». Il réussit simplement à déplacer la statue et à la faire pivoter de 90°, de sorte qu'elle « tourne presque le dos à la Sorbonne ».

déduction ; l'astronomie ; l'observation ; la physique ; l'expérimentation ; la chimie et la biologie, la classification… Il y a une hiérarchie des sciences et il ne s'agit pas de réduire les phénomènes sociaux à ce que la biologie peut nous en dire ! La biologie et la sociologie étudient toutes deux l'homme, mais sous des angles différents.

La sociologie introduit un point de vue nouveau en étudiant l'influence des générations humaines les unes sur les autres. Par exemple, l'observation du cerveau exige d'être interprétée et complétée par un autre point de vue, celui du sociologue qui étudie l'évolution des instincts actifs.

L'homme n'est pas qu'un être biologique, et les instincts qu'on pourrait croire dégager par l'étude biologique ignorent l'influence et les modifications imposées par la vie en commun, par la présence des autres. Il y a une influence graduelle et continue des générations humaines.

D'ailleurs, tout homme est déjà dans une dimension sociale avec les autres. Considérer que la biologie nous dit ce qu'est l'homme et nous permet de penser la société est une grave erreur. Ce n'est pas l'ADN qui doit nous commander pour dire ce qui doit déterminer la vie en société !

Repère

Le scientiste selon Flaubert

La caricature du scientiste est le pharmacien Homais décrit par Flaubert dans *Madame Bovary*. Il en impose par son discours ferme et assuré de scientiste convaincu constamment émaillé de termes techniques destinés à impressionner : le rhume est rebaptisé « coryza », la saignée, « phlébotomie » et le pied-bot, « stréphopode ». Homais profère des énormités qui ne tiennent pas seulement au sens des mots, mais aux relations d'inadéquation que les discours entretiennent avec la réalité. Il réduit tout le réel à ce que peut prétendre en dire la science. Homais à sa manière est un réductionniste. Ce qu'Auguste Comte récuse.

Qu'est-ce que la sociologie ?

Si tout homme est déjà nécessairement pris dans un réseau de relation avec les autres, si tout homme est déjà un être social, l'idée d'un individu indépendant est une abstraction, juste bonne pour la pensée métaphysique, qui s'en nourrit. Par exemple, le « cogito » de Descartes en est une ! La réalité, c'est la vie en commun ou, plus précisément encore, l'humanité. L'individu est un être biologique ; c'est donc l'humanité qui est l'objet de la science supérieure. Pour étudier l'homme réel, c'est la sociologie qui est la science adéquate.

La sociologie, ou physique sociale, va donc étudier les lois des phénomènes sociaux en prenant pour objet l'humanité. En tant que telle et de par son objet, elle est une synthèse de toutes les autres sciences et doit permettre de fonder une morale sociale et une politique.

La société est alors saisie comme un ensemble de familles spécialisées dans leurs fonctions.

La sociologie statique va avoir pour but d'étudier les conditions générales de l'ordre social, la sociologie dynamique étudiera par contre les conditions de l'évolution des sociétés. La physique nous permet de mieux savoir comment agir face à la nature en connaissant ses lois, la sociologie va nous permettre de résoudre le problème de l'organisation sociale grâce à la connaissance des lois de la société. Car l'organisation de la société n'est pas affaire d'opinion, mais de savoir. Et ce savoir doit nous permettre de faire évoluer la société.

Citation

« Savoir pour prévoir, prévoir pour pouvoir. »

Pourquoi Rousseau a-t-il tort ?

Les solutions jusqu'alors apportées ne sont pas les bonnes parce qu'on se trouvait toujours dans l'âge théologique ou l'âge métaphysique. Par exemple, Rousseau voyait dans le développement de la société une aliénation toujours croissante (lire chapitre 11). Cette dernière ne faisait que développer l'égoïsme, l'individualisme et les conflits. Rousseau nous montre comment la société n'a fait que dénaturer l'homme qui a perdu son innocence, sa belle âme. Mais là encore, pour Comte, l'âme n'est qu'une construction métaphysique.

Il est donc vain de produire une telle critique de la société comme si l'âme ou l'individu existaient en eux-mêmes. Plutôt que de penser une bonté morale en dehors de toute société, ce qui est une pure abstraction, essayons de voir comment la connaissance des lois de la société peut nous permettre de penser une morale. Ainsi, face à la crise qui oppose les révolutionnaires et les rétrogrades, le parti du progrès et le parti de l'ordre, voyons comment nous pouvons à la fois maintenir l'ordre et progresser !

Comment rendre compatibles l'ordre et le progrès ?

Il n'y a qu'un seul être réel : l'humanité. Ce terme a un double sens et signifie aussi bien l'ensemble des êtres humains que ce qui est humain par opposition à inhumain. Si nous

Repère

Le Brésil positiviste

En Amérique du Sud, le positivisme a prospéré sous sa forme strictement orthodoxe et religieuse. C'est en 1874 que la Société positiviste de Rio de Janeiro fut fondée par Benjamin Constant (de son vrai nom Botello de Magalhaes, 1838-1891). Ministre de l'Instruction publique après la proclamation de la république (1891), il rédigea un plan de réorganisation positiviste de l'enseignement que la mort seule l'empêcha de réaliser. Quand elle advint, le Congrès national brésilien, pénétré des doctrines positivistes, proclama solennellement son immortalité. Un temple de l'humanité a été inauguré à Rio de Janeiro le 15 août 1891. La devise *Ordem e progresso* (Ordre et progrès) qui figure sur le drapeau brésilien atteste de la forte influence qu'a eue le positivisme en Amérique latine dès la fin du XIXe siècle.

devons désormais nous tourner non plus vers des fictions mais vers le seul être qui existe vraiment, il faut mettre en harmonie les conduites individuelles et la société, déterminer les devoirs de chacun. Or, la bienveillance, la sympathie et les affections désintéressées sont présentes dans l'humanité, même si nous voyons souvent les hommes animés par des intérêts particuliers.

Il faut donc une élaboration théorique, un projet de société déterminant le but général d'activité de toutes les forces particulières. Tant que cela ne sera pas fait, on assistera à une lutte des égoïsmes et l'humanité ne sera pas instituée. Auguste Comte reprend donc ici la notion d'altruisme propre à la religion chrétienne (terme qu'il forge lui-même) pour la fonder universellement puisque la science sociale permet de dégager les lois de production du mal et les moyens d'y remédier. La société et la famille doivent apprendre à agir par affection sympathique et à penser pour agir. L'altruisme ne repose plus sur la foi, mais sur l'étude scientifique de la société. Toutefois, cela nécessite une éducation individuelle et aussi une éducation collective.

Qu'est-ce qu'un instituteur ?

L'instituteur c'est celui qui institue, celui qui pose les fondements et qui permet aux élèves de s'élever. Ainsi, pour s'élever aux buts déterminés par l'étude scientifique de la société, pour concilier l'ordre et le progrès, il faut un instituteur. Les différentes sciences nous apprennent à sortir des fictions et des chimères. Il est donc nécessaire de s'y former. L'organisation de la société n'est pas affaire d'opinion mais de savoir, et le savoir doit permettre d'atteindre des buts. Il faut instruire l'opinion.

C'est là qu'est nécessaire un pouvoir spirituel. Si nous avons une lutte entre l'ordre et le progrès, c'est parce que nous n'avons pas compris que la seule réalité durable, le seul être, est l'humanité. Mais cette humanité ne peut être instituée que

Anecdote

La première université populaire

Comte a créé les premières universités populaires. Il s'agissait de penser une alliance des prolétaires et des philosophes là où les entrepreneurs ont l'esprit occupé par le matériel. Cette alliance doit conduire à une éducation nécessaire au développement de la société. C'est ainsi que Comte donna pendant de nombreuses années des cours publics à la mairie du 3e arrondissement de Paris, entre autres.

par une éducation permettant de dépasser les luttes égoïstes, par une éducation nous apprenant également à vivre pour autrui.

Avons-nous besoin de religion ?

Si la cohésion sociale passe par un accord des opinions, il semble donc bien nécessaire de fonder la réorganisation de la société sur un ensemble de convictions partagées. Il s'agit de rendre sensible à chacun la participation à l'œuvre sociale. Il apparaît alors comme nécessaire de relier les hommes entre eux. Tel est le rôle d'une religion. Étymologiquement, la religion est ce qui relie. Mais il ne s'agit pas ici de revenir à une religion révélée. Toute religion révélée ne repose que sur la croyance. Il faut une religion qui repose sur le savoir et qui aura pour but de développer en chacun les vertus nécessaires à l'ordre social.

Cette religion n'est donc pas une foi en Dieu, mais une foi en ce « tout » auquel nous appartenons et que constitue l'humanité. Le but de chacun ne consiste pas alors à souhaiter une vie immortelle dans l'au-delà, mais à entrer dans la mémoire de l'humanité, véritable moyen d'atteindre l'immortalité. L'instituteur doit instituer un nouveau pouvoir spirituel distinct du pouvoir temporel. Cette nouvelle religion doit reposer sur l'amour de l'humanité et de l'autre.

> **Anecdote**
>
> **Une chapelle positiviste à Paris**
>
> En 1903, l'Église positiviste du Brésil achète l'immeuble, sis au 5 de la rue Payenne à Paris, où vivait Clotilde de Vaux, et le transforme en « résumé culturel de la religion de l'humanité ». Au premier étage, on peut visiter une chapelle de l'humanité, reproduction conforme à échelle réduite du plan de temple de l'humanité qu'avait conçu Auguste Comte.

Faut-il aller au catéchisme ?

Puisque l'humanité est un dieu très fragile et qui ne tient qu'à elle-même, elle doit être réaffirmée par les individus et les peuples. C'est dans une telle perspective que Comte établira un calendrier positif, rythmant la vie sociale et dont les personnages majeurs seront les grands hommes qui ont marqué l'humanité et peuvent nous servir d'exemples, car « L'humanité se compose de plus de morts que de vivants ». Il rédige un catéchisme positiviste. Étymologiquement, le terme de catéchisme désigne l'instruction par voie orale.

L'instituteur doit donc instruire en s'appuyant sur des figures faisant office de modèles et rythmant la vie quotidienne.
Comte reconnaît dans Clotilde de Vaux sa supérieure morale. Elle sera élevée au rang de divinité centrale de la religion de l'humanité ! Il annonce alors la paix et l'harmonie parfaite pour le XXe siècle, grâce à l'avènement de la religion positiviste.

Marx, changer le monde

Il y a deux attitudes face au monde, l'interprétation et l'action. Or, toute la philosophie n'a fait qu'interpréter le monde, c'est-à-dire chercher à lui donner un sens caché derrière les apparences. Mais à quoi bon faire de la philosophie si ce n'est pas pour agir ! Si la philosophie veut avoir un sens et une valeur, elle ne doit pas simplement commenter le monde ni même, éventuellement, nous dire ce qu'il devrait être : elle doit le transformer, et cette transformation du monde suppose un renversement de l'ordre des choses.
être spectateur du monde, c'est constater que de nombreux individus ne sont pas libres. Il ne s'agit alors pas seulement de le dire, de constater une aliénation présente au sein de la société, il faut faire en sorte que cette aliénation disparaisse. Telle est la tâche de la philosophie si elle tient à remplir pleinement son rôle : parvenir à rendre compte de cette aliénation et aussi comprendre comment s'en sortir.

Citation

« Les philosophes n'ont fait qu'interpréter le monde, il s'agit désormais de le transformer. »

Qu'est-ce qu'une classe sociale ?

Partons d'un constat simple : l'homme travaille pour satisfaire ses besoins organiques. Il transforme ainsi des matières naturelles pour en faire des objets utiles. C'est d'ailleurs cette capacité qui semble immédiatement le distinguer des autres êtres vivants. Or, le travail implique la combinaison de trois éléments : l'activité, l'objet sur lequel l'homme travaille et les moyens par lesquels il agit. Suivant les différentes combinaisons de ces trois éléments, nous avons alors affaire à des modes de production différents. Par exemple, le travailleur peut avoir ou ne pas avoir la propriété des moyens de production. Les hommes vont donc,

Biographie

L'intellectuel engagé

Né à Trèves en Rhénanie, dans le sud de d'Allemagne, le 5 mai 1818, Karl Marx est le fils d'un avocat descendant d'une lignée de rabbins, mais converti au catholicisme pour pouvoir continuer à exercer son métier. Après des études de droit et de philosophie – il consacre, en 1841, sa thèse à Démocrite et Épicure – il se tourne vers le journalisme politique. Il collabore à la *Nouvelle Gazette rhénane*, fondée à Cologne par la gauche radicale, dont il devient le rédacteur en chef. En 1843, il épouse Jenny de Westphalen, fille d'une illustre famille aristocratique dont le père est, comme elle, fasciné par les capacités intellectuelles du jeune Marx.
Son journal suspendu par le gouvernement, Marx se rend à Paris, où il rencontre Friedrich Engels (1820-1895), fils d'un industriel, avec qui il collaborera pendant toute sa vie. Expulsé de France, il gagne la Belgique. Il y rédige, avec Engels, le célèbre *Manifeste du Parti communiste* (1848), avant de se fixer définitivement à Londres. Malgré les subsides d'Engels, Marx vit dans une très grande pauvreté, avec sa femme et ses enfants – l'un d'eux mourra des suites de ces mauvaises conditions de vie. Il n'en produit pas moins une œuvre abondante, se passionne pour les mouvements révolutionnaires en Europe, notamment la Commune de Paris (1871) et anime la Première Internationale ouvrière (1864-1876). Il meurt le 14 mars 1883, laissant inachevé son ouvrage majeur, *Le Capital*, dont les derniers livres seront publiés par Engels après sa mort.

dans la société, entretenir des rapports différents en fonction du mode de production existant et du rôle de l'individu dans la production. Par exemple, dans l'Antiquité, l'esclavage correspond à un certain rapport : l'homme est propriétaire de l'homme ; au Moyen Âge dans le mode de production féodal, le maître est propriétaire du sol auquel est lié le serf ; avec le capitalisme, le patron est propriétaire des moyens de production alors que l'ouvrier ne possède que sa force de travail.
De là, la différence entre des classes sociales : les maîtres et les esclaves, la noblesse et les serfs ou la bourgeoisie et le prolétariat. Elles sont donc le résultat des modes de production.

Qu'est-ce que la lutte des classes ?

Hegel nous a montré que les idées menaient le monde, que l'histoire était celle de l'esprit dans le monde, de l'extension de la raison dans le monde. Les conflits apparaissaient alors comme ce moteur faisant avancer l'histoire. « Rien de grand ne s'est accompli dans le monde sans passion », nous disait-il : la raison se sert des passions humaines pour mieux s'étendre. Marx a lu Hegel. Comme lui, il constate que des conflits sont présents dans l'histoire. Ces conflits existent sous la forme de la lutte des classes.

Ce ne sont donc pas les idées qui mènent le monde, l'histoire est le produit de la lutte des classes. Elle est, en effet, une suite d'aliénations et d'oppositions entre les classes sociales. Les modes de production et les rapports des classes sociales, à un moment donné, produisent des contradictions qui sont dépassées et conduisent à de nouveaux rapports.

Comment l'histoire avance-t-elle ?

Le rapport des classes peut devenir une gêne pour le développement des forces productives. Au cours du mode de production féodal, après le Xe siècle, on assiste à la renaissance des villes et au développement de l'artisanat et du commerce. Chez ces bourgeois, habitants des bourgs, s'accumule un capital sous forme d'argent. À partir du XVe siècle, la noblesse terrienne chasse les serfs de ses terres et remplace la culture par l'élevage. Il y a donc un capital disponible aux mains de la bourgeoisie et des travailleurs qui n'ont que leur force de travail. D'où le développement de manufactures.

Face à ces nouvelles forces productives, les anciens rapports de classes apparaissent comme une entrave au développement. On va donc chercher à se débarrasser des suzerains. La bourgeoisie va faire jaillir de nouvelles institutions sociales : les corporations d'artisans. Mais ces institutions sociales finissent par gêner la concurrence. Dans un deuxième temps, la bourgeoisie détruit toutes les institutions aristocratiques (au cours de la Révolution française) puis finit par interdire les associations syndicales (loi Le Chapelier, 1791) qui sont un obstacle à son développement.

On assiste ainsi à l'apparition de nouvelles forces productives, qui entrent en opposition avec les anciens rapports de classes, mais aussi à l'appari-

Citation

« Ce n'est pas la conscience des hommes qui détermine leur existence, c'est au contraire leur existence sociale qui détermine leur conscience. »

tion à de nouveaux rapports de classes.L'histoire des sociétés est ainsi celle des contradictions et des oppositions qui se développent.

Sommes-nous libres?

Si l'histoire est celle de la lutte des classes dépendant des moyens de production, quelle place reste-t-il pour la liberté? Lorsque Descartes affirme « je pense, donc je suis », il nous dit que la conscience peut s'assurer d'elle-même, puisqu'elle est la première évidence qui s'impose à nous. En tant qu'êtres de conscience et non simples objets, nous pouvons déterminer nos actions, choisir ce que nous faisons. Mais n'est-ce pas une illusion?
Certes, nous pouvons bien souvent avoir le sentiment d'être libres, de choisir par nous-mêmes d'agir de telle ou telle manière ou d'avoir telle ou telle opinion. Mais ce sentiment ne peut-il pas nous tromper? N'y a-t-il pas des causes que nous ignorons que déterminent nos choix, nos opinions, nos pensées? En fait, la vérité de nos pensées n'est pas à rechercher dans la conscience mais dans les structures sociales. Les hommes vivent en société, nouant ainsi des rapports entre eux. Or, ces rapports sont déterminés par la société dans laquelle ils vivent et non par leur volonté. En d'autres termes, notre vie sociale, politique et intellectuelle est dépendante des modes de production.
Faut-il en conclure que nous sommes sans cesse déterminés par la société sans le savoir? Non, car si la conscience est déterminée, elle est aussi déterminante. Ce sont tout de même les hommes qui transforment les circonstances, ce sont les hommes qui peuvent accéder à la connaissance de ce qui les détermine et en changer le cours.

Qu'est-ce que le matérialisme dialectique?

Marx reprend ici la notion de dialectique telle qu'elle a été développée par Hegel en montrant qu'elle s'applique aux rapports entre les classes sociales. Ce ne sont pas les idées qui s'opposent, qui rentrent en conflit. Les idées n'ont pas d'existence en elles-mêmes en dehors de la matière. C'est en ce sens que Marx parle ici de matérialisme dialectique. Il n'y a pas de principe de l'histoire en dehors du monde. Il n'y a que les hommes travaillant et les rapports entre les classes sociales qui font que l'histoire avance.
Marx a étudié Démocrite et Épicure, ce qui nourrit sa pensée matérialiste. Il va donc expliquer l'histoire des sociétés humaines par le jeu des forces matérielles, économiques et sociales.

Repère

Marx et Staline

La notion de matérialisme dialectique va évoluer idéologiquement. Le matérialisme dialectique stalinien va être codifié dans le manuel de l'histoire du parti bolchevique de l'URSS en 1932. Il désigne la forme officielle de dogmatisme qu'a prise la philosophie marxiste à l'époque de Staline. Il définit un ensemble de lois et de thèses censées régir la réalité. Les sciences doivent alors y obéir, même si cela va à leur encontre ! Le souci n'est pas la vérité, mais la cohérence des idées qu'on veut imposer. C'est ainsi que la génétique fut récusée par le savant russe Lyssenko parce qu'elle négligeait le rôle du milieu et que la psychanalyse fut écartée comme science bourgeoise.
Marx est celui qui a peut-être le mieux condamné la notion d'idéologie en montrant qu'elle était une illusion au service des intérêts de la classe dominante puisque ce ne sont pas les idées qui mènent le monde mais les rapports de classes. Cependant, la réinterprétation de ses analyses va conduire à l'une des idéologies les plus meurtrières du XXe siècle !

« La religion est l'opium du peuple »

Même les institutions ne sont que les manifestations d'un mode de production. Elles font partie de ce que Marx nomme les « superstructures » et sont donc le produit des infrastructures. C'est ainsi la structure économique de la société qui est à l'origine non seulement des institutions politiques, mais aussi des normes juridiques et même des systèmes philosophiques et religieux.
La religion, par exemple, promet un bonheur dans l'au-delà pour ceux qui souffrent dans l'ici-bas. Mais si la religion est comme une drogue qui endort, il ne faut pas penser qu'elle ne serait qu'un moyen utilisé consciemment par certains pour en dominer d'autres. Elle est l'expression d'une situation sociale qui a besoin de cette promesse. Il ne s'agit donc pas seulement de la critiquer en disant qu'elle est illusoire, pas plus qu'il ne suffit de critiquer l'idée de pesanteur pour ne pas se noyer, il est nécessaire de saisir l'origine et les causes exactes de son caractère illusoire. Il faut donc saisir quelle est la situation des hommes pour qu'ils aient besoin d'une telle illusion et la produisent. Pourquoi ? Parce que ce sont

les hommes qui produisent leurs moyens d'existence et cela par le travail qui, à son tour, engendre des moyens de production qui déterminent nos représentations. Nos représentations ne sont pas alors produites par notre conscience mais par la structure sociale.

Libérer l'homme, c'est faire en sorte qu'il n'ait plus besoin d'opium. Il faut donc le désintoxiquer !

> **Citation**
>
> « La religion est le soupir de la créature opprimée, l'âme d'un monde sans cœur, comme elle est l'esprit des conditions sociales d'où l'esprit est exclu. Elle est l'opium du peuple. »

Qu'est-ce qu'une idéologie ?

La religion, sert les intérêts de la classe qui domine puisqu'elle dit à ceux qui s'épuisent au travail qu'ils seront finalement récompensés dans une autre vie, qu'il ne s'agit que d'un mauvais moment à passer qui garantira un bonheur éternel. Nous venons de le voir, nous n'avons pas affaire à une manipulation consciente de la part de quelques individus désirant sauver leurs intérêts. Même ceux dont les intérêts sont servis sont pris dans cette illusion, qui est la manifestation des conditions d'existence.

L'ensemble des représentations collectives aussi bien morales, juridiques, politiques que religieuses à travers lesquelles les hommes traduisent leurs conditions réelles d'existence est ce que Marx désigne sous le terme d'idéologie.

> **Vocabulaire**
>
> **L'infrastructure**
> désigne la structure économique, base de toute société. Elle se distingue des **superstructures** qu'elle engendre : l'État, le droit, la religion, la morale, l'art, etc.

Que fait l'État ?

L'État aussi sert les intérêts de la classe dominante. Si les superstructures sont le produit d'une situation sociale, elles servent alors les intérêts de la classe dominante comme en témoigne par exemple le droit de propriété considéré comme un droit de l'homme à la suite de la Révolution française, et qui sert les intérêts de la bourgeoisie.

Il n'y a pas d'autonomie du politique. Le croire consisterait à oublier le monde réel en se tournant trop vers l'abstraction. Tel est le propre de l'idéologie. Or, c'est toujours de l'homme concret qu'il faut partir, de l'homme qui travaille et qui est dans un rapport étroit

Repère

Marx et les droits de l'homme

Marx opère une critique des droits de l'homme en affirmant que la Déclaration défend les droits d'un homme bourgeois égoïste, à travers la défense de la propriété privée. Toutefois, il ne récuse jamais les droits du citoyen. Il montre seulement que l'émancipation qu'apportent ces droits n'est que partielle, puisqu'elle n'existe que dans le champ politique sans toucher l'économique. Quoi qu'il en soit, cette liberté conquise est un intermédiaire nécessaire.

et constant avec le réel. C'est ce qu'oublie Hegel en pensant l'histoire à partir de la raison et des idées qui gouverneraient le monde.

Quel est le problème du capitalisme ?

L'époque à laquelle Marx écrit est profondément marquée par le développement de la société industrielle capitaliste. L'ouvrier est alors celui qui vend sa force de travail comme une marchandise. Marx va dénoncer l'exploitation du travail ouvrier puisque ce dernier ne reçoit pas l'équivalent de la richesse qu'il produit. Il nomme « plus-value » la part du produit du travail prélevé sur le travailleur et allant à l'autre classe. Dans ce système, l'homme travaille par exemple huit heures par jour et son salaire correspond à six heures.
En outre, dans un tel système, l'ouvrier devient étranger à lui-même, à cause de la division du travail. Il n'intervient qu'à un moment de la production et seul importe le produit. Là où le travail devrait être un moyen de satisfaction des besoins, d'appropriation des choses par la transformation de la nature, l'objet acquiert en fait une autonomie et le travailleur est réduit au rang de chose. L'économie n'est plus au service de l'homme mais au service du profit, et produit ainsi une double aliénation.
Ces rapports non harmonieux entre les classes sociales, la bourgeoisie et le prolétariat, conduit à de nouvelles tensions qui devraient, à leur tour, être dépassées. D'un côté, le patron, en limitant le salaire des ouvriers, réduit la clientèle possible, et d'un autre, poussé par la concurrence, il augmente sans cesse la partie de son capital utilisé pour l'achat des machines, investissant la plus-value dans les moyens de production. Dès lors, il ne finira

plus par y avoir qu'un petit nombre de capitalistes exploitant un grand nombre de prolétaires. La contradiction tient alors au fait que le capitalisme fabrique les moyens de sa propre destruction.

Qu'est-ce que le communisme ?

C'est à ce moment que la révolution socialiste peut se déclencher pour conduire à la disparition des classes sociales. Mais cette rupture ne peut pas se faire sans une transition, le socialisme, qui se caractérise par un pouvoir coercitif de l'État (la dictature du prolétariat) afin de prendre le temps d'organiser une société nouvelle, de contraindre à la disparition de la propriété privée et d'instruire le peuple.

À cette période succédera la société sans classes dans laquelle disparaîtront les rapports de domination : le communisme. Son principe est le suivant : « De chacun selon ses capacités à chacun selon ses besoins. » L'échange économique n'a alors d'autre fin que la satisfaction des besoins. Comme il n'y a plus de classes sociales, l'État, qui n'était que la manifestation d'une opposition de classes, peut disparaître. Si les analyses de Marx gardent leur pertinence, c'est malheureusement ce rêve final qui ne portait plus uniquement sur une compréhension du passé et du présent, qui a servi de justification idéologique à des atrocités commises au nom des « lendemains qui chantent ».

Repère

Qu'est-ce que l'égalité ?

On considère généralement que l'égalisation est uniformisatrice. Marx est un partisan de l'égalité, mais celle-ci n'a rien à voir avec l'idéal égalitariste d'une société qui homogénéiserait les hommes en leur imposant le même mode de vie. En effet, ni les aptitudes ni les capacités des individus ne sont ignorées : l'homme travaillera en fonction de ses capacités.

Quelle est la différence entre le marxisme et l'anarchisme ?

Le terme anarchisme vient du grec *an*, privatif (sans) et *archè*, pouvoir, autorité, commandement. L'anarchisme est un mouvement philosophique et politique hostile à toute hiérarchie et autorité. L'anarchisme critique de manière radicale toutes les institutions coercitives : capitalisme, armée, police, famille patriarcale, religion… et surtout l'État dont il

Repère

La Première Internationale ouvrière

Le 28 septembre 1864, à Londres, au cours d'un meeting à Saint Martin's Hall, des ouvriers venus de toute l'Europe fondent l'Association internationale des travailleurs (AIT). Les statuts sont rédigés par Marx. Elle se donne pour objectif de coordonner les luttes syndicales et populaires de tous les pays. Elle est très tôt minée par les rivalités entre Karl Marx, qui prône un socialisme « scientifique », et le courant anarchiste animé par Pierre Joseph Proudhon, puis par Michel Bakounine. Considéré comme un utopiste, Bakounine ne parvient pas à imposer ses vues au mouvement ouvrier et s'oppose à Karl Marx, qu'il juge trop autoritaire. Marx envisageait une stratégie de conquête du pouvoir à travers les élections. La vision des anarchistes se plaçait dans le champ de l'utopie, elle faisait confiance aux capacités de l'humanité et n'hypothéquait pas l'idéal révolutionnaire par les possibilités offertes à un moment donné par l'ordre dominant. Bakounine réclame la révolution mondiale immédiate et la suppression de toutes formes d'autorité étatique. Marx parviendra à exclure Bakounine de l'AIT.

prône la disparition. Cette critique s'applique aussi à toutes les formes de domination qu'elles soient morales, sociales, économiques ou politiques : oppression de classe, de race, de sexe, d'orientation sexuelle, etc.

La société que l'anarchisme souhaite mettre en place repose sur des valeurs libertaires, sans domination, où les hommes émancipés et égaux coopèrent librement. Les libertés individuelles constitueraient la base de l'organisation sociale et des relations économiques et politiques. À cet égard, l'anarchisme sera considéré par Marx comme utopique, car faisant beaucoup trop confiance aux capacités de l'humanité.

La pensée de Marx mène-t-elle à la dictature ?

Les régimes politiques qui se sont réclamés du marxisme au XXe siècle ont conduit au développement de systèmes totalitaires ou à des dictatures. La chute du mur de Berlin a souvent été présentée comme la fin du marxisme, comme son échec. Mais une telle approche est

sans doute un peu trop rapide. Pour Marx, la révolution anticapitaliste ne devait et ne pouvait en effet advenir que dans des conditions du capitalisme développé à partir de ses contradictions propres. La révolution communiste apparaît comme le mouvement spontané de l'immense majorité dans l'intérêt de l'immense majorité. Elle ne s'oppose pas au processus démocratique, puisque le peuple est à la fois l'acteur et le bénéficiaire.
Le problème est que la révolution bolchevik se fait dans un pays sous-développé, la Russie, loin des conditions dans lesquelles Marx disait que la révolution transitoire devait avoir lieu.

Tocqueville, penser la démocratie

Les textes de Rousseau, et en particulier le *Contrat social*, ont fortement influencé l'esprit révolutionnaire français. Et pourtant, les conséquences sont loin des idéaux espérés. Comment en est-on arrivé à la dérive de la Terreur puis à la captation du pouvoir au profit d'un seul, au despotisme du Consulat et de l'Empire ?

Comment la Révolution mène-t-elle à la Terreur ?

Il ne s'agit pas de souhaiter revenir à un état antérieur. La démocratie est un fait présent qui est le résultat d'une histoire. L'analyse historique montre que tout semble conduire la société vers la démocratie qui se caractérise avant tout par l'égalité des conditions : « Lorsqu'on parcourt les pages de notre histoire, on ne rencontre pour ainsi dire pas de grands événements qui depuis sept cents ans n'aient tourné au profit de l'égalité. Le noble aura baissé dans l'échelle sociale, le roturier s'y sera élevé ; l'un descend, l'autre monte. Chaque demi-siècle les rapproche, et bientôt ils vont se toucher. »
Le propre de l'État social démocratique réside dans l'impossibilité de différencier les citoyens par des privilèges et l'égalité des conditions prend également la forme d'une égalité des chances. Et pourtant, cette plus grande égalité des conditions conduit en France à la Terreur et au despotisme. Comment comprendre cela ?

Pourquoi l'Amérique ?

Pour répondre à cette question il semble donc nécessaire de comprendre mieux ce qu'est la démocratie. Or, traditionnellement, nous associons la démocratie à la révolution. Dans

Biographie

Aristocrate et démocrate

Alexis de Tocqueville (Charles Alexis Henri Clérel de Tocqueville) est né en 1805 à Verneuil, Seine-et-Oise. Il étudie la philosophie, la rhétorique et le droit à Paris et devient, en 1827, juge auditeur à Versailles. En 1830, à la chute des Bourbons, il doit prêter serment à la monarchie de Juillet. Tocqueville est aristocrate et légitimiste de tradition : sa famille soutient Charles X. Mais sa culture intellectuelle lui fait reconnaître les avancées de la démocratie et la valeur de la liberté. Il prête serment, non sans regret, mais cette situation inconfortable va le conduire à partir pour l'Amérique, accompagné de son ami Gustave de Beaumont, en 1932. Officiellement, il va étudier le système pénitentiaire américain. Ce sujet ne sera finalement qu'un prétexte : il consacrera son temps à la rédaction de la première partie d'un de ses ouvrages les plus connus, *De la démocratie en Amérique*, qui paraît en 1835.
En 1837 il se présente aux élections législatives. Il n'est pas élu mais deviendra tout de même député en 1839 et le restera jusqu'en 1848, défendant la nécessité de réformes démocratiques contre le gouvernement réactionnaire de Guizot. En 1838, il est élu à l'Académie des sciences morales et politiques et en 1841 à l'Académie française.
À la suite de la révolution de 1848, il est réélu à l'Assemblée constituante et, l'année suivante, devient un éphémère ministre des Affaires étrangères. Le coup d'État de Louis Napoléon met un terme à sa carrière politique. Il entreprend alors la rédaction de *L'Ancien régime* et la Révolution et meurt quelques années plus tard, en 1859.

notre tradition française, les deux notions sont intimement liées à cause de notre expérience. L'Amérique, au contraire, nous offre le spectacle d'une démocratie non révolutionnaire puisque ce pays n'a pas vraiment connu les passions qui ont animé la France, les combats contre un ancien monde aristocratique. La démocratie américaine est le fruit d'une émigration et d'une réinstallation sur un territoire vierge.
Penser la démocratie exige donc de sortir de cette détermination empirique que nous offre la France afin de pouvoir la saisir en dehors de la notion de révolution. Dès lors, on pourra s'interroger sur les conséquences de la démocratie comme type d'organisation sociale.

Repère

L'arrière petit-fils de Malesherbes

Sous la Terreur, les Tocqueville ont été emprisonnés et ont échappé de peu, grâce à la chute de Robespierre, à la guillotine. Cet épisode familial conduira Tocqueville à entretenir une méfiance constante à l'égard des intentions révolutionnaires et une certaine angoisse face aux masses révoltées. Malgré ces événements qui ont définitivement marqué sa famille, son père, tout en prônant des valeurs légitimistes, gardera toujours une attirance pour les idéaux des Lumières.

Tocqueville a aussi été très marqué par son arrière-grand-père, Malesherbes qui n'a pu échapper à l'échafaud pendant la Terreur. Ayant exercé un rôle politique majeur, Malesherbes s'est fait tour à tour défenseur du peuple devant le roi et du roi devant le peuple dès lors que la démocratie prenait la pente de la tyrannie. Dans toutes ces situations, il était animé par la défense des libertés. Cette figure familiale est sans doute essentielle pour saisir le sens de la réflexion de Tocqueville et éviter de réduire sa pensée. Tocqueville ne cherche en rien à reconstruire une société aristocratique; cette société, née de la féodalité, renvoie à une époque révolue.

Y a-t-il un modèle américain ?

Il s'agit alors d'étudier dans un premier temps les rapports entre les trois pouvoirs institutionnels (exécutif, législatif et judiciaire) et d'analyser la constitution fédérale. Tocqueville commence par faire apparaître les conditions de naissance de la démocratie américaine et rend d'ailleurs hommage aux Indiens.

Ses analyses ne sont pas sans faire penser à Montesquieu, qui montre en quoi l'esprit des lois résulte d'un agencement complexe et de circonstances, même si Tocqueville refuse de prendre les démocraties anciennes comme modèles.

Il souligne un point essentiel : l'État social démocratique est apparu avant même que ne soient établies les institutions. Il n'est donc pas nécessaire que les institutions soient démocratiques pour que l'État social le soit. On peut saisir en quoi cette idée peut être riche d'enseignement pour la France de la Monarchie de Juillet. Si la démocratie est inéluctable, il faut faire en sorte que les institutions correspondent à l'état social du pays. En d'autres termes, faire en sorte que la société démocratique devienne bonne. Pourquoi la démocratie américaine est-elle un bon modèle ? Parce qu'elle ne s'est pas perdue dans la représentativité : c'est bien le peuple qui gouverne.

Tocqueville contre Rousseau ?

Cette critique apparente de la représentativité pourrait nous faire penser aux analyses de Rousseau dans le *Contrat social*. En effet, en réfléchissant sur les conditions à partir desquelles une autorité politique peut être légitime, Rousseau est conduit à faire une critique radicale de toute forme de représentativité. Si l'État légitime est celui qui garantit la liberté, valeur politique absolue, ceLA exige que le peuple soit souverain sans intermédiaires. La représentation est alors dénoncée comme ce qui particularise toujours les intérêts, alors que la loi est « l'expression de la volonté générale » et ne sert que l'intérêt général. Toute forme de représentation risque ainsi de remettre en cause l'intérêt général en se mettant à servir des intérêts particuliers. On ne peut déléguer sa liberté, nous dit Rousseau (lire chapitre 11).

Pourtant, en soulignant que c'est bien, en Amérique, le peuple qui gouverne, Tocqueville ne suit nullement les analyses de Rousseau. En effet, dans le *Contrat social*, au nom de l'intérêt général et de la liberté, Rousseau s'oppose radicalement à toute forme d'association qui, selon lui, réintroduit toujours des particularismes et conduit la volonté générale à errer. Tocqueville voit dans une telle analyse ce qui, dans la Révolution française, a conduit à la Terreur, à la captation du pouvoir au profit d'un seul et au despotisme.

Repère

La liberté de la presse

Tocqueville voit dans le *Contrat social* une construction purement théorique détruisant l'individu.
Seules les associations peuvent permettre aux citoyens de ne pas être détruits par l'État. C'est pourquoi après avoir rappelé que c'est le peuple qui gouverne en Amérique, il va présenter deux facteurs essentiels : la liberté de la presse et l'existence des associations – nécessaires parce que dans une démocratie l'individu est faible face à la toute- puissance de l'État. Nous sommes ainsi au cœur d'une préoccupation de Tocqueville : la Révolution a conduit à la Terreur et non à une démocratie véritable.

Tocqueville sociologue ?

Si Tocqueville ne reprend pas le terme de sociologie inventé par Auguste Comte, c'est pourtant bien à l'œuvre d'un sociologue que nous avons affaire. Il va s'attacher à montrer qu'il faut expliquer les phénomènes sociaux à partir des croyances et des actions des hommes. Une telle approche consiste alors à retrouver les raisons et les causes qui les produisent. Tocqueville va alors énoncer tout un ensemble de lois en partant de l'analyse de faits précis.

Si ce qui caractérise avant tout les sociétés démocratiques est l'égalité, il ne s'agit pourtant pas de penser que dans une société démocratique, tous les traits s'opposent radicalement à ceux de la société aristocratique. On retrouve parfois dans les sociétés démocratiques des éléments des sociétés aristocratiques. Ce que Tocqueville construit est alors ce que Max Weber nommera plus tard un idéal-type à savoir un outil d'investigation qui permet de définir un phénomène social par ses caractères les plus généraux, observables dans tous les types de société.

> **Vocabulaire**
>
> **L'idéal-type**
>
> C'est un modèle, une construction intellectuelle, qui permet d'extraire de la réalité empirique certains traits caractéristiques. C'est un outil qui permet d'utiliser des concepts simples pour pouvoir appréhender une réalité sociale complexe et multiforme.
> Dès lors, les types conceptuels peuvent se mélanger dans la réalité toujours plus complexe.
> Ce concept a été élaboré plus tard par Max Weber, sociologue allemand.

Et si la démocratie était dangereuse, finalement ?

Analysant l'État social démocratique, Tocqueville va ainsi étudier les conséquences de l'égalité. L'analyse sociologique n'a pas pour but d'entériner des faits, mais bien de saisir ici un monde nouveau. La démocratie est déjà là, il faut donc apprendre à la connaître, en comprendre les risques et les enjeux : « J'ai pensé que beaucoup se chargeraient d'annoncer les biens nouveaux que l'égalité promet aux hommes, mais que peu oseraient signaler de loin les périls dont elle les menace. »

Parmi ces lois énoncées par Tocqueville se trouvent donc les effets positifs et négatifs de l'égalité. Il voit dans l'État démocratique trois aspects principaux : la primauté du principe d'égalité, la croissance de l'État centralisateur et l'uniformisation des modes de vie et de pensée. Les démocraties modernes laissent apparaître une nouvelle forme de despotisme qui tient au pouvoir démesuré de l'opinion majoritaire. Ce n'est pas simplement dans le champ politique que l'opinion impose sa loi, mais dans tous les domaines. L'État tutélaire qui centralise produit une dépolitisation des citoyens, qui renoncent à leur libre-arbitre et développent une forme d'apathie et de conformisme.

Quel est le plus grand danger pour la démocratie ?

Et voici le grand danger qui nous guette : le conformisme. Quand l'État se présente comme s'occupant de tout, les citoyens deviennent de simples usagers ne recherchant plus que leurs intérêts propres et se renfermant sur eux-mêmes. On croyait que la démocratie faisait triompher la liberté, elle fait avant tout triompher l'individualisme. Attention, il ne s'agit pas ici d'un despotisme violent, mais d'un despotisme doux qui conduit les hommes à se laisser guider simplement, sans violence. On croit toujours qu'en démocratie on doit faire preuve de vigilance pour éviter qu'un tyran, par la voix du peuple, prenne le pouvoir ; ou encore pour éviter que la faiblesse de l'État conduise à l'anarchie. Après tout, c'est bien parfois par les urnes que les tyrans prennent le pouvoir ! Mais il y a un danger beaucoup plus sournois : le conformisme, l'absence d'engagement politique.

Loin des idéaux aristocratiques d'héroïsme et de grandeur, la société démocratique prône tout d'abord – et tend à universaliser – les valeurs bourgeoises, celles de la classe moyenne, qui privilégient la sphère privée à l'engagement public. Or, de cette tendance générale surgit évidemment l'individualisme ainsi que la recherche effrénée des jouissances personnelles et immédiates, la « passion du bien-être ». On en oublie la liberté véritable. Voici comment, alors que l'égalité des conditions engendre la liberté et le souci d'indépendance des individus, cette indépendance peut les conduire à la servitude.

Comment sauver la liberté ?

La centralisation des pouvoirs s'exerce alors au nom de la majorité. Il est donc urgent de s'opposer à l'État providence, à toute forme d'État paternaliste tout-puissant. Il apparaît nécessaire de défendre la liberté individuelle contre ses dérives et les maux de l'égalisation. Pour ne pas faire des citoyens des moutons, seule une politique participative semble être la solution à travers, par exemple, le développement des libres associations. En ce sens Tocqueville est bien un penseur libéral.

Faut-il aider les pauvres ?

Si l'État providence à travers la tyrannie de la majorité conduit à un despotisme doux, il faut critiquer toute forme d'aide sociale et étatique inconditionnelle aux pauvres. Pourquoi ? Parce que cela risque de les enfermer dans une situation d'assistés et surtout, cette aide ne peut être alimentée que par une confiscation de la propriété des autres citoyens. Tocqueville critiquera également l'idée d'un droit au travail en considérant que si l'on accordait à chaque homme un droit au travail absolu, l'État risque de devenir le principal employeur et finalement propriétaire de tout. L'État devient maître de chaque individu et prend tout en charge. CeLA remet alors en cause le principe de la propriété individuelle. Surtout, Tocqueville s'oppose ici à un mouvement dont il est contemporain : le socialisme.

À retenir

Penser le réel et changer la société

Auguste Comte invente la sociologie. Cette dernière n'est pas simplement une nouvelle science n'ayant d'intérêt que spéculatif, elle répond à l'urgence qu'il y a de changer le monde. En écartant les mauvaises solutions, Comte s'attache donc à penser scientifiquement le progrès de l'humanité. Un intellectuel comme Littré fera de la pensée d'Auguste Comte la philosophie officielle de la IIIe République, et la sociologie, après lui, ne cessera de se développer pour acquérir ses lettres de noblesse. Le terme de positivisme aura une certaine postérité, mais le néopositivisme ne retiendra fondamentalement que le rejet de la religion et de la métaphysique et l'affirmation qu'il n'y a qu'une connaissance : la science.
Marx se fixe également comme but de transformer le monde. Il ne cessera de dénoncer, derrière les apparences, le véritable moteur de l'histoire, à savoir la lutte des classes. En ce sens, avec Nietzsche et Freud, il sera désigné comme l'un des trois philosophes du soupçon. Les réinterprétations de sa pensée conduiront à certaines des grandes catastrophes du XXe siècle, mais cette pensée nourrit encore très fortement une critique du capitalisme.
Anti-étatiste et antisocialiste, **Tocqueville** développe au XIXe siècle une pensée libérale politique. Sa lucidité face aux dérives de la démocratie et aux risques de l'individualisme en font un penseur d'une grande actualité.

Chapitre 15

Désespoir, angoisse, nihilisme

Pour Schopenhauer, la volonté...

- ☐ Est le propre de l'homme.
- ☐ Est une manifestation de Dieu.
- ☐ Est une force naturelle.
- ☐ Nous permet d'être libres.

Voir page 292

Pour Kierkegaard, la vérité...

- ☐ Est objective.
- ☐ Est subjective.
- ☐ Est divine.
- ☐ N'existe pas.

Voir page 299

Sur le chemin de la vie, quelles sont, selon Kierkegaard, les trois étapes?

- ☐ Esthétique.
- ☐ Éthique.
- ☐ Morale.
- ☐ Religion.

Voir pages 302, 303 et 304

Dans quoi Nietzsche reconnaît-il la vie?

- ☐ La philosophie.
- ☐ La religion.
- ☐ L'amour.
- ☐ L'art.

Voir page 305

La morale, pour Nietzche, c'est la victoire...

- ☐ Des classes dominantes.
- ☐ Des forts.
- ☐ Des faibles.
- ☐ Du droit.

Voir page 308

Le surhomme de Nietzche, c'est...

- ☐ L'homme qui choisit la vie.
- ☐ Un être aux pouvoirs surnaturels.
- ☐ L'homme qui impose sa volonté.
- ☐ L'homme sans Dieu.

Voir page 316

Schopenhauer, l'homme du désespoir

Kant a constitué un moment essentiel de l'histoire de la philosophie en distinguant le phénomène et la chose en soi. Nous ne saisissons les choses qu'à travers l'espace et le temps, qui sont des structures de notre esprit. Nous ne saisissons donc jamais les choses en elles-mêmes, mais les choses pour nous-mêmes. La chose en soi ne peut donc pas faire l'objet d'une connaissance. Il faut dès lors distinguer le monde en soi et le monde pour nous. C'est ce que nous dit Schopenhauer : le monde est ma représentation. Il n'est rien sans ma conscience. Ce que nous appelons le monde n'est en fait qu'une représentation subjective. Qu'en est-il alors du monde en soi et de la chose en soi, de ce qui n'est pas relatif à nous comme sujets donc de ce qui est absolu ?

Qu'est-ce que l'absolu ?

Une fois que Kant a distingué ainsi la chose en soi de la chose pour nous, chacun va essayer de déterminer ce qu'est cet absolu. Or, nous ne sommes pas simplement le sujet

Biographie

Contre toutes les écoles

Arthur Schopenhauer est né le 22 février 1788 à Dantzig. Après des études de commerce et un travail d'employé commercial qui ne l'intéresse pas, il entreprend enfin des études classiques. Chez sa mère qui s'est installée à Weimar après la mort de son père, il rencontre Goethe. Il étudie ensuite des philosophes tels que Kant, Platon, Aristote et Spinoza. En 1819, il est chargé de cours à l'université de Berlin où enseigne Hegel. Il démissionne rapidement. Sa première publication du *Monde comme volonté et comme représentation* en 1819 ne rencontre pas de succès, mais en 1839, il est récompensé par la Société royale des sciences de Norvège pour son mémoire *Sur la liberté de la volonté humaine*. C'est seulement vers la fin de sa vie que l'importance de son œuvre est reconnue, et que l'attention des philosophes se détourne presque entièrement de la philosophie de Hegel. Il décède en septembre 1860 à l'âge de 72 ans à Francfort-sur-le-Main, où il est enterré.

Repère

Schopenhauer ennemi de Hegel

Le monde est animé par une puissance spirituelle. Pour Hegel, c'était la Raison pourvue d'une fin qui se déployait, là il va s'agir d'une force aveugle sans finalité. Schopenhauer se distingue de Hegel, son collègue, qu'il ne porte pas dans son cœur. Il dit ainsi : « Hegel met les mots, le lecteur doit trouver le sens », il le qualifie de « charlatan plat, sans esprit, répugnant, ignorant », dont la philosophie est une « colossale mystification », ou encore « le verbiage le plus creux [...], le galimatias le plus stupide qui ait jamais été entendu, du moins en dehors de maisons de fous ». À l'université, il décide de narguer Hegel en plaçant au même horaire que le sien un cours sur la totalité de l'histoire de la philosophie. L'amphi de Hegel est plein, cinq personnes seulement assistent au cours de Schopenhauer ! Celui-ci finira rapidement par démissionner.

qui connaît ; nous appartenons aussi à la catégorie des choses à connaître. Nous constituons la réalité plus que nous la percevons. Voilà ce que Kant a oublié. La réalité n'est pas qu'une affaire de perception extérieure.

Inutile, donc, d'aller chercher à saisir cet absolu ailleurs. Parce que l'homme est aussi une chose, il faut le chercher en soi-même. Et là, ce n'est pas ma raison qui va me renseigner, mais l'intuition intérieure. Seule l'intuition permet d'aller au-delà des apparences. Que découvre-t-elle ? Une volonté de vivre. Je suis, dans mon essence, animé par une volonté de vivre. Mais comme je suis aussi une chose à connaître, ce que je découvre en moi-même est ce qui se trouve au fond de chaque chose. Le monde est volonté. Voilà l'absolu, nous dit Schopenhauer.

La volonté est-elle humaine ?

Les propos de Schopenhauer peuvent paraître bien étranges. En effet, nous considérons généralement que la volonté est une faculté proprement humaine qui joue un rôle dans nos actions et dans nos décisions. Dire que le monde est volonté c'est, semble-t-il, attribuer au monde une faculté proprement humaine. C'est tomber dans une forme d'anthropomorphisme.

Oui, à condition de continuer à considérer que la volonté est une faculté proprement humaine. Mais est-ce vraiment le cas ?
La volonté n'est pas une faculté intérieure de décision, elle est une force naturelle. Qu'est-ce qui permet de dire cela ? Notre conception habituelle de la volonté nous fait dire que l'homme décide et choisit librement lorsqu'il use de sa volonté. Or, il ne suffit pas de vouloir une chose pour y parvenir. Il ne suffit pas de vouloir arrêter de fumer pour abandonner la cigarette. Cela serait trop simple ! Je peux vouloir une chose et faire le contraire. De même, on définit la volonté comme le pouvoir d'agir en fonction de la connaissance rationnelle. Or, il ne suffit pas de concevoir une chose pour la vouloir.

Qu'est-ce que la volonté ?

La volonté est cette force qui pousse à vouloir vivre envers et contre tout. Mais elle n'est pas, encore une fois, une faculté humaine : elle est cette force qui anime le monde, qui fait aussi que la pierre résiste et que la lumière persiste. Étant une force naturelle, la volonté ne veut rien, sinon elle-même. Une même volonté anime la pierre, la plante, l'animal et l'homme, et c'est elle la chose en soi, c'est elle cette réalité que l'intuition peut saisir. La volonté, voilà l'absolu.
Là encore, écoutons la leçon de Kant : la chose en soi n'est pas connaissable, nous ne saisissons que des phénomènes à travers l'espace et le temps. La volonté, si elle est la chose en soi, est en dehors de l'espace et du temps, mais elle se manifeste uniquement quand elle devient phénomène. Et là, elle se divise, s'individualise en une quantité de choses. Il y a une seule volonté pour la chaise et pour moi, mais elle se manifeste de manière différente : pour la chaise, elle est cette force qui fait qu'elle ne se décompose pas, pour moi, elle est « vouloir vivre ».

Le malheur de la société de consommation !

Cette approche peut paraître surprenante disions-nous, mais finalement, Schopenhauer nous dit simplement la chose suivante : la réalité est cette volonté qui fait que chaque être doit lutter pour vivre. C'est une puissance aveugle, inconsciente, qui ne poursuit aucun but extérieur, mais ne veut que sa propre affirmation. Elle n'est donc jamais satisfaite.
C'est ce que nous pouvons constater dès que nous analysons le désir chez l'homme. Le désir repose sur un manque. Nous ne désirons que ce que nous ne possédons pas, ce dont

Repère

Schopenhauer, père de la psychanalyse ?

Nous ne pouvons jamais connaître la chose en soi, nous dit Kant. Mais il a oublié une source majeure d'information : notre propre corps. Nos corps existent dans le temps et l'espace, mais chacun de nous possède une connaissance très riche de son corps, mais une connaissance particulière. Elle n'est pas issue de notre appareil perceptif, de ce que nous saisissons dans l'espace et dans le temps, elle est une connaissance directe que nous ne pouvons pas conceptualiser et qui provient de l'intérieur. Nous réprimons cette connaissance, nous la faisons taire. Nous disons qu'elle n'en est pas une parce qu'elle ne relève pas d'un discours objectif. Pour cela, nous préférons la réduire au silence. Mais surtout, le réel est la volonté, ce « vouloir-vivre » qui nous anime. Or, ce « vouloir-vivre » prend alors la forme d'un vouloir se reproduire. Sorte de pulsion sexuelle...
Ne croirait-on pas entendre Freud? Il y a une dimension de nous-mêmes qui nous dépasse et qui ne relève pas de ce que notre conscience peut connaître et maîtriser. Freud parlera de pulsion, de refoulement et d'inconscient... Et surtout, il y a des pulsions qui nous dépassent et parmi elles, la libido, pulsion sexuelle !

nous sommes privés. En même temps, le désir disparaît avec sa satisfaction et alors, il se porte généralement sur un autre objet. Nous ne cessons jamais de désirer, et la satisfaction d'un désir ne suffit pas à nous satisfaire. Schopenhauer aurait pu analyser la société de consommation ! Cela signifie bien qu'il y a une force qui nous pousse à désirer, une force sans fin et sans but que nous ne maîtrisons pas et qui nous dépasse : la volonté.

Sommes-nous libres ?

Nous nous croyons libres parce que nous délibérons. Nous définissons alors la liberté comme puissance de choisir lorsque nous hésitons entre plusieurs possibilités. Descartes nous a ainsi montré que notre volonté était libre. Mais cette volonté dont il nous parle n'est que la surface des choses et non la véritable volonté, qui nous dépasse. C'est finalement par ignorance que nous nous croyons libres. En effet, il n'y aurait pas de problème pour

décider si nous pouvions saisir toutes les conséquences et tous les enjeux de nos décisions. Nos hésitations, nos délibérations ne manifestent qu'une seule chose : notre imagination et notre intelligence sont limitées.
Prenons l'exemple de l'amour. Quand chacun tombe amoureux, il s'imagine qu'il obéit à lui-même, qu'il choisit, mais en fait, il agit pour le compte de l'espèce. Pourquoi ? Parce que dans cette relation qu'il construit, il ne fait que servir les intérêts de l'espèce, à savoir sa reproduction. Finalement, nous prenons la volonté de l'espèce pour notre propre volonté. Il est d'ailleurs courant de constater que nous ignorons bien souvent notre volonté véritable !

Anecdote

Schopenhauer misogyne

Schopenhauer tient ainsi des propos très misogynes ! Pourquoi ? Parce que les femmes ne lui semblent créées que pour la propagation de l'espèce ! On a alors le droit à des formules telles que : « Les femmes sont comme des miroirs, elles réfléchissent mais ne pensent pas. »

Si notre vie est désespérante, ne vaut-il pas mieux en finir ?

Le problème de notre vie est que la satisfaction de nos désirs ne nous satisfait pas. En effet, avec la satisfaction cesse le désir mais aussi la jouissance. Le désir est souffrance, mais son absence est synonyme d'ennui. Ce ne sont pas finalement les objets du désir qui sont responsables. Il ne s'agit pas de jeter l'opprobre sur une société qui nous produirait sans cesse des objets nouveaux. C'est la source du désir, à savoir la volonté, le vouloir-vivre, qui est responsable. Telle est notre condition, condition assez misérable, nous disait déjà Pascal, affirmant que l'ennui était une grande maladie de l'âme et que l'homme essayait d'y échapper par le divertissement. Pourquoi ? Parce qu'il s'était détourné de Dieu.
Schopenhauer ne fait appel à aucun Dieu pour rendre compte de notre condition ; il analyse juste notre existence. Nous existons et c'est tout. À cela il n'y a pas de cause et, semble-t-il, pas de but, puisque la volonté ne poursuit aucun but. Seul constat : nous « oscillons entre le désir et l'ennui ». Notre vie est donc souffrance et semble conduire au désespoir. Peut-être alors vaut-il mieux en finir et se suicider… Pas du tout, répond Schopenhauer, car en

Citation

« La vie est un dur problème, j'ai résolu de consacrer la mienne à y réfléchir. »

nous suicidant, nous confirmons notre volonté de vivre. Si je me suicide c'est que ma volonté de vivre n'a pas été satisfaite ! Que faire alors ?

Comment remédier à la souffrance et échapper à l'ennui ?

Si c'est la volonté qui conduit ainsi au désespoir, l'homme doit se détacher de cette volonté qui le fait souffrir. Il faut tuer en soi la volonté de vivre. Certes, ceLA semble tenir théoriquement, mais comment se détacher de la volonté si elle est la seule véritable réalité ? Comment tuer cette volonté de vivre si même le suicide est une reconnaissance et une confirmation de cette volonté ?

Nous l'avons vu, la volonté est une, mais elle se manifeste en s'individualisant dans les choses. C'est une même volonté qui est présente dans la pierre, la plante et l'homme, mais individualisée à chaque fois. C'est cette individualisation de la volonté qu'il faut quitter. Il faut abolir toute volonté particulière, puisque c'est elle qui nous fait sans cesse souffrir, qui nous entraîne dans des cycles sans fin.

Comment cela est-il possible ? Il faut chercher quel type d'expérience nous conduit à annihiler le « vouloir vivre ». Or, nier la volonté telle qu'elle se manifeste en nous consiste à dépasser le principe d'individuation qui fait qu'elle se manifeste. Là où il n'y a plus de principe d'individuation, elle ne se manifestera plus ! Quelles sont donc ces expériences dans lesquelles le principe d'individuation disparaît ?

L'art

Qu'est-ce qui nous piège dans l'existence ? Nous vivons généralement le plaisir comme assouvissement d'un intérêt. Nous éprouvons du plaisir à manger, nous éprouvons du plaisir dans l'acte sexuel. Tous ces plaisirs sont finalement des plaisirs de consommation, des plaisirs qui nous entraînent dans la spirale de l'insatisfaction, de la souffrance ou de l'ennui. Il faudrait donc découvrir un plaisir qui soit désintéressé.

Schopenhauer prend l'exemple de l'homme découvrant une ville étrangère. Il la visite, la contemple, non pas dans le souci de se l'approprier, mais pour le simple plaisir de la découvrir. Les saints, eux, connaissent le salut dans la gnose et la contemplation, mais cela est réservé à quelques hommes !

Il existe cependant une contemplation beaucoup plus accessible, c'est ce que nous découvrons dans l'expérience esthétique.

Vocabulaire

La pensée brahmanique

L'Inde n'a connu le bouddhisme que pendant une période assez brève, eu égard à la longue durée de son histoire; elle est, avant tout, le pays du Brahmanisme, religion et institution sociale qui ont résisté aux invasions successives des Mongols. Cette religion affirme qu'il n'y a qu'un seul être, le brahman. Mais le brahman n'est pas un être pensant personnel, c'est l'intelligence, la pensée elle-même. Le seul but de l'humain est donc la connaissance du brahman, et l'absorption en lui. On peut saisir ici les liens avec la pensée de Schopenhauer et comprendre pourquoi on a soutenu qu'il y avait une influence de la pensée indienne dans sa philosophie.

Dans une telle contemplation, le sujet est totalement absorbé par l'objet qu'il contemple. Face à une œuvre, je ne suis pas là pour réfléchir, analyser, mais pour être saisi dans un oubli de moi-même. C'est aussi ce qu'on nomme l'émerveillement! Cet oubli de soi conduit alors à accéder à la volonté réelle, non individualisée. Pourquoi? Parce que l'art reproduit des idées éternelles. Ainsi, avec l'intuition de l'objet, on connaît l'idée éternelle.

C'est ce que nous voyons dans la littérature. Un texte littéraire n'est pas un texte démonstratif. On ne fait pas de la littérature avec des concepts. La littérature nous donne accès à une dimension du monde, à une dimension de la réalité, qui n'est pas réductible à ce que l'intelligence saisit. Et le lecteur d'un grand roman, une fois encore, s'oublie et accède directement à la volonté de vivre dans le monde.

Là, notre volonté individuelle se trouve éteinte. Mais cela ne dure qu'un temps. On ne peut pas vivre en contemplant des œuvres d'art du matin au soir…

Vocabulaire

Le Nirvana

Dans son acception bouddhique, qui est la plus commune aujourd'hui, ce terme désigne le « but » de la pratique bouddhique, l'Éveil (*bodhi*). Il est au-delà de toute description et ne peut être défini que négativement, comme la fin de l'ignorance et du « vouloir vivre ».

La morale et l'ascétisme

Si ce qui nous perd est bien la volonté telle qu'elle se manifeste pour nous, cela signifie qu'il faut saisir l'illusion de notre individualité ; en d'autres termes, bien saisir la vanité de l'égoïsme. La volonté véritable est une, elle est la même dans la table, la plante et en nous-mêmes, c'est cela qu'il faut comprendre au lieu de courir sans cesse derrière la satisfaction de nos désirs qui nous rend insatisfaits. Il y a différents moyens. L'art, nous venons de le voir, mais aussi un sentiment tel que la pitié, puisque quand nous éprouvons de la pitié, nous souffrons avec l'autre et déjà nous sortons de nous-mêmes.

Mais le meilleur remède est de refuser les biens de ce monde, de quitter notre individualité. C'est ce que fait l'ascète qui ne vit plus comme individu et qui se fond avec l'universel. On retrouve dans cette issue des figures de la pensée bouddhiste. Mais il y a aussi quelque chose des stoïciens dans cette attitude : savoir se détacher des biens de ce monde qui nous entraînent dans la spirale sans fin du désir.

> **Anecdote**
>
> **L'ermite de Francfort**
>
> Schopenhauer vit en ermite. Trois heures d'écriture le matin, puis une heure de flûte avant de déjeuner au restaurant, de parcourir les journaux et de faire une longue promenade avec son caniche. Lorsqu'il meurt à Francfort sur un sofa sous le portrait de Goethe, il venait d'écrire : « Eh bien, nous nous en sommes bien tirés !... »

Kierkegaard, penser l'existence

Schopenhauer n'aimait pas Hegel, considérant que sa philosophie n'était qu'une suite de mots vides de sens. Certes, Hegel construit un système philosophique permettant de penser la totalité, un système philosophique auquel rien n'échappe : même les pires horreurs de l'histoire participent finalement de la marche de celle-ci et ne sont que des moments nécessaires pour avancer.

Il est alors bien difficile de critiquer Hegel car dès que nous trouvons un moyen de nous opposer à une thèse, nous ne faisons que formuler une antithèse qui disparaîtra dans la synthèse. La théorie d'Hegel semble donc bien irréprochable. Mais que vaut cette théorie ?

Biographie

Un chrétien contre l'Église

Sören Kierkegaard naît en 1813 à Copenhague, au Danemark, dans une famille de sept enfants appartenant à une communauté piétiste très fervente. En 1821, il entre dans une école privée très élitiste où il se fait remarquer par son intelligence hors du commun et, en 1831, l'année de la mort de Hegel, il commence ses études de théologie à l'Université de Copenhague. La mort frappe sa famille de manière tragique : en 1838, à 25 ans, il en est, avec son frère Peter, le seul survivant.

Lors d'un dîner chez des amis communs, un soir du mois de mai 1837, il rencontre la jeune Régine Olsen, dont il s'éprend. En 1840, il la demande même en mariage, ce qu'elle accepte, mais il rompt brutalement avec elle un an plus tard, après lui avoir renvoyé son anneau de fiançailles. Il soutient sa thèse et s'exile à Berlin. Vivant de la fortune de son père et affirmant n'avoir « pas le temps de [se] marier », il publie sous des pseudonymes différents ses textes de philosophie, notamment *Ou ceci ou cela, fragments de vie* (1843), *Journal du séducteur* (1843), *Le Concept d'angoisse* (1844), *Post-scriptum aux « Miettes philosophiques »* (1846).

Après avoir atteint l'âge de 34 ans, il donne à son œuvre d'écrivain un tour nettement plus religieux, soucieux de défendre le christianisme véritable contre l'Église officielle. En 1855, il publie une revue dans laquelle il s'engage dans de violentes polémiques contre l'Église. Il meurt la même année, à l'âge de 42 ans, à l'hôpital, après s'être effondré dans la rue au cours d'une promenade.

Citation

« Il peut y avoir un système logique. Il ne peut y avoir de système de l'existence. »

Rien, nous dit Kierkegaard. Rien, parce qu'elle est abstraite alors que la vie, l'existence est concrète. En effet, un concept est une abstraction.

Le concept d'homme, par exemple, ne correspond à rien dans la réalité puisque dans la réalité, nous avons toujours affaire à des hommes particuliers, individuels. Finalement, voilà une critique radicale : la théorie est abstraite alors que l'existence est concrète. En somme, la théorie ne nous parle pas de ce qui seul existe. Alors, si nous voulons faire de la philosophie, il faut partir de l'existence, et même de sa propre existence.

Est-ce que ça finit bien ?

La vie est faite de contradictions, d'ambiguïtés, de tensions. Nous en faisons quotidiennement l'expérience. Il semble donc bien difficile de l'enfermer dans un système. Pire : tout système s'évertue à figer, à nier tout mouvement. Il peut sembler étrange de dire cela quand nous avons vu avec Hegel que la dialectique était ce mouvement qui nous faisait passer de la thèse à l'antithèse puis à la synthèse. Cependant, Hegel nous montre qu'à travers ces étapes, les tensions se réconcilient pour parvenir à la fin de l'histoire (lire chapitre 13).

> **Vocabulaire**
>
> **Être et exister...**
>
> Exister c'est devenir, changer, se transformer. L'homme existe. Dieu n'existe pas, il est identique à lui-même. Il est.

Mais s'il n'y avait pas de « happy end » ? Si nous devions en rester à des contradictions ? Car enfin, c'est bien ce que notre existence semble nous montrer. Et il est bien difficile de nier ainsi mon existence, car elle est la seule certitude possible. Voilà le problème posé : il nous est impossible de nous fier à nos sens parce qu'ils nous trompent, et il nous est impossible de nous fier à la spéculation parce qu'elle fige la vie et ne nous parle pas d'elle. L'existence est un défi lancé à tout système.

Qu'est-ce que la vérité ?

Nous considérons généralement que la vérité est objective. Nous raisonnons alors à l'aide de concepts qui sont des généralités et qui nous permettent de prononcer des jugements. Mais c'est là encore oublier une chose essentielle : les concepts sont des abstractions. Ils ne nous parlent pas de la réalité. La vérité ne peut donc pas être synonyme d'objectivité, mais de subjectivité. Qu'est-ce que cela signifie ? Qu'un savoir théorique sur le monde est vide de sens. Ce savoir sera toujours approximatif. Il est donc vain de parler de vérité objective. La vérité n'est pas ce qu'on atteint par le raisonnement mais par son existence, sa propre vie. C'est pourquoi tous les grands systèmes échouent. L'individu est perdu de vue, il disparaît dans la totalité. Il faut se concentrer sur l'existence et sur le chemin qu'elle suit.

Et la vie n'est pas simple ! Elle est faite d'hésitations, de destructions... Certes, il est toujours plus confortable d'avoir des certitudes ; mais dans ces conditions, on ne parle pas de ce qui est. Socrate l'avait déjà bien compris : il passait son temps à interroger ses interlocuteurs sur ce qu'ils pensaient savoir, sur les généralités qu'ils énonçaient : la vertu, le bien, le juste... pour finir par montrer qu'il faut se tourner vers soi : « Connais-toi toi-même » ou encore « Je ne sais qu'une chose, c'est que je ne sais rien ». C'est dans l'intériorité que se découvre la vérité. Il ne s'agit donc pas de connaître la vérité mais d'être dans la vérité ! La vérité est une transformation intérieure de l'homme qui se l'approprie. C'est bien déjà ce que nous montrait Socrate : la philosophie est une conversion qui consiste d'abord à se retourner sur soi-même.

Anecdote

Laid comme Socrate

Kierkegaard a consacré sa thèse au concept d'ironie chez Socrate. Il partageait un élément avec lui : la laideur ! Décrit comme maigre et bossu, Kierkegaard était souvent l'objet de moqueries de la part de journaux, qui aimaient à le caricaturer.

Désespoir et angoisse

Suivons alors le chemin de la vie avec ses difficultés, ses hésitations. Chaque homme semble être en permanence pris au cœur de tensions entre ce qu'il est et ce qu'il voudrait être. Nous voudrions toujours être plus que ce que nous sommes, nous souhaitons être éternels alors que nous sommes prisonniers de la temporalité. Cette situation nous fait souffrir et nous conduits au désespoir : je sens ce que je voudrais être et je vois bien que je ne le suis pas. Il est alors bien difficile d'être sûr de son fait face aux possibilités qui s'offrent à soi. Il n'y a que les petits-bourgeois qui le sont !

Mais, si la vie est source de désespoir, elle est également source d'angoisse. Qu'est-ce que l'angoisse ? C'est ce vertige que j'éprouve devant la liberté. Et dans ce vertige, on sent alors l'infini. Le rapport que nous entretenons avec nous-mêmes est désespérant, le rapport que nous entretenons avec le monde est angoissant. L'existence nous met au cœur de tensions et de contradictions, mais elle est la seule certitude.

Vouloir tout réconcilier et tout dépasser, c'est quitter le concret de la vie et fuir dans l'abstraction. Il faut être témoin de la contradiction et non, comme le fait Hegel, prétendre la dépasser.

La religion peut-elle nous sauver ?

Hegel s'attache à penser la totalité. Il y a des tensions, des contradictions, mais ces dernières se réconcilient dans la marche de l'histoire pour parvenir à sa fin. Marx, grand lecteur critique de Hegel, voit bien que ce mouvement dialectique est un instrument de libération. Mais l'histoire, pour lui, n'est pas celle de la raison qui se sert des passions humaines, elle est celle de la lutte des classes. Le prolétariat est engagé dans sa libération. Certes, mais là encore, pour Kierkegaard, ce prolétaire semble bien être une abstraction. Il est un concept, et non un être de chair et de sang, une personne concrète.

Marx trouvait insupportable l'exploitation de l'homme par l'homme, Kierkegaard ne supporte pas l'étouffement du christianisme par l'Église, entendue comme institution. Pourquoi ? Parce que la vérité ne passe pas par le concept, par la classe sociale ou par l'Église, mais par l'individu concret.

En opérant cette critique de toute pensée systématique, en rejetant toutes les pensées abstraites qui ne parlent pas de l'existence concrète, il s'agit de lutter contre toutes les philosophies qui ignorent ou mettent de côté l'angoisse et la réalité de l'existence. Il faut cesser de s'adresser à la raison et s'adresser à la personne, ne pas masquer la vie. Retrouver le christianisme, c'est alors reprendre cette parole de Jésus qui dit : « Je suis la vérité et la vie. » La philosophie de Kierkegaard est une philosophie de l'incarnation. Le Christ est Dieu incarné, et penser l'existence, c'est penser une existence toujours individuelle, toujours incarnée. Le christianisme ne doit pas être considéré comme une doctrine car là encore, ce serait se tourner vers l'abstraction. L'Église en fait une doctrine, et c'est là tout son malheur.

> **Repère**
>
> **Contre la démocratie**
>
> En critiquant toute conception du monde qui en reste à la généralité, aux abstractions et qui nie l'individu, Kierkegaard opère aussi une critique de la démocratie. Pourquoi ? Parce qu'elle repose sur la masse et sur les foules. Or, deux puissances gouvernent les foules : la jalousie et la sottise. En politique, ce qui compte est de gagner la masse, en flattant les convoitises les plus basses. La majorité l'emporte, comme si la vérité était une question de nombre.

Quel chemin suivre ?

Ne fuyons pas le désespoir et l'angoisse à travers de grands discours théoriques, essayons plutôt de suivre le chemin de l'existence concrète de l'individu. Kierkegaard part alors de sa propre expérience. Pourquoi ? Parce qu'elle est la seule certitude et parce qu'il n'y a de vérité que subjective. Cela ne signifie pas que la vérité est relative d'un individu à un autre et que finalement elle n'existe pas, cela signifie qu'il n'y a de vérité que par l'intériorité.

> **Citation**
>
> « Dans la vie, tout est affaire de modes, la crainte de dieu, l'amour, l'anneau passé dans le nez. »

La pensée doit donc saisir et dévoiler les étapes qui redonnent à l'individu toute sa place si on veut que la philosophie ne soit pas vide de sens. Or, face à la vie, il y a plusieurs options possibles. Car vivre, c'est avoir des possibilités qui s'offrent à nous. Kierkegaard distingue alors trois stades de la vie ou encore trois étapes sur le chemin de la vie.

Le stade esthétique

Ce stade est celui où l'homme cherche sa propre jouissance et sa justification dans l'intensité du plaisir. C'est la figure du séducteur, tel don Juan, qui vit l'éternité dans l'instant présent. Une telle attitude bannit tout engagement et toute promesse. L'homme au stade esthétique est celui qui recherche toujours la nouveauté et refuse toute répétition. Mais ce stade laisse l'homme dans une impasse et le condamne au désespoir. Il jouit certes de l'instant en dehors duquel plus rien n'existe. Il vit dans cet instant un moment d'éternité, mais cela est sans cesse remis en cause parce que son désir change perpétuellement d'objet. Il peine donc à trouver son bonheur et, surtout, à donner un sens à sa vie.

> **Anecdote**
>
> **Le jeu des pseudonymes**
>
> Kierkegaard écrit en utilisant régulièrement des pseudonymes différents : Johannès le Séducteur qui joue avec le cœur de Cordélia, Victor Eremita, dandy et sceptique... Il s'agit à chaque fois de figures de l'homme du stade esthétique.

Il devient alors difficile de ne pas douter de soi. Là encore, c'est ce que nous enseigne l'ironie. Socrate ne cesse de mettre en déroute par ce biais toutes les certitudes que nous pouvons avoir sur nous-mêmes et sur les choses. Mais manier l'ironie, relever la contradiction, ce n'est pas chercher la réconciliation ! Là encore, Kierkegaard s'oppose à Hegel.

Le stade éthique

Ce deuxième stade n'est plus celui de la passion de don Juan, mais du sérieux de l'amour. N'ayant pu trouver le bonheur dans l'intensité de l'instant, l'individu cherche à inscrire son action dans la durée. Il ne s'agit plus alors de chercher le plaisir mais d'accomplir son devoir. L'éthique est beaucoup plus stable que l'esthétique, puisqu'elle est synonyme d'engagement. L'homme du stade éthique est le travailleur consciencieux, le père dévoué ou encore le fonctionnaire sérieux. Comme exemple, Kierkegaard évoque également le mariage ; non pas l'habitude dans laquelle la passion disparaît pour laisser place à la monotonie, mais le mariage comme engagement qui renforce les liens. Il s'agit alors de donner un sens et une valeur à sa vie.

Mais qui peut prétendre vivre entièrement ainsi dans le devoir ? Le problème est qu'une telle vie devient très sérieuse. Un peu trop d'ailleurs, et cet esprit de sérieux conduit une fois encore au désespoir. L'homme du stade éthique risque alors un jour de comprendre que la morale humaine ne peut lui suffire.

Vivre dans l'instant et vivre dans le devoir ne semble donc pas permettre à l'individu de vivre pleinement son existence. Seule la religion chrétienne va rendre cela possible.

Repères

Le sacrifice d'Isaac

Pour rendre compte du stade religieux, Kierkegaard analyse, dans son ouvrage *Crainte et tremblement*, le sacrifice d'Isaac que Dieu demande à Abraham. Abraham a un fils unique, Isaac, qu'il aime plus que lui-même. Dieu demande alors à Abraham, dans le secret, de commettre l'acte immoral par excellence, le sacrifice de son fils. Il s'agit d'une mise à l'épreuve de sa foi. Abraham pourrait penser qu'il est en pleine hallucination, il pourrait être scandalisé par l'exigence divine, il pourrait douter, refuser, se révolter. Mais il a la foi. Il croit. Il se rend donc sur le lieu du sacrifice, lève son bras armé pour tuer son fils et à ce moment « l'ange de l'éternel » intervient, arrête son geste. Sans négocier, Abraham a agi et a cru, même ce qui était le plus absurde. Et pour cela, il sera d'ailleurs récompensé, lui et sa descendance.

Le stade religieux

Vivre pleinement son individualité, c'est cesser de jouer un rôle, c'est arrêter de soumettre sa vie à des règles générales en tombant dans le conformisme. C'est ce à quoi nous conduit l'expérience religieuse.
L'éthique ne me permet pas encore vraiment d'être ce que je voudrais être, car j'obéis à des commandements. Je suis encore dans le désespoir : je ne suis pas ce que je veux. Seul le saut de la foi permet d'atteindre pleinement la vérité. Ce saut est possible quand je comprends que quelque chose existe au-delà de mon existence. L'expérience que l'homme vit alors avec Dieu est intraduisible, incommensurable et même indicible.
Finalement, Kierkegaard, en philosophe, récuse la philosophie ! Sartre refusera d'ailleurs de faire de Kierkegaard un philosophe ne voyant en lui qu'un penseur chrétien.

Tout cela est-il bien moral ?

Faire du sacrifice de son fils un modèle, comme le fait Kierkegaard avec l'histoire d'Abraham (lire encadré page précédente) a de quoi nous dérouter. Mais il nous montre qu'en assumant son angoisse et en supportant l'incertitude, l'homme s'accorde avec Dieu. Le bien n'est pas ce qui est conforme à l'intérêt général. Le bien est ce que Dieu ordonne, mais cela exige un acte de foi. Nous sommes ici au-delà des certitudes morales et intellectuelles. On pourrait penser que tout celai n'est que folie, mais ce serait encore croire que la vérité est atteinte par la raison ! Or, la raison, les raisonnements intellectuels, ne nous donnent que des abstractions et ne nous permettent pas de penser la réalité de l'existence. Seule la religion nous fait vivre la vérité de l'existence ! C'est ainsi qu'il faut comprendre la parole du Christ : « Je suis la vérité et la vie. » L'incarnation, Dieu fait homme à travers son fils, est finalement la vérité faite personne.

Qu'est-ce que l'expérience religieuse ?

L'exemple d'Abraham peut nous paraître extrême, mais il nous montre un point essentiel : je choisis en agissant, cela n'est pas le fruit d'une réflexion mais d'un acte de la volonté. Abraham n'est pas en train de calculer ce qu'il va faire et ce qu'il doit faire. Son choix, c'est son acte. Pourquoi ? Parce que c'est cela la liberté. Chacun porte la responsabilité de sa destinée propre. Ces choix sont libres parce qu'ils ne sont pas posés nécessairement. Je choisis ce que je deviens.

On le voit bien avec la question du péché : pour que mon choix soit coupable, il faut que je sois libre. Le péché n'est pas simplement un problème moral (mal agir est contraire au devoir, ça n'est pas bien...) ; le péché, c'est l'affirmation de ma liberté de pécher : je suis libre dans les actes de faire le contraire de ce qui m'est dit de faire, et c'est cela d'ailleurs qui est angoissant. Même si Sartre refuse de voir en Kierkegaard un philosophe, sa pensée n'est ici pas très éloignée de la sienne (lire page 365). Contre la logique réconciliatrice de Hegel qui marque le mouvement de l'existence, la force de Kierkegaard est d'affirmer le choix et donc la liberté.

Nietzsche, le dernier des philosophes

Nous l'avons vu, tous les philosophes et toutes les philosophies recherchent la vérité. Il s'agit bien là d'un point sur lequel tout le monde semble s'accorder. La vérité est considérée comme la valeur suprême. Qui oserait en effet défendre l'erreur ou le mensonge contre la vérité ? Il faut corriger les erreurs et il ne faut pas mentir. On nous apprend à nous défaire des apparences, à ne pas être le jouet des illusions. Il faut, derrière ce qui se voit ou se touche, parvenir à déterminer ce qui est vraiment, quelle est la véritable réalité.
Le philosophe est celui qui ne se laisse pas tromper et qui doit donner aux autres le moyen de ne pas se faire tromper. Platon nous le montre avec la célèbre allégorie de la caverne, Descartes en nous prouvant que l'âme est plus aisée à connaître que le corps... Toute l'histoire de la philosophie est animée par cet effort qui consiste à trouver la vérité. Mais pourquoi ? Pourquoi préférer le vrai au non-vrai ? Pourquoi faire ainsi de la vérité la valeur suprême ?

La vérité ou la vie ?

En faisant de la vérité une valeur, on rejette les apparences qui doivent être dépassées. On recherche, derrière ces apparences le réel et on considère que la vérité est la connaissance de ce réel. C'est bien ce que nous montre Platon : il y a le monde sensible, et derrière, au-delà, le monde des idées, des essences, le monde intelligible. La philosophie est à la recherche alors de cette réalité au fondement de tout ce qui est. Or, une telle recherche, se fait au mépris des choses terrestres, de ces choses qui sont en désordre. On veut trouver

Biographie

De la philo à la folie

Friedrich Nietzsche naît le 15 octobre 1844, dans le village de Rökken, en Allemagne.
Il est issu d'une famille luthérienne. À la suite de la mort de son père et de son jeune frère, Nietzsche grandit dans un milieu exclusivement féminin.
Il commence des études de théologie, mais il avait perdu la foi depuis plusieurs années.
Il fait ensuite des études de philologie et s'intéresse aux sciences. En 1869, à 24 ans, il est nommé professeur de philologie à l'université de Bâle.
Vers 1875, Nietzsche tombe gravement malade, et, à la suite de plusieurs malaises, ses proches le croient à l'agonie. Presque aveugle, subissant des crises de paralysie, de violentes nausées, il obtient en 1878 une pension car son état de santé l'oblige à quitter son poste de professeur.
Commence alors une vie errante à la recherche d'un climat favorable.
C'est durant cette période qu'il écrit ses principaux ouvrages : *Ainsi parlait Zarathoustra* (1885), *Par-delà le bien et le mal* (1886), *La Généalogie de la morale* (1887), *Le Gai Savoir* (1881-1887).
À Turin, le 3 janvier 1889, Nietzsche voit un cheval se faire fouetter par un cocher et jette ses bras autour de l'encolure de l'animal pour le protéger. Il s'effondre en larmes et cela va marquer le début de onze années de folie.
Au début de cette folie, Nietzsche semble s'identifier aux figures mythiques et mystiques de Dionysos et du Christ, symboles pour lui de la souffrance et de ses deux interprétations les plus opposées. Il meurt le 25 août 1900 à Weimar.

l'ordre derrière le désordre et on en oublie une chose essentielle : la vie.
Voilà le maître mot de Nietzsche : la vie plutôt que la vérité ! Car la vie est désordre, chaos. Avec une telle approche, le risque est grand de s'affirmer comme un ennemi de la philosophie. D'ailleurs, Nietzsche se présente comme le « dernier des philosophes ».

Et si on retournait au théâtre ?

Si nous voulons interroger cette attitude qui nous fait préférer la vérité à la vie, cette idée admise par toute l'histoire de la philosophie qui consiste à accorder spontanément une valeur à la vérité, il faut remonter aux origines, avant ce moment de la philosophie grecque qui a construit ce discours. La tragédie grecque est alors riche d'enseignement. Pourquoi ? Parce qu'elle repose sur un double courant : le courant apollinien, dieu de la Beauté, de l'Ordre et de la Maîtrise et le courant dionysiaque, dieu des Désirs, de la Démesure, de la Musique et de la Danse et des Fêtes orgiaques. La force de la tragédie grecque est d'avoir opéré la fusion entre la mesure et la démesure. Dans la tragédie grecque, la démesure, l'excès sont des valeurs alors que nous considérons désormais qu'il faut être mesuré, posé, pour être sage. Nous faisons du sage raisonnable un modèle là où la tragédie grecque laisse se manifester les passions, la vie dans toute sa puissance. Le sens de la tragédie est désormais perdu parce que le beau doit être raisonnable, parce que la vertu est savoir, parce que les bons sont récompensés et les méchants punis. Il faut que notre morale soit sauve, mais nous avons perdu la vie.

Repère

« Philosopher à coups de marteau »

Nietzsche n'est pas un philosophe comme les autres. Il apparaît bien plus comme un penseur de l'extrême. En philosophant « à coups de marteau », selon sa propre expression, il s'agit aussi bien de repérer ce qui sonne creux que de détruire ce qui n'a pas lieu d'être. Son style même surprend. De nombreux textes sont constitués d'une suite d'aphorismes. On a affaire à une écriture éclatée. Peut-être est-ce aussi un moyen ici, dans l'écriture même, de s'opposer à toute pensée systématique.

Socrate et Jésus

La faute à qui ? À Socrate et au christianisme. C'est bien Socrate qui nous dit que la vertu est savoir, que le corps est un tombeau dans lequel l'âme s'est perdue. Or, le corps c'est la vie ! C'est bien ensuite le christianisme qui nous explique que le corps est le lieu du péché et de la faute, des désirs qu'il faut combattre. L'un et l'autre, à leur manière, nous expliquent qu'il faut mettre entre parenthèses le corps, qu'il faut se détourner

Repère

Nietzche et Schopenhauer

Nietzsche a été un grand lecteur de Schopenhauer. Il est frappé par la dualité schopenhauerienne de la volonté et de la représentation. C'est cette dualité qu'il transpose dans les figures de Dionysos et d'Apollon.

de notre monde terrestre pour se tourner vers un autre monde, au-delà, celui des idées, des essences, ou celui du salut éternel.

Avec l'esprit socratique, Apollon triomphe de Dionysos, la forme prend le pas sur la vie. Avec le christianisme, nous ne sommes plus en mesure de vivre et de sentir. Les grands poètes tragiques, eux, concevaient la vie comme étant elle-même une œuvre d'art tragique, mais la culture antique a finalement échoué.

> ### *Vocabulaire*
>
> **Le tragique**
>
> On considère généralement comme tragique ce qui se termine mal. Mais on confond alors le tragique avec le dramatique. Au vrai sens du terme, le tragique est la tension entre deux aspects irréconciliables. C'est en ce sens qu'on peut parler de la tragédie classique qui nous met, par exemple, au cœur d'une tension entre l'amour et le devoir.

Faire la généalogie de la morale

Nous voulons donc désormais que le méchant soit puni et le bon soit sauvé, et l'inverse nous semble scandaleux. Ces valeurs morales prennent la forme d'une évidence que nous n'interrogeons jamais. Pourquoi? Parce que nous avons peur. Nous considérons qu'elles existent en elles-mêmes, qu'il y a un bien en soi et un mal en soi. Et pourtant, il n'y a rien de pire que les moralisateurs à la petite semaine, ceux qui passent leur temps à nous faire la leçon. Et pourtant, la vie, l'histoire, la nature, sont profondément immorales. Il faut donc commencer par interroger nos valeurs, nous demander d'où elles viennent, en faire la généalogie.

Les prêtres contre les guerriers

Nos valeurs n'existent pas en elles-mêmes de toute éternité, ce sont des productions humaines. Il s'agit de déterminer l'origine des forces qui sont à l'œuvre dans nos jugements moraux. À l'origine, les actes étaient jugés au regard de leurs effets bénéfiques ou non en rapport avec les besoins de la vie. Dans les conditions primitives, ce qui reste prudent est mort. Ne peut vivre et s'en sortir que le fort. La valeur était donc d'abord du côté de la force. Mais un renversement a eu lieu. Le faible, qui était mauvais, est devenu bon tandis que le fort, qui était bon, est devenu mauvais. La civilisation nous a domestiqués. Elle a fait taire le fauve qui est en nous. Nos valeurs sont devenues les valeurs des faibles, les valeurs de crainte devant la vie, puisqu'il faut sans cesse protéger le faible contre le fort.

Nietzsche oppose ainsi symboliquement les prêtres et les guerriers, ceux qui se battent et ceux qui ne le peuvent pas, ceux qui valorisent la force et ceux qui défendent les faibles. Or, les prêtres ont triomphé des guerriers. Ils ont réduit la vie au silence. Le corps doit être mis entre parenthèses. Tel est le sens des morales ascétiques qui finissent par forger des mythes tels que le « salut de l'âme »

Une morale d'épicier

La morale des prêtres s'est imposée. Elle fait de la personne humaine un être responsable de ses actes et comptable de son passé. Elle fait de l'acte moral un acte entièrement désintéressé. Nous sommes donc devenus des êtres responsables, nous devons rendre des comptes devant les autres ou devant Dieu. Mais finalement, il s'agit là encore d'une invention. Là où nous parlons d'acte pur, gratuit, se trouve en fait une logique de calcul d'intérêts. Remarquons d'ailleurs que les termes que nous utilisons ont bien une dimension économique. Le remerciement vient du latin *mercedem* qui veut également dire salaire !

Il n'y a en réalité aucun acte désintéressé. La morale que nous considérons comme pure s'est imposée et se présente comme telle pour masquer le fait qu'elle sert les intérêts des plus faibles. Le tour de force des prêtres a alors consisté à créer le sentiment de culpabilité en conduisant chacun à intérioriser les fautes. Dieu nous rend coupables et nous sommes nés coupables. N'est-ce pas ce que nous enseigne le dogme du péché originel ? Voilà comment tenir les hommes en laisse. Les faibles utilisent les valeurs à leur profit. Car tout n'est bien qu'une affaire de profit.

> **Vocabulaire**
>
> **Le ressentiment**
>
> Ce terme, d'abord synonyme de rancune, désigne plus précisément chez Nietzche l'attitude réactive par laquelle les faibles, impuissants dans l'action, s'efforcent de neutraliser les forts et les culpabilisent.

Les inventions

Les hommes ont inventé des valeurs, mais aussi une culture et une civilisation masquant les forces vitales et les réduisant au silence. Le triomphe de la science en est un avatar. Certes, la science a détruit les superstitions, mais elle est incapable de donner un but, un sens à la vie. Elle ne fait que décomposer la matière, que figer le monde dans des concepts.

Nous avons aussi inventé la conscience, cette formidable instance qui se prétend capable de juger la vie. Ne dit-on pas que l'on juge en son « âme et conscience » ? Ne dit-on pas qu'on agit en « pleine conscience » ? Mais tout nous montre que la conscience ne parvient à rien juger, qu'elle est sans cesse dépassée. Le sujet conscient dont nous parle Descartes n'est finalement qu'une invention grammaticale. Ce n'est qu'en grammaire que le sujet existe ; dans la réalité, la conscience n'est qu'illusion.

Le problème est que cette réalité nous fait peur et nous déroute. Nous préférons sans cesse être rassurés, nous préférons le connu à l'inconnu, donc nous rejetons notre monde chaotique parce qu'il ne serait qu'apparence, et nous inventons un arrière-monde meilleur. C'est le monde intelligible de Platon, le monde éternel et céleste du christianisme.

La pensée de Nietzsche se présente bien comme un antiplatonisme, un renversement de la philosophie de Platon. Or, l'Idée suprême chez Platon est le Bien. En fait, nous nous demandions pourquoi nous voulions ainsi le vrai plutôt que le non-vrai. Pour des raisons morales, nous dit Nietzsche. Notre volonté du vrai n'est que la manifestation de la morale des faibles !

> **Citation**
>
> « Il n'y a pas de faits en soi. Ce qui arrive est un groupe de phénomènes choisis et groupés par un être qui les interprète. »

Tout n'est qu'interprétation

Il n'y a pas quelque chose qu'on pourrait qualifier de vrai mais seulement une volonté qui est parvenue à imposer son interprétation. Nous abordons le monde à l'aide de catégories de notre esprit qui nous permettent de le désigner et de le juger. Ainsi, nous parlons de faits moraux, nous jugeons que tel fait est bien ou que tel autre est mal, et nous considérons que ces faits existent en eux-mêmes. Pour tous nos jugements sur le vrai, le faux, le bien, le mal, nous considérons que nous avons affaire à des faits, à des entités,

> **Repère**
>
> **Nietzsche réhabilite Héraclite**
>
> Héraclite nous disait ainsi qu'on « ne se baigne jamais deux fois dans le même fleuve ». La réalité n'est pas stable. Tout est en devenir (lire page 35).

comme si le monde était stable, invariable, et nous considérons qu'il existe un vrai en soi, un bien en soi, etc.

C'est une telle approche du monde que Nietzsche critique en montrant que tout n'est en réalité qu'interprétation. En d'autres termes, nous ne faisons qu'arranger le réel au mieux de nos besoins et de nos exigences. Tous nos jugements de valeur ne sont qu'une certaine manière d'organiser le monde selon nos besoins. Tout ce que nous saisissons est déjà un produit culturel, un résultat de la civilisation.

Interpréter, c'est créer

Reconnaître alors que tout n'est qu'interprétation, c'est tout d'abord affirmer que les interprétations sont multiples, que la notion d'interprétation ne peut se décliner qu'au pluriel. Mais c'est aussi considérer que l'on peut assimiler le monde et le réel à un texte qu'il faut apprendre à lire à interpréter, sachant que les interprétations précédentes du texte, en s'accumulant au cours de l'histoire, se sont mélangées à l'original.

L'interprète est celui qui traduit le contenu d'une langue dans une autre langue en cherchant à découvrir les équivalences sans qu'on puisse jamais affirmer que la traduction est une reproduction exacte du texte. De même, on dit en musique qu'un chef d'orchestre interprète une partition : cela signifie qu'il imprime son propre style et que, d'une certaine manière, il recrée l'œuvre. La notion d'interprétation suppose donc une initiative créatrice de la part de celui qui interprète.

> **Anecdote**
>
> **Nietzche et Wagner**
>
> Nietzsche a d'abord été admirateur de Wagner qui recherchait un art total dépassant toutes les règles du classicisme. Puis il s'est demandé si ce n'était pas un imposteur et s'est peu à peu brouillé avec lui, ne voyant chez les wagnériens qu'une bande d'imbéciles…

L'art contre la morale

Pour être rassurés sur le réel, nous dissimulons le chaos et nous nions finalement la vie. La vérité est ainsi négation de la vie. Pour ne pas mourir de la vérité, il faudrait en même temps la reconnaître, la discerner, et adhérer à l'erreur. Or, la connaissance qui reconnaît l'erreur ne peut pas y adhérer. Le scientifique ne peut pas dire : « C'est faux, donc c'est ce qu'il faut suivre ! » C'est ainsi l'art qui doit être premier, parce qu'il est illusion au service de la vie. Les artistes ne sont pas là pour nous abuser mais pour stimuler la vie, situation dans laquelle nous jouissons de la beauté sans plus chercher à comprendre ni à connaître. Platon condamnait l'art et disait qu'il fallait chasser le poète de la cité. Toute une tradition fait de l'artiste un illusionniste qui nous détourne de la vérité. Nietzsche nous montre que nous avons l'art « pour ne pas mourir de la vérité ». L'art est ce qui nous montre la vie. L'artiste est celui qui joue des tensions, des contradictions et des forces de la vie. Il invente la vie. L'art concerne le corps, le plaisir esthétique est un bien-être du corps. L'artiste est le contraire de l'ascète, il développe les capacités de plaisir de son corps.

« Dieu est mort »

On comprend alors ce que philosopher à coups de marteau signifie. Nietzsche nous embarque dans une grande entreprise de destruction des illusions qui répondent à nos besoins. Notre morale du ressentiment poussée à son maximum conduit à l'ascétisme, à la négation du vouloir-vire, comme le prône Schopenhauer. La raison dans la science et la technique est devenue instrumentale. Les valeurs sur lesquelles désormais repose notre culture ne sont plus des valeurs religieuses.

Nietzsche nous annonce dans la bouche de l'insensé la mort de Dieu. L'insensé, c'est celui qui ne croit pas, nous disait déjà saint Paul, c'est celui pour qui il n'y a pas de Dieu et donc, pas de sens. « Dieu est mort ». Les valeurs en lesquelles jusqu'alors nous croyions encore ont fini par disparaître. Au moins, avec les fausses valeurs, on puisait encore de l'énergie. Désormais, l'État ou la croissance économique, le culte du sujet autant que le progrès de la nation ou de l'humaine espèce ne parviennent plus à nous donner un sens.

À l'époque moderne, l'homme ne croit plus à rien. Les faibles ont triomphé. La négation de la vie l'a emporté. On essaye de vivre le moins possible. Les hommes n'ont plus qu'une

> ***Vocabulaire***
>
> **Nihilisme**
>
> En Russie, les nihilistes étaient des anarchistes qui organisaient des attentats contre le Tzar. Ils n'étaient donc pas ceux qui ne croyaient à rien. Nietzsche reprend ce terme pour désigner l'état de la civilisation dans lequel la vitalité est tombée si bas que les hommes n'ont même plus la force de forger des valeurs nouvelles. Les hommes ne recherchent plus alors que leur petit bonheur.

égalité, l'égalité devant la mort. Ce destin est ce que Nietzsche nomme le nihilisme. Notre civilisation est devenue dépressive.

La volonté de puissance

Mais cette maladie de notre civilisation n'est pas incurable. On peut guérir. Il faut réhabiliter le corps. Il faut inventer une nouvelle forme de santé, le « gai savoir » et aller « par-delà le bien et le mal ». Il faut affirmer la vie. Cela implique de vivre dangereusement. Tout ce qui vit tend d'abord à croître, cela est l'essence la plus intime de l'être. Reconnaître la vie c'est ne pas s'opposer à cette croissance. C'est quitter la mauvaise conscience et la culpabilité. Alors, se libère la capacité de se dépenser.

Nous ne sommes pas une raison, la raison fige le monde, construit des concepts qui nient le jeu des forces de la vie. Nous sommes une volonté et il faut laisser la volonté devenir puissance. Il faut laisser cette volonté s'exprimer. Mais attention : cette volonté de puissance n'est pas la force du grand homme qui domine le monde, elle est la force de l'esprit. La volonté de puissance n'est pas une recherche de la puissance pour la puissance, elle n'est pas un pur rapport de forces ; elle s'exerce d'abord sur soi-même.

« Deviens ce que tu es »

Cette formule du poète grec Pindare, reprise par Nietzsche dans *Ainsi parlait Zarathoustra* (« L'offrande du miel ») est devenue célèbre et est souvent reprise aussi bien dans des slogans publicitaires qu'au sein de l'Église catholique dans des réflexions sur la foi. Dans cette dernière perspective, elle signifie alors que nous avons à devenir toujours plus, de jour en jour, ce que nous sommes déjà au plus profond de nous-mêmes : des créatures faites à l'image de Dieu. Devenir ce que l'on est, c'est alors redécouvrir le divin en soi. Pensez à la célèbre formule de l'Ancien Testament, lorsque Moïse rencontre Dieu sur le mont Sinaï et lui demande qui il est. Dieu répond alors : « Je suis celui qui est. »

En dehors de cette dimension judéo-chrétienne, Pindare, l'auteur de la formule, lui donnait un autre sens : l'homme est soumis à la nécessité et au déterminisme du cosmos. Sans faire appel à Dieu, devenir ce que l'on est, c'est reconnaître cette soumission à la nécessité.

Nietzsche va reprendre cette formule pour lui donner un sens moderne : ce qu'on a pu désigner par force ou nécessité, ce que le judéo-christianisme a transposé dans le divin, avec tout ce que cela implique de ressentiment et de culpabilité, Nietzsche le nomme

Repère

Nietzsche était-il nazi?

Quand on lit ces thèses sur la volonté de puissance, sur l'apologie des forts et sur le surhomme, on est rapidement tenté de penser que Nietzsche défend des thèses peu éloignées de celles du nazisme. Or, il s'agit là d'une approche très superficielle, bien qu'elle trouve ses racines dans certains faits. Lorsqu'il sombre dans la folie, Nietzsche est pris en main jusqu'à la fin de sa vie par sa sœur Élisabeth, qui a épousé en 1885 Bernard Foerster, antisémite notoire. Les Foerster vont falsifier l'œuvre de Nietzsche, coupant des passages, changeant l'ordre de présentation, etc. Un texte comme la *Volonté de puissance* est ainsi arrangé par leurs soins. Il ne faut pas oublier que la forme même de l'écriture de Nietzsche, une suite d'aphorismes ou de petits paragraphes, rend aisés les arrangements... Le 2 novembre 1933, Hitler prononce un texte écrit par Foerster pour témoigner de l'antisémitisme de Nietzsche. Il tient alors à la main la canne du philosophe offerte par Élisabeth et s'est fait photographier à côté du buste de Nietzsche (la photo sera publiée en 1935). On a affaire à une opération de récupération. Pourtant, dans de nombreux échanges, les propos de Nietzsche sur l'antisémitisme sont clairs : « C'est pour moi une question d'honneur que d'observer envers l'antisémitisme une attitude absolument nette et sans équivoque, à savoir celle de l'opposition, comme je le fais dans mes écrits. » En outre, à la lecture des analyses de Nietzsche, ne peut-on pas voir en Hitler l'incarnation même de l'homme du ressentiment?

volonté de puissance. En d'autres termes, l'être coïncide avec cette force et on la retrouve dans le corps. Le judéo-christianisme a condamné le corps comme le lieu de la faute et de la dégradation, Nietzsche y voit le lieu de cette force qui fait notre être. Voilà pourquoi il condamne radicalement tout discours qui veut faire taire le corps ou le réduire au silence. Devenir ce que l'on est, n'est-ce pas vouloir la puissance qui nous veut ?

Le surhomme

L'homme moderne est un animal malade et dépressif. Les valeurs de l'humanité sont désormais dépassées, elles ne suffisent plus à nous donner la force de vivre. Ces valeurs ont été inventées, nous l'avons vu, mais il s'agit finalement d'une invention ratée. Le terme d'humanité renvoie ainsi à l'ensemble des hommes, mais a également un sens moral. On dit d'un comportement qu'il est inhumain, tout comme on peut demander à une personne de faire preuve d'humanité. Le problème est que cette valeur est dépassée, elle est née de la victoire des faibles sur les forts, qui a conduit au nihilisme. Nous le voyons avec l'idéal démocratique. Il est le point final de la morale chrétienne et n'aboutit qu'à la constitution

Repère

Zarathoustra

Prophète de la religion mazdéenne qui a vécu en Perse au VIIe siècle av. J.-C., Zarathoustra (ou Zoroastre) est le premier à avoir dramatisé la confrontation du Bien et du Mal.
Ainsi parlait Zarathoustra est un poème dans lequel Nietzsche annonce la venue d'une pensée « au-delà du bien et du mal ». Zarathoustra descend de sa montagne et se dirige vers les hommes d'aujourd'hui, incapables d'accorder leur vie à ce qu'ils savent : que Dieu est mort. Il vient leur apporter, le nouvel évangile, la véritable bonne parole (« la bonne parole », c'est ce que signifie le mot « évangile »), celle de la volonté libératrice. « Volonté, c'est ainsi que s'appellent le libérateur et le messager de joie. C'est là ce que je vous enseigne, mes amis ! »

Le chameau, le lion et l'enfant

Dans *Ainsi parlait Zarathoustra*, Nietzsche nous propose l'image de trois métamorphoses des figures de l'esprit.
Le chameau porte les fardeaux et s'agenouille. L'esprit trouve sa grandeur et sa fierté à réclamer des fardeaux : c'est le moment de la soumission à Dieu. Quand l'esprit s'est fait chameau, cet amour de la vérité finit par se retourner contre Dieu, il se hâte alors vers le désert.
L'esprit devient alors lion : il veut conquérir la liberté. Il faut d'abord avoir été chameau pour devenir lion ; car seul celui qui aimait le « tu dois » peut exiger le droit de lui opposer le « je veux » des créateurs.
L'esprit ne devient créateur que s'il se délivre de son « je veux », de tout ressentiment et participe sans arrière-pensée au jeu de l'éternel retour. Il faut alors qu'en lui, le lion devienne enfant.

d'un troupeau sans aucun berger dans lequel chacun ne recherche plus que son bonheur individuel. Voilà où en est le « dernier homme », il veut la même chose que les autres. « Dieu est mort » nous dit Nietzsche, mais cette mort de Dieu doit être suivie d'une mort de l'homme, d'un dépassement du dernier homme. Tel est le sens du surhomme.
Le surhomme n'est pas superman avec des superpouvoirs laissant les autres au bord de la route. Il n'est pas non plus l'homme qui « valait trois milliards », pur produit de la science et des biotechnologies. Le surhomme est tout simplement un nouveau type, de ce type qui dit « oui » à la vie.

L'éternel retour

Quel est alors le meilleur moyen de dire « oui » à la vie si ce n'est de souhaiter qu'elle se reproduise à l'identique une infinité de fois ? L'homme du ressentiment est celui qui regrette. Celui qui ne cherche que son bonheur individuel est celui qui est dans l'attente. L'un et l'autre se détournent de la vie. Le surhomme, celui qui n'est plus prisonnier des fausses valeurs, celui qui se tourne vers la vie, est celui qui est capable de dire à chaque instant : « Si c'était à refaire, je le referai. ». Le surhomme n'est ni dans l'attente ni dans le regret, il est capable de démontrer qu'il vit pleinement la vie.
Mais attention, la vie n'est pas répétition. Elle est changement constant, jeu de forces, devenir. L'éternel retour n'est donc pas le souhait que chaque chose revienne et se répète à l'infini, car ce serait une négation de la vie. Nietzsche ne nous dit donc pas que le temps est simplement cyclique, que tout se répète et qu'il n'y a rien de nouveau. L'éternel retour, c'est le perpétuel recommencement du changement et de la nouveauté. En ce sens, il est affirmation de la vie, affirmation qui est une vraie épreuve.

À retenir

Penser la vie contre tout système

Grand ennemi de Hegel, qu'il détestait, **Schopenhauer** s'oppose à toute pensée systématique qui prétendrait saisir la totalité. Il n'y a plus de raison triomphante ! En recourant ainsi à la notion de volonté, il nous montre en quoi l'idée d'un sujet conscient, maître de lui-même, est bien une illusion. Reconnu seulement à la fin de sa vie, Schopenhauer sera l'un des philosophes les plus lus à la fin de XIXe siècle. Son influence sur Nietzsche et Freud sera fondamentale. Le pessimisme de sa pensée ne doit pas néanmoins nous égarer. Loin de prôner l'impersonnalité, elle est animée par le souci du salut.

Kierkegaard nous propose, contre tous les systèmes, une philosophie du concret. En tant que penseur chrétien, il refuse, comme Pascal avant lui, toute réconciliation entre la foi et la raison : il ne faut pas vouloir rendre la foi raisonnable car dans ces conditions, on la dénature ! Il y a donc une incapacité de tout comprendre. Les systèmes qui prétendent tout comprendre ne parlent finalement pas du réel. Un problème se pose : comment faire de la philosophie, utiliser des concepts alors que toute abstraction ne parle plus du réel ? Il y a quelque chose de tragique dans la démarche de Kierkegaard. Il faudra peut-être attendre la phénoménologie avec Husserl pour dépasser cette tension : il s'attachera à rechercher la vérité dans les choses mêmes.

Kierkegaard inaugure l'existentialisme. Heidegger reprendra cette idée en disant que l'homme est projeté dans l'existence et Sartre, dans une perspective athée, définira l'existentialisme comme un humanisme (voir partie suivante).

Nietzsche est un philosophe à part, qui se présente comme le dernier en renversant toutes les valeurs traditionnellement admises et défendues. Il n'est pas étonnant qu'on l'ait accusé alors de nombreux maux. Toute la philosophie n'a fait jusqu'ici que nier la vie. Contre toute la tradition, il s'agit de réhabiliter la vie et le corps. Derrière nos valeurs, Nietzsche démasque ainsi le jeu des illusions. En ce sens, il est bien un philosophe du soupçon.

Si le nazisme a tenté de le récupérer, il va aussi nourrir fortement la pensée française à partir des années soixante, en ayant annoncé que l'humanisme était à bout de souffle. Après la mort de Dieu, Foucault annoncera la « mort de l'homme » (lire page 474).

Nietzsche apparaît également comme le prophète du XXe siècle en opérant une critique de la métaphysique et en décrivant le nihilisme, maladie de notre époque, perte du sens, révélation de l'absurde, il décèle sans doute ici les symptômes de la maladie qui affecte notre culture.

Partie 4

La philosophie contemporaine

À la fin du XIXe siècle Nietzsche nous montre que notre monde est malade, qu'il est en crise, que nous avons perdu le sens et que nous sommes en régression vers le rien. Cette prophétie annonce un siècle qui va connaître deux grands conflits mondiaux et de nouvelles idéologies destructrices. Nos certitudes semblent vaciller. La critique de la métaphysique, avec toutes ses constructions, est en marche. Avec la naissance de la philosophie moderne, Descartes avait mis en exergue le sujet comme fondement de notre connaissance, un sujet qui pouvait partir à l'assaut du monde pour tenter de le maîtriser, pour se rendre « comme maître et possesseur de la nature ». Mais cette maîtrise n'est-elle pas une illusion ? Le sujet, l'homme est-il vraiment ainsi transparent à lui-même ?
Avec la psychanalyse, **Freud** va ébranler cette première certitude. Et si le « moi » n'était pas maître dans sa propre maison ? La science, l'intelligence, prétendent parvenir à une connaissance du monde, prétendent saisir le réel, mais est-ce bien alors du réel dont nous parlons ? Face à cette soumission à l'extériorité, comment penser la vie ? questionne **Bergson**.
Ainsi, si notre époque est en crise, n'est-ce pas parce que notre manière de penser est en crise ? Comment alors inaugurer une nouvelle manière de penser ? se demande **Husserl**. C'est ainsi que va naître un nouveau courant, la phénoménologie, comme effort pour retrouver un sens perdu, pour redonner sa place à la raison.

Mais cette tâche n'est pas achevée, l'idée d'un sujet dominant le monde n'a pas encore disparu. Nous errons perdus dans le monde. Peut-être est-ce parce que notre rapport au monde est devenu utilitaire. Comment, se demande **Heidegger**, en sommes-nous arrivés à une telle situation, à ce nihilisme que Nietzsche, déjà, dénonçait ?

Dès lors, il semble nécessaire de s'interroger de nouveau sur notre existence. Quelle place assigner à l'homme dans le monde ? Aux lendemains de la Seconde Guerre mondiale, cette réflexion sur l'existence devient inséparable de la question de notre engagement. Exister, est-ce autre chose que s'engager ? s'interroge **Sartre**. Quelle est la place de l'homme dans l'histoire ? Un certain type d'engagement ne conduit-il pas à faire fi des violences ? se demande **Merleau-Ponty**. Comment alors comprendre le monde ? Et comment comprendre notre rapport à l'autre, construire une éthique lorsqu'on pense avoir perdu de nombreuses certitudes ? **Lévinas** se pose ainsi la question suivante : qu'est-ce que l'humanisme ? Quelles sont nos obligations face à l'autre ?

À côté de cette réflexion sur le sujet, sur la place de l'homme dans le monde, une autre orientation va être suivie sur ce chemin qui opère une critique de la métaphysique et de ses grands systèmes englobant. Puisque la spécificité de l'homme est le langage, partons de là. Cela va donner naissance à un nouveau courant de pensée, la philosophie analytique, qui repose sur une analyse logique du langage. Au lieu de nous interroger sur ce que nous pouvons savoir, demandons-nous quel est le sens de ce que nous disons. En effet, le langage n'est-il pas finalement notre seul accès au réel ? C'est une telle démarche que vont poursuivre **Russell** et **Wittgenstein**. Quelle est alors la valeur de vérité de nos discours ?

Nous avons cru au privilège du sujet maîtrisant le monde, nous avons cru au privilège de la raison, mais est-elle vraiment en mesure de nous dire la vérité sur ce qui est ? La question de la science se trouve alors posée. Au début du XXe siècle la théorie de la relativité est une nouvelle révolution scientifique. Une fois encore, nos certitudes et nos repères sont chamboulés : le temps n'est plus absolu, il est relatif à la vitesse de la lumière ; les vérités géométriques sur lesquelles nous nous appuyions depuis plus de vingt-cinq siècles ne suffisent plus pour comprendre le réel. Que nous apprend alors ce progrès des sciences, se demande **Bachelard** ? La raison, que nous prenions pour une faculté immuable, éternelle, ne doit-elle pas être de nouveau interrogée ? À quelles conditions une théorie peut-elle être dite scientifique ? Car enfin, ce siècle a produit des discours qui se prétendaient scientifiques et qui ont conduit aux pires catastrophes humaines, souligne **Popper**.

Dès lors, peut-on encore avoir confiance en la raison ? Peut-on encore parler d'une raison universelle ? Peut-on avoir confiance en la rationalité de la science ? Avec **Kuhn** et **Feyerabend**, la raison connaît alors aussi une crise dans les sciences.

Cette crise de la raison se manifeste également dans le champ politique. Il faut dire que l'histoire du XXe siècle nous conduit immédiatement à douter de cet idéal des Lumières qui voyait dans l'usage de la raison le chemin vers le progrès et l'émancipation. La raison semble être désormais au service du mal. Elle est devenue instrumentale, totalitaire. Telle va être la critique menée par l'**École de Francfort**. Comment, en effet, le XXe siècle a-t-il pu nous conduire aux horreurs du totalitarisme ? Comment sommes-nous ainsi parvenus à un monde où tout est possible ? se demande **Hannah Arendt**. Lorsque des masses peuvent suivre aveuglément un seul discours remettant en cause l'humanité, que pouvons-nous encore espérer ? C'est tout le travail de **Rawls** : quelle justice penser au XXe siècle dans nos démocraties modernes ?

La Seconde Guerre mondiale est aussi un traumatisme pour la pensée. Il s'agit donc de penser le monde à nouveaux frais, loin de toute certitude. Ne faut-il pas définitivement remettre en cause ce privilège accordé au sujet, poursuivre cette critique de la métaphysique inaugurée par Heidegger ?

Et si le sujet libre n'était qu'une invention, un mirage, quand l'homme est pris dans les structures des cultures, de l'économie, du langage ? C'est une telle approche que va développer le **structuralisme**. Ne faut-il pas prendre finalement au sérieux le jugement de Nietzsche et, loin de toutes les pensées universalistes, essayer de comprendre comment certains discours, certaines pratiques se sont construits ? interroge **Foucault**. Ne peut-on pas alors, de cette compréhension, extraire les conditions de notre vigilance ? Au lieu de vouloir toujours penser l'identité, ne faut-il pas accepter de se livrer au flux du multiple ? La vie n'exige-t-elle pas d'aller jusqu'au bout de la destruction des idoles métaphysiques et de réhabiliter le flux de la vie, de repenser le désir dans un monde multiple, toujours plus ouvert au devenir ? se demande **Deleuze**. Pour cela, il semble alors nécessaire d'achever de détruire les illusions du discours métaphysique, de déconstruire les oppositions à partir desquelles nous pensons afin d'ébranler définitivement nos points d'appui et de laisser advenir une nouvelle manière de penser loin des grands systèmes, estime **Derrida**.

Chronologie

1856 • Naissance de Freud	**1850**	
1859 • Naissance de Bergson et de Husserl		
1860 • Mort de Schopenhauer	**1860**	
	1870	**1871** • Commune de Paris
1872 • Naissance de Bertrand Russell		
1883 • Mort de Marx	**1880**	
1884 • Naissance de Bachelard		
1885-1887 • Publication des principaux ouvrages de Nietzsche		
1889 • Naissance de Heidegger et de Wittgenstein		
1895 • Naissance de Horkheimer	**1890**	
1898 • Naissance de Marcuse		
1899 • Freud publie *L'Interprétation des rêves*		
1900 • Mort de Nietzsche	**1900**	
1901 • Naissance de Lacan		
1902 • Naissance de Popper		
1903 • Naissance d'Adorno		
1905 • Naissance de Sartre		**1905** • Théorie de la relativité restreinte
1906 • Naissance de Levinas et de Hannah Arendt		
1908 • Naissance de Lévi-Strauss		
1908 • Naissance de Merleau-Ponty		
1912 • Rencontre entre Russell et Wittgenstein	**1910**	
		1914 • Début de la Première Guerre mondiale
1917 • Freud publie *Introduction à la psychanalyse*		**1917** • Révolution russe
1918 • Naissance d'Althusser • Russell publie *Philosophie de l'atomisme logique*		**1918** • Armistice de la Première Guerre mondiale
1921 • Naissance de Rawls • Wittgenstein publie *Tractatus logico-philosophicus*	**1920**	
1922 • Naissance de Kuhn		**1922** • Einstein prix Nobel de physique. Marche sur Rome de Mussolini
1923 • Création du Cercle de Vienne et naissance de l'École de Francfort		
1924 • Naissance de Feyerabend		

1924 • Breton publie le *Manifeste du surréalisme*		
1925 • Hannah Arendt rencontre Heidegger • Naissance de Gilles Deleuze		**1925** • Mussolini accède au pouvoir en Italie. • Première publication de *Mein Kampf*
1926 • Naissance de Michel Foucault		
1927 • Heidegger publie *Être et Temps*		
1928 • Bergson prix Nobel de littérature		
1929 • Naissance de Habermas		**1929** • Staline accède au pouvoir en URSS • Crise financière aux États-Unis, puis en Europe
1930 • Naissance de Derrida	**1930**	
1931 • Naissance de Rorty		
1933 • Heidegger adhère au parti nazi • L'*Institut für Sozialforschung* est fermé • Arendt quitte l'Allemagne.		**1933** • Hitler accède au pouvoir en Allemagne
1934 • Horkheimer et Marcuse quittent l'Allemagne		
		1936 • Début de la guerre civile espagnole
1938 • Mort de Husserl • Freud s'exile à Londres et Adorno aux États-Unis		**1938** • Anschluss : l'Allemagne annexe l'Autriche
1939 • Mort de Freud		**1939** • Début de la Seconde Guerre mondiale
1941 • Mort de Bergson • Arendt émigre aux États-Unis	**1940**	**1941** • Les Japonais bombardent Pearl Harbour
1942 • Décision de la solution finale		
1943 • Sartre publie *L'Être et le Néant*		**1943** • Capitulation des troupes allemandes à Stalingrad
		1944 • Débarquement en Normandie
1945 • Merleau-Ponty publie la *Phénoménologie de la perception*		**1945** • Armistice de la Seconde Guerre mondiale • Bombes atomiques sur Hiroshima et Nagasaki
		1946 • Procès de Nuremberg
1947 • Horkheimer et Adorno publient *La Dialectique de la Raison*		
		1948 • Adoption par l'ONU de la Déclaration universelle des droits de l'homme
	1950	**1950** • Début de la guerre de Corée
1951 • Mort de Wittgenstein • Arendt publie *Les Origines du totalitarisme*		
		1953 • Mort de Staline
		1954 • Début de la guerre d'Algérie

1955 • Levi-Strauss publie *Tristes Tropiques*		**1955** • Les États-Unis s'engagent dans la guerre du Vietnam
		1956 • Insurrection de Budapest écrasée par l'URSS
		1958 • De Gaulle fonde la Ve République
1961 • Mort de Merleau-Ponty • Arendt suit le procès d'Eichmann à Jérusalem • Foucault publie son *Histoire de la folie à l'âge classique*	**1960**	
1962 • Mort de Bachelard • Kuhn publie *La Structure des révolutions scientifiques*		**1962** • Indépendance de l'Algérie
1964 • Sartre refuse le prix Nobel de littérature		
1965 • Althusser publie *Lire le Capital*		
1967 • Derrida publie *De la grammatologie*		**1967** • Guerre des Six Jours
		1968 • Crises étudiantes et ouvrières en France • Les troupes du pacte de Varsovie écrasent le Printemps de Prague
1969 • Mort d'Adorno		
1970 • Mort de Russell	**1970**	
1972 • Deleuze et Guattari publient *L'Anti-Œdipe*		
1973 • Mort de Horkheimer		**1973** • Premier choc pétrolier
1975 • Mort de Hannah Arendt		
1979 • Mort de Marcuse		
1980 • Mort de Sartre	**1980**	**1980** • Guerre Iran-Irak
1981 • Mort de Lacan		
1984 • Mort de Foucault		
		1989 • Chute du mur de Berlin
1990 • Mort d'Althusser	**1990**	**1990** • Première guerre d'Irak
1991 • Habermas publie *De l'éthique de la discussion*		
1994 • Mort de Popper et de Feyerabend		**1994** • Génocide Tutsi au Rwanda
1995 • Mort de Levinas et de Deleuze		
1996 • Mort de Kuhn		
1999 • Sloterdijk publie *Règles pour le parc humain*	**2000**	**2001** • Attentats du 11 Septembre
2002 • Mort de Rawls		
2004 • Mort de Derrida		
2007 • Mort de Rorty		

Chapitre 16

La question de la conscience et la phénoménologie

La psychanalyse est la troisième blessure narcissique de l'humanité après...

- ☐ La révolution copernicienne.
- ☐ La théorie de l'évolution.
- ☐ Le matérialisme dialectique.
- ☐ Le surhomme nietzschéen.

Voir page 333

La réflexion de Bergson porte essentiellement sur...

- ☐ L'espace.
- ☐ La matière.
- ☐ Le temps.
- ☐ La morale.

Voir page 336

Oui ou non, Husserl s'oppose-t-il...

- ☐ À l'épicurisme.
- ☐ Au scepticisme.
- ☐ Au positivisme.
- ☐ À l'existentialisme.

Voir page 352

Deux de ces quatre mots n'appartiennent pas à la philosophie de Heidegger. Lesquels ?

- ☐ L'être.
- ☐ Le paraître.
- ☐ L'ayant.
- ☐ L'étant.

Voir page 353

Selon Sartre, chez les hommes...

- ☐ L'existence, c'est l'essence.
- ☐ L'essence précède l'existence.
- ☐ L'existence précède l'essence.
- ☐ L'existence n'a pas besoin d'essence.

Voir page 366

Pour Merleau-Ponty, la conscience, c'est...

- ☐ Je suis.
- ☐ Je veux.
- ☐ Je vis.
- ☐ Je peux.

Voir page 381

Freud, fondateur de la psychanalyse

La médecine, face aux maladies de l'esprit, se heurte à des symptômes sans cause organique apparente. Malgré ses efforts, elle ne parvient pas à les soigner. Un célèbre médecin, le docteur Charcot, s'est spécialisé dans l'hystérie et tente d'expliquer cette maladie par des causes physiologiques. Freud vient suivre ses cours à Paris, mais en repart insatisfait. De retour à Vienne, il travaille avec son collègue Breuer, qui avait traité par hypnose le cas d'une patiente, Anna O.

Une histoire d'hystérie

En 1880, un abcès péripleuritique se déclare chez le père d'Anna O. Cette dernière le soigne avec tant de dévouement qu'elle dépérit peu à peu ; son état de faiblesse devient si inquiétant que son entourage l'oblige à abandonner son rôle d'infirmière. Les quintes de toux qui terrassent Anna O. servent de prétexte, et le docteur Breuer est consulté. Il conclut à une « toux nerveuse typique ». Mais les choses ne s'arrangent pas. La maladie se déclare courant décembre avec une succession de troubles : paralysie de trois membres avec contracture et insensibilité, troubles compliqués de la vue et du langage (elle avait perdu l'usage de sa langue maternelle, l'allemand, mais parlait couramment l'anglais). Elle

Repère

De la psychiatrie à l'analyse

Né en 1856 À Freiberg, en Moravie, Sigmund Freud a 3 ans lorsque sa famille s'installe à Vienne. Après des études de médecine, il s'oriente vers la recherche en neurologie et en psychiatrie. En 1885-1886, il vient étudier à la Salpêtrière à Paris, où Jean Martin Charcot mène des recherches sur l'hystérie. Après avoir utilisé la technique de l'hypnose, il y renonce en 1889, au profit de la « cure par la parole ». En 1899, il fait paraître *L'Interprétation des rêves*, qui signe la naissance de la psychanalyse. Adulée ou honnie, la psychanalyse, dès les années vingt, devient une théorie incontournable du psychisme humain. Sous le régime hitlérien, Freud s'exile à Londres ; il y meurt d'un cancer le 23 septembre 1939.

connaissait deux états de conscience distincts, l'un durant lequel elle était normale, l'autre où elle prenait le comportement d'une enfant insupportable et dissipée. Elle fut aussi atteinte d'une hydrophobie (incapacité de boire) momentanée : il faisait très chaud cet été-là, sa soif était dévorante, mais chaque fois qu'elle voulait boire, elle était sujette à un moment d'absence qui l'empêchait d'aller se désaltérer.

Breuer avait remarqué qu'Anna murmurait des paroles durant ses moments d'absence. Il les lui répéta sous hypnose. Et lorsqu'elle se rappela, avec extériorisation affective, à quelle occasion ses symptômes s'étaient produits pour la première fois, ils disparurent.

> **Vocabulaire**
>
> **La méthode cathartique**
>
> Le mot cathartique vient de *catharsis,* terme grec utilisé par Aristote pour désigner le processus d'élimination des passions qui se produit chez le spectateur lorsqu'il assiste à la représentation d'une tragédie.
>
> La méthode cathartique est un procédé thérapeutique fondé sur l'hypnose qui permet au sujet d'éliminer ses affects en revivant les événements traumatiques qui leur sont liés.
>
> Freud utilisera cette technique avant de l'abandonner au profit de la cure fondée sur la libre association.

L'hypothèse de l'inconscient

L'hystérie serait la résurgence déguisée d'événements antérieurs enfouis. Le retour à la conscience de ces événements tendrait à faire disparaître les symptômes en agissant comme une catharsis libératoire. Il y aurait ainsi une vie psychique autre que celle de la conscience. Jusqu'alors, la tradition rationaliste fait de la conscience l'instance de la vie psychique. Par un effort réflexif, la conscience est considérée comme étant transparente à elle-même. C'est ce que nous montrait Descartes avec le *cogito*. Dès lors, on pouvait considérer que par un effort de la volonté, tout homme pouvait parvenir à une maîtrise de ses passions et de ses comportements. Puisque l'homme était un être doté de conscience, il était également considéré comme un sujet libre. Mais voilà que les faits nous montrent que la vie psychique ne se résume pas à la vie de la conscience.

D'autres philosophes l'avaient déjà pointé. Spinoza distinguait ainsi les désirs de leurs causes lorsqu'il nous disait que les hommes se croient libres parce qu'ils ont conscience de leurs désirs, mais ne le sont pas car ils n'ont pas conscience des causes qui les déterminent à désirer. Leibniz, avec les « petites perceptions », nous montrait qu'il y avait des perceptions infimes que nous ne sentions pas distinctement mais qui faisaient partie de notre vie psychique. Il affirmait ainsi l'existence d'un contenu de la vie psychique échappant à la conscience. Schopenhauer, avec le « vouloir vivre », définissait la volonté comme cette force qui nous dépasse, et Nietzsche disait que la conscience est une invention. Mais là, c'est d'abord en tant que médecin que Freud en fait le constat et surtout, la guérison d'Anna O. devient un véritable témoignage. On peut donc faire l'hypothèse d'un autre que la conscience, d'un inconscient. Un nouveau monde qu'il faut découvrir.

Une histoire de conflit

Le point de départ, ce sont des troubles, des symptômes, des malaises. Comme toujours, il y a des choses à raconter lorsque ça se passe mal ; quand tout va bien, il n'y a rien à dire. Or, nous ne pouvons en rendre compte en restant au niveau de la conscience. Ces souffrances nous donnent l'image d'une tension propre à l'individu, d'un conflit rendant la situation difficilement confortable. Il s'agit donc de partir de ce qui peut nourrir cette tension. La conception populaire distingue deux pulsions, la faim et l'amour, comme ce qui permet à l'individu et à l'espèce de se conserver ; la faim permet de se nourrir et de ne pas mourir, l'amour permet de se reproduire et de ne pas voir l'espèce disparaître.

Freud reprend cette distinction : il y a les pulsions d'autoconservation, qu'il nomme « pulsion du moi », et les pulsions sexuelles, qu'il désigne sous le nom de « libido ». Or, ces pulsions peuvent entrer en conflit lorsque, par exemple, elles apparaissent au moi comme une menace. En effet, certaines pulsions sexuelles que je peux avoir ne me donnent pas nécessairement de moi une bonne image. Mieux, elles peuvent me donner de moi une image insupportable. Le refus par le moi des pulsions sexuelles conduit celles-ci à se manifester autrement, sous forme de symptômes nerveux. Notre vie psychique est ainsi marquée par le conflit entre ces deux pulsions. Lorsque ce conflit est trop grand se développent les névroses.

> **Vocabulaire**
>
> **Le refoulement**
>
> Le sujet maintient dans l'inconscient des représentations telles que des souvenirs, des pensées, des images jugés inconciliables avec le moi. Ce qui est refoulé est impossible à connaître directement, mais peut l'être de façon indirecte par des manifestations dérivées.

Ça commence tout petit

Les pulsions ne naissent pas avec la puberté et la vie sexuelle. Elles animent dès le départ la vie du psychisme humain. Il suffit pour cela d'observer le jeune enfant : sa libido se fixe d'abord sur lui-même, c'est le narcissisme, puis se déplace vers d'autres objets. L'enfant s'attache à des êtres proches, mais il va devoir renoncer à eux. Telle est une forme du complexe d'Œdipe, dans lequel l'objet de l'amour est la mère. La libido rencontre ainsi les exigences de la vie sociale. Parce que nous vivons en société, toutes les pulsions ne peuvent pas s'accomplir. Cela conduit alors au refoulement, mais aussi à la naissance de fantasmes inconscients qui sont des mises en scène de leur réalisation. Le conflit ne conduit donc pas nécessairement à des névroses insupportables. En ce sens, tout le monde est névrosé, mais ceci n'empêche pas tout le monde de vivre !

Repère

Le complexe d'Œdipe

Freud reprend, pour rendre compte d'une étape du destin infantile des pulsions, le mythe d'Œdipe, que nous avons déjà rencontré chez Socrate (voir chapitre 2, page 51). Ce mythe nous raconte l'histoire d'un amour impossible de l'enfant pour sa mère. Le complexe d'Œdipe est ainsi ce désir que l'enfant porte sur sa mère, désir qui ne peut pas être assouvi parce que le père représente un obstacle. De là le désir inconscient de meurtre du père chez le jeune enfant.

Le complexe d'Œdipe ne concerne-t-il que les garçons ?

Si on suit l'histoire que la mythologie nous raconte, le complexe d'Œdipe concerne cette relation triangulaire entre la mère, le père et le fils. Le jeune désire sa mère et saisit son père comme un obstacle à l'accomplissement de ce désir. Ce complexe se résout lorsque le désir de l'enfant finit par changer d'objet. Toutefois, ce n'est pas parce que l'histoire d'Œdipe est celle d'un garçon que les filles doivent être exclues ! Freud considère qu'il existe un Œdipe féminin. La phase phallique est cette période entre 3 et 5 ans où l'enfant, quel que soit son sexe, voit son imaginaire dominé par l'enjeu de la possession du pénis. La petite fille qui fait le constat qu'elle ne possède pas de pénis remarque aussi qu'aucune femme n'en possède. Elle éprouve alors une rancœur à l'égard de sa mère pour ne pas lui avoir donné cet organe et se tourne vers son père, attendant de lui ce que sa mère lui a refusé.

Freud ne pense-t-il qu'à ça?

On peut être surpris en considérant que Freud ne parle que de sexualité. Mais il ne s'agit pas ici de réduire la sexualité à la pratique de l'acte sexuel ! C'est en termes de pulsions que Freud parle ici, et il est difficile de nier que cette pulsion permettant à l'homme de se reproduire est essentielle dans l'histoire de l'humanité et pour sa survie. De même, il est difficile de nier que les règles sociales font que tous nos désirs et toutes nos pulsions ne peuvent s'accomplir ! C'est donc parce que la pulsion sexuelle est au cœur de notre vie, aussi bien individuelle que collective, et parce que la vie sociale impose des limites et des interdits que ces conflits ont lieu. On peut penser rapidement que la solution serait de briser les interdits, mais une société pourrait-elle alors survivre ?

Saisir le sens grâce aux rêves

Lorsque le conflit conduit à des troubles, il s'agit donc d'en saisir le sens. Mais le problème est le suivant : certaines pulsions sont refoulées, et nous procédons à une censure inconsciente lorsque ces pulsions sont insupportables pour notre propre image. Dès lors, pour saisir le conflit, il faut se tourner vers ces moments où la conscience n'est plus vigilante. C'est déjà ce que nous montrait l'hypnose. Mais il est un autre moment où la vie psychique peut se saisir sans que les instances nous barrent entièrement la route : c'est le rêve.

Jusqu'alors, on a saisi le rêve comme absurde, comme dénué de sens. Au mieux, d'une manière irrationnelle, on pouvait lui donner une fonction prémonitoire. Freud va faire du rêve un matériau essentiel. Il va introduire un sens là où on ne saisissait que de l'absurde. Pourtant, de nombreux rêves nous paraissent insensés ou nourris de contradictions. Il faut alors distinguer ce que le rêve raconte d'abord, tel qu'il se manifeste – c'est ce qu'on nomme le « contenu manifeste » –, et le sens que l'on peut découvrir, le « contenu latent ».

C'est plus facile de se déguiser

On voit souvent dans les magazines des articles ou des quiz nous permettant d'analyser nos rêves et se présentant comme des recettes. Cela est toujours amusant, mais il faut prendre garde : dire qu'on peut interpréter les rêves, en découvrir le sens caché, ne revient pas à dire qu'il suffit d'appliquer une grille de correspondance et que tel symbole a nécessairement telle signification Le rêve prend un sens lorsque est saisi ce contenu latent au regard de l'histoire de l'individu. En effet, le rêve est nourri d'éléments du passé proche, mais aussi de nombreux éléments de l'histoire de chacun, et nous avons tous une histoire particulière. Le rêve est ce moment de la vie psychique pendant lequel nous laissons se manifester des pulsions que bien souvent nous repoussons, que notre conscience ne tolère pas. C'est pourquoi Freud définit le rêve comme la manifestation du désir.

Cependant, lors du sommeil, la censure n'est affaiblie que partiellement, et c'est pourquoi la satisfaction du désir dans le rêve ne se réalise que de manière déguisée. C'est ainsi qu'à partir du rêve et de son interprétation que Freud va développer son travail. La cure analytique va avoir pour but de transformer le processus de refoulement afin que le conflit devienne supportable. Car il ne faut pas perdre de vue que Freud est médecin.

Repère

Les manifestations de l'inconscient

Les rêves ne sont pas les seules manifestations de l'inconscient. Freud montre que celui-ci se manifeste aussi quotidiennement à travers les lapsus, les actes manqués, les superstitions...

Où tout cela se passe-t-il ?

Il s'agit donc de construire des concepts permettant de rendre compte de la vie psychique. Nous sommes ici face à une nouvelle théorie, qui ne va pas cesser d'évoluer. Il y a une vie inconsciente. Toutefois, parmi les éléments inconscients, certains peuvent devenir conscients. Il s'agit donc de distinguer d'abord le conscient du préconscient et de l'inconscient. C'est ce qu'on désigne sous le nom de « première topique ».

Puis, Freud se rend compte que le refoulement peut être inconscient. Il établit une seconde topique en distinguant le « ça » (qui désigne les forces profondes inconscientes qui gouvernent la vie humaine) du « moi » (dont l'activité peut être consciente ou inconsciente et qui joue le médiateur entre le ça, le surmoi et le monde extérieur) et du « surmoi » (qui est l'autorité psychique de censure résultant de l'intériorisation des interdits. C'est en quelque sorte une instance morale qui est nourrie par les interdits de notre culture et de notre éducation). Il ne s'agit pas alors de remettre en cause l'inconscient, mais de préciser davantage les éléments de la vie psychique.

Une même évolution va avoir lieu au cœur de la théorie des pulsions. À côté de la théorie de la libido va apparaître l'idée d'autres pulsions comme Éros, la pulsion de vie, et Thanatos, la pulsion de mort.

La religion et la civilisation

La découverte de l'inconscient nous permet alors de saisir des éléments de la vie psychique de chaque individu, mais elle peut conduire aussi à mieux comprendre des comportements collectifs. En effet, si l'enfant éprouve le besoin d'être protégé, besoin auquel les parents, et essentiellement le père, répondent, ce besoin ne disparaît pas nécessairement à l'âge adulte.

L'homme devenu adulte va alors parfois se réfugier derrière des figures protectrices et consolatrices. Dieu peut être ainsi la figure du père sublimé. Ne dit-on pas d'ailleurs « Dieu le père » ? Comme le disait déjà Marx, la religion est bien une illusion, mais il ne s'agit plus de situer son origine dans l'impuissance humaine, mais dans la détresse infantile qui éveille le besoin d'être protégé. Certaines figures de leaders politiques peuvent d'ailleurs accomplir la même fonction. L'humanité doit alors abandonner ce stade, ne plus se comporter comme un enfant et assumer sa destinée.

Les trois blessures narcissiques de l'humanité

En établissant l'hypothèse de l'inconscient, Freud introduit une rupture dans notre conception de l'homme. La vie psychique n'est plus claire à elle-même et l'homme devient en quelque sorte étranger à lui-même. Voilà pourquoi la psychanalyse correspond à la troisième grande blessure narcissique de l'humanité. Avec la révolution copernicienne, l'homme a découvert qu'il n'était plus le centre de l'univers ; c'est la fin du géocentrisme. Avec la théorie de l'évolution de Darwin, l'homme n'est plus une espèce à part, mais s'inscrit dans une évolution globale des espèces ; c'est la fin de l'anthropocentrisme. Avec la psychanalyse, le moi « n'est plus maître dans sa propre maison ».

Lorsqu'on a défini la conscience, on a pu croire qu'elle était transparente à elle-même. Il suffisait alors de se retourner vers soi-même, d'adopter une attitude réflexive, pour saisir ce qu'était le moi. Tout cela n'est finalement qu'une vaste illusion. Dire que le moi n'est pas maître dans sa

> **Anecdote**
>
> **Freud et la religion**
>
> Freud enfant eut une nourrice, sa « nania », catholique très pieuse. Il fut circoncis en 1866, et apprit l'hébreu. Sa famille, peu pratiquante, respectait seulement les grandes fêtes juives. Adulte, il reçut de son père une Bible illustrée par Philipsson, qu'il conserva toute sa vie.

propre maison, c'est relever que la totale maîtrise qu'on croit avoir de soi est une illusion. L'homme peut donc être étranger à lui-même.

Et la liberté ?

Il ne s'agit pas d'introduire l'idée d'un déterminisme radical dans la conception de l'homme. Certes, l'inconscient ne peut par nature devenir conscient, mais il reste à l'homme la possibilité, et même l'exigence, d'être le plus clair possible avec lui-même pour tout ce qui peut advenir à la conscience. Lorsqu'il analyse le cas Léonard de Vinci, Freud n'a pas pour objet d'épuiser la connaissance d'un personnage ni de donner toutes les clefs de son existence. Léonard aurait très bien pu ne pas être artiste et on ne peut prétendre expliquer pourquoi il l'est devenu. L'hypothèse de l'inconscient et le développement de la

Repère

Freud et Léonard de Vinci

Les projections sublimées peuvent également se trouver dans certaines créations humaines. Freud va entreprendre ainsi une analyse du cas Léonard de Vinci. Sachant peu de choses sur l'enfance de Léonard, Freud va s'attacher à la seule trace précise qu'il possède : un souvenir d'enfance que Léonard raconte dans ses écrits scientifiques : « Il me vient à l'esprit comme tout premier souvenir qu'étant encore au berceau, un vautour est descendu jusqu'à moi, m'a ouvert la bouche de sa queue et, à plusieurs reprises, a heurté mes lèvres de cette même queue. » Freud va, conformément à sa pratique, s'attacher à interpréter ce souvenir afin d'en déterminer le contenu latent. Il ne prétend pas expliquer pourquoi Léonard est devenu artiste, mais s'attache à rendre compte des manifestations de son art et à comprendre ce balancement constant entre l'art et la science qu'on trouve chez Léonard. À partir de témoignages sur les désirs sexuels de Léonard de Vinci, il va supposer que ces pulsions sexuelles, sans doute inassouvies, ont été sublimées, c'est-à-dire transférées vers un autre objet – ici, la connaissance et le savoir. Le refoulement de ses pulsions sexuelles et leur sublimation se manifestent en une volonté de savoir sans limite. Léonard triomphe de ses inhibitions dans son art, et des tableaux comme *Sainte Anne* sont là pour nous le montrer.

théorie psychanalytique ne prétendent pas faire de tout individu un être déterminé, dont on pourrait connaître les causes entières de ses comportements.

Freud insiste ainsi à la fin de son texte sur la notion de hasard : « Nous nous plaisons ainsi à oublier qu'à vrai dire tout dans notre vie est hasard, à partir de notre commencement, par la rencontre du spermatozoïde et de l'ovule, hasard qui participe certes aux lois et à la nécessité de la nature, mais qui est sans rapport avec nos désirs et nos illusions. » Une telle remarque peut permettre de comprendre en quoi la théorie psychanalytique n'est pas contradictoire avec l'affirmation de la liberté. D'ailleurs, devenir le moins possible étranger à soi-même, n'est-ce pas l'idéal même de l'autonomie ?

« Aimer et travailler »

Alors qu'on demandait un jour à Freud à quoi servait la psychanalyse, quel était son but, il a répondu : « Aimer et travailler. » Aimer, c'est réussir à s'accomplir dans ses relations à l'autre de manière individuelle ; travailler, c'est parvenir à s'accomplir d'un point de vue collectif et social.

Finalement, au premier abord, tout cela risque de ne pas paraître très ambitieux. Mais est-ce si aisé ? On croit souvent voir dans la psychanalyse un ensemble de techniques et de recettes pour se connaître, en pensant que son but est de rendre l'inconscient conscient, mais dans ces conditions, pourrait-on encore parler d'inconscient ? Au risque de décevoir, faire l'hypothèse de l'inconscient, c'est finalement reconnaître immédiatement que l'inconscient ne sera jamais l'objet d'une connaissance totale. Après tout, aimer et travailler, ce n'est déjà pas mal !

Bergson, l'homme de la durée

La vie n'est pas du cinéma ! Si l'on veut parler sérieusement de la vie et de la réalité, il ne faut pas la confondre avec le cinéma. Cela est une évidence. Celui qui « se fait son cinéma » joue, s'illusionne, transforme la réalité. Regardons alors plus précisément en quoi consiste l'illusion cinématographique. Son but est de reproduire des scènes animées. Pour cela, il y a deux moyens. Soit on découpe des figures articulées et on leur imprime un mouvement, celui de la marche, par exemple. Cela implique beaucoup de travail et conduit à un résultat généralement peu convaincant car il est très difficile de rendre

Biographie

Prix Nobel de littérature

Henri Bergson, né en 1859 à Paris, fut un élève aussi brillant en sciences qu'en lettres. Fort doué pour les mathématiques, il s'engagea néanmoins dans la section « Lettres » de l'École normale supérieure, où il entra en 1878, dans la même promotion que Jean Jaurès. Après son agrégation de philosophie en 1881, il soutient ses deux thèses de doctorat en 1889.
Il poursuit ensuite une carrière exemplaire qui le conduit à un poste de maître de conférences à l'École normale supérieure, puis à une chaire au Collège de France.
Élu à l'Académie des sciences morales et politiques, puis à l'Académie française, il obtient le prix Nobel de littérature en 1928.
Attiré par le catholicisme, il renonce néanmoins à se convertir, en raison de la montée de l'intolérance et des persécutions antijuives.
« Je me serais converti, écrit-il en 1937, si je n'avais vu se préparer depuis des années la formidable vague d'antisémitisme qui va déferler sur le monde. J'ai voulu rester parmi ceux qui seront demain persécutés. » Il meurt le 4 janvier 1941.

compte ainsi du mouvement. Soit, et c'est généralement beaucoup plus efficace, on projette une série d'instantanés sur l'écran à une certaine vitesse (24 ou 26 images par seconde). Le mouvement n'est plus alors celui des figurines, mais celui du projecteur qui fait défiler ces images et nous donne alors le sentiment d'un mouvement continu. Mais il s'agit bien d'une illusion, car rien ne bouge sur les images. Par le mouvement imprimé de l'extérieur, nous avons l'illusion du mouvement.
Néanmoins, nous savons bien que, dans la réalité, nous n'avons pas affaire à une succession d'étapes immobiles. Dans la réalité, le mouvement est continu et il ne vient pas de l'extérieur. Voilà tout le problème : si nous voulons saisir la réalité, la vie, il faut cesser de se faire son cinéma.

Être intelligent, c'est faire du découpage !

Lorsque nous rencontrons un problème, un obstacle, nous réfléchissons aux moyens de le dépasser ou de le contourner. Nous nous représentons alors les étapes que nous allons devoir suivre : tout d'abord..., puis..., et ensuite... L'animal intelligent est celui qui est capable de déterminer les différents moyens à utiliser pour parvenir à une fin qu'il s'est fixée. Être intelligent, c'est découper le chemin qui nous mène à la réussite en autant d'étapes qu'il nous est nécessaire d'emprunter pour y parvenir. Plus les détours sont complexes, plus les étapes sont nombreuses, et plus l'intelligence est requise. C'est d'ailleurs grâce à ce critère qu'on pourra déterminer le niveau d'intelligence, à savoir la capacité de trouver des solutions face à un problème. L'intelligence découpe ; et en cela, elle nous permet de nous repérer et d'agir. L'intelligence procède alors comme le cinéma : elle fixe des étapes, décompose. Elle est donc très utile pour se repérer, mais ne nous parle pas de la réalité.

Voici des propos surprenants ! Jusqu'alors, nous avons toujours considéré que l'intelligence était cette faculté qui nous permettait de connaître. Pas du tout, nous dit Bergson, l'intelligence est ce qui nous permet d'agir ; et plus nous sommes intelligents, mieux nous agissons. D'ailleurs, l'animal qui est bête ne pourra pas faire grand-chose face à un problème complexe. L'intelligence est la faculté permettant l'adaptation d'un vivant qui n'a pas les moyens prêts à l'avance pour s'adapter et qui doit finalement produire ses moyens de subsistance. Mais pour agir, l'intelligence a besoin de se « faire son cinéma », de découper la réalité, finalement de la transformer. Ce n'est donc pas l'intelligence qui va nous permettre de saisir ce qu'est la réalité.

Combien de temps avons-nous ?

Voici une question traditionnelle que nous nous posons lorsque nous devons agir. Telle est, comme le soulignait déjà saint Augustin (lire page 100), la manière dont nous parlons du temps en désignant une quantité ou une distance : beaucoup, peu, long, court... Comment comprendre cette manière dont nous parlons du temps ? Cela correspond-il à la réalité ?

Quand nous disons que le temps est long ou qu'il est court, nous utilisons des métaphores spatiales. Qu'est-ce qu'une métaphore ? C'est un transfert de sens par substitution analogique. Quand nous parlons du temps, nous faisons des figures du temps. Or, le temps est ce dont nous n'avons aucune figure. Là encore, nous nous faisons du cinéma.

Regardons de plus près. Lorsque nous parlons du temps, nous le saisissons comme une suite d'instants que nous pouvons mesurer et nous en parlons en termes de quantité : une minute, dix minutes, cinq heures ou vingt années. Or, nous nous représentons alors un instant comme un moment du temps pendant lequel le temps ne s'écoule pas, exactement comme nous le faisons avec les images au cinéma : sur chaque image rien ne bouge, à chaque instant, rien ne s'écoule. Nous considérons alors que cette suite d'instants nous donne un temps qui, lui, s'écoule. Mais comment une suite d'instants immobiles pourrait-elle donner du mouvement ? Mieux encore, un instant arrêté est-il encore le temps qui, lui, ne s'arrête jamais ?

Enfin une réponse à Zénon !

Il s'agit exactement ici du problème que Zénon d'Élée posait avec ses célèbres paradoxes (lire chapitre 1, page 38). Achille ne rattrape-t-il jamais la tortue ? La flèche ne se déplace-t-elle pas ? Un mobile ne peut-il pas aller d'un point A à un point B ? Nous savons que dans la réalité c'est le contraire, mais notre intelligence ne parvient pas à en rendre compte, nous disait Zénon. Évidemment, répond Bergson, parce que l'intelligence ne nous dit pas ce qu'est la réalité, elle la transforme, la segmente. À chaque instant, la flèche est immobile ? Certes, mais ces instants n'existent pas ! Le temps ne s'arrête jamais, il est une durée continue et indivisible. Diviser le temps, c'est l'arrêter ; et arrêter le temps, ce n'est plus parler du temps. Nous nous faisons des figures du temps, des schémas, pour mieux nous repérer.

En effet, lorsqu'une personne en face de nous ne comprend rien, nous lui disons : « Je vais te faire un dessin. » Mais le dessin n'est pas la réalité. Le problème est que dans notre représentation du temps, nous confondons l'espace et le temps. Faire un dessin, c'est représenter la réalité, mais faire un dessin du temps pose problème, car le temps n'est pas l'espace. Lorsque nous découpons

Anecdote

Bergson et Einstein ne se comprennent pas

En 1922, Bergson publie *Durée et simultanéité* à propos de la théorie d'Einstein. Les deux hommes se rencontrent à la Société française de philosophie lors d'une séance consacrée à la relativité. Bergson reprend la distinction entre le temps du physicien et la durée. Einstein conteste ses propos et considère que Bergson commet de graves erreurs. Il y eut une véritable incompréhension entre les deux hommes. Bergson ne saisissant pas entièrement la conception relativiste du temps, et Einstein ne comprenant pas la notion de durée.

l'espace, nous obtenons plusieurs espaces ; lorsque nous découpons le temps, nous n'avons plus le temps. Là encore, c'est notre intelligence qui nous trompe. Elle produit une représentation commode, mais qui ne correspond pas à la réalité.

L'intuition de la durée

La réalité ne se découpe pas. La réalité du temps, par exemple, n'est donc pas une succession d'instants, mais une continuité indivisible que Bergson, par opposition avec le temps tel que nous nous le représentons, nomme durée. Cette réalité, je ne la saisis pas par l'intelligence, mais par l'intuition. L'intuition est un mode d'accès immédiat au réel. Dès que nous nous retournons en nous-mêmes, nous saisissons immédiatement que la durée est continue et indivisible et qu'elle est différente de la représentation du temps que nous offre l'intelligence.

Une fois encore, le physicien qui parle du temps fait appel à des instants : t0, t1, t2... mais ces instants où le temps est arrêté n'existent pas. Nous confondons alors le temps avec le nombre et le saisissons comme homogène et successif. Or, il suffit de se retourner en soi-même pour que l'intuition fasse saisir que cette continuité qu'est la durée n'est ni homogène, ni successive. Se poser la question « Combien de temps ? » c'est déjà ne plus parler du temps. C'est que le langage nous trompe. Parler, c'est encore – avec les mots, des concepts – découper la réalité.

> **Repère**
>
> **Contre le scientisme**
>
> Bergson ne rejette pas la science, mais il s'oppose à toute attitude qui ferait de la science la nouvelle religion du XXe siècle. Il refuse tout scientisme, c'est-à-dire toute attitude qui consiste à penser que la science peut expliquer et résoudre tous les problèmes. Le scientisme nous dit que la métaphysique n'est qu'un discours vide et abstrait, que nous continuons à nous poser ces questions par ignorance. Il pense qu'avec les progrès de la science, les questions métaphysiques et religieuses ne se poseront plus. C'est une telle approche que Bergson refuse. L'absolu, la réalité, ne peuvent être atteints que par l'intuition et non par l'intelligence. Voilà la vraie métaphysique !

La quantité n'est pas la qualité

Finalement, nous parlons sans cesse en termes de quantité pour désigner une qualité, et c'est la science qui nous conduit à une telle approche du monde et des choses. Elle nous permet, par exemple, de rendre compte d'une couleur par la mesure de la longueur d'onde, d'un son par la mesure d'une intensité… Le problème est que la réalité n'est pas de l'ordre du quantitatif mais du qualitatif : la couleur, le son que je saisis ne sont pas des quantités mais des qualités. Prenons l'exemple simple de la douleur. Supposons qu'on nous plante une aiguille dans le bras en l'entrant de plus en plus profondément. On peut mesurer étape par étape la profondeur de la pénétration de cette aiguille et si on identifie la mesure à la douleur, considérer qu'à chaque étape, la douleur est proportionnelle à la profondeur de pénétration. Or, nous voyons bien que ceci est totalement faux : chacune des sensations est qualitativement différente des autres. D'ailleurs, elle peut, au début, correspondre à un plaisir puis devenir douleur, etc.

Que suis-je ?

Finalement, tous nos problèmes viennent du fait que nous les posons mal, que nous croyons ce que nous dit le langage, que nous pensons que notre intelligence nous sert à connaître. Si nous voulons saisir la réalité, nous devons faire appel à l'intuition. Ainsi, traditionnellement, lorsque nous parlons de l'identité d'un individu, nous nous représentons un moi support de tout un ensemble de changements dus aux diverses expériences vécues. Nous regardons une photo de nous à l'âge de 2 ans et nous disons « c'est moi », considérant qu'il y a une même substance qui demeure, indépendamment de tous les changements.

Or, nous l'avons vu, nous avons besoin de stabilité pour nous repérer, mais cela nous conduit à transformer la réalité. Car dans les faits, nous ne pouvons faire qu'un seul constat : nous durons. Mais cela revient à relever qu'il y a un changement continuel du moi. Dire que nous durons, que notre personnalité change continuellement, ne signifie pas que rien ne nous identifie, mais cela revient à dire que nous sommes une histoire avec toute sa complexité. Et l'histoire n'est pas la juxtaposition de faits successifs. Saisir une histoire, c'est nécessairement sortir de la linéarité, c'est arrêter de penser que c'est l'événement précédent qui détermine le suivant. Une histoire, c'est une totalité. La découper, la décomposer c'est déjà la travestir. Notre passé fait corps avec notre présent.

Une vie, nous dit Bergson, n'est pas une simple chronologie. Et c'est pourquoi on ne peut jamais, par le discours et le récit, épuiser la personnalité d'un individu. Cette personnalité est toujours plus riche et plus complexe que ce qu'on en dira. Les choses seraient simples si elles étaient ordonnées selon l'antérieur et le postérieur, et cela serait rassurant. Mais nous avons l'intuition qu'une personnalité ne se résume pas à cela. D'ailleurs, une personnalité ne se résume jamais. Nous pouvons résumer ce qui se sépare, ce qui se distingue, et c'est alors un exercice de l'intelligence qui tend à rendre une chose compréhensible pour se repérer. La personnalité est finalement toujours secrète, elle est ce secret d'une durée hétérogène qu'aucune saisie par l'intelligence ne permet d'épuiser.

Repère

Relire Plotin

La pensée de Plotin (lire chapitre 5) est essentielle pour mieux comprendre celle de Bergson. On y retrouve cette idée selon laquelle c'est en soi-même que l'on saisit l'absolu, par intuition.

Sommes-nous libres ?

Quand nous considérons à tort que le moi est une substance stable, que telle est notre identité, nous nous posons tout un ensemble de questions qui restent sans réponses : « Qu'est-ce qui me définit ? », « Par quoi suis-je déterminé quand j'agis ? », « Suis-je responsable de ce que je fais ou est-ce que je subis des influences extérieures ? »... Finalement, nous nous posons la question de notre liberté. Et là, nous nous retrouvons face à un problème difficile auquel les philosophes ont pu répondre de manières différentes : Descartes nous dit que nous sommes des êtres libres et conscients, Spinoza que nous sommes déterminés par des désirs dont nous ne connaissons pas la cause, etc. Ce problème nous paraît bien souvent insoluble. Cela est normal, nous dit Bergson, et tient au fait que nous le posons mal. Il s'agit là encore d'un faux problème. Pourquoi ?

La liberté n'est pas un mauvais film

Par liberté, nous entendons communément le pouvoir de choisir entre plusieurs actions possibles. Nous sommes libres, pensons-nous, quand nous nous déterminons nous-mêmes. Nous nous posons tels des spectateurs face à une scène. Nous faisons encore un schéma : une route avec plusieurs directions qui correspondent aux choix possibles. Mais là est notre erreur. Nous ne sommes pas spectateurs de nos actions et quand nous faisons un schéma, nous transformons la réalité. Zénon nous a fait un schéma et ce qu'il nous dit ne correspond pas à la réalité. Achille rattrape-t-il la tortue ? « Demandez à Achille », nous dit Bergson, au lieu de faire des constructions abstraites et fausses. Quand j'agis, et c'est bien là que se pose la question de ma liberté, je ne suis pas spectateur mais acteur.

Quand nous sommes spectateurs d'un acte nous nous le représentons de la manière suivante :
1. conception de l'acte ;
2. délibération (« Que vais-je faire ou que dois-je faire ? ») ;
3. décisions (« Je vais agir comme cela ») ;
4. exécution (« J'agis »).

Et ceci sur la ligne du temps. Tout cela suit un ordre : la conception (t1) détermine la délibération (t2) qui détermine la décision (t3) qui détermine l'exécution (t4).

Mais là encore, cela ne correspond pas à la réalité. Il n'y a pas des instants séparés les uns des autres. De tels instants n'existent pas. La réalité ne se découpe pas. La durée est indivisible.

Qu'est-ce alors qu'un acte libre ? C'est l'acte pour lequel je suis tout entier dans mon acte et non dispersé par des fausses représentations. Se dire qu'il y a des moments séparés qui déterminent le moment suivant, c'est encore se raconter une histoire, c'est jouer la comédie, c'est encore se faire du cinéma ! Il faut arrêter de se raconter des histoires : l'acte libre est celui dans lequel je suis tout entier engagé.

Repère

Pourquoi vaut-il mieux déclarer sa flamme que de se raconter des histoires ?

On imagine souvent qu'un ensemble de possibles préexiste et qu'un seul finalement se réalise. Ainsi, face à une situation nouvelle, lorsque nous devons nous décider, nous envisageons les possibles comme s'ils étaient plus nombreux que le réel et finalement nous considérons que choisir, c'est évacuer des possibles. Dans ces conditions, nous considérons que le réel est appauvri puisque moins riche que les possibles, qui nous offriraient tout de même plein de vies possibles. Mais là encore il s'agit d'une illusion. Seul le réel existe ! Les possibles sont ce que nous imaginons en considérant que le réel a d'abord été un possible et que d'autres réels étaient possibles. Mais ils ne l'ont jamais été, c'est simplement notre imagination qui travaille ici. Là encore, nous nous faisons notre cinéma. Comme quoi il vaut mieux se déclarer que de se faire un film en imaginant sans cesse ce qui pourrait être. C'est uniquement dans le réel que quelque chose se passe !

Où sont nos souvenirs ?

Encore un faux problème : nous nous demandons souvent où sont nos souvenirs lorsqu'ils se conservent. Nous imaginons alors un endroit au fond de notre cerveau, un peu comme un entrepôt dans lequel seraient stockées des images que nous parviendrions parfois à retrouver avec un effort, si elles ne sont pas trop cachées. Mais là encore, c'est être prisonnier d'une représentation spatiale ! Si nous sommes bien la totalité de notre histoire, c'est parce que nous sommes cette durée indivisible que nous saisissons par intuition. Cela signifie que les événements passés ne sont pas séparés de ce que nous sommes. La conscience est mémoire. S'il n'y avait pas de mémoire, nous ne serions que dans l'instant, mais l'instant n'existe pas ! Il ne faut pas tout confondre : la conscience n'est pas le cerveau. Les souvenirs se conservent donc par nature, c'est notre capacité à les retrouver qui parfois défaille.

Anecdote

Bergson superstar

L'influence de Bergson fut très grande à son époque. Les gens se bousculaient pour aller écouter ses cours au Collège de France. Sa conception du temps et de la conscience comme mémoire inspira fortement Proust dans son roman *À la recherche du temps perdu*.

L'élan vital

La vie ne se résume pas, elle ne se découpe pas. Si cela est vrai pour la vie individuelle, cela reste vrai pour la vie en général. Bergson va s'opposer aux thèses évolutionnistes. Ces dernières déduisent la vie de la matière ou encore pensent l'évolution comme la réalisation d'un plan tracé d'avance. Là encore, il s'agit d'une double illusion. Le mécanisme nie la durée : le temps que le sucre met à fondre suppose aussi mon impatience de le voir fondre et la durée n'est pas matérielle ; penser que l'évolution suit un plan tracé d'avance revient à considérer que tout le possible à venir était déjà contenu dans le réel et attendait pour devenir à son tour réel. Or, le possible n'est qu'une illusion rétrospective. Nous déclarons les choses possibles après coup, comme si elles avaient été prévisibles.

L'évolution existe parce qu'il y a un élan créateur qui fait surgir des formes de plus en plus complexes et imprévisibles face à des problèmes posés (c'est ce que Bergson nomme l'élan vital) et cela parce que l'univers matériel dure et que la durée est créatrice. La pensée de

Bergson est ainsi une philosophie de la vie. La vie est le contraire d'un mécanisme parce qu'elle est en permanence invention de nouveauté. La durée que nous saisissons en nous-mêmes est aussi la durée du monde. L'élan vital agit chez les hommes comme au sein de la nature, faisant progresser l'histoire humaine et l'histoire naturelle. La vie est évolution créatrice.

Pourquoi des artistes ?

Si le langage, les mots, nous servent à agir, à échanger, à communiquer, il tend lui aussi à découper la réalité. Nous en faisons l'expérience dès que nous devons décrire un sentiment, une sensation. Sous les mots, nous cherchons à exprimer du commun et nous ne parvenons jamais à saisir l'individuel. Le poète le sait bien, qui cherche toujours à nous faire saisir la particularité d'une émotion. C'est que l'artiste est celui qui voit mieux que les autres, car il regarde « la réalité nue et sans voiles ». L'art est alors un moyen d'accès au réel.

> **Vocabulaire**
>
> **Le rire**
>
> Saisir ce qu'est la réalité, ce qu'est la vie, c'est faire preuve de sérieux. C'est pourquoi toute conception mécanique de la vie prête à rire. Le rire, c'est « du mécanique plaqué sur du vivant ». C'est ce qui fait rire dans le comique de répétition des Guignols, c'est ce qui fait rire en voyant le personnage de Charlot, être humain marchant et se comportant comme s'il ne l'était plus…

La morale et la religion

Notre intelligence, notre corps, notre langage nous servent à agir, ils sont des moyens que la vie utilise pour satisfaire ses besoins. Vivre, c'est aussi vivre en commun, avec les autres. Mais toute société suppose toujours un ensemble de règles et de lois. C'est ainsi qu'existe toujours une morale sociale destinée à faire fonctionner le corps social. De même, la religion impose un ensemble de préceptes obligeant les hommes à être sages.

Mais de telles règles nous conduisent généralement à une forme de conformisme refusant toute évolution de la société. Là encore, il s'agit d'être rassuré. Mais c'est oublier que la vie est invention, que l'élan vital est création permanente. C'est pourquoi, à ces morales et religions closes, Bergson oppose une morale et une religion ouvertes, inventant sans cesse de nouvelles possibilités. Mais cela exige des génies, de véritables créateurs comme le Christ, Socrate ou Bouddha, qui incarnent l'élan vital.

Husserl, l'invention de la phénoménologie

Notre culture est en crise. Et la philosophie, dans son effort de penser, connaît aussi une crise, nous dit Husserl. Elle est confrontée à des difficultés dont elle ne parvient pas à se sortir. En pointant cette crise, il s'agit de désigner deux ennemis : le psychologisme et le positivisme. Essayons de préciser – et cela va nécessiter un petit résumé des chapitres précédents (pour plus de détails, vous pouvez vous reporter aux pages indiquées).

Soit on finit par douter et rien n'est certain…

Le psychologisme est cette tendance, développée par certains auteurs, à tout interpréter au travers des théories de la psychologie humaine et d'en faire le centre immuable de leur compréhension du monde. Il affirme ainsi que tout a pour origine le psychisme humain. Ainsi, par exemple, il n'y a pas de bien en soi, pas plus qu'il n'y a de lois logiques et de principes logiques en dehors de l'esprit humain. Les lois logiques sont réduites aux lois psychologiques. On pourrait penser qu'il s'agit d'une position comme une autre et on voit

Biographie

40 000 pages !

Edmund Husserl est né le 8 avril 1859 en Moravie. Il fait d'abord des études de mathématiques avant de se consacrer à la philosophie. D'origine juive, il se convertit au protestantisme luthérien en 1886.
En 1887, il est *privat-dozent* à l'université de Halle. En 1906, il obtient le titre de professeur titulaire à Göttingen, puis à Fribourg en Brisgau, où il reste de 1916 à 1928. En avril 1933, il se voit interdire l'accès à la bibliothèque de l'université de Fribourg en application de la législation antisémite adoptée par les nazis, puis est radié du corps professoral en 1936.
C'est à Vienne, puis à Prague, que Husserl fera ses dernières conférences. Il meurt en 1938. En 1939, grâce aux soins d'un ami et disciple, le père Van Breda, l'ensemble de ses manuscrits (40 000 pages sténographiées) est mis à l'abri à l'université de Louvain, où sont fondées les « Archives Husserl ».

difficilement, au premier abord, en quoi cela conduit à une crise. Pour mieux le comprendre, il suffit de s'attarder un peu sur ce que nous a montré Hume (lire page 198). En s'interrogeant sur la connaissance, il a montré que le rapport de causalité reposait sur l'habitude, revenant à la question simple : « Le soleil se lèvera-t-il demain ? » Oui, répondons-nous généralement. Mais qu'est-ce qui me permet de le dire ? Simplement le fait que tous les matins, le soleil se lève ; mais il n'y a aucune contradiction logique à ce qu'il ne se lève pas. C'est l'habitude qui nous permet de l'affirmer, et l'habitude a bien une dimension psychologique. Mais tout cela est gênant parce qu'en faisant ainsi tout reposer sur le psychisme humain, on est conduit au scepticisme. En d'autres termes, il devient impossible de trouver un fondement véritable à nos certitudes. À cette position, qui nous condamne à ne jamais être absolument certain, s'oppose le positivisme.

Soit on se tait à jamais...

Le positivisme, philosophie née avec Auguste Comte (lire page 266), affirme que la vérité ne peut être cherchée que du point de vue des sciences. Seules les sciences nous permettent donc d'avoir des certitudes véritables. Dès lors, là où il n'y a aucune démarche scientifique, il n'y a pas de vérité et, finalement, il n'y a rien à dire. Ainsi, le philosophe qui ne fait pas de science n'a plus qu'à se taire. Le problème est qu'il y a des domaines autres que ceux qui sont abordés par le champ de la science. Faut-il alors arrêter de faire de la philosophie ?

Et si on veut encore faire de la philosophie, alors ?

Nous sommes bien ici face à une alternative dont les deux membres ne paraissent pas satisfaisants. Voilà pourquoi nous sommes en crise. Soit nous tombons dans le scepticisme, soit la philosophie se tait à jamais ! Comment sortir de cette crise ? Comment la philosophie peut-elle retrouver la certitude ? Le projet de Husserl consiste à rétablir la philosophie comme science rigoureuse. Cette dernière doit nous permettre de retrouver la certitude sans renoncer à sa dimension rationnelle. Mais pour être une science rigoureuse, la philosophie doit adopter une attitude critique par rapport à sa propre démarche.

Hume a eu une bonne idée, mais cela ne suffit pas...

Nous connaissons une crise, certes, mais cela ne signifie pas qu'il faille tout rejeter. Hume avait un bon point de départ. Il refusait toutes les constructions *a priori*. Par exemple, il

refuse de dire que nous avons en nous des idées innées de ce qu'est la causalité, parce que nous serions bien incapables de le justifier, de dire comment elles sont là en notre esprit. Affirmer l'existence d'idées innées c'est en effet supposer, par exemple, qu'un être suprême (Dieu ?) les a mises, mais on est bien en peine de le montrer.
Hume a donc une très bonne intuition : pour éviter toute supposition qu'on ne pourra jamais vérifier, regardons comment notre esprit fonctionne lorsqu'il porte un jugement, lorsqu'il dit « Le soleil se lèvera demain » ; et c'est là qu'il en vient à dire que c'est l'habitude qui nous le fait dire. Malheureusement, il est conduit au scepticisme faute d'avoir trouvé un fondement véritable à nos certitudes. Comment alors pouvons-nous être certains tout en chassant toute construction inutile ?

Kant a cru s'en sortir, mais ça n'a pas complètement marché…

Kant a bien reconnu que Hume avait fait avancer les choses, il dit d'ailleurs qu'il l'a réveillé de son sommeil dogmatique. Mais il refuse de tomber dans le scepticisme. En effet, il est gênant de dire que rien n'est vraiment certain. C'est alors que Kant va se dire que s'il y a un savoir certain et objectif possible, il faut en déterminer le champ : dans quels domaines pouvons-nous être certains ? D'où sa question, « Que puis-je savoir ? » : car enfin, les sciences existent tout de même ! (lire page 231).
Kant, à son tour, décompose les éléments de la connaissance. Il nous dit : il y a des sciences, des savoirs objectifs. Comment cela se passe-t-il alors quand nous connaissons, quels sont les éléments nécessaires à cette connaissance ? Il nous montre que pour connaître, il faut que l'objet de notre connaissance puisse être saisi dans l'espace et dans le temps, qui sont des structures de notre esprit (page 231). Voilà. Seulement, cela signifie que nous ne connaissons pas les choses en elles-mêmes, mais seulement à travers des structures de notre esprit. Nous ne connaissons pas les choses en soi, mais les choses pour nous-mêmes ; ou encore, nous ne connaissons que les phénomènes, et non ce qu'il nomme les noumènes.
On tombe alors dans une forme de relativisme, puisque le savoir est relatif au sujet qui sait. C'est d'ailleurs cette distinction entre le phénomène et le noumène qui sera le point de départ de la critique de Hegel (page 251). De plus, Kant est tout de même contraint d'avoir recours à des *a priori* (il y a des structures de notre esprit qui sont déjà là avant toute expérience, donc *a priori*). Bonne tentative donc, mais qui ne permet pas encore de s'en sortir.

Alors, comment faire ?

Il faudrait retrouver cette intuition première de Hume qui consiste à revenir aux choses mêmes, tout en évitant le scepticisme et le relativisme. On peut alors penser qu'un philosophe y est parvenu : Descartes. Il a en effet réussi à trouver un fondement sûr et certain, indubitable, à nos connaissances, le « Je pense ». Le *cogito* est une évidence qu'on ne peut pas remettre en cause (page 147). D'accord, Descartes est bien parvenu à trouver un fondement à nos certitudes par le biais du doute et du *cogito*, mais il est contraint de faire un détour par Dieu pour fonder la certitude du monde. S'il n'y a pas de Dieu, rien ne tient, car rien ne m'assure que le monde que j'essaye de connaître est le même pour tous !

> **Citation**
>
> « La philosophie tire sa croissance de son attitude critique universelle dirigée contre toute donnée préalable de la tradition [...] la simple attitude critique universelle [...] doit être présente à un certain stade de la culture préscientifique. »

Il faut donc trouver une nouvelle voie si l'on veut sortir de la crise. Laquelle ? Il faut partir tout simplement de l'immédiateté de la certitude : nous avons la certitude originelle d'être là avec un monde autour de nous. Il s'agit donc d'interroger la relation entre le monde et notre conscience. Nous sommes là avec le monde autour de nous et de cela, nous sommes sûrs ! Voyons alors ce qu'on peut en déduire.

Et si la philosophie se mettait à parler de la table...

Essayons donc de comprendre un peu mieux ce qu'il faut entendre par conscience. Descartes nous l'avait déjà dit, c'est le « Je pense », ce qu'il reste quand on a douté de tout. Il y avait donc, d'un côté, le *cogito*, le « Je pense » et, d'un autre, le monde que le sujet essaye de connaître. Mais ce face-à-face de la conscience et du monde est-il acceptable ? En effet, il revient à faire de la conscience un réceptacle dans lequel viendraient se marquer, sous forme d'empreintes, les objets du monde extérieur.

Prenons un exemple : je regarde cette table en face de moi. Certes, si je ne la regardais pas, elle continuerait d'exister. Il y a donc une objectivité de la table, indépendamment de mon regard et de la conscience que j'en ai. Cependant, tant que je ne porte pas mon regard sur cette table, elle n'existe pas pour moi. Elle n'est même une table qu'à partir du moment où il y a des consciences pour la saisir comme telle. La conscience n'est donc pas une chose pensante, elle est donatrice de sens, elle est intentionnelle.

Il n'y a pas de vie intérieure

Ce terme d'intentionnalité, Husserl le résume dans cette formule qu'il emprunte à Brentano : « Toute conscience est conscience de quelque chose. » La conscience n'est pas coupée du monde. La conscience est ainsi toujours une manière de viser le monde et les choses. En ce sens, il n'y a pas de vie intérieure à la conscience, elle est toute entière ouverture au monde. Un souvenir, par exemple, n'est pas une trace dans la conscience d'une chose vécue, il est une manière pour la conscience de viser un événement comme chose du passé. On comprend alors pourquoi il fallait s'opposer au psychologisme qui décrit des lois de l'esprit. En effet, ce dernier oublie que l'introspection est encore une manière pour la conscience de viser un objet, en l'occurrence ici un état psychologique.
Cela pourrait sembler une critique anodine, mais cette précision sur la conscience va avoir des conséquences énormes. Elle va permettre à Husserl de mettre en place une nouvelle méthode, la phénoménologie. Mais avant d'en arriver là, voyons quelles sont les premières conséquences.

Qu'est-ce qu'on fait du monde ?

Il ne s'agit pas d'être dans une attitude naïve face au monde. Si on veut construire une science rigoureuse, une attitude critique s'impose. Pourtant, Husserl ne va pas, comme Descartes, pratiquer le doute. En effet, ce dernier conduit à nier l'existence du monde extérieur, à isoler le sujet (la conscience) de l'objet (le monde) et à faire de nouveau de la conscience une substance. Néanmoins, il faut refuser toute attitude naïve. Si on veut faire de la philosophie, on ne va pas commencer par croire tout et n'importe quoi ! C'est cette attitude que Husserl va mettre entre parenthèses pour commencer à travers ce qu'il nomme l'*époché*.

Vocabulaire

Époché

Ce terme est d'abord utilisé par les sceptiques (lire page 88) et signifie suspension du jugement. Chez Husserl, il correspond à la mise entre parenthèses du monde objectif. Il est donc une suspension de toute adhésion naïve et de tout jugement d'ordre scientifique concernant le réel.

Cette mise entre parenthèses ne consiste pas à pratiquer le doute, mais à suspendre simplement tout jugement sur le monde, à ne plus prendre position par rapport au monde comme existant.
Que reste-t-il alors ? La conscience, visant les objets de différentes manières : en les percevant, en les imaginant, en s'en souvenant, en les jugeant… Ce que la philosophie va prendre pour objet, ce sont ces visées de la conscience et la manière dont les objets se donnent à elle. Elle répond à la question : « Que se passe-t-il quand la conscience vise les objets ? ». Notre expérience se trouve alors réduite à ce qui est donné. En effet, l'objet visé n'est plus qu'en tant que visé par la conscience. Nous pouvons mettre entre parenthèses la thèse de la réalité du monde, mais nous ne pouvons jamais mettre entre parenthèses l'activité de la conscience intentionnelle. Par exemple : Je ne suis jamais né en 1967, je sais seulement que j'ai l'idée dans ma conscience de ma naissance en 1967 et que j'ai l'idée de cette année, c'est-à-dire aussi de toutes les années passées. C'est cela, l'idée entièrement neuve de Husserl ! C'est la conscience qu'il faut donc décrire ; ça au moins, j'en suis sûr !

Qu'est-ce que la phénoménologie ?

Il faut saisir la manière dont les choses nous sont données, c'est-à-dire les choses en tant que phénomènes. D'où le terme de phénoménologie. Il ne faut pas pour autant distinguer, comme le fait Kant, les choses telles qu'elles nous sont données des choses en soi. En effet, avec cette distinction, Kant est conduit à une forme de relativisme, puisqu'il n'y a pas de connaissance de la chose en soi. Il ne faut pas se méprendre sur le sens donné ici au terme « phénomène ». La phénoménologie est un retour aux choses mêmes, ce qui signifie un retour aux sources de l'évidence dans laquelle la chose apparaît comme présente en personne, comme donnée en chair et en os.
La table existe en elle-même, mais lorsque la conscience la vise, elle devient plus complexe parce que deviennent conjoints le pôle subjectif et le pôle objectif. En effet, il n'y a plus, d'un côté, le sujet qui saisit la table et, de l'autre, la table qui existe en elle-même. Étudier l'acte de la conscience qui consiste à saisir la table, c'est unifier, à travers cette visée de la conscience, la complexité du phénomène. La phénoménologie va ainsi s'attacher à être une description des actes de la conscience, des phénomènes, l'apparaître n'étant pas inférieur à la chose, mais correspondant à la richesse de la chose elle-même. La phénoménologie est une analyse de l'activité de la conscience intentionnelle.

Anecdote

Husserl, vu par Aron

Voici ce que Simone de Beauvoir raconte de l'arrivée de la pensée de Husserl en France : « Raymond Aron passait l'année à l'Institut français de Berlin et, tout en préparant une thèse sur l'histoire, il étudiait Husserl. Quand il vint à Paris, il en parla à Sartre. Nous passâmes ensemble une soirée au Bec de Gaz, rue Montparnasse; nous commandâmes la spécialité de la maison : des cocktails à l'abricot. Aron désigna son verre : "Tu vois, mon petit camarade, si tu es phénoménologue, tu peux parler de ce cocktail, et c'est de la philosophie!" Sartre en pâlit d'émotion ou presque; c'était exactement ce qu'il souhaitait depuis des années : parler des choses, telles qu'il les touchait, et que ce fût de la philosophie. »

La variation éidétique

Comment la visée de la conscience nous donne-t-elle les choses en elles-mêmes? Quand nous nous plaçons devant un objet, nous le voyons selon un certain angle. Nous ne voyons jamais un cube totalement. La chose perçue est constituée par le système ininterrompu de nos saisies diverses. Je ne vois jamais le cube en entier, certains côtés me sont toujours cachés. Nous n'en possédons jamais la totalité, mais il n'y a aucune raison de croire que la chose réelle se trouverait derrière les apparences. Pourtant, c'est tout ce que la tradition nous dit : il y aurait les apparences et derrière, il y aurait l'essence! Mais cela reste une supposition. Pourquoi l'essence se cacherait-elle derrière les apparences? Et qu'est-ce alors que l'essence? On voit bien qu'en abordant le problème de cette manière, on ne s'en sort pas!

Empruntons donc la voie la plus simple : l'être du phénomène, c'est son apparaître. Pour décrire ce qui se passe lorsque la conscience vise un objet, la phénoménologie utilise ce que Husserl appelle la « variation éidétique ». Celle-ci consiste à faire varier, par un travail de l'imagination, les prises de vues sur l'essence des choses.

Par exemple, un triangle ne serait pas un triangle s'il n'avait pas trois angles, si la somme de ses angles n'était pas égale à deux angles droits. L'essence de la chose est constituée des multiples variations sans lesquelles la chose serait autre. Par contre, la couleur du triangle n'appartient pas à son essence. Il ne s'agit pas de réduire l'essence des choses à une série

Repère

L'existentialisme

Husserl, avec la phénoménologie, va sans doute rendre la pensée existentialiste possible dans ses développements. Que nous disait Kierkegaard, fondateur de la philosophie existentielle ? Nous raisonnons avec des concepts, mais les concepts n'existent pas dans la réalité (lire page 298). L'abstraction ne correspond pas à la réalité, elle est d'un autre monde. Il faut faire une philosophie du concret. Mais le problème est qu'avec la réalité concrète, on ne peut faire des raisonnements. Les raisonnements usent toujours de concepts. L'existentialisme est alors au cœur d'une tension insoluble. Dans sa critique, il en vient à se ruiner lui-même. À moins de rechercher la vérité non pas dans les abstractions, mais dans la réalité concrète. N'est-ce pas ce que fait Husserl en définissant la phénoménologie comme description de notre conscience ? On comprend alors ici l'influence que Husserl va avoir sur ce courant.

d'impressions psychiques, car nous tomberions à nouveau dans le psychologisme, et l'essence n'est pas séparable de l'acte qui la vise. Cela ne signifie pas non plus que les essences sont intérieures à l'esprit, puisqu'il n'y a pas d'intériorité de la conscience. Husserl s'oppose ainsi également aux platoniciens, qui voient les idées ou les essences exister indépendamment de l'esprit. Il n'y a pas de dualité entre le sujet et l'objet.

La crise du sens : nous vivons une sale période…

Dire que la philosophie est en crise ne consiste pas simplement à dire que quelques philosophes, dans leur coin, ne savent plus quoi penser : c'est dire que toute notre culture est en crise. Nous vivons une sale période, nous dit Husserl. N'oublions pas qu'il est contemporain de la montée de deux totalitarismes : le nazisme et le stalinisme. Avant cela, l'humanité a connu la Première Guerre mondiale. Cette crise que connaît l'humanité est une crise du sens. La raison n'est plus là pour nous permettre de nous interroger sur les buts, les fins de l'existence, sur ce qu'est une bonne fin ; elle n'est désormais plus que calcul.

Le positivisme, en affirmant la possibilité de traiter tout problème de manière scientifique, est responsable de cette crise. En tant que tel, il ne s'occupe plus des problèmes vitaux que sont les problèmes existentiels, et en particulier celui du sens de la vie. En outre, chaque science couvre un domaine sans être liée aux autres. Husserl cherche à comprendre et à dépasser cette crise du sens.

> **Vocabulaire**
>
> **La raison**
>
> Le terme de raison vient du grec *logos* qui signifie aussi bien raison que langage que calcul.

Raisonner, c'est calculer le meilleur moyen pour parvenir à un but. Mais la raison ne doit pas être réduite à cela. Elle doit permettre de réfléchir, de développer un esprit critique. Les sciences ne peuvent pas être seules à nous donner des réponses. Pourquoi ? Parce que, nous le verrons par la suite avec le développement des sciences et des techniques, elles posent aussi des problèmes qui nous conduisent à nous interroger sur la valeur de l'existence, sur son sens. N'est-ce pas le sens que prendra la bioéthique par exemple ?

À quoi sert la philosophie ?

La philosophie peut nous sauver ; en tout cas, elle a le devoir de le faire. Il faut changer notre regard sur le monde, redonner à la raison sa dimension critique. Pour cela, la raison doit comprendre quel est l'acte original de penser et de connaître. Elle doit être le fondement général des sciences et montrer le processus d'accès au vrai en refusant tout présupposé. La philosophie, en montrant que la raison n'est pas simplement calcul de moyens pour parvenir à un but, doit redonner à la raison toute sa place.

La philosophie sert donc bien à s'interroger, ce que ne font pas les positivistes, ces adorateurs des faits qui oublient totalement de s'interroger sur le regard qu'ils portent sur les faits. Que nous dit le positiviste ? « Un fait c'est un fait ». En disant cela, il croit que tout est dit et qu'il peut clouer le bec à tout le monde. Mais le positiviste ne se demande jamais comment ce fait est construit, à quelles conditions il a une valeur… Il ne suffit pas de regarder le monde, il faut s'interroger sur la manière dont on le regarde. La phénoménologie est cette interrogation.

Autrui et le monde

Il faut donc revenir à notre rapport originel au monde, en deçà de ce que la science nous dit. Retrouver le sens, c'est ressaisir le monde tel qu'il se donne. Mais dans ce monde, nous ne sommes pas tout seuls. Dans ce monde, il y a l'autre. La constitution du monde dans sa

dimension humaine présuppose autrui. En effet, autrui vise aussi un monde qui est le même monde que le mien. C'est ce qui rend possible la culture. Le monde est donc un lieu de partage, le lieu d'une tradition commune.
La tâche de la philosophie consiste à ressaisir cette histoire du sens et à se réinscrire dans une tradition. C'est pourquoi elle refuse une connaissance partielle du monde telle que le positivisme nous la propose, et qui conduit à une perte du sens. Il y a un monde commun, un seul monde, sur la base duquel il y a les autres, et parmi eux ceux qui sont aussi très différents de nous. Mais c'est toujours sur fond de monde commun que l'autre existe, même s'il y a toujours des zones d'étrangeté irréductibles. Là encore, le travail du philosophe suppose de ne pas se perdre dans une prétendue extériorité mais, bien au contraire, d'opérer un retour de l'esprit sur lui-même. Le philosophe est celui qui décrit les actes de la conscience. Dès lors, en se comprenant lui-même, l'esprit redécouvre le sens et aussi autrui.

Heidegger, le berger de l'Être

Commençons par le plus connu : Heidegger n'est pas un auteur facile, mais surtout, il est ce philosophe marqué par la polémique et le scandale. On le présente généralement comme l'un des plus grands philosophes du XXe siècle, un philosophe complexe à la langue souvent peu claire mais qui a indubitablement marqué la pensée et en même temps, on ne peut qu'être troublé par son parcours.

Un philosophe nazi ?

En 1933 il adhère au parti nazi et démissionne de ses fonctions de recteur d'université en février 1934. Entre-temps, il a prononcé un discours désormais célèbre sous le nom de *Discours du rectorat* dans lequel il entend rénover l'université allemande, et par-delà, l'Allemagne tout entière, ainsi que la civilisation européenne. Il prononce alors des paroles qui, dans le contexte politique, peuvent poser problème : « La troisième obligation de la communauté étudiante est celle qui la lie à la mission spirituelle du peuple allemand. Ce peuple travaille à son destin dans la mesure où il place son histoire dans une certaine possibilité : celle de manifester la surpuissance de toutes les puissances formatrices de monde de l'existence humaine, et où il conquiert toujours à nouveau son monde spirituel. »

Biographie

Des hauts et des bas

Martin Heidegger naît le 26 septembre 1889 à Messkirch. En 1914, il soutient sa thèse de doctorat sur *La Théorie du jugement dans le psychologisme* puis sa thèse d'habilitation sur le *Traité des catégories et de la signification chez Duns Scot*. En 1923, Il est nommé professeur à l'université de Marbourg, fief des philosophes néokantiens. En 1927, il publie *L'Être et Temps*. Sur proposition de Husserl, il succède à celui-ci à la chaire de philosophie de l'université de Fribourg. Le 21 avril 1933, il est élu recteur de l'université de Fribourg et adhère, le 1er mai, au parti national-socialiste. Il prononce, le 27 mai, son *Discours de rectorat*. En Février 1934, il démissionne de son poste de recteur et, de 1934 à 1945, il poursuit une intense activité de professeur (cours sur Platon, l'idéalisme allemand, Hölderlin, Nietzsche, Jünger...). De 1945 à 1950, il est interdit d'enseignement à cause de ses engagements politiques. Réintégré à l'université de Fribourg en 1950, il prend sa retraite en 1958 et meurt à Fribourg en 1976.

Certes, son engagement n'a duré que quelques mois, même si Heidegger a tout de même continué à payer ses cotisations au Parti jusqu'en 1945… Quoi qu'il en soit, jamais Heidegger n'est revenu sur cet engagement, jamais il n'a fait preuve de repentance ni prononcé des excuses…

Voici la difficulté de toute lecture de Heidegger : à la fois un philosophe profond et un personnage ambigu et obscur…

Non à la mondialisation !

C'est encore une fois la crise que nous vivons qui peut être le point de départ de la pensée. Nous entendons sans cesse parler de la mondialisation, de l'uniformisation des pratiques, de la course au profit, du développement sans limite des techniques et des technologies. Notre rapport au monde est devenu le fruit d'un calcul, nous voulons que les choses répondent à nos besoins. Nous sommes dans un rapport utilitaire au monde et aux objets. Ce rapport au monde, ce développement des techniques a conduit à la perte du sens de l'existence. L'Occident est-il encore capable de se forger un but au-dessus de lui ?

Il devient urgent de se demander si l'on peut retrouver un sens à l'existence. Mais l'existence n'est pas seulement notre petite vie. Il faut penser à tout ce qui existe. L'arbre existe, le caillou existe, le marteau aussi. Il n'y a pas que nous. Comment rendre compte de la perte de ce sens? Comment rendre compte de cette crise que nous vivons? À l'origine de cela se trouve une grande confusion, un oubli fondamental qui se loge au cœur de la philosophie.

Vocabulaire

Le nihilisme contemporain
La vérité de l'être est masquée par l'idéal de maîtrise de la technique, par l'idéal de l'objectivité scientifique. C'est le nihilisme contemporain.

Un peu de grammaire : qu'est-ce que le participe présent?

Nous sommes devenus sourds. Notre rapport utilitaire au monde fait que nous nous intéressons aux objets, que nous voulons connaître pour mieux les manipuler, pour qu'ils répondent mieux encore à nos attentes, à nos besoins immédiats. Ce qui nous intéresse, ce sont finalement les objets tels qu'ils nous sont présents, tels qu'ils participent à notre présent. Or, le participe présent du verbe être est *étant*. Nous pouvons donc dire que nous nous intéressons aux « *étants* », et non à ce qui est. Et cette différence n'est pas qu'une question de grammaire ; ou plutôt, la grammaire n'est pas dénuée de sens. Nous ne devons pas confondre de manière indifférente *être* et *étant*.

D'ailleurs, nous ne le faisons pas quand nous parlons. Et pourtant, malgré les apparences, nous ne cessons de les confondre. Comment? Regardons de plus près. Et il est nécessaire de le faire, car nous avons eu tendance à oublier sans cesse cette distinction. Ce mur, cet arbre, moi… existons. Et cela de manière déterminée. Mais une chose est d'être un arbre déterminé, un mur, quelqu'un, et d'*être*. Une chose est de vouloir savoir ce qu'est cet arbre, quelle est son essence, qui est l'individu en face, et de s'étonner qu'il soit.

La technique nous perd-elle?

Nous nous focalisons sur les objets tels qu'ils nous sont présents, nous voulons les connaître, les manipuler, les utiliser, et nous oublions de nous étonner. Il faut alors bien voir que nous ne sommes pas aidés! Le développement de la science moderne et des techniques, depuis Descartes, nous a conduits à nourrir le rêve que nous allions pouvoir

Vocabulaire

Arraisonnement

Il s'agit du terme que Heidegger utilise lorsqu'il analyse l'essence de la technique moderne. Dans le mot « arraisonnement », il y a raison. L'arraisonnement, c'est la « mise à la raison » des hommes et de la nature. Tout est alors susceptible de devenir objet d'exploitation, d'être instrumentalisé. La nature est requise et les hommes eux-mêmes sont requis pour contribuer au développement des sciences et des techniques. L'homme occidental, ayant amené la planète entière dans une domination scientifique et technique, la conduit au pire danger : une destruction de la nature et une déshumanisation des rapports entre les individus.

nous rendre « maîtres et possesseurs de la nature ». La nature devient ce que nous pouvons utiliser à notre gré. Elle est alors mise en demeure de nous fournir l'énergie dont nous avons besoin.

Galilée nous a bien dit que « le grand livre de la nature est écrit en langage mathématique ». La nature est alors considérée comme pouvant être réduite au calcul.

Chez les Anciens, la production consistait à suivre la nature, à l'accompagner dans son développement. Ainsi, le médecin était celui qui accompagnait le malade dans sa lutte contre la maladie. Il soignait, mais c'était la nature qui guérissait.

Ce n'est d'ailleurs pas le médecin qui fait qu'une plaie cicatrise. Il la recoud, la nature fait le reste. Avec la science moderne, nous tentons sans cesse de repousser les limites imposées par la nature, nous la provoquons, nous la mettons en demeure de répondre à ce que nous attendons d'elle. Et là encore, nous oublions de nous étonner.

Repère

« La science ne pense pas »

Cette formule de Heidegger peut sembler bien provocatrice. Mais il ne s'agit pas ici de dire que les scientifiques sont idiots ou bêtes, mais de souligner que la science calcule, qu'elle relève d'une manipulation efficace de l'*étant* et qu'elle n'interprète en rien le sens de l'être. Or, penser, ce n'est pas calculer, c'est méditer.
La science passe son temps à demander des comptes.

Posons-nous la bonne question...

Mais de quoi faut-il s'étonner ? Du fait que les choses sont. Mais attention, il ne s'agit pas de simplement jeter l'opprobre sur la technique. C'est d'ailleurs bien plus son essence qui est en cause. Mais surtout, cet oubli dont nous parlons s'est développé tout au long de l'histoire de la pensée, et pas seulement de la technique. Il est donc encore plus profond.

Celui qui un jour s'étonne que les choses soient entre en métaphysique. Il ne se demande plus « Pourquoi cette chose-ci ou cette chose-là ? », il se demande « Pourquoi quelque chose ? », il se pose la question qu'énonçait Leibniz : « Pourquoi y a-t-il quelque chose plutôt que rien. » Il ne s'interroge plus sur ce qui participe à l'acte d'être, les *étants*, mais sur l'être. On pourrait alors penser que l'interrogation métaphysique peut nous sauver de notre rapport utilitaire au monde. Mais pas du tout ! Pourquoi ? Parce que la métaphysique a rapidement oublié, elle aussi, la différence entre l'être et l'*étant*. Et pourtant, elle semblait poser la bonne question en nous permettant de nous étonner. Malheureusement, en s'interrogeant sur l'être, en tentant de le définir, elle en a fait un *étant*.

L'originalité de Heidegger va être de situer la domination moderne du sujet dans une histoire de la métaphysique.

> **Repère**
>
> **La déconstruction de la raison**
>
> Heidegger opère ici une déconstruction de la raison. Ce terme de déconstruction sera repris par Derrida, grand lecteur de Heidegger. La raison occidentale nous a conduit à oublier le sens de l'être. Le problème est peut-être que ceci le conduits à ne plus distinguer les contenus de l'humanisme issus de la raison (universalité des valeurs, égalité des droits...) et les conceptions de domination, de maîtrise et d'affirmation de soi telles que le racisme et le nationalisme....

On a oublié l'Être !

À ce moment du raisonnement, on peut avoir aisément l'impression d'être perdu. Mais il ne faut simplement pas perdre de vue ce que la notion de participe présent signifie. Quand nous disons qu'une chose est, nous signifions qu'elle est présente. Nous posons donc une équivalence entre l'être et la présence. La métaphysique en a déduit que l'être suprême est aussi suprêmement présent. C'est ce que nous appelons l'éternité. Est éternel

Repère

Nietzche métaphysicien ?

Finalement, Descartes est à mi-chemin entre Protagoras et Nietzsche. Protagoras, c'est la valorisation de l'*homo faber*, de l'homme fabriquant des outils. C'est la naissance de la technique. Et à l'extrême opposé, il y a Nietzsche avec l'homme de la volonté de puissance, l'humanité qui s'affirme comme volonté face au jeu de forces de la nature. Avec Nietzsche qui se présentait comme le dernier des philosophes, critiquant la métaphysique (page 317) nous sommes finalement encore dans la métaphysique, même si elle pousse ici son dernier cri ! La volonté de puissance, nous dit Heidegger, en est le dernier avatar.

ce qui est parfaitement présent, ce qui ne change pas, ce qui demeure stable par-delà les changements.

Platon a donné à l'être le nom d'Idée (lire page 54), la théologie l'a nommé Dieu. Chaque fois, il s'agit d'êtres éternels, éternellement présents. Oui, mais tout le problème est que l'être présent est un participe présent ! Ce n'est pas l'être, c'est un *étant* ! Là encore, la métaphysique a oublié une distinction fondamentale. Elle croyait pouvoir nous permettre de nous étonner et elle nous a amenés à oublier de le faire. Elle a fait de l'être suprême un *étant*. Si l'on veut s'étonner, si l'on ne veut plus être dans un rapport utilitaire au monde, si l'on veut retrouver le sens de l'être, il faut donc tout recommencer. De quoi faut-il partir alors ?

Un *étant* pas comme les autres

Parmi les *étants*, il y en a un qui n'est pas comme les autres. Tout simplement parce qu'il est le seul capable de s'étonner, parce qu'il est le seul à qui les questions de l'existence, du sens et de l'être se posent : l'homme. L'homme n'est pas un être comme les autres. Certes, s'il se fait écraser par un énorme rocher, il meurt. Pascal nous le disait déjà : « Quand l'univers l'écraserait, l'homme serait encore plus noble que ce qui le tue, parce qu'il sait qu'il meurt et l'avantage que l'univers a sur lui, l'univers n'en sait rien. » (page 182). L'homme s'interroge. Il peut se poser la question de l'être. D'ailleurs, on en parle quotidiennement mais on ne se pose pas la question. On oublie de le faire. Et cela, comme nous l'avons vu,

parce que nous avons cru que nous allions pouvoir tout maîtriser. Descartes nous l'a fait croire. Il nous a montré que l'absolu indubitable c'était le sujet, le *cogito*, que c'était de là que tout partait. Il a inventé un sujet qui devait se rendre maître de tout.
Donc, recommençons de zéro et partons de cet *étant* particulier qu'est l'homme. Heidegger le nomme *Dasein*, qu'on peut traduire par « Être-là ». Il ne s'agit pas de définir l'homme par la conscience, sinon on reproduit le geste de Descartes et on repose un sujet au fondement de tout, sujet qui va vouloir tout maîtriser. Il ne s'agit pas non plus de définir l'homme comme un être doté de raison, sinon on va encore en faire un sujet qui n'entretient avec l'être qu'un rapport de connaissance. Et nous l'avons vu, ce faisant, nous risquons de faire de l'être un être stable, éternellement présent, un *étant*. Alors Heidegger, créé un nouveau terme, le *Dasein*. Si on veut tout recommencer, il ne faut donc pas se faire piéger par le vocabulaire. Il faut de nouveaux mots.

Ne plus chercher « midi à quatorze heures »

Nous ne sommes pas un *étant* comme les autres car nous nous savons finis, mortels. Nous nous projetons bien au-delà du simple présent. C'est d'ailleurs ce que signifie exister, sortir de… Parce que nous nous savons mortels, la question du temps se pose pour nous. Pour l'animal qui vit dans un présent sans épaisseur, pour la pierre, la chaise, la question du temps ne se pose pas.
Nous nous demandons alors ce qu'est le temps. Mais la question est-elle ainsi bien posée ? Quand nous nous demandons « Qu'est-ce que le temps ? », nous essayons de saisir en le définissant le temps en ce qu'il existe. Nous voulons en faire un quelque chose. Nous voulons saisir « en même temps », d'un seul coup, ce qui est temporel. Nous cherchons alors « midi à quatorze heures ». Ce qui est impossible, ce qui n'a pas de sens.
Il faut alors plutôt non pas figer le temps, mais en parler de manière temporelle. Or, nous ne pouvons le faire qu'à partir de celui pour qui la question du temps se pose : le *Dasein*, c'est-à-dire nous-mêmes. Le temps n'est pas une réalité extérieure à nous qu'on peut maîtriser, il n'est pas un *étant*. C'est parce que nous sommes mortels qu'il y a quelque chose qui s'appelle le temps. Mieux encore, le temps n'est pas un quelque chose. Disons simplement qu'il y a… le temps. En allemand, cela se dit *« Es gibt Zeit »*. *Gibt* vient du verbe *geben* qui veut dire donner. En d'autres termes, le temps se donne à tout être qui se sait mortel, donc qui ne vit pas dans un simple présent sans épaisseur. Ce n'est pas,

comme toute la tradition le pense, à partir du présent qu'il faut penser le temps comme une suite de *maintenants*, mais à partir de l'avenir.

C'est pas moi !

Mais embarqués dans notre quotidienneté, nous oublions et, surtout, nous avons oublié que nous oublions. Il faut dire que cette prise de conscience de notre propre finitude n'est pas une partie de plaisir. Elle est source d'angoisse. L'angoisse n'est pas la peur, elle ne porte pas sur un objet déterminé. Je peux avoir peur des araignées ou de la vitesse. L'angoisse, elle, est indéterminée. Je m'angoisse finalement face au néant parce que rien n'est déterminé, tracé par avance, parce que de multiples possibles sont ouverts. L'angoisse est ainsi ce qui met le *Dasein* face à sa liberté. N'oublions pas qu'il se définit par rapport à sa finitude : nous savons que nous sommes mortels. La mort est un possible à venir, mais un possible bien particulier car dans la mort, il n'y a plus de possible ultérieur à envisager. Heidegger dit ainsi que c'est « le possible de l'impossible ».
Pour ne pas s'angoisser, on s'affaire, on s'occupe. « On n'a plus une minute à soi. » Tout comme d'ailleurs les outils nous font nous occuper du monde de manière utilitaire… Le temps n'est plus alors saisi comme ce qui se donne, mais comme une suite de *maintenants* pendant lesquels nous nous affairons. C'est le « On » de l'anonymat. Un « On » qui ne nous engage pas, celui de la banalité : « On meurt d'avoir trop fumé », « On va au cinéma »… Notre horizon est alors limité.

Comment vivre ?

Mais parce que le *Dasein* est existence, ouverture vers l'avenir, il s'agit d'assumer son destin, de répondre à son appel, d'être responsable (terme qui vient du latin *respondere*, qui veut dire répondre). Être responsable, c'est répondre « présent » au temps et non pas se dérober. Il s'agit de vivre une vie authentique et non banale et anonyme en fuyant son destin. Or, qu'est-ce qu'une vie authentique ? C'est une existence qui s'ouvre au mystère de l'être et qui a le souci de son sens.
Le *Dasein* se comprend à partir de la possibilité d'être ou de ne pas être lui-même, de vivre ou non de manière authentique. C'est un *étant* tel qu'il « a à être son être ». Cela signifie qu'il a à vivre de manière authentique, qu'il a à prendre en main sa propre existence. Le rapport au temps détermine le rapport à l'être.

Qu'est-ce que l'Être ?

Nous voilà de nouveau face à la question de l'être que, cette fois, nous avons retrouvé à partir de l'analyse du *Dasein*. Il ne s'agit plus d'un *étant* éternellement présent. Il ne s'agit plus de tomber dans le piège de la métaphysique qui a pensé l'être à partir du présent. Il ne s'agit plus d'opposer l'être au devenir. Héraclite l'avait d'ailleurs déjà dit (lire page 35). Mais attention, il ne faut pas penser que nous allons pour autant répondre à la question « Qu'est-ce que l'être ? ». Déjà, si on regarde attentivement, la question dans sa formulation pose problème puisque en commençant par « Qu'est-ce que… », elle interroge déjà l'être à partir de lui-même et en fait un *étant* ! Là encore, il s'agit simplement de dire « il y a l'Être », tout comme « il y a le temps ». Et c'est dans l'existence authentique qu'il se donne.

> **Vocabulaire**
>
> **L'ontologie**
>
> Ontologie vient du grec *on, ontos*, participe présent du verbe « être » et de *logos* signifiant « discours ». L'ontologie est le discours qui prend pour objet non pas telle catégorie de l'Être, mais « l'Être en tant qu'être ».

C'est pourquoi, une fois encore, en faisant du monde une réserve d'outils, la technique moderne nous détourne du sens de l'être. Ces formules « sens de l'être », « oubli de l'être » peuvent sembler mystérieuses, et on est souvent conduit à se demander de quoi on parle. Cela est tout à fait normal car, quand on se demande « de quoi on parle », on attend comme réponse : « l'Être c'est… ». Mais cette réponse n'a pas de sens car elle fait de l'être un *étant* ! L'Être est mystérieux car il est ce qui se donne. Pourtant, nous l'avons vu, nous pouvons saisir son sens lorsque nous quittons tout rapport utilitaire au monde, lorsque nous assumons notre liberté, même si celle-ci est angoissante.

La crise du logement

Il y a différentes manières d'être au monde. Le rapport technique de manipulation en est une, mais nous l'avons vu, il réduit le monde à un ensemble d'outils. Or, le monde n'est pas un simple milieu extérieur que je peux me contenter de manipuler et d'exploiter, il est ce que j'habite, et je l'habite avec les autres. L'homme est un être au monde. Qu'est-ce que habiter le monde ? On peut construire des habitations qui sont très pratiques mais qui détruisent notre environnement, construire des barres d'immeubles qui sont des abris mais qui ne sont pas

vraiment habitables. On s'en rend d'ailleurs compte puisque, vingt ans après, on les détruit ! Il ne faut pas construire n'importe comment pour ne pas être dans un monde inhabitable. Il faut savoir habiter. La crise que nous vivons se manifeste également ici.
Or, il ne faut pas oublier que le monde préexiste au sujet qui se rapporte aux objets par l'action ou par la connaissance. Il ne s'agit donc plus de saisir le sujet faisant face au monde objectif. Il faut être à l'écoute du monde, l'entendre, ce qui signifie aussi bien l'écouter que le comprendre. Le concept de monde chez Heidegger permet ainsi de critiquer une philosophie de la conscience dans sa volonté de maîtrise.

À quoi sert la vérité ?

Traditionnellement, la vérité est pensée à partir de l'accord entre l'esprit et la chose. Est vraie la proposition qui est en accord avec le réel, avec la chose (*res* en latin). Mais comment peut-on évaluer cet accord ? C'est l'esprit qui juge de l'accord entre la proposition qu'il énonce et le réel. Si je dis « Cette fleur est rouge », la proposition est vraie si la fleur est bien rouge. Comment puis-je savoir qu'elle est rouge ? Parce que je juge qu'elle est rouge. Finalement, l'esprit qui énonce la proposition est à la fois juge et partie ! Quand nous concevons ainsi la vérité, l'esprit ne fait que s'autojuger ! On tourne en rond. On oublie le réel.
Une fois encore, on doit sortir d'une philosophie du sujet qui veut maîtriser, manipuler, car il ne faut pas oublier l'être. Revenons donc à l'étymologie du mot vérité, *alèthéia*, qui signifie dévoilement. Il faut cesser de voiler l'être. La vérité ne doit pas servir une fois de plus à manipuler les choses, elle doit être dévoilement du réel.

Qu'est-ce qu'une paire de souliers ?

Parvenir à la vérité, c'est dévoiler ce qui est. Or, le scientifique, par exemple, ne dévoile pas, il manipule. L'artiste, au contraire, sera celui qui nous donne à voir le réel autrement que dans un rapport utilitaire. Heidegger nous le montre en commentant un célèbre tableau de Van Gogh, *Les souliers*. Nous sommes simplement face à une paire de souliers de paysan, que nous considérons généralement comme un objet utile, mais ce tableau nous les donne à voir en dehors de ce rapport. Nous nous trouvons alors seuls face à ce qui *est là*. L'art apparaît comme dévoilement, et c'est en ce sens que nous pouvons parler d'une vérité de l'œuvre d'art.

Il n'y en a qu'un qui ne parle pas pour ne rien dire : le poète

Finalement, il s'agit de parvenir à une pensée plus rigoureuse que la pensée conceptuelle et sortir de l'emprise de l'objectivisme. Contrairement à ce qu'on pourrait penser, les plus éloignés de la réalité ne sont pas les poètes, mais les scientifiques. Pourquoi ? Parce que la tâche de la pensée est d'entendre la parole de l'être. Habiter le monde, ce n'est pas se comporter comme un comptable, ce n'est pas lui demander qu'il rende des comptes. Certes, cela ne donne pas des résultats évaluables, et nous sommes troublés car nous voulons des résultats : cela nous rassure.

Il faut oser emprunter les chemins qui ne mènent nulle part (c'est le titre d'un des ouvrages de Heidegger), ne plus dominer le monde, mais l'habiter en poète. En d'autres termes, il faut arrêter de parler pour ne rien dire. Parler, c'est dire l'être. Cela peut nous sembler bien étrange et mystérieux. Mais n'oublions pas que c'est en dévoilant l'être que nous pourrons retrouver son sens et sortir de cette course sans frein au profit et à la domination. Heidegger nous dit ainsi que l'homme doit se faire le « berger de l'Être ».

Repère

Heidegger et Husserl

Heidegger a été l'élève de Husserl. Puis il est devenu son collègue. On raconte d'ailleurs qu'il finit par refuser de le saluer... Il reconnaît à la pensée de Husserl la vertu d'avoir reposé la question du sens (lire page 351), mais il lui reproche aussi d'être resté dans un privilège de la conscience. Est phénomène, pour Husserl, ce qui se montre par lui-même comme lui-même. Pour Heidegger, ce qui apparaît est l'*étant*, qui masque le mode selon lequel cet *étant* est donné.

Sartre, le gouffre de la liberté

Sartre a certainement été l'un des penseurs français qui aura le plus marqué la deuxième partie du XXe siècle. Philosophe engagé, il a été présent dans de nombreux combats politiques. « On n'emprisonne pas Voltaire ! » aurait dit De Gaulle à la suite de l'arrestation du philosophe sur la voie publique. Cette présence, cet engagement sont indissociables de sa philosophie, et c'est certainement pour cela qu'il reste une des figures majeures de la pensée française.

Biographie

Le philosophe engagé

Né en 1905, Jean-Paul Sartre passe l'agrégation de philosophie en 1929 – c'est à cette période qu'il fait la connaissance de Simone de Beauvoir. En 1931, Il est nommé professeur de philosophie au Havre, au lycée François-Ier, puis en 1937, à Neuilly. Pendant la Seconde Guerre mondiale, il est tour à tour soldat, prisonnier et auteur engagé : il rédige son premier essai qui deviendra son œuvre philosophique majeure, *L'Être et le Néant*, dans lequel il approfondit les bases théoriques de son système de pensée. Recruté par Albert Camus en 1944, il devient reporter au journal *Combat*. Durant les années qui suivent la Libération, Jean-Paul Sartre connaît un énorme succès et une très grande notoriété comme chef de file du mouvement existentialiste, qui devient une véritable mode. Dans la revue *Les Temps modernes*, qu'il a créée en 1945, il prône l'engagement comme une fin en soi, avec à ses côtés Simone de Beauvoir, Merleau-Ponty et Raymond Aron. À partir de 1950, Sartre se rapproche du parti communiste, dont il est un « compagnon de route » critique, et avec lequel il rompra totalement en 1968 lors de l'invasion de la Tchécoslovaquie. Au cours des années cinquante et soixante, Sartre approfondit sa lecture de la théorie marxiste. Parallèlement, *Les Mots* (1964) lui vaudront le prix Nobel, qu'il refusera. Atteint de cécité, il continue néanmoins à travailler et à militer. Il meurt le 15 avril 1980.

« Jamais nous n'avons été plus libres que sous l'Occupation allemande »

En 1944, alors que la France sort tout juste de cette période trouble qu'a été l'Occupation, Sartre prononce à la radio cette formule choquante et radicale : « Jamais nous n'avons été plus libres que sous l'Occupation allemande. » Alors que chacun avait eu à subir les affres de l'Occupation, voilà qu'un philosophe vient nous dire qu'il s'agissait par excellence du temps de la liberté ! Quelle peut bien être cette liberté que nous vivons dans l'oppression et la contrainte ? Si « jamais nous n'avons été plus libres que sous l'occupation », c'est simplement parce que nous avions le choix : le choix de résister, de collaborer ou de ne rien faire ; et ne pas choisir, c'est encore « choisir de ne pas choisir ». La situation qui se présentait

Biographie

Simone de Beauvoir (1908-1986)
Difficile de parler de Sartre sans évoquer Simone de Beauvoir. Née en 1908 et morte en 1986, elle fut sa compagne (surnommée le Castor, qui se dit *beaver* en anglais) et participa avec lui à de nombreux combats. Témoin de l'existentialisme, romancière, elle décrivit l'éthique existentialiste comme une conquête permanente de la liberté. C'est surtout son essai *Le Deuxième Sexe* (1949) qui lui donna une renommée internationale. Cet ouvrage devint la bible du féminisme. Beauvoir y montre que « la femme » ne désigne qu'une idée historique et non une essence naturelle. Une fois encore, il n'y a pas de nature humaine et la condition que la femme vit dans de nombreuses cultures n'est qu'une construction culturelle.
De là cette formule célèbre par laquelle on résume souvent, même si cela est rapide, les propos de Beauvoir : « On ne naît pas femme, on le devient. »

nous contraignait à nous déterminer, nous offrait, dans sa nécessité, différents possibles. Tel est le sens qu'il faut accorder à la notion de liberté.

Sommes-nous libres comme l'air ?

Bien souvent, nous considérons qu'être libre consiste à faire ce que nous désirons, ce qui nous plaît. Nous nous représentons alors la liberté comme ce bonheur d'agir à sa guise. Nous souhaitons faire de la liberté un plaisir, une joie rendant la vie plus légère. Telle est en tout cas cette liberté que nous revendiquons sans cesse. Nous imaginons que l'animal qui n'est pas en captivité est libre de courir ou de voler, d'aller où il le souhaite, libre comme l'air. Mais si nous voulons accorder cette liberté à l'animal ou à l'air que nous respirons, nous oublions une donnée essentielle : c'est que ni l'un ni l'autre ne sont des êtres conscients.

Qu'est-ce que l'existentialisme ?

Un gouffre sépare l'homme de toute chose : la conscience. Nous naissons dans un pays, une culture, un milieu déterminé, mais rien ne peut permettre de savoir de manière absolue ce que sera notre existence ; celle-ci se construit, se façonne au cours de notre vie, de nos rencontres, de nos choix. Lorsqu'un objet est fabriqué, sa fonction, sa forme, sa matière sont déterminées, conçues dans un premier temps. C'est alors seulement qu'il advient à l'existence : son essence, ce qui le définit, précède son existence. Mais « concevoir un être humain » ne permet en rien de déterminer, par avance, ce qu'il vivra, ce qu'il fera à l'âge adulte. La conception se résume alors simplement à donner l'existence qui, cette fois, est première : un homme existe d'abord, il se définit ensuite tout au long de sa vie. Pour un homme, « l'existence précède l'essence ». Ainsi, exister, c'est être là, dans un monde que nous n'avons pas choisi, mais au milieu duquel nous avons à vivre. Et parce que nous ne sommes jamais définis avant même d'exister, de multiples possibles s'offrent toujours à nous : résister, collaborer, ou ne rien faire, comme nous venons par exemple de le voir… Inutile alors d'aller chercher des excuses, d'affirmer que nous ne pouvions pas faire autrement.

Repère

Un existentialisme athée

Il n'y a pas de nature humaine qui serait définie par avance et pas de Dieu qui aurait conçu cette nature. L'existentialisme que défend Sartre diffère donc de la pensée de Kierkegaard : il s'agit ici d'un existentialisme athée.

Il nous est toujours possible de choisir : seule la mort est disparition de toute possibilité. Être une conscience, un être dont l'existence précède l'essence, c'est ne pas pouvoir échapper à sa liberté, au choix face à la diversité des possibles qui s'offrent à nous, parce que nous ne sommes pas des choses. Tel est le sens de l'existentialisme de Sartre. Voilà pourquoi, pour reprendre le titre d'un de ses ouvrages célèbre, « l'existentialisme est un humanisme » ; il redonne à l'homme sa place centrale, celle d'un être dont la conscience fait qu'il ne peut jamais être réduit à un objet.

Qu'est-ce qui donne la nausée ?

L'un des premiers textes qui fit le succès de Sartre est un roman, *La Nausée*, qu'il a publié en 1938. Ce texte, qui nous conte l'histoire d'Antoine Roquentin, devait avoir comme premier titre *Mélancolia*, terme nous renvoyant immédiatement à la question de l'existence. En effet, la mélancolie est ce sentiment profond éprouvé face à la vacuité de l'existence, à son

Vocabulaire

La nécessité

C'est ce qui ne peut être autre ou autrement qu'il est. On confond souvent les termes de nécessité et d'obligation. Or, ils ont un sens bien différent. La notion d'obligation est morale. Lorsqu'on dit qu'on est obligé de respecter la loi, cela signifie qu'il faut la respecter, qu'on le doit et que si on ne le fait pas, on sera condamné. Mais la respecter n'est pas une nécessité. En effet, il m'est toujours possible de l'enfreindre. Par contre, si je prends un morceau de bois de un mètre et que je le casse en deux, chacune des deux parties sera nécessairement inférieure à un mètre. Cela ne peut pas être autre, c'est une nécessité. Ainsi, pour reprendre l'exemple de la loi, non plus dans le champ politique mais dans le champ physique : sur terre, dans les conditions normales de l'expérience, si je lâche un objet plus lourd que l'air, il tombe. C'est une nécessité. Mais l'objet n'est en rien « obligé » de tomber. Il n'y a ici aucune obligation morale.

La contingence

C'est le terme qui s'oppose à la nécessité. Est contingent ce qui peut être autre ou autrement qu'il est. Là où il n'y a pas de nécessité règne la contingence. D'autres possibilités se présentent. C'est pourquoi Sartre nous dit que l'existence est contingente. Rien n'est tracé par avance. Diverses possibilités se présentent toujours. Autre manière d'affirmer l'irréductibilité de la liberté humaine !
À propos de sa relation avec Simone de Beauvoir, Sartre a dit : « Notre amour était nécessaire, ce qui n'excluait pas les amours contingentes... ». Justification à retenir ?

absence de raison d'être. Or, c'est bien ce que Sartre décrit à travers *La Nausée*, éprouvée par Roquentin lorsqu'il découvre que rien ne justifie l'existence, qu'elle est contingente.
Cela ne revient pas à nier la valeur de l'existence, mais à affirmer qu'elle n'est en rien déductible par la raison, qu'elle n'est pas nécessaire. En d'autres termes, tout est gratuit. De là cette formule de Sartre devenue célèbre : « L'essentiel, c'est la contingence. »

« J'étais libre, qu'est-ce que j'en avais à foutre d'être libre ! »

La liberté semble alors beaucoup moins joyeuse que nous le souhaitions. Être libre, c'est avoir sans cesse à choisir, c'est ne pas pouvoir fuir en considérant que les circonstances, les

autres, sont responsables de ce qui nous arrive. Parce qu'en tant qu'êtres de conscience, nous avons toujours plusieurs possibles qui s'offrent à nous, parce que notre avenir n'est jamais absolument déterminé, notre conscience est sans cesse face au néant. Rien de plus angoissant alors que la liberté, parce qu'elle fait de nous des êtres responsables, des êtres qui doivent répondre de leurs actes, qui sont toujours en cause, et qui ne peuvent chercher aucune excuse valable en dehors d'eux-mêmes. C'est sans doute pourquoi nous préférerions bien souvent ne pas être libres, et dire que nous avons agi de la sorte parce que nous ne pouvions pas faire autrement.
Tel est le sens de cette formule que Sartre met dans la bouche d'un de ses héros à la veille de Munich : « J'étais libre, qu'est-ce que j'en avais à foutre d'être libre ! Cette liberté, je la troquerais bien contre un beau morceau de certitude ! » La certitude a cette vertu de nous guider comme une nécessité. Face à son camarade dont l'engagement au parti communiste impose comme une évidence de refuser le cours de l'histoire, celui qu'aucune certitude idéologique n'anime se retrouve face à l'évidence de la responsabilité de ses choix, face à l'évidence qu'il sera la cause de ses déterminations. La liberté est alors angoissante parce qu'elle nous révèle notre condition, celle d'êtres responsables qui ne peuvent fuir. Être une conscience, être libre, être responsable, autant de formules identiques qui nous révèlent la spécificité de l'humain.

Un petit tour au café...

Pour fuir notre liberté, nous faisons appel à notre caractère (« Je suis comme ça »), à la situation (« Il était impossible de faire autrement, j'aurais voulu t'y voir »), comme si nous étions déterminés comme des objets, comme si tout était défini en dehors de nous. Nous nous qualifions alors de coléreux, impulsifs, courageux (rarement de lâches, d'ailleurs !), comme nous disons que cette table est de bois, ou ce verre carré. Nous nous réduisons ainsi à des objets, à de simples choses que nous ne sommes pas.
C'est pourquoi, dans un des passages, sans doute le plus célèbre, de *L'Être et le Néant*, Sartre nous décrit cet exemple du garçon de café qui, par ses actes quotidiens, ses gestes répétitifs, se comporte comme tout garçon de café, tout comme « il y a la danse de l'épicier, du tailleur, du commissaire-priseur, par quoi ils s'efforcent de persuader à leur clientèle qu'ils ne sont rien d'autre qu'un épicier, qu'un commissaire-priseur, qu'un tailleur ». Le garçon de café fait tous les gestes de n'importe quel garçon de café, comme si sa fonction le définissait (Sartre fréquentait beaucoup les cafés parisiens ; où il s'installait pour écrire…).

C'est qu'il est plus facile, plus confortable sans doute, de s'identifier à une fonction, à un rôle qui nous définit, qui nous permet de dire que nous ne pouvons pas faire autrement, que nous sommes comme cela. Quand finalement j'annonce que je suis impulsif, je fais comme si je n'y pouvais rien, comme si cela définissait mon essence.

Quelle est la différence entre la mauvaise foi et le mensonge ?

Sauf que le garçon de café ne sera jamais garçon de café comme une table est une table ou comme un encrier est un encrier ! Son attitude est toute de mauvaise foi. La mauvaise foi n'est pas le mensonge. Lorsque je mens, je sais que je mens ; dans la mauvaise foi, je me cache à moi-même, je dissimule à moi-même la réalité. Le garçon de café peut répéter chaque jour tous les gestes qui correspondent à sa fonction et qu'on attend de lui, jamais il ne pourra être simplement réduit à cette fonction ; et ce parce qu'il n'est pas un objet, une chose, parce que son existence précède son essence, parce que d'autres possibles s'offrent à lui.
Nous nous comportons souvent tous comme le garçon de café. Nous jouons des rôles. Nous disons et nous pensons que nous ne pouvons pas agir autrement que nous agissons. Que tout cela est nécessaire. Mais non, l'existence est contingente ! Sartre nous dit que le garçon de café est garçon de café « sur le mode de ne l'être pas ». La formule peut paraître étrange, elle souligne pourtant simplement qu'il ne l'est pas comme un objet est un objet. Pourquoi ? Parce qu'il est une conscience.

Vocabulaire

En-soi
L'être opaque à lui-même et dépourvu de conscience, incapable de se constituer spectateur de lui-même.

Pour-soi
L'être qui se dissocie de lui-même pour se contempler, l'être qui ne coïncide pas avec lui-même. Le pour-soi chez l'homme est essentiellement manque et néant, la conscience n'est rien de ce dont elle a conscience. Le pour-soi est « à soi-même son propre manque d'être. Et l'être dont manque le pour-soi, c'est l'en-soi ». C'est en ce sens que nous cherchons à nous définir comme si nous étions des objets. Telle est la mauvaise foi.

Qu'est-ce que la conscience ?

Traditionnellement, nous définissons la conscience à partir de l'étymologie du terme. Conscience vient de *cum scientia*, qui signifie « accompagné de savoir ». La conscience est alors synonyme d'attention. Or, dans la mauvaise foi, parce qu'elle n'est pas le mensonge, je ne sais pas que je me mens. Le garçon de café croit qu'il est garçon de café comme un encrier est un encrier tout comme je peux me croire impulsif comme si cela relevait de mon essence. Il ne s'agit pas d'une manipulation de ma part qui relèverait d'un calcul réfléchi.

Ce qui sépare le garçon de café de l'encrier, c'est la conscience, non pas une chose, puisque c'est ce qui fait qu'il n'en est pas une, mais un néant, celui de l'indétermination : la conscience est un gouffre. Elle n'est pas une chose, elle n'est pas rien. Elle est mise à distance (il faut bien le faire pour prendre conscience des choses, pour ne pas être englué dans ce que l'on vit) et en cela elle est, selon l'expression de Sartre, « pouvoir de néantisation ».

> **Repère**
>
> **Sartre et Husserl**
>
> Sartre a été un grand lecteur de Husserl. Ce dernier montre que la conscience n'est pas un réceptacle, qu'elle ne renvoie pas à une intériorité, mais qu'elle est ouverture sur le monde, qu'elle est intentionnelle (lire page 347). Sartre reprend cette conception de la conscience qui est donatrice de sens. La conscience n'est pas ce qui engrange des données extérieures, elle est ce qui donne sens au monde et aux choses.

Et l'inconscient ?

Dans notre usage courant des termes, nous aurions tendance à dire que la mauvaise foi est inconsciente. Mais utiliser un tel terme, c'est encore définir la conscience comme attention. C'est ce que fait Freud lorsqu'il suppose l'inconscient, qui renvoie d'abord à tout ce qui échappe à la conscience. Mais la conscience est avant tout ce qui sépare l'homme de tout objet, l'attention n'est qu'un acte de la conscience parmi d'autres. Faire appel à l'inconscient risque en effet de nous mettre hors de cause, donc d'être une bonne excuse : « Je n'y suis pour rien, puisque cela m'échappe. » Sartre refuse donc cette hypothèse de l'inconscient. Cela ne signifie pas pour autant que toute activité de la conscience est immédiatement transparente à elle-même. Il y a la « conscience rêvante », la « conscience imaginante »... Ce sont des actes différents de la conscience.

Il s'agit donc de se donner les moyens de toujours montrer que l'homme est libre ! Puisque l'enjeu essentiel est la liberté, la conscience, qui n'est pas synonyme de connaissance et qui n'est pas un objet est, seule, ce qui définit l'homme. Il n'y a pas d'inconscient, mais finalement une conscience qui se dédouble lorsqu'elle se masque à elle-même la réalité.

« Nous sommes condamnés à être libres »

En tant qu'hommes, « nous sommes condamnés à être libres », même si bien souvent, nous aimons bien mieux penser que nous ne pouvons pas faire autrement. Libres, parce qu'il nous est toujours possible de faire autrement, même de ne pas parler sous la torture et de préférer la mort. Et si certains ont pu le faire, aussi peu nombreux soient-ils, c'est parce que toute la puissance destructrice possible ne parvient pas à réduire définitivement l'humanité au rang de chose. Il ne s'agit pas de condamner ceux qui ont parlé, de juger autrui, mais de constater simplement que cette irréductibilité de l'humain à une chose est ce qu'on nomme la conscience. Difficile liberté que celle qui nous échoit, bien loin de celle dont nous rêvons parfois en regardant l'animal sauvage courir dans la savane. Être condamné à être libre, c'est alors être condamné à s'engager.

Est-ce qu'on choisit d'être grand ou petit ?

Pourtant, dire que l'homme est absolument libre peut paraître étrange. Car je ne choisis pas d'être grand ou petit, d'être né dans tel ou tel pays, dans tel ou tel milieu social. De même, il semble bien qu'il y ait des obstacles objectifs que je rencontre dans les actes quotidiens : une falaise trop haute à escalader, une mer infranchissable… Comment dire alors que nous sommes absolument libres ?

Certes, je ne peux pas choisir ma taille, ma couleur de peau, ni d'être superman pour franchir les montagnes, mais c'est bien moi qui choisis de donner une valeur à la taille et de saisir la petitesse comme un défaut ou une qualité, tout comme c'est bien moi qui décide de considérer cette montagne comme un obstacle. Le choix est le mien, il renvoie alors au rapport que j'entretiens avec les faits. La conscience est ouverture, elle est projet ; c'est-à-dire, dans un sens premier, « jet vers ». Elle est tournée vers l'avenir. Elle est aussi donatrice de sens. C'est alors dans le « projet » que j'ai d'escalader cette montagne que je vais y voir un obstacle ou non. Ce qu'on présente d'abord comme des obstacles n'est en rien contradictoire avec l'affirmation de la liberté.

Repère

Sartre et Heidegger

Sartre fut un grand lecteur de Heidegger, qui influença fortement sa pensée de l'existence. Si Heidegger refuse de continuer à donner un privilège à la conscience, voyant en cette dernière un avatar de la métaphysique (lire page 359), son interrogation sur le *Dasein* conduit à une réflexion sur l'existence et la liberté. Le *Dasein*, l'homme, a à être, à vivre de manière authentique, c'est-à-dire à vivre en tant qu'être pour la mort. La révélation de son être est angoissante, elle est alors un appel à la responsabilité. C'est à partir de l'avenir que l'homme se comprend. On voit que les analyses de Heidegger ne sont pas éloignées de celles de Sartre, qui nous dit que l'homme est un être libre, responsable, et pour qui cette responsabilité est source d'angoisse. Mais Heidegger est finalement un philosophe de la campagne, de la nature et de ses chemins, alors que Sartre est le philosophe de la ville, de la vie avec les autres et, donc, de la confrontation entre les libertés.

« L'enfer c'est les autres »

Mais nous ne vivons pas seuls. « Ma chute originelle c'est l'autre » et « L'enfer c'est les autres », nous dit Sartre. La référence religieuse est présente dans ces deux formules. La notion de chute originelle renvoie à ce moment où Adam et Ève ont été chassés du jardin de l'Éden. Dès lors ont commencé pour eux le travail nécessaire pour se nourrir et les luttes pour y parvenir. « L'enfer c'est les autres » (formule que l'on trouve dans la pièce de théâtre *Huis clos*). Pourquoi ? Parce que les autres sont sans cesse ceux qui tentent de porter atteinte à ma liberté. L'autre, par sa présence, pose sans cesse son regard sur moi. Par son regard il me juge en tant que je suis un sujet, mais aussi, en me jugeant, il me réduit à ce qu'il saisit de moi, il me réduit à une chose, il m'enferme dans une essence.

C'est pourquoi la rencontre avec l'autre se fait toujours sur le mode du conflit. Non pas que nous soyons sans cesse en train de nous battre, mais simplement parce que ce regard de l'autre remet en cause ma liberté. Et en même temps, sans cet autre, personne ne me saisira comme un sujet libre ! Donc il ne s'agit pas de dire qu'il faut partir sur une île déserte…

C'est la honte !

Si je suis en train d'espionner une personne par le trou de la serrure, je peux très bien savoir ce que je suis en train de faire sans que cela me pose problème. Ma curiosité ou toute autre excuse suffit à justifier mon acte, même si je sais qu'il est répréhensible. Mais si, subitement, j'entends des bruits de pas dans le couloir signifiant que quelqu'un arrive, mon état change. J'éprouve, dans le regard de l'autre, de la honte à faire ce que je suis en train de faire. Pourquoi ? Parce que par son regard, l'autre va me saisir comme « celui qui regarde par le trou de la serrure ». Il va me réduire à ce moment-là à cela, comme si je n'étais que cela.

Il n'est d'ailleurs même pas besoin que l'autre me surprenne, le seul bruit des pas peut me conduire à me saisir réflexivement comme « celui qui regarde par le trou de la serrure ». J'ai honte ! Voilà en quoi, dans cet exemple, le regard de l'autre fige mes possibilités. Et en même temps, je n'éprouve de la honte que parce que je suis une conscience libre, parce que je ne me réduis pas à la manière dont l'autre me voit. D'ailleurs, cela n'est éventuellement répréhensible que parce que c'est bien un être humain, une conscience, qui regarde par le trou de la serrure !

> **Repère**
>
> **Sartre et Hegel**
>
> Sartre nourrit sa réflexion des analyses de Hegel dans la dialectique du maître et du serviteur. L'autre est à la fois la condition de ma reconnaissance comme sujet et celui qui, par son regard, me fige comme une chose.

L'histoire

Si l'homme est libre, comment alors passer du singulier au pluriel ? En effet, ce qui devient compliqué, c'est de vivre avec les autres ; et en même temps, sans les autres, je ne suis rien. L'homme est libre, certes, mais il est difficile de le comprendre en dehors des conditions matérielles dans lesquelles il existe. Sartre connaît bien les analyses de Marx : l'homme est un produit des conditions matérielles et économiques de son existence (lire page 276). L'action humaine, ce que Sartre nomme la *praxis*, est bien transformation du monde par le travail, mais ses productions se retournent bien souvent contre elle. C'est ainsi que l'empereur allemand Guillaume II aurait dit, devant le spectacle des destructions produites par la guerre : « Je n'ai pas voulu cela. »

Repère

Albert Camus (1913-1960)

Sartre et Camus se sont rencontrés à la générale des *Mouches*, la pièce de Sartre, sous l'Occupation. Leur amitié s'est brisée après la publication par Camus de son essai *L'Homme révolté*. Brouille politique (en ces temps de guerre froide, le désaccord menait presque toujours à la rupture), brouille « métaphysique » aussi...

Pour Sartre, la lutte est lutte des classes et guerre civile, impliquant une confrontation entre oppresseur et opprimé. Telle est la vérité de l'histoire et cela rend la haine inéluctable et légitime : celui qui ne s'engage pas est du côté des oppresseurs. Camus fait aussi l'éloge de la révolte, mais il souhaite préserver l'idée de nature. L'âme du révolté n'est pas mue que par la haine. Il veut concilier la révolte et la mesure, et fait ainsi émerger une pensée antitotalitaire. Camus reproche donc à Sartre son indulgence pour les régimes totalitaires et cette vision purement politique et historique.

Raymond Aron (1905-1983)

Lorsqu'on évoque Sartre et Aron, on parle généralement des « deux camarades de l'École normale ». Ils ont en effet été étudiants ensemble. Toutefois, leurs routes vont se séparer aussi bien par leurs engagements que par le développement de leur pensée. Ils ne se retrouveront qu'une seule fois, à la fin de leur vie, lors d'une rencontre commune à l'Élysée à propos des *boat people*, en juin 1979.

Avec Sartre et Aron, nous avons affaire à deux styles, deux visions de l'histoire. Aron est un démocrate libéral qui ne cessera de s'interroger sur la capacité que nous avons à connaître objectivement l'histoire. Il ne cessera donc d'opérer une critique de la connaissance historique afin de penser son époque en étant étranger à tout esprit de système. Libéral mais pas doctrinaire, il ne cessera de s'opposer au marxisme et de dénoncer l'aveuglement qu'il suscite chez les intellectuels.

Dès lors, comment se réapproprier l'histoire ? En commençant par comprendre le fonctionnement des groupes, en commençant par comprendre l'histoire : comment la révolution de 1917 peut-elle produire le stalinisme ? Comment 1789 peut-il produire la Terreur ? Il ne s'agit pas d'être fataliste, bien au contraire : l'homme est libre et d'ailleurs, il peut arriver que, dans l'action, un projet commun dépasse les déterminations et les oppositions entre les individus et renverse l'ordre établi. Il est toujours possible de dépasser toute situation. C'est donc une fois encore à partir de la liberté qu'il faut aussi penser l'histoire. Néanmoins, cette réflexion de Sartre sur l'histoire et la morale n'est pas achevée dans son œuvre.

Merleau-Ponty, la chair du monde

La philosophie semble être sans cesse prise dans un jeu d'oppositions. On oppose ainsi l'esprit et la matière, l'homme et le monde, le sujet (la conscience) et son corps, la nature et la culture, l'Être et le néant ou encore l'en-soi et le pour-soi. Ces oppositions ne sont pas sans raison, elles nous servent à essayer d'expliquer le monde et les choses. Mais est-ce le bon chemin ? Par où faut-il passer pour être sûr du bon chemin ?

Biographie

Philosophe et psychologue

Maurice Merleau-Ponty, élève de l'École normale supérieure à la même époque que Sartre, passe l'agrégation de philosophie en 1930. D'abord professeur dans le secondaire et en classes préparatoires, il publie deux ouvrages très importants, *La Structure du comportement* (1942) et la *Phénoménologie de la perception* (1945), qui constituent sa thèse et obtient un doctorat de lettres en 1945. Il est ensuite professeur de philosophie à l'université de Lyon (de 1945 à 1948), puis professeur de psychologie de l'enfant et de pédagogie à la Sorbonne (de 1949 à 1952). Enfin, il occupe la chaire de philosophie du Collège de France à partir de 1952.

Membre du comité directeur de la revue *Les Temps modernes*, Merleau-Ponty supporte difficilement la ligne éditoriale donnée par Sartre à partir de 1950, ce qui entraîne la rupture de leur amitié qui datait de leurs années d'études à l'École normale supérieure. Il meurt d'un arrêt cardiaque le soir du 3 mai 1961, à l'âge de 53 ans.

Cessons d'opposer la matière et l'esprit

Descartes, par exemple, a répondu à cette question avec le *cogito*, le « Je pense donc je suis ». Alors qu'il se demandait ce qui était sûr et indubitable, il parvient à l'issue du doute au « Je pense » : si je doute de tout, il y a une chose dont je ne peut pas douter, c'est de moi en train de douter (lire page 147). Le petit problème est alors que les choses ne sont qu'étendues, elles n'ont plus d'épaisseur. On a ainsi bien du mal à rendre compte de la matière. Et quand il faut se demander quels sont les rapports entre l'âme et le corps, on est bien embêté : l'âme, l'esprit, existe indépendamment du corps et pourtant, on sent bien qu'ils sont liés. L'opposition entre l'esprit et la matière n'est pas claire et ne nous permet pas de bien rendre compte du réel. Inversement, celui qui dit que l'esprit naît de la matière, parce que seule la matière existe, a bien du mal à nous dire comment cette naissance a lieu, à dire ce qui fait l'esprit…

Cessons d'opposer le sujet et le monde

La science s'installe également dans ces oppositions. Elle va distinguer, d'un côté, le sujet qui connaît et, de l'autre, le monde à connaître. Dès lors, elle fait du monde un ensemble d'objets à manipuler. Or, Merleau-Ponty reconnaît la profondeur des analyses de Heidegger (page 355). En cherchant sans cesse à manipuler le monde, la science et les technologies oublient la question du sens. Elles nous conduisent à ne plus habiter le monde. La science risque fort de nous conduire à une impasse dangereuse.

Merleau-Ponty est un disciple de Husserl. Il retient cette affirmation essentielle : « La conscience est conscience de quelque chose », elle est « être au monde » (page 348). Mais là encore, en pensant que la conscience est constituante, on risque de laisser de côté le sensible dans son épaisseur.

Cessons d'être dans le « tout ou rien »

Sartre tente pour sa part d'expliquer le monde et l'homme à partir de l'existence. L'homme est bien engagé dans le monde ; il est celui qui, par ses actions, donne un sens. Cela fait de lui un être responsable. Car il n'est pas un être comme les autres. Pour lui, l'existence précède l'essence.

Il n'y a pas de nature humaine prédéfinie. En d'autres termes : je ne suis pas une chose. Certes, j'ai un corps, mais je suis libre. Je ne peux être une chose que sur le mode de ne l'être pas. Je ne suis jamais garçon de café, commerçant, enseignant… comme un encrier est un encrier (lire ci-dessus, page 368). Il y a une opposition entre l'en-soi et le pour-soi, il n'y a pas d'intermédiaire entre la liberté et l'en-soi. Ou, pour le dire autrement, la liberté est absolue ou elle n'est pas. On est dans le tout ou rien !

Or, cela semble poser problème dès que nous rencontrons l'épreuve des faits, du réel. Et Merleau-Ponty le constate dans l'attitude de Sartre face à la crise du marxisme. C'est d'ailleurs sur ce point que leur brouille va avoir lieu.

> **Anecdote**
>
> **La brouille avec Sartre**
>
> Merleau-Ponty quitte *Les Temps modernes* à la suite d'une querelle avec Sartre. En 1952, Sartre venait de publier son article, *Les communistes et la paix*, sans prévenir quiconque à la revue, puis fit sauter, sans en avertir Merleau-Ponty, un texte que ce dernier avait rédigé pour chapeauter un article marxiste (de Sartre). La brouille fut définitive.

Cessons d'opposer l'idéal et le réel

Sartre entretient une relation particulière avec le marxisme en se déclarant « compagnon de route ». Il pratique un engagement sans adhésion. Merleau-Ponty, lui aussi, sympathise dans un premier temps avec le marxisme. Mais les procès de Moscou, le stalinisme, les camps et la répression de la révolte hongroise le conduisent à rompre. La réalité semble bien éloignée des idéaux. Là encore, c'est l'opposition entre l'idéal et le réel qu'il faut dépasser, cette opposition qui conduit certains à affirmer, au prix d'une certaine gymnastique, leur accord avec des thèses qui conduisent à des horreurs. Ainsi, pour combattre cette attitude, ce sont les oppositions qu'il faut attaquer : l'opposition entre l'Être et le néant, entre l'en-soi et le pour-soi… Il faut dépasser le tout ou rien de la liberté.

La philosophie n'est pas là pour nous protéger

Nous le voyons, la philosophie ne doit pas être séparée de notre engagement dans le monde. Il ne faut pas que des systèmes nous protègent et nous permettent, par un tour de passe-passe, d'inventer un monde qui nous convient. Merleau-Ponty reproche à Sartre d'inventer un communisme imaginaire, de modeler le monde selon sa pensée. Combattre une telle attitude doit se faire sur le terrain philosophique. Et réfléchir sur l'Être, l'homme, le monde, les choses, etc., c'est mener ce combat, même si ces termes parfois obscurs nous semblent éloignés de la réalité. Nous le voyons, ils ne le sont pas et c'est bien du monde, de l'Être dont il s'agit de parler. Tout simplement, il faut faire de la philosophie, c'est-à-dire combattre les idoles.

« Revenir aux choses »

Par où passer pour être sur le droit chemin? Tout d'abord, il faut sortir des oppositions qui nous conduisent à des impasses, qui en tentant d'expliquer le monde, ne le saisissent pas dans toute son épaisseur et sa complexité. Husserl nous a indiqué un chemin grâce à une attitude nouvelle : ne plus expliquer le monde mais le décrire. C'est la phénoménologie, qui se donne comme projet de revenir aux choses mêmes au lieu de se laisser embarquer par des constructions intellectuelles. Il faut donc s'installer dans les choses, dans l'expérience vécue, qui est toujours complexe et ne se réduit pas à quelques concepts ni à des abstractions. Toute la pensée de Merleau-Ponty va être ce voyage dans les choses. Mais il ne s'agit pas d'une simple promenade! L'enjeu est bien de décrire les choses, le monde, et, par-delà, la place que l'homme y occupe, loin des grands discours qui nous séduisent.

Toute la démarche va donc consister, en revenant aux choses mêmes, à sortir des oppositions qui nous empêchent de saisir le réel. Ce n'est pas à travers les oppositions entre l'esprit et la matière, entre la conscience et le corps, entre la nature et la culture, entre le vivant et son milieu, entre l'Être et le néant, entre l'en-soi et le pour-soi, que la pensée doit se situer. Elle doit réintroduire l'entre-deux. C'est ce que Merleau-Ponty va nous montrer à travers l'analyse du comportement et de la perception.

> **Citation**
>
> « Tout est fabriqué et tout est naturel chez l'homme, comme on voudra dire, en ce sens qu'il n'est pas un mot, pas une conduite qui ne doive quelque chose à l'être simplement biologique et qui en même temps ne se dérobe à la simplicité de la vie animale, ne détourne de leur sens les conduites vitales, par une sorte d'échappement et par un génie de l'équivoque qui pourrait servir à définir l'homme. »

Qu'est-ce qu'un comportement?

Merleau-Ponty s'intéresse aux théories psychologiques de son temps. Deux conceptions s'opposent : le béhaviorisme et la psychologie de la forme (lire encadré page suivante). La

Vocabulaire

Le béhaviorisme
C'est une méthode de psychologie expérimentale qui se borne à l'ensemble des comportements (réactions sensorielles, nerveuses, musculaires et glandulaires) comme réponse à un stimulus externe, à l'exclusion de toute référence à la conscience.

La psychologie de la forme
Conception selon laquelle les faits psychiques ne sont jamais perçus comme éléments séparables mais forment des ensembles et sont toujours engagés dans une structure. Le comportement s'explique alors comme une réponse globale à la situation perçue comme un tout, et non comme une réponse particulière à un stimulus isolé.

conception béhavioriste ignore la dimension psychologique. Un comportement n'est saisi que comme une réponse. Elle pose une séparation entre l'extérieur (d'où vient le stimulus) et l'intérieur (la réaction). Or, nous venons de le voir, il faut sortir des oppositions. En outre, l'homme n'est pas non plus un sujet face au monde, toujours pour les mêmes raisons.
Un comportement est l'acte par lequel l'homme dépasse son immersion dans le monde pour lui donner un sens. Il y a une interaction entre l'homme et son milieu, et non pas une opposition entre le vivant et son milieu. On n'oppose plus la conscience et son objet, l'unité intellectuelle et la multiplicité spatiale. Il y a identité de nature entre la conscience et le monde, et c'est pour cela qu'on peut comprendre l'homme. Merleau-Ponty dépasse ici la thèse de Sartre selon laquelle la conscience de l'homme est complètement libre : c'est elle qui nous donne un corps. Pourquoi ? Parce qu'il faut sortir du « tout ou rien ». Le problème des rapports de l'âme et du corps est posé en termes nouveaux. Mais comment ?

Où sont mes clefs ?

Percevoir, c'est récolter. Le percepteur est bien celui qui récolte, rassemble les impôts ! Nous considérons alors la perception comme l'accueil par notre regard d'éléments ou de formes qui préexistent dans le monde. Dans une telle conception, nous opposons, d'un côté, un monde avec des objets et des formes et, d'un autre, un sujet qui perçoit. Or, percevoir, c'est investir le monde. Je rentre dans une pièce et je suis à la recherche de mes clefs ; je ne les vois pas, je ressors et je dis alors qu'il n'y a rien – sous-entendu : qu'il n'y a rien au regard de ce que je cherche. C'est pourquoi, d'ailleurs, il faut faire attention quand on traverse la route : on regarde s'il y a une voiture ou un camion qui arrive pour ne pas se faire renverser, mais il ne faut pas se dire qu'il n'y a rien et qu'on peut y aller en oubliant les vélos ! Percevoir c'est interpréter, donner un sens.

Qu'est-ce que le corps ?

On oppose traditionnellement l'esprit et le corps, mais nous avons vu les limites d'une telle opposition. Elle consiste généralement à faire du corps un objet. Or, le corps est mon point de vue sur le monde. Il est à la fois situé dans le monde et partie constituante de ma personnalité. Il est ce par quoi le monde devient sensible, et ce terme a un double sens en français : il désigne ce qui est senti, mais aussi ce qui sent. Le corps est à la fois touché et touchant. En d'autres termes, le corps est toujours en commerce avec le monde et désigne notre façon d'être au monde. Il n'est pas une simple chose en mouvement, un objet parmi d'autres.

Un corps, c'est une série d'expériences, de profils, de points de vue, et la synthèse n'est jamais achevée. Il n'y a donc pas de séparation entre le corps et l'esprit. Mon corps désigne un ensemble de significations vécues, un foyer de sens. Le fait fondamental que l'on oublie toujours, c'est que je suis mon corps. Vivre, exister par son corps n'est pas synonyme de voir le corps objectif. La notion d'objet se forme en prenant du recul par rapport à la réalité. Mon corps n'est pas à côté des objets, il est intention vers les objets.

> **Repère**
>
> **Ni empirisme, ni intellectualisme**
>
> À la psychologie de la forme, Maurice Merleau-Ponty ajoute les études de Husserl et la notion du « corps propre ». L'originalité de Merleau-Ponty consiste à combattre à la fois l'empirisme et l'intellectualisme, et à sortir de l'opposition du dedans et du dehors.

Comment la conscience se constitue-t-elle ?

Je suis dans le monde parce que je suis un corps. Je ne deviens pas conscient parce que ma conscience se constitue seule, je deviens conscient par mon corps vécu. La conscience n'est pas un « Je pense » mais un « Je peux ». C'est le savoir latent du corps qui effectue la synthèse dans son commerce avec le monde. Là encore, il faut combattre l'idée d'une conscience désincarnée, totalement libre et qui contemple le monde en le survolant ! N'oublions pas la critique de Sartre et ses conséquences politiques... On est, semble-t-il, au cœur de la métaphysique et de l'ontologie et on peut avoir le sentiment d'avoir affaire à des discours très théoriques, mais les enjeux sont très concrets.

La chair

Une fois sorti des dualismes, il faut penser ensemble ce qu'on avait tenu comme séparé. Cela implique de sortir de l'opposition sujet/objet propre à la science, ou de l'opposition entre l'esprit et la matière. Il est alors nécessaire de faire appel à un troisième terme qui dépasse ces oppositions. C'est là que Merleau-Ponty utilise le terme de *chair*. La chair, ce n'est pas le corps ; dans la notion de chair se trouve l'idée d'une épaisseur sensible où tout est entremêlé. La chair, c'est ainsi l'unité du corps et de la conscience, c'est la forme d'être de l'être, c'est un entrelacs. Elle n'est pas matière, mais cycle entier des relations entre l'individu et son entourage. Elle n'est donc ni uniquement matérielle, ni uniquement spirituelle ; elle est la « texture spirituelle du monde et de mon corps », c'est-à-dire la totalité des choses. C'est ici qu'on retrouve chez Merleau-Ponty l'influence de Heidegger (lire page 357). Se redécouvre en effet la question de l'Être, qui ne s'épuise pas.

Que fait le peintre ?

La science nous maintient dans l'opposition entre le sujet et l'objet et elle nous fait oublier l'Être, nous disait Heidegger. Cette distinction entre le sujet et l'objet ne permet pas de comprendre notre rapport au monde (*cf.* Sartre). Sortir de cette opposition, c'est saisir l'entrelacement du visible et du voyant. Or, il est un domaine où cet entrelacement peut se saisir : c'est l'art et, en particulier, la peinture. Pourquoi ? Parce que la peinture n'est pas imitation, car le tableau n'est pas la représentation d'un dehors ; ce qu'il nous montre, c'est la vision du peintre se rendant visible. Merleau-Ponty s'intéresse alors au travail de création. L'artiste peut avoir au préalable une certaine idée et désirer la concrétiser ; de même, il peut travailler d'abord le matériau en tentant d'en dégager une certaine émotion ou idée, mais dans un cas comme dans l'autre, il y a dans l'activité du peintre une élaboration de l'expression qui se retrouve intimement en interaction avec le sens qui est mis en œuvre.

C'est dans l'acte même de créer que se construit l'œuvre : l'artiste « pense en peinture ». Là encore, nous voyons bien que nous sommes en dehors de l'opposition entre le sujet et l'objet, entre l'esprit et la matière.

L'énigme de la vision

Et pour cette raison, l'artiste est celui qui porte un certain regard : son œil peut habiter le monde au lieu de le dévorer comme la science. Merleau-Ponty analyse alors, par exemple, les œuvres de Cézanne : l'œil de Cézanne est littéralement sorti de lui, il a été sur la montagne (en référence ici à ses tableaux sur la montagne Sainte-Victoire)... Une longue tradition, qui commence avec Platon (page 53), nous dit que la sensibilité empêche d'atteindre les choses, qu'elle est source d'erreurs. Cette tradition oppose le corps et l'esprit, mais le monde lui échappe. Car il n'y a pas, d'un côté, l'œil qui perçoit et, de l'autre, la chose perçue. Le peintre, lui, nous pose au cœur de l'énigme de la vision. Il ne survole pas le monde par l'esprit mais s'ouvre à lui, il regarde sans juger. L'art du peintre explore la présence du visible (les couleurs) dans l'acte de peindre, sans que l'on puisse vraiment dissocier ce que la main exprime et ce que la couleur provoque.

Citation

« Je vois selon ou avec le tableau plutôt que je ne le vois. »

Mais n'oublions pas la politique !

Mais, ne le perdons pas de vue, derrière ces interrogations sur le corps, sur le monde, derrière cette critique des oppositions, cette interrogation sur les rapports entre l'esprit et la matière, le sujet et l'objet, la conscience, les enjeux sont multiples : il faut sortir des oppositions qui nous font oublier l'Être. Il faut pour cela quitter toute forme d'idéalisme qui prétend plier le monde à la conscience et dépasser également le matérialisme qui s'institue en système.

Or, cette dernière attitude a des enjeux politiques et on le voit avec la question du marxisme telle qu'elle se pose dans l'après-guerre. Si, pendant un temps, on peut faire ce grand écart (encore une opposition !) qui conduit à reconnaître dans le marxisme une vertu pour sa critique du capitalisme, tout en laissant de côté la violence qu'il a générée, Merleau-Ponty va prendre ses distances vis-à-vis du communisme.

Et la liberté ?

Comment comprendre ce grand écart et comment le dépasser ? Cette question devient d'autant plus urgente que l'histoire de l'après-guerre nous montre les dérives de plus en plus violentes du marxisme. Marx a cru dépasser l'idéalisme de Hegel à qui il reprochait de saisir le monde à l'envers, mais il a finalement remplacé l'Esprit par le prolétariat. Une nouvelle abstraction !

Or, l'homme est incarné : c'est ce que signifie le terme de chair. Il ne faut pas faire plier le monde à ce que l'esprit produit. Une telle attitude est dangereuse : elle s'interdit de comprendre le monde et produit des idéologies totalisantes. C'est ainsi qu'on peut comprendre, peut-être, comment le marxisme qui condamne radicalement la notion d'idéologie finit par produire une idéologie dévastatrice.

Mais faire ce constat ne doit pas nous conduire davantage au consensus mou. Il faut sortir des dilemmes et creuser plus profond, parce que le sens de l'histoire n'est pas donné d'avance (par l'Esprit, Hegel, la lutte des classes, Marx, etc.). L'homme est sans cesse en train de s'expliquer avec le monde. Il faut donc accepter une indétermination. C'est cela l'engagement, c'est cela notre liberté. La liberté réside alors dans une sorte de recul qui permette de ressaisir le sens qui préexiste, de lui donner une signification personnelle.

Levinas, l'humanisme de l'autre homme

Toute notre tradition philosophique semble fascinée par la synthèse ou la pensée de la réconciliation. Elle cherche ainsi à penser ce qui est, une unité au fondement de toute chose, ou encore ce qu'on nomme l'être. On peut ici se reporter à l'origine de la philosophie avec Parménide ou Héraclite (lire pages 37 et 35) en passant par Aristote (page 65) et en allant jusqu'à Heidegger (page 353). Mais la pensée politique est animée par le même mouvement lorsqu'elle cherche à penser l'État comme unité par-delà les singularités. On peut également, pour corroborer ce jugement, se reporter à la pensée de Hegel lorsqu'il nous montre que seule est la totalité. Philosopher consiste alors à penser cette totalité au-delà des différences. (lire page 249). Hegel nous montre ainsi que si penser c'est penser ce

Biographie

Talmudiste et polyglotte

Emmanuel Levinas est né à Kaunas, en Lituanie, le 12 janvier 1906. Son père est libraire et la famille parle russe. Un professeur particulier enseigne aux trois enfants (trois garçons) l'hébreu à partir de la lecture de la Bible. Après avoir fui en Russie pendant la guerre, il se rend en France, à Strasbourg, pour suivre des études de philosophie. Puis il est l'élève de Husserl et de Heidegger à Fribourg. Il s'établit ensuite à Paris et obtient la nationalité française. Levinas est mobilisé en 1939 et fait prisonnier à Rennes, puis transporté en Allemagne. Après la guerre, il donne des commentaires talmudiques aux colloques des intellectuels juifs de France, réunis dans les *Lectures talmudiques* et *Nouvelles Lectures talmudiques*. De 1964 à 1975, Levinas entreprendra sa carrière universitaire. Celle-ci le conduira de l'université de Poitiers à celle de Nanterre (1967), puis à la Sorbonne (1973). Emmanuel Levinas décède à Paris le 25 décembre 1995 pendant la fête de Hanoukka.

qui est, alors, la pensée doit parvenir à saisir ensemble ce qui est apparemment séparé. Qu'est-ce que philosopher ? C'est parvenir à comprendre le monde comme unité. La dialectique est ce mouvement qui conduit à la réconciliation des contraires.
Tel semble être le destin de la pensée : des choses diverses se présentent à nous ; les penser, c'est saisir ce qu'il y a de commun. C'est d'ailleurs ainsi que le langage opère : en nommant, nous énonçons ce qu'il y a de commun derrière des apparences différentes. Quand je dis « table », je regroupe tout un ensemble d'objets différents.

Écouter l'autre

Le problème est qu'à vouloir penser la synthèse, la totalité, le même, on risque d'avoir du mal à penser l'autre. Heidegger nous a bien montré que la pensée connaissait une crise (lire page 354). Notre rapport au monde est devenu le fruit d'un calcul, nous voulons que les choses répondent à nos besoins. Nous sommes dans un rapport utilitaire aux objets, et nous avons perdu de vue la question du sens de l'existence. Pourquoi ? Parce que nous avons oublié la question de l'Être. L'homme doit alors réapprendre à habiter le monde et ne

Repère

Contre Heidegger, pour la technique

Levinas s'oppose à la critique heideggérienne de la technique (lire page 355).
Là où Heidegger voit dans la technique moderne la manifestation de cette emprise de la rationalité sur le monde nous empêchant de l'habiter, nous faisant perdre la question du sens, Levinas y voit une manière sans cesse renouvelée d'habiter le monde. Il voit dans la technique moderne et dans la conquête de l'espace une remise en cause salutaire de cette fascination que Heidegger entretient pour le lieu, le chez-soi. Finalement, dans ce culte du lieu, il n'y a pas de place pour l'altérité : le risque est toujours grand que celui qui n'est pas de ce lieu soit rejeté !

pas simplement l'utiliser. Il doit ainsi se faire le « berger de l'Être ».

Certes, mais voici encore une pensée de la totalité, l'Être, et cette pensée nous invite finalement à vénérer le monde qui nous englobe. Mais ce monde n'est pas l'humain. Une telle pensée privilégie l'Être, mais oublie l'homme. La pensée a voulu maîtriser le monde, il faut apprendre à l'écouter, nous dit Heidegger ; mais n'est-ce pas d'abord l'autre qu'il faut entendre ?

Repère

L'absolu, c'est l'autre

Dans une de ses démonstrations de l'existence de Dieu, Descartes, passe par cette idée d'infini : puisqu'en tant qu'être fini j'ai en moi l'idée d'un infini, c'est que cet infini existe.
Levinas reprend ici cette idée d'infini ; toutefois, elle n'est pas saisie en moi, elle n'est pas intérieure, mais extérieure. L'absolument autre n'est pas Dieu mais autrui.

L'expérience de l'infini

En d'autres termes, en pensant ainsi sans cesse le même, en étant fasciné par la totalité, on ne laisse pas de place pour l'autre car ce tout qui fascine ici est impersonnel. Or, il y a une expérience de l'autre qui précède même tout effort de le comprendre. À cette pensée de la totalité, il faut opposer l'expérience de l'autre telle qu'on peut la faire dans le face-à-face. L'autre me regarde, il est un visage. Un visage n'est pas un simple phénomène physique, un objet dont je peux faire le tour, il n'est pas le même que le mien ou le même qu'un autre, il est toujours singulier. Il déborde donc la sphère du même. Et parce que je ne peux pas en faire le tour, l'épuiser, ce débordement est infini. Je suis transporté par son visage dans un au-delà. À la pensée de la totalité, Levinas oppose une expérience de l'infini.

Qu'est-ce que le visage ?

La rencontre de l'autre est une expérience irréductible. Elle n'est pas ce qui se déduit ou ce qui peut s'induire, elle est immédiate. Une méthode alors s'offre à nous, la phénoménologie comme activité de description. C'est ainsi que Levinas, en lecteur de Husserl, va nous proposer une phénoménologie du visage.

Le visage qui s'offre à nous est d'abord ce qu'il y a de plus vulnérable, de plus nu, mais aussi de plus personnel. Il est sans cesse exposé à la violence, mais il est par là même ce qui nous interdit toute violence. C'est en lui que s'inscrit l'impératif éthique : « Tu ne tueras point. »

Le sens n'est pas à retrouver dans l'Être jusqu'alors oublié, comme nous le dit Heidegger, ou dans le monde, mais dans le visage de l'autre comme appel auquel il s'agit de répondre. Or répondre, c'est être responsable. L'éthique est donc fondée sur la relation à autrui.

L'éthique

On définit généralement l'éthique comme une doctrine ou une théorie ayant pour objet les conditions d'une vie bonne et heureuse. C'est en ce sens qu'on parle de doctrine chez Épicure ou chez les stoïciens (lire pages 83 et 88). Pour Levinas, il ne s'agit pas de construire une éthique, mais d'en chercher le sens. Ce sens, c'est la responsabilité d'autrui, même si le monde est absurde. Ce n'est pas parce que je suis mortel, et que cette mort peut rendre ma vie absurde, que la question du sens a disparu. Même si je suis mortel, je demeure responsable, et cette responsabilité s'impose à moi dans cette expérience immédiate de l'autre.

On pourrait penser que les horreurs du nazisme rendent tout de même fragile un tel humanisme. Car enfin, le regard, le visage qui regarde, n'a pas empêché la torture, les humiliations et toutes les atrocités. Mais c'est justement parce qu'il y a eu un rejet radical de tout ce qui constitue le pacte humaniste de la civilisation que le mal radical a été possible.

Habiter autrement

Il s'agit donc de sortir de nos relations dans le même, du repli sur soi. Le monde de l'économie, par exemple, est la manifestation d'un tel repli. Dans le commerce, tout est interchangeable. Le commerce nie la relation asymétrique à l'autre qui fait que cet autre n'est pas le même. De même, ce n'est pas un hasard si dans la guerre, les soldats sont tous les mêmes, uniformes. Dans la guerre, il y a une volonté d'annihilation du visage. Il ne s'agit pas alors d'habiter nulle part, il s'agit d'habiter autrement la maison. C'est en ce sens que s'impose la question de l'hospitalité. Comme Socrate et contre Heidegger, Levinas préfère bien la ville à la campagne.

À retenir

La conscience et la question du sens

Freud, en tant que médecin, fait l'hypothèse de l'inconscient qui conduit à montrer que la vie psychique ne se limite pas à la vie consciente. L'homme est finalement étranger à lui-même. Avec Marx et Nietzsche, il est bien ce troisième penseur du soupçon. Il va s'attacher tout au long de sa vie à rendre compte de cette découverte et de ses conséquences à travers une théorie qui ne va cesser d'évoluer. La psychanalyse aura une grande influence dans de nombreux domaines, mais elle connaîtra également de nombreux détracteurs, comme Popper (lire page 419).
Contre le scientisme et toutes les abstractions intellectuelles qui ne nous permettent pas de penser la réalité, **Bergson** impose le privilège, avec l'intuition, d'une philosophie qui a pour tâche de penser la vie. Tous les problèmes qu'a pu rencontrer la philosophie jusqu'alors (« Qu'est-ce que le moi ? », « Qu'est-ce que la liberté ? », « Qu'est-ce que la réalité ? », etc.) sont dus au fait que ces problèmes sont mal posés. Nous croyons que l'intelligence nous sert à connaître ? Nous avons tort : elle nous sert à agir. C'est par l'intuition que nous pouvons atteindre la réalité. La vie n'est pas mécanique, elle est « évolution créatrice » et perpétuelle invention. Il serait alors chimérique de lui assigner par avance un but quelconque.
L'influence de **Husserl** va être immense au XXe siècle, puisqu'il est à l'origine d'une méthode qui est aussi une doctrine : la phénoménologie. Il s'agit de décrire les phénomènes tels

qu'ils se donnent à la conscience. La conscience n'est plus conçue comme un réceptacle, mais elle est donatrice de sens. La philosophie pose alors la question du sens et doit être rétablie comme science rigoureuse. La question n'est pas simplement théorique, elle engage le philosophe à penser la crise que la culture connaît au XXe siècle et à réhabiliter la raison.

Husserl aura une grande influence sur Heidegger, qui a été son élève, mais aussi sur la pensée française au XXe siècle avec des philosophes comme Sartre, Merleau-Ponty, Levinas, Ricœur, Derrida…

Heidegger nous déroute. D'abord par son engagement politique, alors qu'on le considère comme l'un des plus grands philosophes du XXe siècle, et aussi par sa langue. Mais en nous conduisant à des interrogations complexes sur l'Être, l'*étant*, le *Dasein*, tout un ensemble de termes qui peuvent vraiment perturber, il interroge pourtant notre rapport contemporain au monde et la crise que l'Occident peut vivre.

Si la culture occidentale erre, c'est parce qu'elle n'a cessé de s'éloigner de l'Être. La modernité doit être remise en question. Il faut donc dépasser une première approche qui semble nous envoyer dans des sphères qui nous perdent ! En remettant également en cause notre conception de la vérité, il nous détourne d'une voie tracée par la science. Là encore, de quoi être un peu perdu.

Son influence sera très grande. Difficile de comprendre l'existentialisme de Sartre sans Heidegger. Difficile de comprendre les interrogations sur l'homme, le monde et l'art de Merleau-Ponty sans Heidegger. Difficile de comprendre la notion de déconstruction chez Derrida sans Heidegger. C'est ce que nous allons voir.

Sartre, grand lecteur de Hegel, Husserl et Heidegger, a une foi absolue en l'homme comme incarnation de la liberté. L'homme est libre, responsable, et en même temps condamné à choisir sa vie et à s'engager. Figure majeure de la philosophie française du XXe siècle, il n'aura de cesse d'interroger l'histoire au regard de cette question de la liberté. Le Dieu de Descartes figurait la liberté absolue. « Devenons le Dieu de Descartes ! », dit Sartre, parce que « Être, c'est agir ».

Cette crise que connaît le XXe siècle est philosophique et politique. **Merleau-Ponty**, héritier de Heidegger, voit entre autres sa cause dans cette domination du sujet sur le monde. Il faut donc sortir de toutes ces oppositions qui conduisent aussi, sur le terrain politique, à oublier le monde et ses violences. Son œuvre restera inachevée à cause de sa mort précoce, mais il n'aura eu de cesse de nous montrer comment l'homme est un être incarné qui doit, en dehors de tout système, interroger le monde.

Qu'est-ce que l'humanisme ? Face à nos interrogations sur le sens, **Levinas**, dans la tradition phénoménologique, s'attache à penser pleinement cette question. Tant que l'on cherche à enraciner un sens de l'humain dans « l'être dans le monde », on a perdu d'avance. Il s'agit alors d'opposer à toute la tradition qui pense la totalité l'expérience de l'altérité, expérience infinie et immédiate dans le face-à-face avec l'autre. Contre toute pensée de l'Être, Levinas instaure une pensée de l'autre beaucoup plus fondamentale. L'humanisme ne repose pas alors sur le fondement d'une nature raisonnable de l'homme, mais sur l'obligation dans laquelle chacun se trouve face à l'autre.

Chapitre 17

La question des sciences et de la vérité

Comment se nomme la nouvelle logique créée par Bertrand Russell ?

- ☐ La logique descriptive.
- ☐ La logique des types.
- ☐ L'atomisme logique.
- ☐ L'induction logique.

Voir page 400

Wittgenstein considère...

- ☐ Que la philosophie n'a rien à dire.
- ☐ Que seule la logique a un sens.
- ☐ Que la logique ne nous apprend rien.
- ☐ Que la morale n'a aucun sens.

Voir page 406

Selon Bachelard, l'opinion...

- ☐ Se trompe parfois.
- ☐ Reste imprécise.
- ☐ A toujours tort.
- ☐ Est le meilleur chemin pour accéder à la vérité.

Voir page 415

Popper estime qu'une théorie scientifique doit être...

- ☐ Démontrable.
- ☐ Prouvable.
- ☐ Falsifiable.
- ☐ Non réfutable.

Voir page 421

Kuhn et Feyerabend remettent en cause...

- ☐ La liberté.
- ☐ Les sciences.
- ☐ La théorie.
- ☐ La raison.

Voir pages 426 et 429

Selon Rorty, le but de la philosophie est...

- ☐ Le pragmatisme.
- ☐ L'herméneutique.
- ☐ La vérité.
- ☐ Le consensus.

Voir page 430

Russell, l'invention d'une nouvelle logique

Si, comme nous avons pu le voir dans le chapitre précédent, la philosophie au XXe siècle poursuit son interrogation sur la notion de sujet à travers une réflexion sur la conscience et sur l'Être, elle va également prendre comme orientation une réflexion sur le langage. Partons d'un constat : les questionnements philosophiques traditionnels ne semblent pas parvenir à dégager des réponses satisfaisantes. Dès lors, il semble nécessaire de remplacer la question « De quoi puis-je être certain ? » par la question « Que veut dire… ? ». En d'autres termes, au lieu de nous interroger comme le fait Descartes sur la certitude, interrogeons-nous sur le sens du discours. Un nouveau courant philosophique va naître, essentiellement anglo-saxon, la philosophie analytique ; une philosophie qui va mener, comme son nom l'indique, une analyse logique du langage. Nous allons donc maintenant devoir faire un peu de logique…

Combattre les constructions abstraites

La philosophie s'assigne comme but de nous parler du réel. Pour cela, encore faut-il que les concepts qu'elle utilise soient vérifiables et en rapport avec cette réalité.

Platon nous dit que la réalité ce sont les Idées, les essences (lire page 54), mais à quoi correspondent-elles ? Hegel, par exemple, nous montre que l'histoire est celle de l'Esprit (page 253). Mais quel est le sens de ce concept ? Schopenhauer ou encore Nietzsche nous parlent de volonté (pages 291 et 313), mais que doit-on entendre par là ? Tous ces concepts qu'on peut qualifier de métaphysiques ne sont-ils pas, en dernière instance, de pures constructions abstraites ? Certes, ils permettent à chacun de parler du réel, mais ont-ils vraiment un rapport avec la réalité ? On peut sans fin parler d'Idée, de substance, d'Esprit, de Volonté et construire de beaux discours, mais quel est leur sens ? Quel est le sens de ce qui est dit ? C'est là qu'il paraît essentiel d'analyser le langage.

On n'en finit pas de discuter avec Hegel !

S'il y a un philosophe qui se présente comme pensant la totalité du réel, c'est bien Hegel. Ce dernier a des disciples en Angleterre à travers un courant qu'on nomme le néo-hégélianisme. Bradley en est un des représentants. Que nous dit Hegel ? « Tout ce qui est

Biographie

Mathématicien, philosophe et pacifiste engagé

Bertrand Russell est né le 18 mai 1872 à Trellech, au pays de Galles. Il est élevé par sa grand-mère, lady Russell, dans une atmosphère religieuse et répressive. Son frère lui fait découvrir les Éléments d'Euclide, ce qu'il vit comme une illumination. Il fait ses études à Cambridge, où il étudie les mathématiques et les sciences morales. En 1901, il rédige *The principles of mathematics*. À cette même période, bouleversé par la souffrance d'Evelyn Whitehead, pour qui il éprouve un amour secret, il est conduit à relativiser ses occupations intellectuelles « futiles » et à mesurer la solitude de l'être humain. Il révise alors entièrement ses vues morales et politiques : désormais, Russell va s'efforcer de diffuser l'amour de l'humanité et militera contre toute forme de violence.
En 1911, il fait la rencontre déterminante de Ludwig Wittgenstein. En 1910 paraît le premier volume de son œuvre maîtresse du point de vue de la logique, les *Principia Mathematica*, écrits en collaboration avec Whitehead. Deux autres volumes suivront. Durant la Première Guerre mondiale, ses activités pacifistes le font renvoyer du Trinity College. Il sera même condamné à purger une peine de six mois dans la prison de Brixton en 1918.
Il parcourt ensuite le monde pour donner des cours. En 1944, il regagne le Royaume-Uni pour enseigner à nouveau au Trinity College. En 1950, il reçoit le prix Nobel de littérature. Durant les années 1950 et 1960, il s'engage dans diverses causes politiques, essentiellement pour le désarmement nucléaire et contre la guerre du Vietnam, prenant vigoureusement position contre la politique du gouvernement des États-Unis.
Il meurt en 1970 dans sa résidence de Plas Penrhuyn, au pays de Galles.

réel est rationnel et tout ce qui est rationnel est réel. » Penser le réel, c'est penser la totalité comme rationnelle. Lorsque nous prenons les choses de manière séparée, nous en restons aux apparences.
Par exemple, si nous prétendons comprendre l'histoire en nous attachant à un événement particulier, la passion de Napoléon pour la conquête, nous ne saisissons pas grand-chose. Cette passion n'est qu'un moteur permettant à l'histoire d'avancer. Il faut comprendre que

l'histoire est celle de l'Esprit et de la Raison qui avancent. En rester aux apparences ne nous permet pas de comprendre le réel. Mais quelles sont les conséquences de cette affirmation selon laquelle seul « le tout est réel » ?

Ne pas perdre de vue la réalité

Sur le réel, nous énonçons des jugements. Par exemple, nous disons : « Socrate est mortel. » Ce jugement a la forme suivante : sujet – verbe – prédicat. On appelle prédicat l'attribut qui est affirmé ou nié du sujet. Ici : « mortel ». Cela nous semble simple et évident. Mais si seul le tout est réel, cela signifie que le sujet « Socrate » n'est pas une entité réelle en elle-même, de même que la passion de Napoléon pour la conquête n'est pas la réalité, le réel, c'est la marche de l'Esprit et l'avancée de la raison dans le monde et l'histoire.

Si nous revenons alors sur ce jugement simple, « Socrate est mortel », le seul sujet authentique n'est donc pas Socrate, Pierre, Paul ou Jacques, mais la réalité. Tous les jugements que nous portons ne sont donc finalement que des prédicats du sujet réalité. Par nos jugements, nous qualifions la réalité, nous lui attribuons des propriétés.

Mais nous rencontrons alors un problème. Si je dis : « Pierre est le père de Paul », je ne suis plus dans la forme traditionnelle « sujet – verbe – prédicat », mais j'énonce une relation qui n'est pas symétrique. Si Pierre est le père de Paul, Paul n'est pas le père de Pierre. « Être le père de… » n'est pas une propriété de Pierre ! Un jugement est une relation, et cette relation n'est pas une propriété. Or, il faut pouvoir rendre compte de ces relations et la pensée néo-hégélienne ne le permet pas !

Partir du langage

Si nous voulons comprendre le sens de ce qui est dit, il faut donc quitter les constructions abstraites et partir du langage dans ses formes diverses. Le réel ne peut être abordé que par le langage et c'est son analyse qui est l'unique voie conduisant à l'analyse de la pensée. Il faut donc disposer d'un langage rigoureux permettant de s'exprimer sur la réalité. Tel est le but de la logique qu'il faut construire. Avec un tel langage, nous pourrons dire quand un énoncé est faux et quand il est vrai. Or, quand on parle d'Esprit, de Raison, de Volonté, nous sommes dans l'incapacité de le dire, puisque nous sommes face à des abstractions.

Se poser la question « Que veut dire… ? » peut donc paraître, au premier abord, bien modeste face à tous les grands systèmes métaphysiques, mais cette démarche est animée avant tout par un souci de vérité. Une fois encore, on peut parler de Volonté, d'Esprit, etc. et déployer de grands discours, mais il faudrait que cela corresponde à quelque chose. Il faut partir du langage et lever ses ambiguïtés.

L'actuel roi de France est-il chauve ?

Le problème est que le langage n'est pas toujours simple et que tout jugement ne se présente pas sous la même forme. Quand nous disons « Socrate est mortel », la vérité dépend du prédicat que nous attribuons au sujet : « mortel » convient et « immortel » ne convient pas. Mais prenons la proposition suivante : « L'actuel roi de France est chauve ». On reconnaît, dans cet exemple de Russell, l'humour britannique ! S'il s'agissait du roi d'Angleterre, à l'époque à laquelle Russell écrit, le problème serait simple : il suffirait de constater si le prédicat « chauve » convient ou ne convient pas ; mais les choses se compliquent parce qu'il n'y a plus de roi de France ! C'est donc la possibilité même d'attribuer un prédicat qui est en cause.

La question se complique encore davantage si nous prenons la proposition : « L'actuel roi de France n'est pas chauve », car elle revient à dire qu'il « est faux de dire que l'actuel roi de France est chauve ». Or, si la proposition « l'actuel roi de France est chauve » est fausse, cela devrait conduire à dire que la proposition « l'actuel roi de France n'est pas chauve » est vraie ! Et puisqu'il n'y a plus de roi de France, il est pourtant faux de le dire ! Faut-il en déduire que la proposition « L'actuel roi de France n'est pas chauve » est vraie ?

Repère

Construire une langue universelle

Leibniz, déjà, caressait le projet de créer une langue universelle reposant sur la logique. (lire page 170). En 1879, le mathématicien allemand Gottlieb Frege (1848-1925) publie un livre dans lequel il propose une écriture des Idées dont les symboles sont univoques.
À chaque symbole doit correspondre une seule idée. Avec ce projet de construire une langue parfaitement logique afin d'éviter les confusions des langues naturelles, il rénove ainsi la logique classique héritée d'Aristote et se propose de logiciser les mathématiques. Avec des *Principes des mathématiques* (1910-1913), Russell va s'efforcer, dans la lignée de Frege, d'effectuer la réduction de l'ensemble des mathématiques à la logique.

Qu'est-ce que décrire ?

On aurait une solution qui consisterait simplement à dire que l'actuel roi de France n'existe pas, ce qui interdit d'appliquer une valeur de vérité à la proposition puisqu'elle ne correspond à rien. Mais justement, dans ce cas, on ne peut appliquer aucune valeur de vérité et on ne règle d'ailleurs pas le sort de la proposition « l'actuel roi de France n'est pas chauve » ! Il faut donc lever les ambiguïtés du langage. C'est ici que Russell va développer la théorie des descriptions.

De là, la transformation que Russell applique : « Il existe au moins un *x* qui est roi de France et tel que pour tout *y* qui serait roi de France, y serait chauve et serait identique à *x*. » Dès lors, si la première conjonction (« il existe au moins un *x* qui est roi de France ») est fausse, alors la conjonction entière est fausse. On règle, par la même occasion, le problème de la proposition « l'actuel roi de France n'est pas chauve ». Nous le voyons, le but est de décomposer, d'analyser et, dès lors, on peut analyser également la proposition « l'actuel roi de France n'est pas chauve » ! Sinon, le nom propre peut aussi désigner le sujet réel. Par exemple, si je dis « Louis XIV est chauve », là, je lève toute ambiguïté.

L'atomisme logique

Il faut donc décomposer en éléments ultimes et non pas se limiter à dire si des parties de propositions renvoient ou non à la réalité, remplacer le sujet grammatical « l'actuel roi de France » par un sujet logique. Or, qu'est-ce qu'un composant ultime, sinon ce qu'on nomme un atome ? C'est en ce sens que l'on va parler ici d'atomisme logique. Mais si nous décomposons les propositions en éléments ultimes c'est, ne l'oublions pas, afin de parler du réel.

Qu'est-ce que la vérité ?

Nous vivons dans un monde d'objets et nous avons affaire à des choses et à des individus. Nous formons sans cesse des énoncés à leur propos. Pour qu'on puisse accorder une valeur de vérité à ces énoncés, il faut qu'ils correspondent aux faits. Il doit donc y avoir une identité de structure entre les propositions atomiques et les faits atomiques. Telle est bien d'ailleurs la définition classique de la vérité : *adequatio rei et intellectu* (adéquation entre l'esprit et la chose). Par exemple, lorsque nous énonçons la loi de non-contradiction qui dit que A ne peut pas être en même temps non-A, c'est-à-dire lui-même et son contraire, nous énonçons bien une proposition qui concerne les choses et non les pensées ! Il y a donc bien correspondance entre l'esprit et la chose…

Les enjeux ne sont pas anodins et visent encore une fois les constructions métaphysiques. Dire ainsi qu'il y a une identité de structure parfaite entre les propositions atomiques et les faits atomiques signifie que des problèmes comme l'existence de Dieu sont insolubles, et cela parce que Dieu ne correspond à aucun fait atomique !

Citation

« Je ne crois pas, pour ma part, que la philosophie puisse prouver la vérité des dogmes religieux ou montrer qu'ils sont erronés, mais depuis Platon, la plupart des philosophes ont considéré le fait de donner des "preuves" de l'immortalité et de l'existence de Dieu comme faisant partie de leur domaine. Ils ont critiqué les preuves de leurs prédécesseurs – saint Thomas a rejeté les preuves de saint Anselme, et Kant, celles de Descartes –, mais ils les ont remplacées par de nouvelles, de leur composition. Pour rendre leurs preuves valables, ils ont dû falsifier la logique, unir le mysticisme aux mathématiques et prétendre que les préjugés, profondément enracinés, étaient des intuitions venues du ciel. »

Qu'est-ce qu'un fait atomique ?

Nous percevons des choses, mais la perception est une collection, déjà une composition de diverses sensations. Le percepteur est bien celui qui collecte les impôts ! Tout comme nous devons, pour lever les ambiguïtés du langage, décomposer les propositions en propositions atomiques, nous devons décomposer notre perception globale en faits atomiques. Il s'agit en d'autres termes de faire le tri entre ce qui nous est donné par nos cinq sens et ce qui n'est qu'inféré par le sujet.

Je perçois un objet en face de moi, cela signifie que j'ai des données sensorielles : couleur, dureté, forme, etc. que je réunis et qui constituent une unité que nous nommons table. La table est donc l'ensemble de données sensorielles. Cet ensemble est une fiction et non un particulier véritable. Il peut y avoir de nombreuses tables qui ont des formes et des couleurs différentes. Nous utilisons le terme général « table » par commodité de langage, mais ce terme général, ce que Russell nomme la classe, ne correspond à aucun fait atomique. Dès lors, aucun énoncé sur la table ayant comme sujet le terme « table » ne peut fonctionner comme proposition atomique ; il doit être lui-même analysé.

Qu'est-ce que connaître ?

Pour qu'une croyance en la vérité d'une proposition soit pleinement justifiée, nous ne devons pas seulement connaître tel fait ou réalité qui donne sa vérité à la proposition, nous devons également avoir une connaissance directe de la relation de correspondance qui existe entre cette proposition et le fait désigné. Cela veut dire que la justification d'une croyance dépend simplement d'un fait : par exemple, « la neige est blanche ». Cette connaissance est directe et immédiate, et découle simplement d'une sensation. Mais quand une telle relation de connaissance directe n'existe pas, par exemple la connaissance de l'assassinat de César – que nous ne connaissons pas directement – il faut parler de connaissance par description. Et là, notre croyance en la vérité d'une proposition n'est pas entièrement justifiée.

Comment connaissons-nous ?

Les lois que nous admettons comme générales n'ont été vérifiées que pour un certain nombre, fût-il grand, de cas particuliers ; cet « à peu près » ne saurait satisfaire le mathématicien. Finalement, c'est déjà ce que nous disait Hume : cette *croyance* en l'induction découle de l'association et de l'habitude (lire page 202). L'induction a quelque chose de scandaleux, mais nous ne possédons pas d'élément pour résoudre logiquement ce problème. Nous ne pouvons que constater que la démarche inductive *fonctionne*, sans qu'on puisse expliquer pourquoi dans le cadre de la logique déductive, car toute explication du principe d'induction est une pétition de principe.

Citation

« L'homme qui a nourri un poulet chaque jour de la vie de celui-ci finit par lui tordre le cou, ce qui montre que le poulet aurait gagné à avoir une conception un peu plus fine de l'uniformité de la nature. »

Récapitulons !

À ce moment de l'exposition, il est peut-être nécessaire de faire une pause. On cherchait à combattre les abstractions et, finalement, on risque de s'y perdre ! C'est qu'il est nécessaire de dépasser la logique classique héritée d'Aristote (lire page 67), qui ne permet pas non plus d'analyser tous les énoncés. Revenons donc au projet initial.

Pour éviter les abstractions qui nous perdent et qui ne parlent pas du réel, nous devons partir du langage. Mais le langage est parfois ambigu. Pour lever ces ambiguïtés, nous devons analyser nos énoncés et les décomposer en énoncés atomiques, c'est-à-dire parvenir aux composants ultimes. Dès lors, nous accorderons une valeur de vérité à ces énoncés s'ils correspondent aux faits atomiques qui constituent le réel.
Un fait atomique n'est pas un objet perçu mais un ensemble d'éléments ultimes qui constitue cet objet. Pourquoi ? Parce qu'il n'existe pas autant d'entités ou d'objets qu'il y a de termes. Faire correspondre à chaque fois au sujet apparent d'un énoncé un « objet » reviendrait à multiplier les objets et à compliquer les choses. Or, il faut appliquer le principe du rasoir d'Occam (lire encadré ci-contre) et ne pas multiplier les entités.
Un énoncé atomique est donc vrai s'il correspond aux faits atomiques. Pour cela, il faut analyser l'énoncé et analyser nos perceptions.

Repère

Le rasoir d'Occam

Le rasoir d'Occam est un principe de raisonnement que l'on attribue au frère franciscain et philosophe Guillaume d'Occam (XIVe siècle), et qui dit que « les entités ne doivent pas être multipliées par-delà ce qui est nécessaire ». Avec son rasoir, Occam peut couper la barbe de Platon avec ses Idées et de tous les métaphysiciens qui ne font que des constructions verbales qui nous font perdre de vue la réalité.

Il n'y a pas d'Idées

Nous avons vu certaines analyses d'énoncés qui ont conduit à la théorie des descriptions. Toutefois, cela ne permet pas de régler tous les problèmes. Dans le langage courant, nous utilisons des termes généraux, « table », par exemple. Or, la table n'est pas un fait atomique, c'est un ensemble. Le mot « table » regroupe l'ensemble des objets auxquels le terme peut être appliqué.
Nous devons ici nous opposer à Platon : il n'y a pas une Idée de table ou de chaise dans le ciel des Idées (lire page 54).
Pourquoi ? Parce que cette Idée ne correspond à aucun fait atomique et n'est finalement qu'une abstraction de plus qui nourrit les métaphysiciens et nous fait parler dans le vide. Dans le langage, nous avons donc affaire à des termes qui sont des ensembles, et ce sont ces ensembles qu'il faut analyser.

Les Crétois sont-ils tous des menteurs ?

Mais si nous devons analyser le langage, nous ne sommes pas au bout des problèmes ! Tous les logiciens depuis Aristote ont accepté que des contradictions puissent être déduites. Prenons le cas suivant. Le Crétois Épiménide dit : « Tous les Crétois sont des menteurs. » S'il est Crétois, il ment, ce qui signifie que la proposition est fausse. Mais si la proposition est fausse, cela signifie qu'il ne ment pas nécessairement ! Voilà le genre de paradoxe dont la nouvelle logique doit nous permettre de sortir. C'est en ce sens que Russell va développer la théorie des types logiques.

Les mathématiques peuvent-elles nous aider ?

Or, si faire de la philosophie consiste à analyser logiquement le langage, nous pouvons nous appuyer sur les avancées des mathématiques pour mener cette analyse qui nous permettra de parvenir aux faits atomiques. Cela tombe bien, d'ailleurs, parce qu'un mathématicien, Cantor, a mis au point une théorie des ensembles qui va révolutionner les mathématiques.

Qu'est-ce que la théorie des ensembles ? Selon Cantor, il s'agit « de la réunion d'objets quelconques de la pensée, considérée comme formant un tout ». Pour l'instant, cela ne nous avance pas beaucoup ; pourtant, c'est ce que nous avons tous appris à faire à l'école primaire : cela consiste à classer les objets. On fait des ensembles, puis des sous-ensembles, etc. Considérons une propriété P clairement énoncée (sans ambiguïté) portant sur des objets eux-mêmes bien définis.

Si x est un objet pour lequel la propriété est vérifiée, nous dirons que x est un élément de la collection considérée. Les éléments vérifiant P constituent un ensemble que nous notons A. Pour signifier l'appartenance à A d'un élément x, on écrit : x A. Le signe se lit « appartient à » ou « est élément de ».

Pour désigner les éléments d'un ensemble A, on peut écrire ces éléments entre accolades : Soit A l'ensemble des multiples de 5 inférieurs à 22. On a $A = \{0, 5, 10, 15, 20\}$. Nous avons tous fait cela en mathématiques !

La solution ?

Il faut distinguer les ensembles qui se contiennent eux-mêmes et les ensembles qui ne se contiennent pas. Alors, l'ensemble de tous les ensembles contient tous les ensembles qui

Anecdote

Le paradoxe du barbier

En 1919, Russell expose un autre paradoxe qui rappelle celui du Crétois. Le conseil municipal d'un village arrête une ordonnance qui enjoint à son barbier (masculin) de raser tous les habitants masculins du village qui ne se rasent pas eux-mêmes et seulement ceux-ci. Le barbier, qui est bien un habitant du village, n'a pas pu respecter cette règle car :

- s'il se rase lui-même, il enfreint la règle, car le barbier ne peut raser que les hommes qui ne se rasent pas eux-mêmes ;
- s'il ne se rase pas lui-même (qu'il se fasse raser ou qu'il conserve la barbe), il est en tort également, car il a la charge de raser les hommes qui ne se rasent pas eux-mêmes.

Contradiction ! On l'aura compris, il est possible d'éviter ces réponses en complétant l'énoncé. Ce type de paradoxe a conduit les mathématiciens à réfléchir à la définition d'un ensemble, et plus particulièrement Russell à élaborer la théorie des types. Une fois encore, une fonction logique ne peut s'appliquer à des objets ayant leur propre type.

ne se contiennent pas. Mais alors, il ne devrait pas se contenir ! Voilà le paradoxe ! Conclusion de Russell : il n'y a pas d'ensemble de tous les ensembles. À la théorie des ensembles, Russell substitue la théorie des types logiques. Les objets appartenant à un même ordre seront dits constituer un « type » et la règle sera : ce qu'on peut exprimer à propos d'un type ne pourra l'être à propos d'un autre type. Les espèces logiques sont hiérarchisées, et aucune fonction logique ne peut s'appliquer à des objets ayant son propre type. Le paradoxe du Crétois est dépassé puisqu'il relève alors d'une proposition intenable logiquement.

Avec la théorie des ensembles, on se réfère à soi-même, on est dans l'autoréférence et, ainsi, on fonctionne en cercle, indépendamment de la réalité. On rejoint finalement ce que construisait Hegel : un système en accord avec lui-même mais sans aucune référence à la réalité ! Une fois encore, faire de la philosophie ne doit pas consister à parler dans le vide, à construire de belles abstractions. Faire de la philosophie, c'est interrroger la manière dont nous parlons vraiment du monde.

Wittgenstein, apprendre à se taire

Pour faire de la philosophie, il semble nécessaire de s'entendre sur les mots. Si nous disons, par exemple, que l'homme est libre, nous devons préciser ce que ce terme signifie : être libre, est-ce être semblable à l'animal sauvage, est-ce faire ce qu'on a envie de faire, est-ce agir en suivant sa raison ?

Il est impossible de réfléchir en commun si ce que nous utilisons pour communiquer n'est pas commun. Platon, déjà, nous le montrait très bien et de nombreux dialogues consistent en dernière instance à établir une définition : « Qu'est-ce que le beau ? », « Qu'est-ce que le courage ? ». Et quand, dans un dialogue, le *Menon*, on s'interroge pour savoir si la vertu peut s'enseigner, on se rend rapidement compte qu'il est nécessaire de définir ce qu'est la vertu.

Repère

Philo, maths, western et presse *people* !

Ludwig Wittgenstein est né à Vienne le 26 avril 1889 dans une famille très fortunée. Adolescent, il choisit de devenir ingénieur. Après des études à Berlin, il part pour Manchester, en Angleterre, afin d'effectuer des recherches en aéronautique. Il découvre alors les mathématiques, qui le fascinent, et oriente son travail vers la recherche de leurs fondements. Il se rend alors à Cambridge et rencontre Bertrand Russell, qui l'encourage dans cette voie.

Enrôlé dans l'armée autrichienne lors de la Première Guerre mondiale, Wittgenstein rédige, en partie dans les tranchées, son premier ouvrage, le *Tractatus logico-philosophicus*. L'ouvrage paraît en 1922, alors que Wittgenstein est prisonnier de guerre en Italie. Libéré, il retourne à Vienne. Après avoir refusé son héritage, il exerce divers métiers dont celui d'instituteur. Dans les années trente, il retourne à Cambridge en tant que professeur. On raconte qu'il était grand amateur de westerns et de presse *people*...

En 1947, il met fin à sa carrière de professeur parce qu'il croyait que son enseignement n'apportait rien à ses étudiants. Il se retire alors en Irlande pour écrire, puis voyage aux États-Unis. Il meurt en 1951 à Cambridge.

La philosophie se pose ainsi de nombreuses questions qui reviennent au travers de son histoire : « Qu'est-ce que l'Être ? », « Qu'est-ce que la substance ? », « Dieu existe-t-il ? », « La vie a-t-elle un sens ? », « Qu'est-ce qu'une bonne action ? », etc. et elle nous montre des désaccords, des controverses, des oppositions.

Tracer les limites

Kant avait déjà fait ce constat : l'histoire de la philosophie est celle de polémiques et il semble nécessaire d'instaurer la paix grâce à un tribunal, celui de la raison, qui va nous dire ce qui relève du savoir et ce qui relève de la croyance. La raison devait se faire critique, traçant les limites de ce qui peut être su. C'est ainsi que Kant montre que la métaphysique n'est pas une science (lire page 233).

Mais si la réflexion philosophique pose comme condition une entente sur les mots, il semble avant tout nécessaire de s'interroger non pas sur ce qui peut être su, mais sur ce qui peut être dit. On considère qu'il faut s'entendre sur les mots, mais encore faut-il que les mots correspondent à quelque chose. Là encore, il va falloir tracer les limites.

Repère

Wittgenstein et Russell

Wittgenstein sera très influencé par Russell, qu'il rencontre à Cambridge, et son projet logiciste de réduction de l'ensemble des mathématiques à la logique.

De quoi parlons-nous ?

Comme quête de la vérité, la philosophie prétend nous apporter des connaissances. Mais si la science physique a pour objet les lois de la nature, la biologie, le vivant et les mathématiques, les lois de l'espace et du nombre, quel est l'objet de la philosophie dans cette recherche de la vérité ? Il semble bien, à la lecture de tout ce que nous avons vu, qu'il varie ! Pour Platon, ce sont les Idées ; pour Aristote, les principes de chaque science et du raisonnement (la logique) ; pour Descartes, le fondement de la connaissance (le *cogito*) ; pour Hume, l'origine de la connaissance et ses limites ; pour Kant, les conditions de possibilité de la connaissance… On pourrait ici dresser une longue liste en reprenant chaque étape parcourue jusqu'alors !

S'il n'existe pas de connaissances sur lesquelles s'accorder, il ne s'agit pas alors de jouer simplement Platon contre Aristote ou Descartes contre Hume. Il faut se demander si dans

Repère

Le Tractatus

Le *Tractatus logico-philosophicus*, seul livre paru du vivant de Wittgenstein (1921), est un ouvrage très court (environ 70 pages) mais très complexe. Le titre n'est pas sans faire référence, sans doute avec ironie, au *Traité théologico-politique* de Spinoza. La forme de ce texte est surprenante. L'ouvrage est composé de sept aphorismes principaux, ordonnés du moins important au plus important. Chaque aphorisme, le dernier mis à part, est suivi de remarques le concernant. La numérotation de ces remarques peut être déconcertante à première vue : ainsi l'aphorisme 2 est suivi de 2.01 puis de 2.1, de même l'aphorisme 3 est suivi de 3.001, 3.01… 3.03, 3.031, etc. Il commence par l'aphorisme suivant : « 1.1. Le monde est la totalité des faits, non des choses » et se termine par « Ce qu'on ne peut pas dire, il faut le taire. »

cette quête, la philosophie emprunte le bon chemin. En d'autres termes : de quoi parlons-nous chaque fois… et pouvons-nous le faire ?

La logique nous apprend-elle quelque chose ?

Pour qu'une proposition ait pleinement un sens, il faut qu'elle puisse être dite vraie ou fausse, c'est-à-dire comparée à un état de chose. Par exemple : « Il neige » ; voilà une proposition que nous pouvons vérifier. Elle est vraie si c'est le cas, et fausse si ça n'est pas le cas. Dans ces conditions, nous disons quelque chose du monde. Par contre, si nous disons « 2 + 2 = 4 », nous disons quelque chose qui ne nous apprend rien sur le monde. Cet énoncé est tautologique (cela signifie qu'il ne fait que répéter ce qui est déjà dit). La logique ne fait que dévoiler la pensée à l'œuvre quand elle raisonne, tout comme les mathématiques. Seuls les énoncés qui disent quelque chose des faits qui constituent le monde nous apprennent quelque chose de celui-ci.

Wittgenstein, élève de Russell

Inutile alors de se projeter vers des abstractions. Si nous voulons parler du monde, nous ne pouvons parler que des faits qui constituent le monde. Ces faits peuvent être plus ou

moins complexes, mais il est possible, grâce à l'analyse, de les décomposer en faits plus simples. C'est déjà ce que nous avait montré Russell : tout ce que nous utilisons pour parler du monde peut être décomposé en énoncés atomiques vrais ou faux. Par nos paroles et nos pensées, nous dressons des tableaux des faits. Il y a donc une structure commune entre les tableaux des faits et la réalité. Cette structure, c'est la forme logique. Wittgenstein partage donc avec Russell cette idée que les lois de la logique valent indépendamment de la conscience et que le monde est formé logiquement (lire ci-dessus, page 396).
Il y a quelque chose de commun entre la logique des phrases et ce qu'elles dépeignent, mais nous ne pouvons pas l'expliquer. Pourquoi ? Parce que la philosophie n'est pas ce qui explique le monde, elle est ce qui le décrit !

La vie a-t-elle un sens ?

Revenons donc aux questions qui parcourent l'histoire de la philosophie : « Dieu existe-t-il ? », « La vie a-t-elle un sens ? », « Qu'est-ce qu'une bonne action ? », « Le réel est-il rationnel ? »... Ces questions ne renvoient à aucun fait. On est en dehors de ce que le langage peut dire de vrai ou de faux. Ces questions sont donc dénuées de sens. La philosophie ne peut rien en dire. Elle erre quand elle prétend le faire et s'assigne une tâche qui n'est pas la sienne. Son seul but est, au contraire, de poser les limites du langage, d'analyser ce qui peut être dit et, en conséquence, de clarifier la pensée. Tous les problèmes philosophiques viennent donc des malentendus du langage.

Citation

« La philosophie est une lutte contre la manière dont le langage ensorcelle l'intelligence. »

Un fait n'est pas une valeur

Dire « Il neige », ce n'est pas dire « C'est bien » ou « C'est beau ». Dans le premier cas, j'énonce une proposition vérifiable en déterminant si elle correspond ou non au fait ; dans les deux cas suivants, je porte un jugement de valeur. Il s'agit alors de propositions dénuées de sens, c'est-à-dire qui ne sont pas susceptibles d'être vraies ou fausses. Dans ces conditions, elles n'ont pas à être tenues. Ainsi, aucune proposition éthique, ni aucune proposition esthétique ne peuvent être confrontées à la réalité, aux faits. Voici établie la limite de ce que nous pouvons dire. Cela ne signifie pas qu'il n'y a pas des valeurs relatives.

Lorsque je dis de quelqu'un que « c'est un bon nageur », je constate qu'il est meilleur que celui qui simplement barbotte au bord du bassin. Mais il n'y a pas de valeurs absolues. Parler de Beau, de Bien, n'a pas de sens.

Un suicide philosophique ?

Voilà un sacré coup porté à la philosophie. Pour faire face aux querelles qui animent l'histoire de la philosophie, Kant avait posé les limites de ce qu'on peut savoir, mais, au-delà de ces limites, il restait une place pour la croyance. La métaphysique n'était pas une science, certes, mais elle n'avait pas disparu. Au contraire, elle se retrouvait dans l'éthique, la morale, à savoir ce que nous devions faire, et dans l'esthétique à propos des jugements de valeur et des buts de notre existence (lire page 229).

Mais nous avions oublié de nous interroger sur le langage ! S'il faut poser les limites entre ce que l'on peut dire et ce que l'on ne peut pas dire, cela signifie que la métaphysique disparaît, qu'elle renvoie au champ de l'indicible.

La philosophie doit se contenter de décrire le monde, elle ne peut en rien l'expliquer. Une fois qu'elle l'a décrit, elle n'a plus qu'à se taire ! Finies les interrogations morales, métaphysiques, ontologiques… Mais n'est-ce pas scier la branche sur laquelle nous sommes assis ?

Citation

« Ce qu'on ne peut pas dire, il faut le taire. »

Tout se vaut-il ?

En effet, si la philosophie n'a rien à dire sur les valeurs, si aucun jugement sur le beau, le bien, n'a de sens, faut-il en conclure que tout se vaut ? On peut décrire en soulignant qu'il y a des préférences, mais il ne faut pas oublier que la préférence n'a pas de valeur en soi. Il n'y a pas de code moral absolument bon. On peut en préférer certains à d'autres, mais la préférence ne peut pas être fondée, elle est un choix de vie. Je choisis de vivre en chrétien ou de vivre en athée. C'est tout. Pourtant, cela ne revient pas à dire que tous les systèmes se valent. Pourquoi ? Parce que cela consisterait encore à porter un jugement de valeur ! « La solution du problème de la vie, c'est une manière de vivre qui fasse disparaître le problème. » Le reste n'est que discours vide de sens. Cessons donc de parler de ce dont nous ne pouvons pas parler.

« Ne pas juger »

Il ne s'agit pas de rejeter la morale, ni de s'affirmer athée ; il s'agit de condamner l'éthique et de critiquer la théologie comme étant des discours vides de sens, ce qui est bien différent ! En réfléchissant sur les conditions de possibilité du langage, nous sommes conduits à constater qu'il y a un indicible. Mais l'existence de cet indicible n'est pas l'affirmation d'un néant, elle est une invitation au silence. Wittgenstein nous dit d'ailleurs : « Il est clair que l'éthique ne se peut exprimer. L'éthique est transcendantale. » Dire que je ne peux rien en

Repère

Le Cercle de Vienne

À partir de 1923, des savants se réunissent à Vienne avec la volonté de promouvoir une « conception scientifique du monde » et le désir de fonder une nouvelle philosophie des sciences. Il s'agit, au-delà, de penser les moyens d'améliorer la condition humaine. C'est en ce sens qu'on va parler de néo-positivisme dans la lignée du positivisme d'Auguste Comte (lire page 266).
Ils reprennent l'idée de Russell, qui voit dans les mathématiques une extension de la logique, et l'analyse de Wittgenstein qui voit dans la logique une suite de tautologies. La philosophie ne doit pas être une réflexion absurde sur de faux problèmes, elle doit se concentrer sur l'étude de la science. Plus précisément, la philosophie doit être la logique de la science, c'est-à-dire examiner les théories scientifiques et en dégager les relations logiques. Il s'agit d'annoncer la fin de la métaphysique.
Rudolf Carnap (1891-1970), par exemple, va s'attaquer aux énoncés de Heidegger comme étant des pseudo-énoncés. Prenons l'énoncé suivant : « Nous cherchons le néant. » Cet énoncé est absurde logiquement même s'il est correct grammaticalement, car on prend « le néant » pour le nom d'un objet alors qu'aucun objet ne lui correspond. La condition du sens est d'obéir à la syntaxe logique. La métaphysique est un ensemble de fautes logiques grossières.
Wittgenstein s'opposera au Cercle de Vienne, tout d'abord parce qu'il est hostile à l'idée de progrès, mais aussi parce que si la métaphysique est un non-sens, cela ne sert à rien de le dire ; ce qui compte, c'est la tendance que manifestent les textes métaphysiques ou éthiques.

dire, cela ne signifie pas que ce n'est rien ! Par contre, il est nécessaire de ne pas parler dans le vide et de savoir où l'on doit se taire au lieu de construire des systèmes métaphysiques s'opposant les uns aux autres.
Finalement, tout ce qui importe dans la vie ne peut être ni vrai ni faux. Ce qui est vrai ou faux est de l'ordre des faits, mais le plus essentiel n'est-il pas ailleurs ? Et que ceux qui, au nom de grands principes ou de systèmes, passent leur temps à s'ériger en juges et en censeurs se taisent. L'essentiel dans la vie ne peut pas se dire. Voilà une des leçons de Wittgenstein. En ce sens, il se sépare de Russell, estimant qu'il existe quelque chose d'autre au-delà de la logique, donc au-delà de ce qu'on peut énoncer.

Que veut dire « oui » ?

La logique symbolique, comme nous l'avait montré Russell, est donc ce qui permet d'analyser le langage afin de pouvoir attribuer une valeur de vérité aux propositions. Elle dévoile la pensée à l'œuvre. Le discours, lui, ne peut porter que sur des faits. Dès lors, c'est l'analyse logique qui permet de déterminer ce qui est vrai et ce qui ne l'est pas. On peut estimer ici que tout est dit. Wittgenstein, à 30 ans, le pense. Mais la logique symbolique permet-elle vraiment de lever toutes les ambiguïtés du langage ? Nous avons vu la solution que Russell proposait lorsqu'il fallait analyser la proposition « L'actuel roi de France est chauve » (lire page 395). Pourtant, il semble bien difficile de saisir la signification de toute proposition en dehors d'un contexte.
Prenons un exemple simple : « oui ». Nous considérons qu'il s'agit ici d'un acquiescement à la suite d'une question. Toutefois, nous savons qu'il y a différentes manières de dire « oui ». Le ton peut être enthousiaste, ironique, peu convainquant, etc. Il semble donc bien réducteur de dire que la signification est tout entière contenue dans le mot. On pourrait ici multiplier les exemples, ils ne feraient que renvoyer à notre usage quotidien des mots et du langage. Dès lors, peut-on prétendre analyser la signification en dehors de l'usage que nous faisons des mots ?

Qu'est-ce qu'une expérience privée ?

Pour lever les ambiguïtés de la signification d'une phrase, diverses informations sont nécessaires : « Qui parle ? », « À qui ? », « Dans quelles circonstances ? », « Quels sont les rapports entre ces personnes ? »… Il est donc bien difficile d'isoler le langage de la vie sociale.

Nous avons tendance à penser que la signification est attachée au mot et insufflée par celui qui parle à l'aide d'intentions personnelles incommunicables. Nous aurions ainsi des expériences internes telles que la joie, la douleur, le plaisir, etc., qui seraient incommunicables à strictement parler. J'ai beau utiliser toutes les ressources de la langue, on voit bien que je suis heureux, mais personne ne peut vraiment ressentir et saisir pleinement ce que je ressens. Au mieux, on pourrait s'en approcher, mais cette expérience reste toujours privée, personne ne la vit à ma place. De là, nous considérons qu'il existe un usage privé du langage, tout comme nous considérons que nous avons une intériorité à laquelle personne n'a accès, sauf nous-mêmes. Mais cela est faux, et c'est le langage qui nous le montre.

Le tableau est-il vert pour tout le monde ?

Je dis : « Ce tableau est vert. » Mais qu'est-ce qui me garantit que nous avons tous la même expérience personnelle du vert ? Après tout, il se pourrait bien que ce qui est vert pour moi soit violet pour l'autre ; et je n'ai, semble-t-il, aucun moyen de le savoir. L'expérience interne est incommunicable, pensons-nous, tout comme – pour reprendre les exemples déjà cités – la douleur, la joie, le plaisir... Nous n'avons ici, apparemment, aucune solution. Descartes en a proposé une : Dieu. Qu'est-ce qui me garantit que mon monde est le même que celui de mon voisin ? Dieu (lire page 151). Mais malgré les tentatives de preuves, cela ne relève pas d'un savoir ! En affirmant l'existence d'une expérience privée, d'une intériorité, on reste enfermé sur soi-même. Finalement, on est bien contraints de constater : « Je suis le seul à exister ; les autres ne sont peut-être au fond qu'une projection de moi ! ».

Comment sortir de cet enfermement ?

Pour sortir de cet enfermement, il faut cesser de penser que la signification d'un mot peut être saisie en dehors d'un contexte et de son usage, qu'elle est acte interne et personnel du locuteur. C'est là encore une grande erreur de la métaphysique. Elle considère que le sujet, par le langage et des catégories qui lui sont propres, tente de connaître le monde. Mais elle oublie que le langage est un outil de communication. Quand nous parlons, le langage contient la possibilité de se tromper. Si je dis : « C'est une voiture » alors que c'est un avion, on va me dire : « Mais tu dis n'importe quoi ! ».

Or, si on suppose l'existence d'un langage privé, la possibilité de se tromper n'existe plus. Je ne vais pas me dire : « C'est une voiture, mais dans la réalité c'est un avion. » Cela serait absurde ! Pourquoi ? Parce qu'il n'y a pas de langage privé. Les règles d'usage du langage renvoient à une pratique commune. Quand je me parle à moi-même, quand je prétends posséder un langage privé, je ne fais qu'utiliser ce qui a été appris dans la communication avec autrui. Avant d'apprendre à parler, un enfant ne se parle pas !

Les jeux de langage

En produisant l'idée d'une intériorité et d'un langage privé, la métaphysique a oublié, une fois encore, de s'interroger sur le langage. En se situant en dehors du langage, elle se situe en dehors du monde, elle se transporte dans l'indicible et construit des systèmes là où elle devrait se taire. La philosophie doit simplement décrire la manière dont nous parlons. Or, puisque le contexte est essentiel pour comprendre le sens, il faut reconnaître que notre communication courante est codée, qu'elle dépend des situations. Ces situations font varier les règles, et le mot « oui » aura un sens différent en fonction des règles données. Wittgenstein parle ici de « jeux de langage » et chaque jeu correspond à des formes de vie déterminées. Comme tout jeu, les jeux de langage ont leurs propres règles. Un malentendu réside alors toujours dans la confusion d'un jeu de langage avec un autre.
En d'autres termes, le langage et la vie sociale sont inséparables, et la philosophie doit décrire la grammaire de nos jeux de langage, c'est-à-dire aussi la manière dont nous vivons, mais sans juger !

Bachelard et le rationalisme appliqué

Comment la science progresse-t-elle ? Partons de la naissance de la physique moderne. Lorsque Galilée nous montre que le grand livre de la nature est écrit en langage mathématique, qu'on peut appliquer les mathématiques à la nature (lire page 142), il ne précise en rien la physique d'Aristote étudiée depuis vingt siècles. Jusqu'alors, on pensait que la nature, le monde terrestre, était le monde de l'imprécision, que les mathématiques ne pouvaient s'appliquer qu'au monde céleste, donc qu'il ne pouvait pas y avoir une science de la nature. Galilée rompt radicalement avec l'ancienne conception du cosmos. On

Biographie

De la Poste à la Sorbonne…
Gaston Bachelard est né à Bar-sur-Aube en 1884. D'abord employé des postes, il passe une licence de sciences et devient professeur de physique et chimie. En 1922, il passe l'agrégation de philosophie et enseigne cette discipline à la faculté de Dijon avant de devenir professeur à la Sorbonne jusqu'en 1954. Nourri par les crises du début du XXe siècle – crise de la relativité, de la théorie des ensembles, du déterminisme –, il va s'attacher à définir un nouvel esprit scientifique. Il meurt le 6 octobre 1962 à Paris.

pensait que les objets tombaient parce qu'ils étaient lourds, que la nature poursuivait un but. La naissance de la physique moderne est une destruction complète de cette conception. Elle conduit à repenser les notions de masse, de pesanteur…

Lutter contre les opinions

Ainsi, la science ne progresse pas simplement en précisant des savoirs déjà acquis. La connaissance se forme en détruisant des opinions, des préjugés, des obstacles, qui viennent de notre conception souvent naïve du monde. Sans cesse, nous devons rectifier nos concepts et notre savoir. La science apparaît ainsi comme un combat contre ses propres opinions, ses propres constructions *a priori*, comme la remise en cause de ce qu'on croyait savoir. L'histoire des sciences est faite de ruptures constantes, elle est discontinue.
Le positivisme pense le progrès scientifique comme une accumulation des savoirs, mais l'observation de l'histoire des sciences nous montre le contraire : la science se construit dans un mouvement polémique, l'histoire des sciences doit se penser en termes d'obstacles parce qu'elle n'est pas un ensemble de faits, mais une série de problèmes.

Qu'est-ce qu'un instant ?

L'histoire des sciences est l'histoire de ruptures. L'idée d'une continuité est fausse. D'ailleurs, si l'histoire nous le montre, notre propre expérience nous le révèle également. Nous pouvons alors nous opposer à ce que nous montre Bergson, contemporain de Bachelard.

Repère

La notion de masse

Avec la théorie de la relativité restreinte, la masse est modifiée lorsque l'objet approche de la vitesse de la lumière.
Pour Newton, la masse d'un corps est la propriété que possède ce dernier de résister à tout changement que l'on tente de faire subir à son mouvement. Un camion de 38 t qui dévale une pente est plus difficile à arrêter qu'un chariot de supermarché. Tout comme il est plus difficile, lorsqu'ils sont arrêtés, de bouger le premier que le second. La masse est résistance au mouvement. Or, avec la théorie de la relativité restreinte, on découvre que la masse varie en fonction du mouvement. Un voyageur dans un train sur terre pèse 60 kg; à la vitesse de 250 000 km/s, il pèse 108,479 kg. Or, puisque la masse d'un corps s'accroît avec l'accélération du mouvement et puisque le mouvement est une forme d'énergie (l'énergie cinétique), la masse accrue provient de son énergie accrue. Donc, l'énergie est une masse. La propriété nommée masse est simplement de l'énergie concentrée. C'est le sens de la célèbre formule d'Einstein, $E = mc^2$, c étant la vitesse de la lumière.
Par exemple, 1 kg de charbon converti entièrement en énergie fournirait 25 trillions de kilowatts-heure d'électricité. Masse et énergie sont interchangeables.

Bergson nous disait que la réalité du temps était la durée, continue et indivisible (lire page 338). Mais cette expérience intime semble ignorer l'expérience réelle : il y a des ruptures dans la vie, comme dans l'histoire. Et dès lors, il y a un « avant » et un « après ». C'est une illusion de croire en des influences et en une continuité. Bergson nous disait que la réalité du temps était la durée, Bachelard répond que c'est l'instant qui est la seule réalité temporelle. D'ailleurs, « la conscience du temps est toujours pour nous une conscience de l'utilisation des instants ». Agir, c'est se lancer, commencer à agir. Et c'est d'ailleurs sans doute parce qu'il est une rupture que ce commencement est souvent le plus difficile !

Une psychanalyse de la connaissance

Si jusqu'à la naissance de la physique moderne, nous pensions qu'une telle science était impossible, ce n'est pas parce que les outils nous manquaient ou parce que nous n'avions

Repère

Les obstacles épistémologiques

Dans la *Formation de l'esprit scientifique*, Bachelard étudie ces différents obstacles.

L'expérience première : les phénomènes spectaculaires nous empêchent généralement de voir ce qui est important.

La connaissance générale qui consiste à généraliser trop rapidement. Par exemple, nous assimilons souvent l'accélération à la vitesse alors que l'accélération est le temps mis pour passer d'une vitesse à une autre vitesse.

L'obstacle verbal : nous avons facilement tendance à mettre un mot à la place d'une explication. Par exemple, Réaumur a cru pouvoir expliquer des phénomènes atmosphériques par la structure spongieuse de l'air. La représentation de l'éponge s'est substituée à l'explication scientifique.

La connaissance pragmatique qui s'attache à expliquer un phénomène par son utilité.

L'obstacle substantialiste qui consiste à chercher une substance, un support derrière chaque phénomène. On a ainsi imaginé, par exemple, que le fer de l'aimant contenait une colle, le flegme.

L'obstacle animiste qui consiste à appliquer à des objets inertes des propriétés qui sont celles des organismes vivants. On explique ainsi des phénomènes chimiques en prenant l'image de la digestion, ou on considère que la rouille est une maladie du fer...

D'ailleurs, même la science moderne qui est née avec la mathématisation n'est pas exempte d'obstacles : elle consiste en effet à croire que la précision numérique nous permet de saisir l'objet qu'elle mesure. C'est ainsi, à partir – entre autres – d'une histoire critique des sciences que la pensée de Bachelard va se construire.

pas les moyens techniques ; c'est parce que nous n'en n'avions pas l'idée, parce que notre conception du monde nous empêchait d'avoir cette idée. Autrement dit, les obstacles qui empêchent la science d'avancer ne sont pas extérieurs, mais avant tout intérieurs à notre pensée. Nous devons interroger les concepts que nous utilisons en nous demandant s'ils ne sont pas nourris de présupposés.

La psychanalyse a construit le concept de résistance pour désigner ce qui, dans les actes, les paroles et les pensées, s'oppose à une exploration. Bachelard va étudier les résistances dans l'esprit du scientifique, les obstacles qui sont des barrières à la formation du savoir scientifique et qu'il désigne sous le nom d'obstacles épistémologiques. Il va faire une véritable psychanalyse de la connaissance. Il faut ainsi « tuer le vieil homme qui est en nous ».

Comment les représentations se constituent-elles ?

Lorsqu'on observe du lait ou du sang, on constate qu'il coagule, et on en vient tout naturellement à penser que l'eau, lorsqu'elle gèle, obéit aux mêmes règles que celles qui déterminent la coagulation du lait et du sang. La congélation ne serait qu'un type particulier de la coagulation. La représentation d'un phénomène nouveau s'est calquée sur une représentation déjà constituée d'un phénomène connu.

À l'opposé de l'attrait du singulier que constitue l'observation première et immédiate, on pourra opposer l'effort de généralisation. Il correspond toujours à une représentation naïve et immédiate, mais qui se prend à son propre jeu et se donne à elle-même son propre spectacle. C'est au fond la représentation d'une représentation ou, pour reprendre la formulation même de Bachelard, « une pensée qui s'admire ». Ainsi, on passe insensiblement du sang à l'eau et de l'eau à la sève des arbres qui deviendrait du bois par ce même effet de coagulation. Ce faisant, à trop généraliser, on est conduit à négliger les détails ou les cas particuliers, ce qui revient à arrêter les recherches fécondes.

Citation

« Quand il se présente à la culture scientifique, l'esprit n'est jamais jeune. Il est même très vieux, car il a l'âge de ses préjugés. »

À la généralisation portant sur des expériences sensibles succède alors une généralisation de type philosophique, qui va s'étendre à l'ensemble de la nature et servir de prisme universel dans lequel se formera l'intégralité de nos connaissances. Il est en ainsi de l'idée d'harmonie qui va traverser tout le XVIIIe siècle : elle n'est possible qu'à la condition de supposer que tout phénomène doit tendre vers la perfection ou vers l'excellence.

« L'opinion pense mal »

La connaissance scientifique ne se constitue qu'en dépassant les représentations et en rectifiant les erreurs. La représentation objective n'est jamais un immédiat ; elle s'élabore, elle est le fruit de la négativité d'un esprit qui pense avant tout contre lui-même et contre l'enracinement sensible de ses représentations. Il faut combattre l'opinion, non pas simple-

ment parce qu'elle est incomplète, mais parce qu'elle est toujours fausse. Comme la naissance de la science physique nous le montre, il faut détruire l'opinion. L'opinion n'est pas une pensée imprécise, elle est absence de pensée, elle n'est qu'une projection de nos besoins. « L'opinion a, en droit, toujours tort. L'opinion pense mal ; elle ne pense pas : elle traduit des besoins en connaissances. En désignant les objets par leur utilité, elle s'interdit de les connaître. On ne peut rien fonder sur l'opinion : il faut d'abord la détruire. »
L'opinion, finalement, répond à notre besoin de savoir, mais, pour ce faire, transforme le réel, le simplifie ou le déforme. Il n'est de vérité qu'en rupture avec l'expérience commune.

Qu'est-ce qu'apprendre à compter ?

S'il faut combattre l'opinion et les préjugés, on pourrait alors penser qu'il s'agit simplement de se tourner vers la raison qui, elle, nous permet d'atteindre la vérité. Descartes nous le disait déjà : nos sens nous trompent. Platon également : il faut se détacher du monde sensible... Toute une tradition idéaliste et rationaliste s'est déjà fortement imposée en opérant une critique de l'opinion première, de l'expérience commune.
Cependant, l'histoire des sciences doit encore être pour nous riche d'enseignements. Nous pensons généralement que la raison est immuable et que nos savoirs sont fondés sur elle ; ainsi, parce que nous sommes doués de raison, nous aurions inventé l'arithmétique, la géométrie... Mais, avant de savoir compter, nous ne savions guère ce qu'était la raison ! Il n'y a de raison que là où la raison peut raisonner, et elle commence à raisonner avec la naissance de l'arithmétique, lorsqu'il faut commencer à calculer.

Contre Descartes

Parce que les sens nous trompent, Descartes nous montre que la connaissance est une inspection de l'esprit. Souvenons-nous de sa célèbre analyse du morceau de cire (page 149).
Il nous posait alors cette question simple : qu'est-ce que ce morceau de cire que j'ai devant moi ? Je peux certes le décrire par sa couleur, sa forme, son odeur, etc., mais une fois qu'on a approché la cire du feu, toutes les qualités ont disparu sauf l'étendue, qui est la qualité essentielle de la matière.
Descartes considère ainsi qu'il y a une nature simple donnée à l'esprit ; voici une idée claire que nous avons en notre esprit. Dépasser le sens qui nous trompe consistait alors à se tourner vers l'esprit pour saisir les idées claires qu'il possède.

> **Citation**
>
> « Rien de plus anticartésien que la lente modification spirituelle qu'imposent les approximations successives de l'expérience. »

Mais une telle approche consiste encore à supposer un esprit et une raison immuables. Les idées claires, voilà encore un obstacle épistémologique, nous dit Bachelard ! La substance n'est jamais simple ; et comprendre une idée, c'est toujours se référer à un système complexe de pensées et d'expériences. Comme la mathématisation dans la science moderne le montre, on ne peut dissocier le donné de la méthode de sa description. En d'autres termes, la science n'est pas un regard exact sur le monde, elle est la constitution d'un terrain à regarder, à explorer.

Une histoire de la raison

Les normes et les règles ont pour origine la pratique scientifique : la raison d'une époque n'est que l'ensemble des règles de la pratique scientifique de l'époque. Cette raison est donc le résultat d'une instruction donnée par la pratique scientifique, elle n'est jamais fermée sur elle-même mais toujours ouverte aux enseignements d'une pratique.
La raison doit donc avant tout être « ouverte » à l'avenir, être sans cesse capable de remettre en cause les principes sur lesquels elle s'appuie. C'est ce qui définit un nouvel esprit scientifique, qui ne saisit plus l'erreur comme un défaut mais comme ce qui doit être rectifié, qui saisit la nécessité d'ajuster sans cesse la théorie à l'expérience, ajustement qu'il faut penser comme un processus historique. La science est un mouvement dialectique entre deux attitudes, le réalisme et le rationalisme, elle « simplifie le réel et complique la raison ».
Si c'est l'observation de l'histoire des sciences qui permet de comprendre comment le savoir scientifique se constitue, on ne peut bien sûr ignorer les crises du début du XXe siècle : crise de la relativité, de la théorie des ensembles, du déterminisme… Or, elles vont bien dans le sens de cette double critique : critique de l'expérience première et critique d'une raison immuable.

La science ne fait pas disparaître la poésie !

S'il est nécessaire de faire une psychanalyse de la connaissance afin de dépasser les obstacles, de combattre nos représentations, il ne s'agit pas pour autant de retomber dans une forme de positivisme qui considérerait que seule la pensée scientifique a un sens, une

Repère

La théorie de la relativité

Einstein expose en 1905 la théorie de la relativité restreinte puis, en 1913, la théorie de la relativité générale. Cette dernière énonce que la présence d'une masse modifie les propriétés locales de l'espace environnant. Eddington, en 1919, lors d'une éclipse totale de soleil, a pu observer des étoiles alignées avec le soleil et la terre (donc théoriquement non observables). Aux alentours du soleil, les rayons lumineux étaient déviés et suivaient la courbure locale de l'espace. Cela confirmait la théorie d'Einstein.

Tout comme l'espace, le temps est affecté par la masse. Par exemple, il s'écoule un peu moins vite à la surface du soleil que sur notre terre, car le soleil a une masse beaucoup plus importante. Tel est le sens de l'expression « courbure de l'espace-temps ». Or, la masse totale de l'univers a également un effet à grande échelle. Ainsi, l'univers possède une courbure qui lui est propre. Pour comprendre cette notion de courbure, on peut faire une analogie avec les surfaces, les espaces à deux dimensions, dont certaines possèdent une certaine courbure. Pourquoi parler de courbure? Si on crève un ballon, il est impossible d'étaler la surface obtenue sur un plan, car la sphère possède une courbure positive. Si on trace un cercle sur un ballon, la surface ainsi délimitée ne vaudra pas πr^2, qui est normalement la formule pour calculer la surface.

Ainsi, l'univers possède une courbure déterminée par la quantité de matière. Mais la géométrie euclidienne est incapable de rendre compte de cette réalité! Einstein a alors recours à la géométrie de Riemann, géométrie sphérique, où la somme des angles du triangle est supérieure à 180°.

Cet exemple nous montre que le savoir se réorganise sans cesse par un dialogue entre le mathématicien et le physicien, c'est-à-dire entre le théoricien et l'expérimentateur. Le mathématicien élargit sa théorie et prouve au physicien que son observation est la bonne. Là encore, la raison n'est pas immuable, elle se dépasse sans cesse elle-même.

valeur et une signification. Il ne faut pas rejeter les images, celles-ci sont nécessaires comme complément esthétique à la connaissance scientifique.

Les poètes, par exemple, cultivent et approfondissent cette subjectivité psychologique, ces projections que la science prétend exorciser. Il y a ainsi une importance de l'imagination poétique et il faut faire également une psychanalyse de ces images primitives que sont l'air, l'eau, le feu, la terre. Ces éléments ne renvoient-ils pas d'ailleurs à une certaine conception primitive du monde ? (voir chapitre 1). Bachelard va entreprendre, à côté de sa réflexion sur l'esprit scientifique, un travail de purification sur ces images. Finalement, la philosophie peut espérer rendre la poésie et la science complémentaires.

Popper et le rationalisme critique

La philosophie recherche les fondements qui puissent nous assurer la vérité d'une proposition. On a alors deux courants qui s'opposent : soit on dit que le fondement de la vérité doit se trouver dans l'esprit, dans l'entendement ; soit on dit que le fondement se trouve dans l'expérience.

Descartes, par exemple, nous montre que le fondement de la vérité est dans l'esprit. En effet, qu'est-ce qui est vrai et indubitable ? Non pas ce que nous voyons, car nos sens peuvent nous tromper, non pas les vérités mathématiques (2 + 2 = 4), parce qu'on peut là

Biographie

Du travail du bois à la question de la vérité

Karl Popper est né le 28 juillet 1902 à Vienne, en Autriche. Il démarre sa vie active comme apprenti ébéniste puis étudie à l'université de Vienne et devient enseignant au lycée en mathématiques et physique. Il côtoie le Cercle de Vienne qui le fait connaître, mais sans jamais y entrer. En 1937, il accepte une proposition de conférencier à Christchurch en Nouvelle-Zélande, où il passe la guerre. Début 1946, il revient s'installer à Londres. Il devient professeur à la London School of Economics où il fonde le département de logique et de méthodologie des sciences. Il participe également à de nombreux séminaires et conférences dans d'autres universités, notamment américaines. Il prend sa retraite d'enseignant en 1969 et meurt le 17 septembre 1994.

encore se tromper – et cela nous arrive –, mais le « Je pense » qui est la seule chose indubitable, ce qu'il reste quand on a douté de tout. Le critère de vérité est l'évidence du *cogito* (lire page 147).

Les empiristes, de leur côté, considèrent que la vérité est garantie par l'expérience sensible (lire chapitre 10).

Dans chacun des cas, l'évidence est critère de vérité, qu'il s'agisse d'évidence intellectuelle ou d'évidence sensible. Mais ces deux approches se renvoient dos à dos leurs arguments : l'une dit que l'expérience sensible nous trompe et l'autre que l'évidence intellectuelle est une pure abstraction. Dès lors, comment s'en sortir ? Qu'est-ce qui garantit la vérité d'une proposition ?

Faut-il détruire la métaphysique ?

Cette question n'est pas nouvelle et elle se pose de manière d'autant plus forte qu'au début du XXe siècle, la physique connaît une véritable révolution avec la théorie de la relativité. À quelles conditions une théorie peut-elle être dite vraie ? Le Cercle de Vienne, très influencé par Russell et Wittgenstein, s'est emparé de cette question (lire page 407). Ces philosophes considèrent que les hypothèses scientifiques sont vérifiables de manière définitive lorsque les énoncés peuvent être confrontés à la réalité.

C'est d'ailleurs en ce sens que les mythes ou les discours philosophiques n'ont rien de scientifique. Ce sont même des énoncés dépourvus de signification. Il faut ainsi rejeter toute la métaphysique qui nous construit des discours n'ayant aucune valeur. Se demander si Dieu existe, si l'homme est libre, etc., revient à poser de faux problèmes et à construire des théories qui n'ont aucune valeur scientifique. La métaphysique n'a pas lieu d'être, nous dit le Cercle de Vienne. Mais peut-on régler aussi radicalement son compte à la métaphysique ?

La psychanalyse est-elle une science ?

Finalement, cette idée selon laquelle est vraie une théorie qui peut être vérifiée dans l'expérience nous semble avoir une certaine force. Quelque chose est dit, et si cela correspond à ce que nous pouvons expérimenter, nous considérerons que cette chose est vraie. Le problème est qu'il existe de nombreuses théories qui ne peuvent pas être contredites par l'expérience. Prenons l'exemple de la psychanalyse. Freud fait l'hypothèse de l'inconscient ; et à partir de cette hypothèse, il construit une théorie complète qui tend à rendre compte

de la vie psychique des individus (lire page 327). En tant que théorie, la psychanalyse parvient à rendre compte quasiment de la totalité des phénomènes. Or, s'agit-il d'une théorie scientifique ou d'une pseudoscience ?
Si nous suivons l'idée selon laquelle une théorie est vraie si elle est vérifiée dans l'expérience, il devient bien difficile de prouver la vérité de cette théorie, car il est difficile de vérifier l'existence de l'inconscient. Nous pouvons faire l'expérience de lapsus, d'actes manqués… mais ils ne nous donnent en rien l'existence de l'inconscient. Mieux, à celui qui refuse cette hypothèse de l'inconscient, la psychanalyse répond que ce refus est un refoulement, donc encore une manifestation de l'inconscient ! Ainsi, aucune vérification n'a lieu dans l'expérience, mais la théorie se confirme toujours elle-même !

Tous les cygnes sont-ils blancs ?

Si nous rencontrons cette difficulté, c'est sans doute alors que la méthode de la vérification par l'expérience n'est pas la bonne. En effet, il est déjà bien étrange de dire qu'une expérience vérifie la généralité d'une loi scientifique. C'est le passage du particulier au général qui pose problème, ou encore ce qu'on nomme l'induction (lire page 398). Nous ne pouvons pas dire que tous les cygnes sont blancs à partir de la simple observation des cygnes que nous voyons. Par contre, si nous voyons un seul cygne noir, nous pouvons réfuter la proposition. Il y a une grande différence entre dire qu'une hypothèse est validée par une observation (je ne vois que des cygnes blancs) et dire qu'une hypothèse est invalidée par une expérience (je vois un cygne noir). Autrement dit : un nombre d'énoncés, aussi important soit-il, ne permet pas de conclure à la vérité d'une théorie.

Est-il possible que ce soit faux ?

Dès lors, si l'induction est une illusion et si la vérification par l'expérience ne peut suffire, il faut changer de méthode. Or, qu'avons-nous vu ? La psychanalyse ne peut être rejetée par aucun test, puisqu'on pourra toujours répondre en invoquant l'inconscient et le refoulement. Une telle théorie s'autojustifie. En ce sens, elle ne peut être dite ni vraie ni fausse. Par ailleurs, la vérification par l'expérience ne suffit pas non plus pour dire si une théorie est vraie (il se peut qu'il existe un cygne noir que je n'ai pas observé). On peut donc en conclure qu'une théorie peut être dite vraie ou fausse non pas lorsqu'elle est vérifiée par l'expérience, mais lorsqu'elle peut être invalidée par l'expérience.

Repère

Popper et Hume

Hume, s'interrogeant sur l'origine de nos connaissances, se posait la question suivante : « Le soleil se lèvera-t-il demain ? ». J'observe chaque jour que le soleil se lève, mais cette observation me permet-elle de dire que la proposition « Le soleil se lèvera demain » est vraie ? Hume répond : nous n'avons aucune raison logique de croire que le soleil se lèvera demain, c'est l'habitude qui nous permet de le dire (lire page 202). Hume a donc recours à une dimension psychologique. C'est la répétition et la similitude (tous les jours le soleil se lève) qui permettent de le dire.
Mais pour être sensible aux répétitions, ne faut-il pas déjà anticiper ce que nous cherchons à expliquer ? Si nous ne nous y attendons pas, allons-nous vraiment repérer ces répétitions ? Finalement, on trouve que les choses se répètent parce qu'on s'attend à ce qu'elles se répètent ! C'est d'ailleurs de la sorte qu'on va parfois, dans les médias, nous dire qu'il y a en ce moment une « loi des séries ». Par exemple, à une certaine période, de nombreux avions manquent leur atterrissage. Mais n'est-ce pas aussi parce que les médias se mettent à en parler qu'on observe cette « loi des séries » ? N'est-ce pas quand on cherche la répétition qu'on la trouve ? Voilà pourquoi Popper refuse le psychologisme de Hume.

Tous les théoriciens des sciences ont toujours considéré qu'une théorie devait être confirmée ou vérifiée par l'expérience. Non, nous dit Popper, la science doit essayer sans cesse de fausser l'ensemble des théories. Il faut qu'une falsification (voir encadré page suivante) soit possible.

Contre le totalitarisme

Si une théorie scientifique est une théorie falsifiable, cela signifie qu'une vérité n'est jamais définitive. Une théorie scientifique laisse toujours la possibilité d'être réfutée un jour. Finalement, plus une hypothèse scientifique est audacieuse, plus elle peut être soumise à la critique. Par contre, une théorie qui prétend expliquer et rendre compte de la totalité des phénomènes est toujours suspecte. Si nous pouvons remettre en cause la scientificité de la

Vocabulaire

La falsification

C'est le critère qui permet de distinguer une théorie scientifique d'une théorie non scientifique ou pseudo-scientifique. Attention, il ne s'agit pas de dire qu'une théorie est vraie quand elle est fausse, il s'agit de dire qu'une théorie, pour être considérée comme scientifique, doit laisser la possibilité d'être déclarée fausse. Ainsi, la psychanalyse n'est pas falsifiable parce qu'elle ne laisse pas de place pour la réfutation. À celui qui remet en cause l'hypothèse de l'inconscient, elle pourra toujours dire que son discours est motivé par son inconscient.

psychanalyse, nous pouvons également remettre en cause la théorie marxiste de la lutte des classes et du matérialisme historique (lire page 275). À celui qui prétend récuser la lutte des classes, les marxistes répondront que ce refus de la théorie est déterminé par la classe à laquelle on appartient. En ce sens, Marx nous dit : « Ce n'est pas la conscience des hommes qui détermine leur existence, c'est au contraire leur existence sociale qui détermine leur conscience. » Ce que Popper veut rejeter ici, ce sont toutes les théories totalisantes et autoritaires qui ne laissent pas de place à la critique.

La société ouverte

Les théories totalisantes sont totalitaires. C'est en ce sens qu'on peut rejeter l'historicisme, ce principe selon lequel l'histoire humaine serait gouvernée par des lois historiques tout comme la nature est gouvernée par des lois naturelles. En effet, il n'est pas possible de prédire le cours de l'histoire, car les décisions individuelles y jouent un rôle trop important. C'est aussi bien la philosophie de l'histoire de Hegel (lire page 254) que celle de Marx qui est visée ici. Ces théories historiques conduisent à des sociétés fermées. On peut d'ailleurs également condamner la cité platonicienne (page 59), dans laquelle Popper verra les germes du totalitarisme.

Si la réflexion de Popper porte d'abord sur la science (qu'est-ce qui permet de distinguer une théorie scientifique d'une théorie qui ne l'est pas ?), ses enjeux sont donc aussi politiques. Contre toutes ces théories qui conduisent à des sociétés totalitaires fermées, il faut imposer une conception ouverte de la société, dans laquelle les citoyens peuvent être critiques et modifier les institutions. Voilà la condition de la liberté.

Le Cercle de Vienne pensait que la science conduirait au progrès social mais se trompait de méthode. Il n'y aura de progrès social que si on emprunte, sur le terrain politique, la méthode des essais et des erreurs propres à la véritable méthode scientifique. C'est pourquoi il faut bien distinguer la science de ce qu'elle n'est pas.

Citation

« Une théorie qui explique tout ce qui pourrait arriver n'explique rien. »

Faut-il être sceptique ?

Si, pour être scientifique, une théorie doit être falsifiable, cela signifie qu'il n'y a aucune vérité définitive. Il faut refuser tout dogmatisme. Nos certitudes ne sont que provisoires. Le savoir augmente par l'élimination d'erreurs et par rectifications successives. Nos théories sont faillibles. Faut-il en déduire que tout est relatif et tomber dans le scepticisme ?

Non, car cela reviendrait à remettre en cause la notion même de vérité. Une connaissance objective est possible quand elle peut être contrôlée par n'importe qui et soumise à des tests par tous, indépendamment du caprice de quelques-uns.

Et la métaphysique ?

Le Cercle de Vienne rejetait définitivement la métaphysique comme non-sens. Popper refuse de suivre cette voie. Certes, les discours métaphysiques ne sont pas scientifiques, mais ce n'est sans doute pas une raison pour les éliminer. Après tout, le savant qui cherche des vérités scientifiques a bien une foi en des idées purement spéculatives. Il ne faut pas confondre la science et les mythes, la science et la métaphysique, mais cela n'exclut en rien la foi en un progrès de la science et de la société, foi qui n'a rien de scientifique !

Kuhn et la crise de la raison

Le rationalisme défendu par Bachelard et Popper est une forme d'optimisme. Or, on peut s'interroger sur les bienfaits de cette confiance en la raison. Le XXe siècle va connaître des crises radicales qui peuvent conduire à s'interroger sur les limites d'une telle confiance.

Biographie

Historien des sciences

Thomas Samuel Kuhn est né le 18 juillet 1922 à Cincinnati, dans l'Ohio, et mort le 17 juin 1996 à Cambridge, dans le Massachusetts. Après des études de physique à l'université de Harvard, il y enseigne l'histoire des sciences en tant qu'*assistant professor*. En 1956, il quitte Harvard pour l'université de Californie, à Berkeley, où il obtint en 1961 une chaire en histoire des sciences. En 1964, il est nommé professeur à l'université de Princeton. En 1979, enfin Kuhn rejoint le Massachusetts Institute of Technology (MIT) de Boston ; en 1983 il y reçoit la chaire de « *Laurence S. Rockefeller Professor* ». Il y enseigne jusqu'en 1991.

Publié en 1962, son ouvrage le plus connu – qu'il a écrit alors qu'il était encore à Harvard – est la *Structure des révolutions scientifiques*. Ce livre a été traduit en 16 langues et vendu à plus d'un million d'exemplaires.

Politiquement d'abord, mais aussi dans le domaine éthique. La possibilité offerte par le développement des sciences et des techniques de devenir des apprentis sorciers, les problèmes éthiques que la science soulève peuvent conduire à se demander si cette croyance en la raison n'est pas un mythe.

Pourquoi a-t-il fallu attendre Copernic ?

Au IIIe siècle apr. J.-C., Aristarque de Samos avait récusé le géocentrisme. Il affirmait ainsi, treize siècles avant Copernic, que la Terre tournait autour du Soleil. Pourtant, ses propositions n'ont pas eu le succès de celles de Copernic, même si ce dernier a rencontré certains problèmes en présentant ses thèses. Pourquoi ? Parce qu'au IIIe siècle, les thèses géocentriques ne présentaient aucune lacune. Elles parvenaient à rendre compte de l'observation et étaient en concordance totale avec notre conception du monde, d'un univers clos. Elles le sont d'ailleurs restées longtemps, le pouvoir de l'Église réconciliant ses dogmes avec la pensée d'Aristote (lire chapitre 8). Ainsi, aussi longtemps qu'une représentation du monde – ou ce que Khun nomme un paradigme – ne présente aucune faille, il n'y aucune raison qu'elle soit remise en cause.

Vocabulaire

Paradigme

Le mot tient son origine du mot grec ancien *paradeïgma* qui signifie « modèle » ou « exemple ». C'est donc une manière de voir les choses, un modèle cohérent de vision du monde qui repose sur une matrice théorique, un courant de pensée. Il définit, sous la plume de Kuhn, un espace de normativité renvoyant à un ensemble d'observations et de faits avérés, un ensemble de questions en relation avec le sujet qui se posent et doivent être résolues, des indications méthodologiques (comment ces questions doivent être posées) et la manière dont les résultats de la recherche scientifique doivent être interprétés.

C'est en ce sens qu'on peut parler du paradigme de Copernic, par exemple, désignant une certaine vision du monde. Néanmoins, par la suite, Kuhn lui-même préféra utiliser les termes de « science exemplaire » et de « science normale ».

Qu'est-ce qu'une crise ?

Des énigmes se présentent, et le paradigme qui est en place s'attache à les lever. Il ne suffit pas qu'une observation vienne invalider un paradigme pour que ce dernier soit réfuté. L'approche de Popper semble faire trop confiance à la raison. L'histoire des sciences nous montre qu'un paradigme est rejeté lorsqu'il finit par être remplacé par un autre. Le paradigme de Copernic succède au paradigme de Ptolémée. Bachelard avait raison, l'histoire des sciences est l'histoire de ruptures, elle n'est pas continue. Mais il faut préciser cela en comprenant que ces ruptures adviennent lorsqu'un paradigme n'est plus adapté pour répondre à de nouvelles énigmes, lorsque des questions qui ne trouvent plus de réponses émergent. Les ruptures correspondent ainsi à des crises.

Tant que certaines anomalies restent acceptables, le paradigme demeure. Le système de Ptolémée produisait des prédictions quant aux équinoxes et à la position des planètes qui n'étaient pas exactement conformes aux observations, mais on cherchait à adapter la science de l'époque aux imperfections. La crise survient lorsque plus aucune adaptation n'est possible, lorsque les énigmes s'accumulent et qu'un nouveau système se présente pour remplacer l'ancien.

Voyons-nous toujours le même monde ?

C'est une fois encore l'étude de l'histoire des sciences qui nous le montre : cette histoire ne fonctionne pas par accumulation de savoirs mais par crises. Il devient alors bien difficile de considérer qu'une théorie est fausse ou vraie, qu'elle est scientifique ou qu'elle ne l'est pas. En effet, chaque théorie prend sens dans un tout qui suppose un contexte social, politique, économique… Un nouveau paradigme n'est pas plus vrai que l'ancien, il correspond simplement à une autre vision du monde et déplace les problèmes. Le monde ne change pas lorsqu'on passe d'un modèle à un autre, mais l'homme de science travaille sur un monde différent, qu'il voit autrement. Face à un objet pendu à une ficelle, Galilée voit une chute entravée, Aristote voit un pendule. Aucun des deux n'a tort, chacun saisit le monde à l'intérieur d'un paradigme propre.

Il n'y a pas de raison universelle

Il serait donc naïf de croire en une raison universelle. Bachelard nous a montré qu'elle n'était pas immuable. Khun va plus loin encore : il nous montre qu'il n'y a pas de norme rationnelle universelle et, contre Popper, qu'il n'y a pas de distinction entre science et pseudo-science. L'approche scientifique est une approche parmi d'autres, mais elle n'est en rien supérieure à l'approche mythologique, poétique ou métaphysique. Il existe simplement un état de « science normale » qui correspond à la manière dont une communauté scientifique, à travers un paradigme, interroge le monde.

Feyerabend, l'anarchiste scientifique

Si, du haut d'une tour, nous lâchons une pierre, elle tombe au pied de la tour. Or, si la Terre effectuait une rotation pendant que la pierre tombe, celle-ci devrait atterrir sur le côté, voire derrière la tour : voilà comment les héritiers d'Aristote entendaient s'opposer à Copernic pour continuer à affirmer que la Terre est immobile. Même si nous disons désormais que la Terre tourne, cette observation reste juste. Il faut donc l'interpréter autrement pour donner raison à notre proposition, pour la rendre compatible avec le système de Copernic. En d'autres termes, il faut faire violence aux faits pour imposer une théorie.
C'est ainsi qu'a dû procéder Galilée pour imposer ses théories contre les évidences. Ce

Biographie

Élève de Popper

Paul Feyerabend est né en 1924 à Vienne, où il suit sa scolarité jusqu'au cycle secondaire. Il est ensuite incorporé dans l'armée allemande durant le Seconde Guerre mondiale et assigné dans une unité près de Brest.
Officier, il est blessé dans le dos au cours de la retraite face à l'avance de l'armée soviétique. Il entreprend alors des études de physique, puis de philosophie. En 1948, au cours d'un séminaire à Alpbach, il rencontre pour la première fois Karl Popper, qui devient par la suite son directeur de recherches à l'École des sciences de l'économie de Londres. En 1955, il est nommé professeur à l'université de Bristol. Il enseigne ensuite aux États-Unis à Berkeley, Auckland, Sussex, Yale, mais aussi à Londres et à Berlin.
Devenu citoyen américain, il donne des cours jusqu'en 1991 et meurt en 1994 à Zurich.

n'est donc pas par induction qu'il a construit sa théorie, mais par contre-induction, en s'inscrivant en désaccord avec les observations.

Commencer par transgresser

Galilée a détourné l'expérience afin qu'elle s'accorde avec la théorie qu'il voulait défendre. Par exemple, il dit que dans le vide, tout objet chute à la même vitesse. Mais il faut toujours préciser que cela a lieu dans les conditions idéales de l'expérience ; c'est donc bien que ce n'est pas l'expérience observée qui nous enseigne cette théorie ! On pourrait rétorquer que l'observation grâce à la lunette astronomique a été très utile à Galilée, mais il ne faut pas oublier que les instruments de l'époque étaient loin d'être fiables.
Ce n'est donc pas, contrairement à ce qu'une histoire des sciences romancée voudrait nous le faire croire, grâce à sa raison que Galilée est parvenu à imposer ses théories, mais grâce à ses capacités de séduction et de persuasion. Le scientifique est d'abord celui qui transgresse les traditions et parvient à s'imposer face à la communauté des savants de son époque. D'ailleurs, si Copernic avait appliqué les règles prescrites à son époque, ses théories n'auraient jamais vu le jour. Il ne faut donc pas naïvement distinguer l'aspect théorique et le contexte social, économique, politique et psychologique d'une époque qui permet cette transgression.

Le scientifique, un anarchiste?

La naïveté consisterait à croire qu'il existe des règles méthodologiques immuables qui permettraient à tous les scientifiques de valider leurs recherches. Une telle méthode n'existe pas. Et là encore, c'est l'histoire des sciences qui nous le montre. Il ne faut donc pas réécrire l'histoire pour donner une belle place à la raison. Sans cesse, nous avons affaire à des théories qui ne sont pas compatibles avec les faits établis – comme nous le montre l'exemple de Galilée. Puisqu'il n'y a pas de méthode unique, il est nécessaire d'introduire une dose d'anarchisme méthodologique. Aucune théorie ne sera en accord avec tous les faits, et ce n'est pas parce qu'un fait vient l'invalider qu'il faut la rejeter. Popper croit encore trop au pouvoir de la raison critique.

> **Citation**
>
> « "Tout est bon" n'est pas un principe que je voudrais ériger... mais l'exclamation terrifiée d'un rationaliste qui s'est intéressé de plus près à l'histoire. »

La science est-elle rationnelle?

Si des théories s'imposent comme vraies parce qu'elles remportent un succès à un moment donné de l'histoire, cela signifie alors bien que le rationnel n'est pas l'universel. Mieux : il y a une dimension irrationnelle de la science, puisque des théories parviennent à s'imposer lorsque le contexte le permet... et lorsque les scientifiques déploient des talents de persuasion.

La science se présente comme étant le discours incarnant la raison, masquant par ses prétentions tout ce qui échappe à la raison. Elle se pose comme prescriptive, s'estimant sans cesse capable de nous dire ce qui doit être. Or, ce faisant, elle oublie comment elle se déploie. Finalement, alors qu'elle se présentait avant tout comme libératrice, la science est devenue une idéologie répressive. Cette foi naïve en la rationalité de la science n'est-elle pas en effet dangereuse? Ne risque-t-elle pas de faire trop de place aux apprentis sorciers?

La science contre la liberté

Pour que la science s'impose, pour qu'elle prétende à un statut privilégié, pour qu'elle soit à la hauteur de sa volonté de tenir le discours vrai sur le monde, encore faudrait-il que les scientifiques parviennent à adopter un point de vue universel. Or, ce n'est pas le cas. À nouveau, c'est l'histoire des sciences qui nous le montre, et cette histoire n'est pas terminée. Comment prétendre alors que nous sommes aujourd'hui en mesure de juger les autres idéologies à partir de nos conceptions scientifiques ?

Finalement, la science masque ses préjugés et nous sommes bien contraints, à la suite d'une étude honnête de l'histoire des sciences, de nous ranger derrière le relativisme. C'est en ce sens que Feyerabend défend l'idée d'une société libre dans laquelle les parents devraient avoir le droit de déterminer le contexte idéologique dans lequel leurs enfants sont éduqués. Rien ne permet d'imposer dans l'absolu un système plutôt qu'un autre.

Rorty, le nouveau pragmatisme

Toute une tradition philosophique est à la recherche d'un fondement permettant d'affirmer la possibilité d'une vérité universelle. Et toute cette même tradition a échoué à trouver ce fondement définitif, qu'elle le pose dans le Sujet (Descartes, lire page 147), dans les Idées (Platon, page 54), ou dans un absolu, comme le fait Hegel avec l'Esprit (page 253), sans qu'on puisse vraiment saisir ce qu'est cet absolu. Or, l'histoire des sciences nous enseigne qu'il n'y a pas de vérité absolue définitive. La notion de vérité objective ne peut pas être fondée. Plutôt que de continuer à rechercher ce fondement ultime qui n'existe pas, il apparaît donc nécessaire d'abandonner cet idéal de fondation. Que reste-t-il alors ? En quel sens peut-on parler de vérité ?

Biographie

Du langage à l'herméneutique

Richard McKay Rorty est né le 4 octobre 1931 à New York et mort le 8 juin 2007. Il a eu une longue carrière de professeur dans diverses universités américaines. Après avoir travaillé dans la tradition de la philosophie analytique, Rorty remet en question cette tradition et s'intéresse à la philosophie continentale. Il devient un des représentants majeurs de la pensée pragmatique contemporaine.

Repère

Qu'est-ce que le pragmatisme ?

Rorty s'inscrit ici dans la tradition du pragmatisme. Nous retrouvons cette définition de la vérité chez le philosophe américain William James (1842-1910), frère de l'écrivain Henry James. James part du constat suivant : « Ce qui existe réellement ce ne sont pas les choses, mais les choses en train de se faire. Non pas décrire le mouvement mais le suivre. » Nous le constatons d'ailleurs lorsque nous nous tournons vers notre conscience personnelle : la pensée ne cesse de changer. (On peut saisir l'influence qu'aura une telle pensée sur Bergson – lire page 334.)

Dès lors, saisir ce mouvement ne consiste pas à remonter à une origine, à rechercher des premiers fondements, mais consiste à comprendre que la connaissance est en mouvement, qu'elle se fait. Ainsi, la vérité n'a pas de signification en dehors du mouvement même de vérification. La vérité est toujours en train de se faire. En d'autres termes, une vérité est « rendue vraie par les événements ».

Qu'est-ce qu'une idée vraie ?

Il faut sortir des pièges dans lesquels la tradition métaphysique nous a emprisonnés. Cette dernière a défini la vérité comme adéquation entre l'esprit et la chose (*adequatio rei et intellectu*). Toute la question de la vérité consistait alors à déterminer cette correspondance entre le réel et la représentation que nous avons dans l'esprit. Est vraie la représentation qui correspond à la réalité. Il y a donc une réalité, préexistante, et une idée est vraie lorsqu'elle s'accorde avec cette réalité. Une telle approche conduit ainsi à considérer que l'Être, le réel, est ce qui est présent. Or, Heidegger nous a montré les limites d'une métaphysique de la présence, qui est « oubli de l'Être » (page 357). Toute position métaphysique doit être dépassée. Dès lors, une idée n'est pas vraie en elle-même, elle devient vraie si son application est efficace, et fausse lorsque son application ne l'est plus. N'est-ce pas aussi ce que nous montre l'histoire des sciences ?

Citation

« La vérité est le nom que nous donnons à tout ce qui se révèle avantageux au regard de nos croyances, pour des raisons définies et assignables. »

Repère

La démocratie libérale

Rorty est également un grand lecteur de Dewey (1859-1952), philosophe américain pragmatique. Cela l'a conduit à développer une position libérale aussi bien sur le plan moral que politique et social. Le libéralisme n'est pas ici un libéralisme économique au sens où nous l'entendons parfois en France, mais l'affirmation de la liberté comme fin et comme valeur.

Pour Dewey, comme pour James, la vérité se révèle à la lueur de son efficacité dans le contexte des situations. La connaissance n'est pas l'approche d'une réalité en soi, mais la création d'une réalité nouvelle. Il s'agit donc d'une pensée du progrès animée par une volonté de changer le monde.

Refusant tout système totalisant, s'opposant au marxisme, Dewey voit en la démocratie un mode de vie idéal, puisqu'elle est une recherche commune entre citoyens qui permet de faire émerger le bien commun. En ce sens, elle est une expérimentation constante. Toutefois, les individus sont inégaux dans le débat public, d'où la nécessité de l'éducation comme principal vecteur de changement des sociétés. L'école est la société dans laquelle l'enfant participe à l'élaboration de la communauté et acquiert des savoir-faire utiles à la vie démocratique. La société et l'école sont les lieux de l'expérimentation permettant le progrès.

Ne pas être sceptique

Mais de plus, tant qu'on est dans une pensée de la représentation, on tombe sous la menace du scepticisme : qu'est-ce qui nous garantit que cet accord est possible ? Pour sortir de cette impasse, des tentatives diverses ont été menées. Descartes nous dira qu'on ne peut pas être sceptique parce que nous avons des idées claires et distinctes (lire page 146). Mais qu'est-ce qui nous le garantit ? Kant nous dira que nous ne pouvons pas tomber dans le scepticisme parce qu'il y a des structures de notre esprit, les catégories, qui sont universelles (page 229), mais en même temps cela signifie que nous ne connaissons pas la chose en elle-même, le réel tel qu'il est. On se retrouve alors à fixer des limites à la connaissance. Mais qu'en sait-on, si la vérité est ce qui est toujours en train de se faire ?

À quoi sert la philosophie ?

Or, qu'est-ce que connaître, sinon pouvoir agir ? Et agir ne consiste pas à se tourner avec nostalgie vers le passé, mais à se tourner vers l'avenir pour transformer le monde. Marx nous l'a déjà dit : il faut cesser d'interpréter le monde, il faut le transformer. Mais si Marx a eu cette grande intuition, il a rapidement été rattrapé par les démons de la métaphysique en considérant qu'il y avait des lois nécessaires dans l'histoire. Or, l'histoire nous a montré que ces lois nécessaires étaient une illusion ! Dès lors, au lieu de considérer que la philosophie a pour tâche de dévoiler une réalité préexistante, demandons-nous plutôt quelle compréhension du monde nous permet de faire face aux problèmes que nous rencontrons.

La vérité est le résultat d'un consensus

Vivre, c'est avoir tout un ensemble de désirs et de croyances. Or, ce n'est pas au regard de principes *a priori* ou d'un modèle qu'une croyance s'apprécie, mais à la lumière des conduites qui lui sont liées. La perspective, c'est l'action dans un contexte donné. Il n'y a donc pas de vérité en soi, la vérité est le résultat d'un consensus. En un certain sens, c'est ce que les analyses de Kuhn nous ont déjà montré.

Ainsi, ce qu'on nomme vérité scientifique est le résultat d'un consensus entre les hommes de science dans une société donnée et à une époque donnée, et cela parce qu'il est utile de croire alors à cette vérité. Il faut donc que cet accord soit le plus complet possible. Au lieu de prétendre imposer une vérité à partir de fondements inconnus, il faut remplacer la confrontation par la conversation. C'est au cœur de cette pratique que surgissent les accords sur les énoncés.

La nostalgie n'est plus ce qu'elle était

Les enjeux, ici, ne sont pas uniquement épistémologiques ; ils sont aussi politiques et moraux. Car une telle approche laisse toute sa place à une pratique sociale démocratique dans laquelle on cherche à déterminer ce qui est le plus utile pour un futur meilleur. Car c'est bien encore la question du futur qui est la plus essentielle s'il s'agit de transformer le monde. Inutile de pleurer sur un passé perdu qui est bien souvent imaginaire, ou sur des principes atemporels dont nous ne rencontrons pas les effets dans la réalité. À la nostalgie stérile, il faut substituer la confiance dans l'avenir. Telle est la tâche de la philosophie : faire face aux problèmes présents pour les surmonter. Et c'est ici que l'échange pour mener à des accords prend tout son sens. Il faut accepter le risque du futur. La question est alors simplement de savoir si on peut se risquer à suivre une idée ; c'est en cela que réside sa vérité.

S'il n'y a plus de vérité objective, tout se vaut-il ?

Si la vérité est affaire de consensus et de convention, le risque est grand, à vouloir échapper au scepticisme, de tomber dans un relativisme dangereux. En effet, abandonner l'idée selon laquelle il n'y a pas de fondement ultime, comme le fait ici Rorty – mais comme le faisait déjà Wittgenstein (lire page 402) –, n'est-ce pas réduire toute décision à l'arbitraire ? C'est ce qu'un philosophe allemand, Karl Otto Appel (né en 1922) reprochera à Rorty en disant que « les SS, à Auschwitz, ont peut-être suivi l'impératif kantien à leur manière, c'est-à-dire conformément aux règles d'application de leur "forme de vie" et de leurs usages ». En effet, puisque l'impératif du devoir n'a désormais plus de fondement, on peut alors considérer qu'ils ont agi par devoir et que leur devoir, à cette période de l'histoire, dans ce pays, était d'obéir aux ordres d'extermination.

Il n'y a pas d'argument décisif

En essayant ainsi de réfuter l'affirmation selon laquelle il n'y a pas de fondement, en essayant de sauver une certaine universalité de la raison, contre un relativisme qui apparaît dangereux, on suppose que la raison pourrait avoir un effet dans une discussion face au SS ou au nazi. Or, dans toute discussion politique, nous rencontrons les limites de l'argumentation rationnelle. Rien ne permet de dire qu'un quelconque argument considéré comme décisif permettrait de rendre à l'autre sa raison, qu'il serait efficace. Comme le

Vocabulaire

L'herméneutique

L'herméneutique (du grec *hermeneutikè*, art d'interpréter, et du nom du dieu grec Hermès, messager des dieux et interprète de leurs ordres) est l'interprétation de tout texte nécessitant une explication. Plus précisément ici, dire que la tâche de la philosophie est l'herméneutique, c'est souligner que le philosophe est celui qui doit « tenter de montrer comment les choses choquantes, paradoxales et étranges qu'ils soutiennent [les adversaires] s'articulent avec ce qu'ils disent par ailleurs ». Cette tâche est bien infinie ; cependant, elle n'est pas tournée vers des principes abstraits mais vers le futur.

soulignait déjà Dewey, l'éducation vaut souvent bien mieux que l'argumentation ! En outre, avec une telle réfutation, on considère que l'objectif premier de la philosophie serait de répondre au nazi pour en finir une fois pour toutes.

Il faut sans doute cesser de donner à la philosophie une fonction qu'elle ne peut pas avoir. Le philosophe doit retrouver son rôle de médiateur qui démasque les présupposés. Finalement, n'est-ce pas renouer ici avec la démarche de Socrate ? Loin d'être conduit au relativisme, il s'agit désormais d'accepter que la tâche de la philosophie soit l'herméneutique.

À retenir

De la recherche de la vérité à la crise de la raison

Contre la pensée idéaliste et contre la métaphysique qui nous pose de fausses questions, **Russell** voit la nécessité de mener une enquête sur le langage qui est notre accès au réel. En logique classique, le raisonnement est composé de jugements, les jugements d'idées. Cette conception héritée d'Aristote a eu cours pendant plus de deux millénaires.

La nouvelle logique créée par Russell pose en revanche la proposition atomique comme base. Dès lors, la logique consiste, d'une part, à combiner ces propositions, d'autre part, à analyser celles-ci en leurs éléments. Elle introduit ainsi deux théories : la théorie des descriptions et la théorie des types logiques. Russell affirme alors un isomorphisme. Une nouvelle philosophie va se développer, remettant en cause la métaphysique.

Wittgenstein reprend d'abord cette réflexion sur la logique, mais il finit par constater que la logique a échoué à vouloir construire une langue idéale. Après avoir montré que le langage ne pouvait porter que sur les faits du monde, il montre en quoi aucun discours sur l'éthique, l'esthétique ou la métaphysique n'a de sens. Un tel constat nous invite au silence dans ces domaines. Il s'agit donc, dans un deuxième temps, de passer de la manière dont nous devrions utiliser le langage à la manière dont nous l'utilisons. La philosophie acquiert une nouvelle fonction : elle ne doit plus juger le monde mais décrire la manière dont nous parlons, inséparable de la manière dont nous vivons. Wittgenstein ouvre ainsi la voie à un champ radicalement nouveau en philosophie, qui ne fera que se développer au cours du XXe siècle.

Face à cette question de la vérité, **Bachelard** va développer une nouvelle forme de rationalisme. La raison est bien ce qui permet à la science de se développer, mais il faut renoncer à l'idée d'une raison immuable. Pour comprendre cela, il est nécessaire de s'intéresser à l'histoire des sciences. Celle-ci nous montre que dans le domaine scientifique, la vérité est fille de la confrontation – de la confrontation avec le domaine du réel étudié, par l'expérimentation, la vérification d'hypothèses – mais aussi fille de la discussion entre les chercheurs et les savants. On voit que cela est valable aussi bien en physique et en médecine qu'en histoire, en archéologie, etc. On approche de la vérité en corrigeant sans cesse des erreurs, et en acceptant d'être corrigé soi-même. Autant la vérité absolue apparaît relever du domaine de la croyance – par exemple de la croyance religieuse –, autant la vérité dans le domaine de la science, mais aussi de la philosophie, relève d'un travail critique, inlassable, de la raison.

C'est toujours en développant une confiance en la raison que **Popper** va imposer l'idée d'un rationalisme critique. Face à certains héritiers de l'école analytique qui affirment la nécessité de détruire la métaphysique, il estime nécessaire de parvenir avant tout à déterminer le critère distinguant les sciences des pseudo-sciences : la falsifiabilité. S'opposant à toutes les approches totalisantes du monde, il y débusque les dangers du totalitarisme. Sa réflexion sur les sciences débouchera donc sur une réflexion politique et sur une défense d'un usage critique de la raison, condition de la liberté.

Cette confiance en la raison va toutefois être ébranlée à partir d'une réflexion sur les sciences. **Kuhn**, étudiant à son tour l'histoire des sciences, va remettre en cause de manière radicale l'idée d'une raison universelle, réduisant l'approche scientifique du monde à une approche parmi d'autres. **Feyerabend**, lui aussi, mettra en question la rationalité de la science, estimant qu'elle peut aller jusqu'à représenter un danger pour la liberté.

Enfin **Rorty**, s'inscrivant dans la tradition pragmatique américaine, va rejeter l'idée d'une vérité objective et universelle. La vérité est saisie comme le résultat d'un consensus. Cette remise en cause de la raison, cette critique qui s'attache à démasquer les présupposés de la métaphysique et de toute une tradition, se poursuivra, avec des différences, dans d'autres domaines. C'est ce que nous allons aborder dans les chapitres suivants.

Chapitre 18

Les questions politiques

Pour l'école de Francfort, le développement de la culture et des moyens d'information est synonyme

- ☐ D'émancipation.
- ☐ De démocratie.
- ☐ D'élitisme.
- ☐ D'aliénation.

Voir page 442

Pour l'école de Francfort, la science...

- ☐ Est le fondement de la Raison.
- ☐ Permet la démocratie.
- ☐ Est une démarche critique.
- ☐ Est devenue une idéologie.

Voir page 447

Pour Hannah Arendt, le totalitarisme se caractérise par l'absence de distinction entre...

- ☐ La justice et la liberté.
- ☐ Le travail et l'action.
- ☐ Le public et le privé.
- ☐ La morale et le devoir.

Voir page 454

Par quel moyen Arendt pense-t-elle qu'on peut se préserver du mal ?

- ☐ Par l'exercice de la citoyenneté.
- ☐ En érigeant la liberté en principe.
- ☐ Grâce à l'art.
- ☐ En pensant.

Voir page 458

Rawls essaie de bâtir une théorie de...

- ☐ L'existence.
- ☐ L'égalité.
- ☐ La justice.
- ☐ La vie en société.

Voir page 460

Selon Rawls, sur quels principes les hommes pourraient-ils s'accorder ?

- ☐ Le principe de liberté.
- ☐ Le principe d'égalité.
- ☐ Le principe de différence.
- ☐ Le principe d'intérêt mutuel.

Voir page 462

L'école de Francfort ou la critique sociale

Nietzsche, à la fin du XIXe siècle, disait que notre culture était malade, il se faisait alors sans doute le prophète du siècle à venir. Le XXe siècle va voir naître la mondialisation des conflits, mais aussi le développement de régimes politiques nouveaux, avec leur cortège d'horreurs. Alors qu'au siècle des Lumières, on pensait que la raison allait conduire au progrès de l'humanité, on découvre qu'elle peut être mise au service du mal. Comme nous l'avons vu au chapitre précédent, la science va jusqu'à remettre en cause la raison. Ne doit-on pas le faire dans tous les domaines ? En quelle mesure peut-on la tenir comme responsable ? Comment penser les crises du XXe siècle ? Peut-on encore espérer ?

Avec la naissance de la physique moderne, l'homme peut se rendre « comme maître et possesseur de la nature » (lire page 151). Cette dernière n'est plus saisie comme une force occulte, mais comme étant régie par un ensemble de lois que nous pouvons connaître afin de mieux agir. Grâce à la raison, l'homme s'est peu à peu émancipé de la nature, mais cette émancipation s'est apparemment développée aussi dans le champ politique. Les Lumières

Repère

Francfort-New York, et retour

L'école de Francfort est née en 1923 avec la fondation de l'*Institut für Sozialforschung* (Institut de recherches sociales) par décision du ministère de l'Éducation. L'idée d'une institution permanente vouée à l'étude critique des phénomènes sociaux était apparue en 1922 lors d'un colloque consacré au marxisme. À l'arrivée du parti nazi au pouvoir en 1933, l'Institut est fermé et ses membres sont contraints à l'exil. Adorno, Horkheimer et Marcuse partent aux États-Unis. Après une escale à Genève, l'Institut est transféré à New York, où il restera jusqu'en 1950, date de son retour à Francfort. Jürgen Habermas, par un réinvestissement de la théorie critique, contribuera à fonder ce que l'on nommera la « Seconde Génération de l'école de Francfort ».

annoncent ainsi ce moment où l'homme gagne en autonomie, sort de rapports de soumissions pour parvenir, grâce encore à un usage de sa raison, à une plus grande liberté (lire page 209). Une telle approche a de quoi nous faire espérer, mais correspond-elle vraiment aux faits ? Cette foi en la raison n'est-elle pas finalement un mythe ?

Le progrès grâce à la raison, un mythe ?

Le développement du capitalisme a conduit à une exploitation de l'homme par l'homme ; le régime soviétique, qui se réclame du marxisme, a produit une forme de domination rationalisée des individus et, comme les régimes fascistes et nazis, a conduit à la formation de sociétés totalitaires se manifestant par une rationalisation techno-scientifique de l'organisation administrative qui réduit à néant la liberté. Les espoirs que nous avons pu placer en la raison se trouvent invalidés. On assiste ainsi à une rationalisation intégrale de la société, à un processus d'instrumentalisation optimale des hommes au service d'un pouvoir économique ou politique.

La critique devient alors une critique globale de la société dans ses formes politiques différentes. Nous pouvons, d'une certaine manière, mettre sur le même plan les régimes capitalistes modernes et les régimes fascistes parce qu'à chaque fois, derrière les apparences, nous retrouvons une même logique en marche.

Contre Marx

On pourrait ici, comme l'a fait Marx, conduire une critique de la société comme étant aux mains du capital et n'étant animée que par le profit d'une classe dominante. Il s'agirait alors de penser les conditions de transformation de cette société à travers un acte révolutionnaire qui

Biographie

Max Horkheimer

Max Horkheimer est né le 14 février 1895 à Stuttgart. Après un doctorat de philosophie, il rejoint en 1925 l'université de Francfort. En 1930, il est le cofondateur et directeur de l'Institut pour la recherche sociale jusqu'à sa fermeture par le gouvernement national-socialiste allemand en 1933. Il émigre alors à Genève, Paris puis New York, où il refonde l'Institut à la Columbia University. En 1947, il fait publier avec son collaborateur et ami de longue date Theodor W. Adorno *La Dialectique de la Raison*. En 1949, il retourne à l'université de Francfort afin de recréer et diriger à nouveau l'Institut. Il meurt le 7 juillet 1973.

tendrait à faire disparaître la logique des classes sociales. Toutefois, les régimes qui se sont réclamés d'une telle approche ont eux-mêmes conduit à une logique de domination et d'exploitation, développant à leur tour des pratiques liberticides.
Pourquoi ? Parce que l'erreur de Marx a été de croire que la réalité pouvait être entièrement saisie par le concept, que la pensée pouvait saisir entièrement la réalité. Dès lors, il a considéré que l'histoire était réductible à des lois que la pensée pouvait saisir. Il n'a pas vu que le capitalisme, par exemple, trouverait les moyens de dépasser les crises qu'il traverse. De même, comme le souligne Horkheimer, Marx a pensé que la justice et la liberté étaient compatibles. Or, pour développer la justice, il est nécessaire d'établir des interdictions limitant la liberté. C'est ainsi que s'est développée dans le régime soviétique une administration entièrement réglée qui a pour but de traiter chacun de manière identique.

Contre Hegel

En certains points, alors qu'il croyait le critiquer, Marx ne s'est pas vraiment défait des analyses de Hegel. Comme lui, il pense qu'il y a finalement une certaine fatalité de l'histoire. Pour Marx, elle conduit à la révolution, pour Hegel à la fin de l'histoire. Mais surtout, en estimant que la pensée peut saisir entièrement la réalité, il considère que penser, c'est penser la totalité. Or, cela revient à dire que derrière les apparences, il faut saisir l'identique. Voilà la logique à l'œuvre dans nos États modernes : une logique de l'identité.
Mais comment être encore hégélien après Auschwitz ? Comment, après de telles horreurs, peut-on encore penser que le réel est rationnel, que l'histoire est celle de l'Esprit ? Comment penser que chaque moment est une étape nécessaire dans cette avancée de la raison ? Les camps d'extermination ne sont-ils que le produit d'une ruse de la raison ? Peut-on encore dire, avec Hegel, qu'il ne s'agit que d'un moment de ce mouvement dialectique à l'issue duquel tout se réconcilie ? Peut-on parler d'un moment nécessaire ?
Il semble bien, au contraire, qu'il n'y ait ici aucune réconciliation entre l'homme et la nature, entre l'homme et son histoire, qu'aucune de ces tensions ne puisse être résolue. En ce sens, Adorno est bien lecteur de Kierkegaard. Ce dernier avait déjà conduit cette critique contre Hegel (page 297). En croyant ainsi à la force du concept, Hegel s'interdisait de penser l'individuel et surtout l'existence. C'est cette critique de la notion de système qu'Adorno poursuit ici.

Biographie

Theodor Adorno

Theodor Adorno est né en 1903 à Francfort-sur- le-Main. Son entourage familial le prédispose à faire une carrière musicale. En 1923 il soutient à l'université de Francfort une thèse sur Husserl, puis il se rend à Vienne pour y étudier la composition musicale et le piano. En 1928, il retourne à Francfort où il rédige sa thèse d'habilitation sur Kierkegaard. Il devient membre de l'école de Francfort en 1938. Sous les instances réitérées de son ami Horkheimer, il se décide à s'exiler aux États-Unis. De 1940 à 1947, il se consacre à la rédaction de son ouvrage *La Dialectique de la raison*. De retour en Allemagne après la guerre, il est associé dans les années soixante au mouvement étudiant, mais de manière souvent polémique ; il dénonce la pseudo-activité de certains groupes révolutionnaires dont la violence tourne au terrorisme.
En 1966, il publie *La Dialectique négative*, considérée comme son testament philosophique : cet ouvrage a pour but de développer les contradictions de la réalité à travers la connaissance de celle-ci.
Il meurt en 1969.

Qu'est-ce que la culture de masse ?

Dès lors, cette liberté affirmée et revendiquée, par exemple dans les régimes capitalistes modernes, n'est qu'illusoire. Pourquoi ? Parce que la civilisation actuelle confère à tout un air de ressemblance, parce qu'on a affaire à un processus de standardisation permanent. Les biens culturels s'adressant désormais à des millions de personnes, cela impose des méthodes de reproduction qui fournissent des biens standardisés. Les standards de production sont alors présentés comme reposant sur les besoins des consommateurs, mais en réalité, on produit des biens étudiés pour la consommation des masses et ces biens déterminent cette consommation.
En d'autres termes, l'industrie s'adapte au vote qu'elle a inspiré elle-même. « En ratifiant la demande de camelote, le vote inaugure l'harmonie totale », nous disent Horkheimer et Adorno. On se croirait – bien que ces lignes aient été écrites en 1947 – devant une émission de téléréalité ! La culture devient synonyme de divertissement et c'est l'audience qui devient le critère. Ce qui ne s'adapte pas est frappé d'impuissance économique. L'industrie

culturelle se concentre sur les effets et tout vient de la conscience des équipes de production. On assiste à la fois à une standardisation des produits et à une uniformisation des pratiques culturelles. Telle est la culture de masse. La raison n'est plus critique, elle est instrumentalisée et instrumentalisante.

Citation

« Si l'ouvrier et son patron regardent le même programme de télé, si la secrétaire s'habille aussi bien que la fille de son employeur, si le Noir possède une Cadillac, s'ils lisent tous le même journal, cette assimilation n'indique pas la disparition des classes. Elle indique au contraire à quel point les classes dominées participent aux besoins et aux satisfactions qui garantissent le maintien des classes dirigeantes. »

Et la pensée ?

On assiste alors au développement d'une logique de domination, puisque la rationalité technique est la rationalité de la domination. La technique est au service des dominants, c'est-à-dire d'un pouvoir économique dominant. La libération promise par l'amusement devient une dépossession de la capacité de penser. L'homme devient celui qui acquiesce et non celui qui s'oppose. Or, « penser, c'est dire non ».

La culture de masse devient un instrument au service du capitalisme pour tuer toute contestation, toute dissidence, toute résistance. On connaît la célèbre formule de Juvénal face à la décadence de l'Empire romain, « Du pain et des jeux », signifiant que si on satisfait le premier besoin vital, se nourrir et qu'on divertit, on maintient le peuple dans une docilité suffisante pour que le pouvoir n'ait pas à s'inquiéter. Certains dirigeants de chaînes de télévision ne disent-ils pas ainsi que leur but est de « vendre du temps de cerveau disponible » ? N'est-ce pas là l'accomplissement de la culture de masse et la forme suprême, dans sa version cynique, de l'aliénation ?

Les industries culturelles semblent aller plus loin encore : elles n'offrent pas simplement des spectacles permettant de décharger ses pulsions ou ses passions diverses, elles font disparaître structurellement l'individu dans la masse et toute construction critique véritable. L'identité est alors partout présente, installant à tous les niveaux une logique de la ressemblance et de l'uniformisation. L'individu devient une illusion. Et la suprême illusion est alors de faire croire à un monde sans rapports de classes, à une harmonie réelle. Les industries culturelles standardisent les hommes.

Biographie

Herbert Marcuse

Philosophe américain d'origine allemande, Herbert Marcuse (1898-1979) fut élève de Heidegger, auprès duquel il soutient, en 1932, sa thèse de doctorat : *L'Ontologie de Hegel et le fondement d'une théorie de l'historicité.* Après avoir milité dans les rangs de la social-démocratie allemande et fondé, avec Adorno et Horkheimer, l'Institut für Sozialforschung de Francfort, il quitte l'Allemagne en 1934 après l'avènement du nazisme et émigre aux États-Unis. À partir de 1954, il enseigne à l'université de Boston, dans le Massachusetts, puis à celle de San Diego, en Californie.
Ses deux ouvrages les plus célèbres sont *Éros et Civilisation* et *L'Homme unidimensionnel.* Dans le premier, se référant à Freud, il définit une rationalité de la satisfaction de l'individu dans une société qui ne réprimerait plus totalement la vie instinctuelle. Dans le second, il démasque la technique et la science telles qu'elles sont prises dans l'engrenage d'une croissance illimitée qui annihile les hommes et leur esprit critique. L'individu disparaît pour ne laisser la place qu'à l'identité, qu'à une seule dimension.
Il sera, en vertu de ses écrits, souvent considéré comme une référence importante lors des mouvements étudiants des années soixante et soixante-dix.

La communication tue l'esprit critique

Là où la raison se présentait comme critique, elle devient un instrument de domination puisqu'elle est réduite à sa dimension instrumentale. Elle est désormais ce qui organise la société en la soumettant aux impératifs de la techno-science et du profit. Dès lors, ayant perdu tout esprit critique, l'homme a perdu toute distance avec le monde et avec les choses. Il se contente de dire ce qu'il préfère, il vote, mais ne remet pas en cause les principes qui régissent son existence dans la société et la forme que celle-ci a désormais. D'un autre côté, on fait de la communication une valeur, comme si elle était ce qui rendait tout compréhensible. Le véritable effort de compréhension disparaît. On estime que lorsqu'on n'a pas compris, c'est parce que les choses ont été mal communiquées. On veut communiquer et il faut communiquer, mais cette communication ne garantit en rien une attitude critique. Bien au contraire. On croit que grâce à la communication tout est transparent,

Repère

Une théorie de l'art

L'école de Francfort développe également une théorie de l'art. Adorno verra dans la musique, en particulier dans la musique de jazz, un moyen de détourner le contrôle social par sa capacité à développer des formes d'expression libres et audacieuses alors que la radio (encore la technique!) a transformé la musique en objet de consommation de masse.

Walter Benjamin (né le 15 juillet 1892, il se suicide en 1940 à la frontière espagnole pour échapper à la Gestapo) s'intéressera également à ce que les techniques de reproductibilité modifient dans notre rapport à l'art. L'accès à l'œuvre n'est plus un accès nécessaire à l'original. Il n'y a plus besoin de se rendre au concert pour écouter de la musique... Mais il montrera comment ces techniques de reproduction, comme on le voit avec la photographie et le cinéma, peuvent être détournées à des fins artistiques.

mais il ne faut pas oublier que la transparence, aussi séduisante soit-elle, n'est pas la garantie de la liberté. Les États totalitaires, en s'immisçant dans la vie privée des individus, prônent bien ainsi la transparence!

Finalement, la communication est assimilée à l'échange mercantile. Mais là encore, dans un tel échange, tout est interchangeable, il n'y a plus d'individualité.

Mais peut-on être aussi critique avec la raison?

Il y a un principe de perversion intrinsèque à l'exercice. On assiste à une faillite de la raison et de la rationalité qui se dégrade dans la barbarie moderne. Face à ces constats pessimistes, il s'agit néanmoins de se demander si cette critique de la raison n'est pas trop radicale. Certes, nous traversons une crise et les analyses que nous proposent Horkheimer et Adorno sont encore d'actualité, même si le texte critique sur les industries culturelles date de 1947. On peut alors penser, comme Heidegger, que cette crise de la raison doit conduire, en dernière instance, à la poésie (lire page 363); mais Adorno et Horkheimer refuse cet irrationalisme. En effet, suivre une telle voie ruine la possibilité de condamner ce que la raison est devenue; car pour ce faire, la raison, dans son usage critique, est nécessaire!

Biographie

Jürgen Habermas

Habermas est né en 1929 à Düsseldorf. Membre des Jeunesses hitlériennes, il est envoyé à l'automne 1944, sur la Ligne Siegfried comme auxiliaire de front – un épisode qui provoquera une violente polémique en 2006. Habermas fait ses études dans les universités de Göttingen (1949-1950), Zürich (1950-1951) et Bonn (1951-1954). Il commence sa carrière comme assistant de recherche à l'institut de recherche sociale de Francfort, mais devient rapidement professeur à l'université de Marbourg pour enseigner ensuite au sein de la prestigieuse université de Heidelberg.

À partir de 1964, il retourne à l'université de Francfort, dirige pendant douze ans l'institut Max Planck de Starnberg, puis réintègre son ancienne université comme professeur émérite jusqu'à la retraite, en 1994. Il fait toujours partie des grands intellectuels allemands intervenant régulièrement sur des questions politiques et des questions de société.

Adorno condamne la communication, mais n'est-elle pas le propre de l'homme et ce qui peut sauver l'homme ? Kant, dans son ouvrage *Qu'est-ce que s'orienter dans la pensée ?* nous pose la question suivante : « Mais penserions-nous beaucoup, et penserions-nous bien, si nous ne pensions pas pour ainsi dire en commun avec d'autres, qui nous font part de leurs pensées et auxquels nous communiquons les nôtres ? » En effet, la liberté de penser n'a-t-elle pas pour condition la liberté de communiquer avec les autres, de discuter, d'échanger afin d'évaluer nos jugements ? N'est-ce pas dans la communication que la raison peut se faire critique ?

Qu'est-ce que l'espace public ?

Des espaces de discussions se sont développés au XVIIIe siècle en Angleterre (puis en France), siècle de développement de l'urbanisation et de l'émergence de la notion d'espace privé dans la bourgeoisie des villes. Les réunions de salon et les cafés ont contribué à la multiplication des discussions et des débats politiques, lesquels jouissaient d'une publicité par l'intermédiaire des médias de l'époque : presse naissante, relations épistolaires… La

Biographie

La Raison : usage public, usage privé

Kant, dans son opuscule *Qu'est-ce que les Lumières?* opère une distinction entre l'usage public et l'usage privé de la raison. L'usage privé de la raison, Kant l'explicite en prenant l'exemple du fonctionnaire qui, investi de sa charge, ne parle qu'au nom d'une communauté, si importante soit-elle, et non de l'universel. La communauté à laquelle renvoie l'usage public de la raison est une communauté de débat, entre des hommes égaux en droits, qui pensent par eux-mêmes et communiquent avec les autres, leurs semblables.
Il y a des obéissances nécessaires : payer ses impôts, assurer lorsqu'on est pasteur le service d'une paroisse en conformité avec les principes de l'Église, mais cela n'empêche en rien de raisonner sur la fiscalité ou sur les dogmes religieux. Il y a usage privé lorsque l'individu est finalement l'élément, le rouage d'une machine, fonctionnaire, soldat, ministre du Culte. Une place lui est alors assignée dans la société et il doit se comporter conformément à cette place. L'usage de la raison est alors soumis à ces intérêts, il est privé. Par contre, raisonner en tant qu'on est un être doté de raison, non en tant que membre d'une société particulière, mais en tant que membre de l'humanité c'est-à-dire de l'ensemble des êtres dotés de raison, implique un usage libre et public.

constitution d'un tel espace a nourri le renversement de l'Ancien Régime. Le pouvoir ne peut plus être accaparé par un seul.
Toutefois, après son essor au XVIIIe siècle, l'espace public « gouverné par la raison » va être en déclin, puisque la publicité critique laissera peu à peu la place à une publicité « de démonstration et de manipulation », au service d'intérêts privés. Nous sommes passés de l'espace public lieu de la liberté à l'espace public lieu de la domination.
Dans ces analyses de Habermas, on retrouve cette idée d'un dévoiement de la raison. Il s'agit alors de se demander comment il est possible de redonner une dimension critique à la raison, car c'est bien dans cet échange que la liberté peut retrouver sa place.
En même temps, il ne suffit pas de dire que l'homme est doué de raison pour penser que l'humanité va progresser. Nous retomberions dans le discours des Lumières que nous

venons de critiquer pour n'avoir pas vu que la raison conduisait à une logique de domination. Dès lors, comment restaurer la politique face à ces dérives possibles de la raison ? Comment la raison peut-elle se déployer sans être totalitaire ?

La discussion contre la technique

Habermas partage avec Adorno et Horkheimer la volonté de conduire une critique de la science et de la technologie comme idéologie. Les philosophes des Lumières pensaient que la science et la technique, les progrès de la raison et de la connaissance, détruiraient les superstitions et fonderaient une société enfin réconciliée avec elle-même. Mais si la science et la technique sont nées de la critique des discours qui légitiment le pouvoir, elles deviennent à leur tour idéologie.

Désormais, face à toute décision, les politiques se tournent vers des experts, la science et la technique ont pris le pouvoir. Une telle attitude s'oppose à la vie démocratique qui suppose le débat entre des citoyens décidant en commun de leur avenir.

Dès lors, au lieu de verser dans le pessimisme et le repli sur soi, il semble nécessaire de retrouver ce qui rend possible le débat et la communication, viviers de la démocratie. Le seul moyen d'échapper à cette logique de domination est de réhabiliter la discussion politique entre les citoyens.

Quelle est la place de la raison ?

Il s'agit alors de réfléchir sur la manière dont les solutions rationnelles et les idées nouvelles naissent de discussions sans pour autant considérer que la raison va de soi, qu'elle détermine *a priori* un accord.

Imaginons un vieux maçon qui demande à un jeune maçon d'aller lui chercher de la bière pour la pause déjeuner. La situation met en jeu trois domaines de réalité. *Le domaine objectif*, qu'on peut décrire ainsi : « le débit de boisson est loin ou près », « on peut y aller à pied ou en voiture ».

Nous sommes dans l'ordre des faits. *Le domaine social* : ce sont les normes auxquels adhèrent les participants, par exemple l'autorité du plus vieux maçon sur le plus jeune. *Le domaine subjectif* : la personnalité et les goûts de chacun.

Chacun des types de proposition prétend à une validité universelle qui la rend compréhensible et discutable par les interlocuteurs. Dans l'interaction, les trois domaines sont

toujours liés. Si le plus jeune va chercher la bière, c'est qu'il est d'accord pour dire : 1. que c'est possible ; 2. que le vieux maçon peut lui demander de le faire ; 3. qu'il n'y a pas d'objection du type « Je n'ai pas soif ». L'accord mobilise les trois aspects. La définition de la situation doit être commune aux participants sans quoi il faudra redéfinir la situation par la négociation et la discussion. C'est ce qu'Habermas appelle *l'agir communicationnel*.
Ici, pour la tradition, le vieux maçon a l'autorité et, tant que la tradition est acceptée, l'accord est implicite. Il n'y a donc pas d'action communicationnelle. Il n'y a d'action communicationnelle que lorsqu'il y a désaccord. Chacun cherche alors des arguments dans le monde vécu et l'agir communicationnel renouvelle la tradition. C'est cet agir communicationnel qui doit réguler la société, et non le pouvoir ou l'argent. De là la nécessité de mettre en place une éthique de la discussion avec des règles. La rationalité ne se déploie alors plus par l'argent et le pouvoir, ce qui niait la liberté, mais dans la discussion.

L'universalité est-elle possible ?

Il s'agit d'établir un principe de base pour la délibération morale. Kant nous disait ainsi que la morale résidait dans la volonté. L'acte moral était celui qui faisait que je pouvais vouloir que mon action puisse être érigée en loi universelle. Bien agir, c'est agir comme tout le monde devrait vouloir agir à ma place. L'universalité de l'acte moral s'impose à tous et est découverte dans le sujet en ce qu'il est un être de volonté et de raison (lire page 233). Ainsi, même si mes intérêts me poussent à mentir, je ne dois pas mentir, quel que soit le cas, car mentir revient à utiliser l'autre comme un moyen pour mes propres fins. Or, nous avons vu en quoi une telle approche pose problème (lire page 236). Si j'accepte que dans certains cas le mensonge soit possible, alors, je fais une exception à la loi et elle n'est plus

Repère

Une pragmatique universelle

Le projet de Habermas est de constituer une pragmatique universelle. Il ne s'agit pas pour autant de faire de Habermas un philosophe pragmatique en référence au pragmatisme tel qu'il s'est développé aux États-Unis aux XIXe et XXe siècles (lire page 430). On parlera de pragmatique parce que Habermas cherche à déterminer les critères grâce auxquels nous estimons que nos échanges avec les autres ou nos actions ont réussi. Il ne s'agit pas de tout réduire alors à l'efficacité, mais de déterminer aussi la légitimité et l'authenticité de nos actions.

universelle. Kant en déduisait que le mensonge ne peut jamais être justifié parce qu'il est toujours condamnable. Comment sortir de cette impasse ?
C'est un des sens que peut prendre l'éthique de la discussion. « Au lieu d'imposer à tous les autres une maxime dont je veux qu'elle soit une loi universelle, je dois soumettre ma maxime à tous les autres afin d'examiner, par la discussion, sa prétention à l'universalité. »
L'universalité se découvre dans la discussion. Pour autant, il ne s'agit pas de saisir la discussion comme une conversation de bistrot ! C'est le principe de la délibération morale, qui se déroule dans une situation idéale de discours, qu'il faut établir ici.

Qu'est-ce que la démocratie ?

Rousseau a défini le régime démocratique comme un régime permettant de concilier la justice, la paix la sécurité et la liberté. Sous un tel régime, chacun est à la fois un sujet en tant qu'il obéit aux lois et un citoyen, en tant qu'il les établit. Une démocratie est ainsi une association volontaire de citoyens libres et égaux qui obéissent à la loi, expression de la volonté générale (lire page 224).
On entend communément dire que cette démocratie est utopique. Mieux, la critique marxiste tend à montrer que, dans la réalité, ce sont les lois du marché qui régissent les rapports entre les hommes. Souvenons-nous de Marx qui disait que l'État servait toujours « les intérêts de la classe dominante » (lire page 278). Le problème est que cette critique a nourri, à son tour, un développement de la raison instrumentale réduisant à néant les libertés, comme les analyses précédentes viennent de le montrer.
Il est donc nécessaire de penser à nouveau la démocratie, et la théorie de l'agir communicationnel doit nous le permettre.

Quelle démocratie pour demain ?

Le monde a changé. Les sociétés sont de plus en plus complexes. Les moyens de communication se sont développés. Les médias sont devenus un pouvoir, parfois lié au pouvoir, mais permettant aussi la communication d'un grand nombre de personnes éloignées et qui ne se connaissent pas. Les frontières se sont en partie ouvertes. Il devient donc difficile de continuer à penser la démocratie sur d'anciens modèles. Dans ces conditions, l'espace politique doit pouvoir laisser les moyens au consensus de se développer à travers la discussion et la négociation. Nous ne pouvons plus penser un intérêt général qui existerait en soi, pas plus qu'il ne s'agit de se laisser guider par les lois économiques du marché. Les notions de citoyenneté, d'État-nation doivent être repensées et les États eux-mêmes doivent parvenir à des accords que seule la discussion peut produire ; c'est en ce sens qu'apparaissent des idées post-nationales comme l'Europe. En d'autres termes, tout le travail reste à faire une fois que les conditions de ce travail sont définies !

Arendt, penser le totalitarisme

Il semble donc bien illusoire de croire au progrès inexorable de nos civilisations. La critique de l'école de Francfort nous le montre, mais surtout, les événements que nous avons traversés au XXe siècle s'imposent à nous. Un nouveau type de régime politique est apparu : le totalitarisme. Il ne s'agit pas de le saisir comme un simple accident de l'histoire, ni d'ailleurs comme un événement inéluctable ; pas plus qu'il ne s'agit de le condamner simplement moralement. La tâche du philosophe est d'essayer de comprendre le sens. Pour cela, la phénoménologie, avec Husserl, nous a appris qu'il était nécessaire de revenir « aux choses mêmes ». Comment ce phénomène est-il donc devenu possible ? Et surtout, comment pourrait-il ne plus l'être ? Pour répondre à ces questions, il est nécessaire de comprendre d'abord quelle est sa spécificité.

Qu'est-ce que le totalitarisme ?

Nous ne pouvons plus penser l'histoire comme Hegel ou comme Marx. L'histoire n'est pas celle du progrès de la raison, pas plus qu'elle n'est celle de la lutte des classes devant conduire à des lendemains qui chantent. Au XXe siècle, l'histoire nous offre un spectacle inédit d'horreurs avec l'apparition des régimes totalitaires. Certes, d'autres régimes dictatoriaux, despotiques ou tyranniques ont déjà fait des ravages dans l'histoire. Les exemples ne manquent pas.

Mais si le totalitarisme est un phénomène nouveau, c'est parce qu'il défie les catégories politiques traditionnelles : il est irréductible aux autres formes d'oppression politique connues. Il n'est pas arbitraire ni au service d'une volonté humaine. Il prétend tirer sa légitimité de l'exécution de lois surhumaines de l'histoire ou de la nature. Le stalinisme se justifie ainsi au nom de la lutte des classes et le nazisme au nom de la sélection des races.

Biographie

Élève d'Heidegger et antinazie

Hannah Arendt est née le 14 octobre 1906 à Linden. Des deux côtés, ses grands-parents étaient des juifs réformés. Après avoir passé son baccalauréat en Allemagne, elle étudie la philosophie, la théologie et la philologie classique. À l'université de Marbourg, sa rencontre avec Heidegger – qui tombe sous son charme – sera un événement majeur de sa vie. Elle est ensuite élève de Husserl à Fribourg-en-Brisgau et termine ses études à Heidelberg. En 1933, elle quitte l'Allemagne pour la France où elle participe à l'accueil des réfugiés fuyant le nazisme et milite pour la création d'une entité judéo-arabe en Palestine. En mai 1940, après l'entrée des troupes allemandes en France, elle est internée au camp de Gurs (Pyrénées-Atlantiques). Elle parvient à s'enfuir et rejoint le Portugal, puis part pour les État-Unis en 1941. Après la Seconde Guerre mondiale, elle retourne en Allemagne et travaille pour une association d'aide aux rescapés juifs. Elle reprend contact avec Heidegger, témoignant en sa faveur lors de son procès en dénazification. En 1951, ayant pris la nationalité américaine, elle entame une carrière universitaire comme conférencière et professeur invitée en philosophie politique dans différentes universités. En 1951, elle publie son livre *Les Origines du totalitarisme*, puis *Condition de l'homme moderne*, en 1958 et le recueil de textes intitulé *La Crise de la culture*, en 1961. Elle meurt le 4 décembre 1975 à New York.

En ce sens, le totalitarisme remplace les lois politiques qui gèrent les rapports entre les hommes par des lois historiques ou naturelles. Il est donc une négation du politique. Il faut désormais essayer de comprendre ce phénomène.

L'homme animal politique ?

Aristote, dans la *Politique*, définissait l'homme comme étant « par nature un animal politique » (lire page 71). L'homme est un être qui parle, un être doté de *logos*, et cela le distingue des autres êtres vivants. En effet, si certains animaux expriment des sentiments – la joie, la tristesse, la peine – l'homme ne se contente pas d'exprimer, il signifie, et par-là désigne des valeurs telles que le bien et le mal, le juste et l'injuste, l'utile et l'inutile. Dès

lors, il va pouvoir échanger des idées, réfléchir avec les autres sur ces valeurs. C'est en ce sens qu'il se développe en commun avec les autres au sein de la cité (*polis*). Celui qui est hors de la cité est soit un être dégradé, une brute sans foi ni loi, soit un être surhumain, un dieu n'ayant besoin d'aucune loi et n'ayant besoin que de lui-même pour vivre.
Dire que l'homme est un animal politique, c'est noter la nécessaire présence des autres pour ne pas être une brute, c'est souligner qu'il ne s'accomplit que lorsqu'il vit avec les autres hommes avec lesquels il échange. Il ne peut devenir homme sans les autres hommes et la cité est le lieu de cet accomplissement.

Vie privée, vie publique

On peut alors distinguer l'espace public de l'espace privé. L'espace public est le lieu de la citoyenneté, donc de la liberté. Parce qu'il est le lieu de l'échange, de la discussion, il est le lieu de l'accomplissement de l'humanité de l'homme. L'espace privé, au contraire, est le lieu des nécessités de l'existence et de la hiérarchie entre le père et les enfants, le maître et les esclaves.
Il y a donc finalement ici un privilège de la vie publique, même si la vie privée en est la condition. Pourquoi ? Parce que « vivre une vie entièrement privée, c'est d'abord être privé de la réalité qui provient de ce qu'on est vu et entendu par autrui, de ce qu'on est séparé et relié aux autres par l'intermédiaire d'un monde d'objets communs. » C'est être privé d'accomplir une tâche plus durable et permanente que notre simple vie. En effet, la notion de privé a également un sens privatif et, pour un Grec, elle a même principalement ce sens. Elle désigne une absence, un manque.
Une vie privée seule est une vie incomplète puisque c'est dans la cité que l'homme va pouvoir s'accomplir en tant qu'homme. En ce sens, l'esclave n'a finalement d'autre vie que privée ; il n'est pas vraiment digne d'être vu et entendu et sa vie se limite à un moment vain. Au contraire, la vie publique dépasse cette dimension éphémère de la vie privée en s'inscrivant dans une dimension qui la dépasse.

Le politique n'est pas le social

La distinction que nous faisons de nos jours entre le public et le privé est assez éloignée de la distinction aristotélicienne que nous venons de présenter. Ainsi, nous considérons bien qu'il y a une vie privée et une vie publique, mais nous ne saisissons pas la vie privée

comme n'ayant qu'une dimension privative ; la frontière s'est déplacée. Comment ?
En nous disant que l'homme est un animal politique, Aristote distinguait bien le politique du social. D'autres animaux vivent en société, mais seul l'homme est un animal politique parce qu'il est le seul doté de *logos*, de langage. Or, divers événements vont, entre autres, conduire à la disparition de cette distinction entre le politique et le social, et cela ne va pas être sans conséquences puisque c'est cette distinction qui conduisait l'opposition entre le privé et le public, entre deux espaces, la place publique et le foyer. Parmi ces événements, on peut citer la découverte du Nouveau Monde, la science galiléenne et la Réforme.

On a perdu le monde commun !

La découverte du Nouveau Monde laisse entrevoir l'existence d'un monde au-delà des limites qu'on lui assignait traditionnellement ; la science galiléenne va également rompre notre rapport au monde de manière radicale en nous faisant découvrir un univers infini (lire page 142) ; la Réforme laisse apparaître un grand mouvement d'accumulation de la richesse sociale et le développement d'une éthique du travail qui va contribuer au développement du capitalisme.
Là où nous avions des frontières claires entre l'espace public et l'espace privé, nous avons perdu nos repères. L'idée d'un monde commun commence à se perdre. C'est ainsi que se développe peu à peu ce qu'Arendt nomme le social, c'est-à-dire un nouveau mode de vie collectif. Il n'y a plus un monde commun

Faut-il sauver l'intimité ?

D'ailleurs, nous le constatons bien. Nous considérons que protéger notre liberté consiste à protéger notre vie privée. Une atteinte à cette vie est une atteinte à notre liberté. Si les médias, par exemple, exposent notre intimité aux yeux de tous, nous considérons cela comme un sacrilège.

Repère

L'influence de Heidegger

Hannah Arendt a été très influencée par Heidegger, qu'elle défendra d'ailleurs après guerre en témoignant en sa faveur lors de son procès en dénazification. Si toute la pensée de Heidegger repose sur l'idée d'un « oubli de l'Être » (lire page 361), Arendt montre ainsi que la crise de la modernité repose sur un oubli du monde commun. Pour l'un comme pour l'autre, la technique, entre autres, a contribué au déracinement, à la perte du lieu.

Jusqu'alors, on avait considéré que le lieu de la liberté était l'espace public, et voilà que nous considérons que notre liberté réside dans le repli sur soi. Nous pensons désormais qu'il faut sauver l'intimité face au poids de la société. C'est d'ailleurs en ce sens que Rousseau condamnait la société, source d'aliénation (lire page 220).

C'est l'intime qui est devenu une valeur : « Pour vivre heureux, vivons cachés. » Le privé ne s'oppose plus au politique, mais au social. Et en chemin, le monde commun, l'espace public a disparu. On considère que la liberté consiste à faire ce qu'on a envie de faire dans son coin alors que la véritable liberté est la liberté politique ! Cette disparition du monde commun conduit finalement à la disparition du politique.

Citation

« La domination totalitaire est un nouveau type de régime en cela qu'elle ne se contente pas de cet isolement et détruit également la vie privée. Elle se fonde sur la désolation, sur l'expérience d'absolue non-appartenance au monde, qui est l'une des expériences les plus radicales et les plus désespérées de l'homme. »

Transformer l'homme ?

Or, c'est cette destruction du politique qui a rendu possible le système totalitaire. Le propre des systèmes totalitaires du siècle passé a été de chercher à transformer l'homme, à détruire l'humain. L'humanité y a été attaquée dans sa dimension physique, mais aussi morale et métaphysique, puisque c'est en tant qu'être digne et libre que l'homme a été

Repère

Totalité et totalitarisme

Dans le terme totalitarisme, on retrouve évidemment la notion de totalité. Le totalitarisme est un régime qui englobe tout. Il n'y a ainsi plus de différences, plus de séparation entre la vie privée et la vie publique, plus d'individus mais des masses indistinctes. Les analyses de Hannah Arendt sur les systèmes totalitaires susciteront des polémiques lors de la guerre froide, puisqu'elle tend à saisir les mêmes ressorts dans les régimes soviétique et nazi.

Repère

La laïcité contre le totalitarisme

C'est bien sûr la distinction entre privé et public qu'une pensée de la laïcité a pu se construire. Il s'agit, en effet, de distinguer ce qui relève de la croyance et ce qui relève du savoir, ce qui relève de la foi et ce qui relève de la raison, c'est-à-dire du monde commun. Ainsi, face à 2 + 2 = 4, je raisonne; face à 3 = 1 (La Trinité), je prie. La non-intervention de l'État dans les croyances privées est bien ainsi la séparation de deux mondes. On retrouve l'idée de cette séparation du spirituel et du temporel dans la parole du Christ rentrant à Jérusalem sur son âne lorsqu'il répond aux Pharisiens qui lui demandent d'intervenir à propos de l'impôt réclamé par César : « Rendez à César ce qui est à César et à Dieu ce qui est à Dieu, mon royaume n'est pas de ce monde. »

remis en cause. Les régimes totalitaires ont cela en commun d'avoir voulu créer un homme nouveau en détruisant l'humanité.

La description d'un tel État nous permet de comprendre le danger inhérent à toute négation d'une distinction entre le public et le privé. L'espace public désigne un monde commun et renvoie à un certain type d'expérience de la communauté humaine qui s'accomplit non pas dans la violence, mais dans la parole. La disparition de l'espace public conduit à la destruction de l'appartenance à ce monde commun, donc à l'humanité. Détruire la relation à l'espace public, c'est détruire la relation que l'homme entretient avec lui-même. C'est ce qu'Arendt nomme l'expérience de la désolation.

La destruction de l'humanité

La seule caractéristique de l'humain – la seule caractéristique qui lui est propre – est la liberté politique. En s'y attaquant, le totalitarisme s'est attaqué à l'humanité. En niant toute distinction entre le public et le privé, on tend à nier cette humanité. C'est ainsi que l'expérience concentrationnaire conduit à la destruction de toute dignité et de toute volonté.

Le propre des États totalitaires a été de faire sauter cette frontière en faisant disparaître la sphère privée au nom de la transparence. On n'apprend plus à penser mais on apprend ce qu'il faut penser. Il n'y a plus deux mondes, un monde propre et un monde commun, mais

une seule manière de vivre et de voir le monde. C'est pourquoi les États totalitaires du XXe siècle ont commencé par enlever les enfants de leurs foyers dès leur plus jeune âge pour les éduquer.
Le bonheur apparaît alors souvent comme un argument. Cette référence au père qu'on trouve dans la forme de l'État totalitaire qui se construit sur le modèle de la famille (Staline était le « Petit père du peuple »), niant le politique au profit du social, s'attache alors à faire du bonheur l'affaire de tous, un problème déclaré public, tout comme le père vise au bonheur de ses enfants. Il s'agit, là encore, d'une confusion entre le public et ce qui relève du privé, le bonheur. Dans les États totalitaires, la famille disparaît. Elle n'est que le prolongement de l'État. Il n'y a plus de pensée privée. Il n'y a plus qu'une manière de voir le monde. Tout devient transparent.

Le travail, l'œuvre, l'action

Le totalitarisme n'est pas né par hasard ; il est le fruit d'une évolution et témoigne de la crise que vit notre modernité.
L'être humain connaît trois activités fondamentales de la condition humaine.
• **Le travail**, qui permet de répondre aux besoins biologiques. Sa fonction est d'assurer la survie de l'individu et de l'espèce à travers la production de biens destinés à être consommés.
• **L'œuvre**, qui est constituée des objets artificiels par lesquels l'homme dépasse le nécessaire. Il transforme ainsi la nature pour édifier un monde humain non naturel où les hommes trouvent un séjour plus durable et plus stable qu'eux-mêmes.
• **L'action**, qui met les hommes en relation indépendamment des objets, dans le domaine politique. Il s'agit là de l'activité la plus haute. Par l'action, chaque homme qui naît peut librement s'insérer dans le monde humain et y introduire du nouveau.
La crise de nos sociétés modernes réside dans la confusion entre ces trois activités ; les frontières sont désormais brouillées. Par exemple, on assiste à une extension de l'activité travail, et la politique est devenue une gestion administrative confiée à des experts.

Faut-il désespérer ?

La crise de la modernité est donc profonde. Elle correspond à une perte du politique, à une perte de la liberté et, en conséquence, à une perte de l'humain. Comment alors penser le « vivre ensemble » dans un monde post-totalitaire ?

Repère

Eichmann, la banalité du mal

En 1961, après avoir suivi pendant dix mois, pour le compte du journal américain *The New Yorker*, le procès d'Adolf Eichmann, Hannah Arendt publia *Eichmann à Jérusalem*, compte rendu du procès de celui qui fut considéré par la hiérarchie nazie comme le « spécialiste de la question juive ». Elle souligne qu'il apparaît comme un fonctionnaire zélé accomplissant parfaitement ce qu'il considère comme son travail. C'est en ce sens qu'elle parlera de « banalité du mal ».
Le mal et l'inhumanité apparaissent lorsque les hommes renoncent à penser le monde et les relations qu'ils entretiennent avec leurs semblables. Pourtant, l'organisation de la solution finale nazie défie le sens commun par son incompréhensible monstruosité. La pensée doit donc comprendre les ressorts secrets du mal, se « réconcilier avec la réalité sans pour autant pardonner ».

On ne va pas se mettre à revivre comme au temps d'Aristote, dans des cités fermées ! On ne peut pas non plus passer son temps à se lamenter sur un monde qui a disparu. Et pourtant, les progrès techniques mais aussi l'avènement des sociétés de masse semblent mettre en péril l'existence de l'humanité.
Nous le voyons bien : les difficultés que nous rencontrons et, par exemple, les débats sur la distinction entre le public et le privé, débats éminemment actuels, ont des enjeux profonds. Pour sortir de cette crise, il semble nécessaire de redonner toute sa valeur au politique. Mais comment ?

Comment se préserver du mal ?

L'expérience totalitaire nous montre comment l'homme peut perdre toute faculté de penser. Or penser, c'est toujours « penser avec », être au cœur de la communauté des hommes. Là encore, nous pouvons retenir la leçon de Kant : penser, c'est penser en commun avec les autres, échanger. Or, cela ne peut se déployer véritablement que dans cet espace commun qu'est l'espace politique. Dès lors, faire de la politique, ce n'est pas appliquer simplement des lois universelles car en agissant ainsi, on se décharge de toute responsabilité. Penser, c'est sans cesse chercher à confronter ses jugements avec ceux des autres. Il ne s'agit pas de croire qu'une vérité s'impose par la force de l'argumentation. Penser, c'est se mettre en situation de sans cesse penser l'événement. C'est bien ce que nous montre cet effort pour saisir ce qu'est le totalitarisme. Seule la pensée peut alors nous préserver du mal.

Citation

« L'activité de penser en elle-même, l'habitude d'examiner tout ce qui vient à se produire ou attire l'attention, sans préjuger du contenu spécifique ou des conséquences, cette activité donc fait-elle partie des conditions qui poussent l'homme à éviter le mal et même le conditionnent négativement à son égard? »

Le jugement

Il faut se tenir prêt à saisir la particularité de chaque situation. Là encore, il faut retenir les enseignements de Kant lorsqu'il distingue différentes formes de jugement. Juger, nous disait-il, c'est mettre en relation le général et le particulier. Soit nous possédons la règle générale et nous saisissons si le cas particulier rentre sous cette règle – c'est le jugement déterminant –, soit, à partir du cas particulier, nous essayons de nous élever à la règle générale – c'est le jugement réfléchissant tel qu'il est à l'œuvre dans le domaine de l'art (lire page 238).
Aussi le jugement politique ne peut-il être un jugement à l'emporte-pièce, précipité et sans recul. Il doit, en fait, avoir un minimum de distance par rapport à ce qui se passe, même s'il doit être très attentif à l'inattendu de l'événement. Le jugement politique est en somme un jugement réfléchissant, et c'est seulement dans cette mesure qu'il peut devenir un jugement partagé. Il doit nous préserver de la routine et de la facilité. La philosophie politique moderne travaille ainsi sans filet et sans garde-fou, loin des certitudes métaphysiques.

Quelle citoyenneté?

La participation politique, la citoyenneté doit alors être un engagement de tous. En ce sens, l'exclusion des droits politiques de certaines catégories sociales, qui consiste à leur ôter la possibilité d'exercer leur capacité à juger en politique, est une exclusion plus fondamentale qu'il n'y paraît. L'exclusion politique est dangereuse parce qu'elle peut conduire aux pires formes de discrimination. En effet, une telle attitude entre en totale contradiction avec la défense des droits de l'homme. Ainsi, ces politiques universalistes qui prétendent dire à l'avance ce qu'est le bien commun représentent un vrai danger. Il ne faut pas oublier le risque qu'il y a alors de voir se reconstruire des communautés en dehors du champ politique, à l'extérieur de cet espace d'échange commun dans lequel la pensée se déploie. Toute logique de discrimination devient ainsi un danger pour la pensée et pour la liberté.

Rawls, la question de la justice

Le marxisme a échoué et n'est pas parvenu à penser ensemble la justice et la liberté. Les dérives totalitaires ont réduit la liberté à néant. Or, la liberté est un droit inaliénable. L'égalitarisme montre ici ses limites. Comment défendre l'État démocratique moderne ? Comment concilier la liberté et l'exigence d'égalité, et en même temps rendre cela compatible avec le pluralisme des sociétés démocratiques ?

Comment défendre la démocratie ?

Dans le cadre d'une démocratie, la question de l'ordre social est inséparable de la question de la justice. On peut bien maintenir un ordre indépendamment de toute justice dans un régime autoritaire ou dictatorial, mais dans une démocratie, la justice est la première vertu

Biographie

Le justicier !

John Borden Rawls est né le 21 février 1921 à Baltimore (États-Unis). En 1939, il entre à l'université de Princeton, où il commence à s'intéresser à la philosophie, mais est mobilisé lors de la Seconde Guerre mondiale. Au Japon, il est témoin des dégâts causés par la bombe atomique à Hiroshima. Il renonce alors à devenir officier et quitte l'armée. Il retourne à Princeton terminer son doctorat de philosophie morale, et y enseigne jusqu'en 1952. Après Oxford, il retourne aux États-Unis ; il est d'abord assistant, puis professeur associé à l'université Cornell. Il enseigne ensuite au Massachusetts Institute of Technology (MIT). En 1964, il devient professeur à Harvard, et le restera pendant presque quarante ans. Il meurt en 2002 à l'âge de 81 ans.

des institutions sociales. Dès lors, se demander comment défendre l'État démocratique conduit à réfléchir à cette notion de justice. En effet, cette dernière ne doit pas concerner simplement un groupe de personnes privilégiées, mais l'ensemble des individus. La question n'est pas nouvelle : Rousseau, dans le *Contrat social*, se demandait déjà comment concilier la liberté et la justice. Il s'agit de reprendre à nouveau cette interrogation. Pourquoi ? Parce qu'une théorie de la justice s'impose tant que l'injustice reste possible et met en péril les fondements de la vie sociale.

Quels sont les principes justes ?

Comment définir les principes justes qui doivent gouverner la structure de base de la société ? Cette question n'est bien sûr pas neuve : elle parcourt l'histoire de la philosophie depuis Platon ! Soit on parvient à définir une essence de la justice, soit on est conduit à affirmer que la justice est relative d'un pays à un autre. On assimile alors la justice à la légalité : est juste ce qui est conforme à la loi.

Si on désire sortir des impasses dans lesquelles nous sommes conduits chaque fois que nous cherchons à définir la justice, peut-être faut-il alors changer de méthode. Au lieu de nous demander ce qu'est la justice, demandons-nous quels sont les principes que nous souhaiterions voir appliquer.

Ce changement de méthode peut surprendre. En effet, à une telle question, nous devrions avoir tendance à répondre chacun en fonction de nos intérêts propres. S'agit-il alors de réduire le juste à l'avantageux ou à un calcul d'intérêts ?

Le juste, est-ce l'utile ?

N'oublions pas que la justice est ce qui garantit l'ordre social. Dès lors, si on définit le juste par un calcul d'intérêts personnels, on risque de réduire la justice à une forme de droit du plus fort, imposant comme juste l'intérêt de celui ou ceux qui parviennent à dominer. Dès lors, on peut considérer que le juste serait non pas ce qui sert son intérêt propre, mais ce qui est utile au plus grand nombre.

Telle est la thèse défendue par l'utilitarisme. La société la mieux organisée serait celle qui rend possible la plus grande satisfaction globale pour l'ensemble de ses membres. Le raisonnement est simple. Il relève d'un calcul raisonnable. Je peux raisonnablement déterminer ce qui est le meilleur pour moi au regard des buts que je me fixe. Par exemple, il est

Repère

Peut-on choisir entre ses enfants ?
Dans un roman de William Styron, *Le Choix de Sophie*, qui fut ensuite adapté au cinéma par Alan J. Pakula, une mère est confrontée à un marché atroce : un officier nazi lui impose de choisir lequel de ses deux enfants elle doit sacrifier si elle veut que l'autre vive. Or, l'éthique utilitariste voudrait ici que Sophie se soumette au choix du marché et qu'elle calcule. En d'autres termes, l'utilitarisme finit par justifier la violation des droits de l'homme au nom du bien commun ! C'est en ce sens que cette éthique est moralement inacceptable.

raisonnable de me reposer si je veux être en forme pour travailler. Dès lors, il suffit d'étendre ce raisonnement à la société pour déterminer quelle est la société la meilleure.

L'utilitarisme est-il acceptable ?

Avec l'utilitarisme, nous étendons donc un raisonnement valable pour un individu à l'ensemble des individus. Puisqu'on peut déterminer ce qui est utile pour un individu, on peut déterminer ce qui est utile pour le plus grand nombre. Or, si un individu peut être prêt à sacrifier une soirée sympathique, un plaisir immédiat, pour être en forme le lendemain, peut-on considérer que l'on peut, de manière identique, sacrifier quelques individus, une minorité, pour le bénéfice du plus grand nombre ?
Car après tout, il peut être bon, au regard de la logique utilitariste, de considérer que quelques esclaves sont nécessaires pour le bon fonctionnement de la société ! On accepte alors que certains individus puissent être sacrifiés pour le bonheur des autres. Le problème est le passage de la partie au tout, mais aussi le principe de la priorité du tout social sur la personne ; car après tout, on peut aussi décider de privilégier les droits inaliénables plutôt que le bien-être social.

Et si on ne savait rien, que choisirait-on ?

Nous voilà donc revenu à notre problème de départ : comment déterminer les principes justes ? Mieux, en nous demandant quels sont les principes que nous souhaiterions voir appliquer, comment éviter cette logique du sacrifice de quelques individus ? La solution est simple : il faut que la détermination de ce que nous voudrions voir appliquer se fasse dans une situation particulière qui nous rend incapables de savoir par avance quels seraient nos intérêts personnels.

En effet, si je ne sais pas quelle place je vais avoir dans la société, si je serais un homme ou une femme, malade ou en bonne santé, d'origine du pays ou d'origine étrangère... il devient beaucoup plus difficile de dire que mon choix sera guidé par mon intérêt personnel. Voilà la fiction qui peut nous permettre de choisir de manière rationnelle en dehors de tout intérêt personnel cherchant à me privilégier par rapport aux autres. Cette fiction est ce que Rawls nomme le « Voile de l'ignorance ». En d'autres termes, si dans cet état d'ignorance nous sommes raisonnablement égoïstes et doués de raison, sur quels principes généraux de répartition pouvons-nous nous accorder ?

Repère

Le contrat

Rawls s'inscrit dans la tradition de Locke et de Rousseau qui ont recours à l'idée de contrat pour justifier l'autorité politique (lire page 224). Rawls va reprendre cette idée pour établir cette fois les principes de la justice sociale.

Cette position originelle dont il parle, l'état d'ignorance, correspond finalement à l'état de nature dans la théorie traditionnelle du contrat social.

Les deux principes

En supposant donc les hommes raisonnant dans cette situation fictive, ils s'accorderaient sur deux principes.

- **Le principe de liberté :** « Chaque personne a un droit égal à un ensemble pleinement adéquat de libertés et droits de base égaux pour tous, qui soit compatible avec un même ensemble pour tous et dans lequel les libertés politiques égales, et elles seules, doivent être garanties à leur juste valeur. »
- **Le principe de différence :** « Les inégalités sociales et économiques doivent être organisées de façon que, à la fois, l'on puisse raisonnablement s'attendre à ce qu'elles soient à l'avantage de chacun et qu'elles soient attachées à des positions et à des fonctions ouvertes à tous. »

Le principe de liberté est prioritaire, il énonce l'égalité des attributions des droits et des devoirs de base et affirme ainsi les mêmes droits fondamentaux. C'est finalement l'égalité de droit de tous les citoyens telle que l'énonce la déclaration des droits de l'homme. L'égale liberté est ainsi un principe constitutionnel.

Toutes les inégalités sont-elles injustes ?

Mais dire que les hommes ont une égale liberté ne revient pas à défendre un égalitarisme dans tous les domaines. Une société juste n'est pas une société égalitaire. À avoir voulu imposer l'égalité, le marxisme a conduit à une négation des libertés. Une société juste n'est pas une société égalitaire mais une société équitable.

Dans la vie économique et les conditions sociales, les inégalités sont un fait. Elles sont justes si elles produisent des avantages pour chacun. Les positions sociales qui procurent le plus d'avantages sont accessibles à tous mais les avantages obtenus par ceux qui parviennent à occuper ces positions profitent également à ceux qui sont laissés pour compte. En revanche, un système aristocratique qui repose sur la loterie des dons naturels n'est pas juste. Ainsi, seules les inégalités qui ne bénéficient pas à tous sont injustes. La justice n'est pas la pure égalité, mais l'équilibre et la répartition des avantages et des ressources, équilibre guidé par le souci des circonstances particulières de manière à garantir à chacun le maximum de libertés et l'accès à l'état de citoyen actif.

> **Repère**
>
> **Le libéralisme de Rawls**
>
> Le libéralisme classique sépare la sphère politique soumise au contrat et la sphère économique soumise aux lois naturelles de l'économie. La théorie de la justice de Rawls suppose que la justice a sa place dans l'économie politique et que l'attribution des positions économiques et sociales découle des principes de base d'une société juste. Rawls défend une position libérale en ce qu'il fait de la liberté le premier principe, mais il s'oppose ainsi aussi bien au capitalisme libéral qu'au socialisme bureaucratique.

Comment choisir ?

Pourquoi les hommes choisiraient-ils ces principes ? Ce choix n'est pas irrationnel ; au contraire, il relève d'une stratégie, celle du « choix maximum » qui consiste à classer les options en fonction de leurs pires résultats

possibles et à adopter l'option dont les pires résultats sont supérieurs aux pires résultats de toute autre option. Finalement, dans cet état d'ignorance, nous choisissons comme si notre place devait être déterminée par nos pires ennemis. N'est-ce pas pessimiste ?
On pourrait considérer qu'une autre stratégie est possible : celle qui consiste à choisir en fonction du gain probable. C'est ainsi que tout joueur fonctionne : je joue au loto parce que j'ai tout de même une chance de gagner !
Oui, mais si nous suivons cette stratégie, nous pouvons aboutir à des résultats intolérables. Par exemple, nous pouvons choisir le régime aristocratique, allant alors à l'encontre de la liberté. Mais surtout, une telle attitude, comme l'utilitarisme, n'exclut pas que certains individus se retrouvent dans des situations vraiment mauvaises, en étant esclaves par exemple. Or, là encore, une telle possibilité nie la personne humaine.
Finalement, l'équité est la seule conception de la justice qu'on peut accepter de bonne foi.

À retenir

La raison en crise

L'école de Francfort commence par opérer une critique radicale de la raison, remettant en cause l'idée que les Lumières se faisaient d'une raison émancipatrice. Loin de nous libérer, la raison est devenue instrumentale, instrumentalisante, totalitaire. Les individus sont désormais noyés dans la masse. Un tel constat a de quoi nous désespérer. Mais le XXe siècle est, à bien des égards, désespérant.
Face à ce constat, **Habermas**, appartenant à la **deuxième génération de l'école de Francfort**, va s'attacher à penser l'issue non pas dans un rejet radical de la raison, mais dans son usage à travers une éthique de la discussion. Ce développement d'une communication rationnelle est sans doute d'autant plus urgent que notre monde contemporain tend à faire exploser des catégories à partir desquelles la politique s'est sans cesse définie jusqu'alors. Il s'agit de penser désormais, sans certitudes données par avance, un monde dans lequel les possibilités techniques déplacent et transforment les catégories politiques traditionnelles.
L'analyse de **Hannah Arendt** sur notre monde moderne est aussi sans concession. Le XXe siècle a vu naître un nouveau type de régimes, les régimes totalitaires, dans lesquels

l'humanité est atteinte dans sa totalité. Comment a-t-on pu en arriver là ? Faire de la philosophie, c'est essayer de comprendre un tel événement. Arendt s'attache alors à nous montrer comment, peu à peu, dans l'histoire, la perte de notre monde commun au sein duquel l'humanité pouvait se développer a pu conduire à de telles horreurs. Contre la possibilité qu'a l'homme de faire le mal, seul l'exercice de la pensée est un rempart. Cette pensée ne peut alors se déployer que dans l'échange, dans la mise en commun de l'exercice du jugement. Le monde moderne nous fait comprendre que l'homme est seul, ayant perdu toutes les certitudes métaphysiques qui pouvaient jusqu'alors l'accompagner.

Nous avons définitivement perdu le point de vue de Dieu. Comment alors penser la justice dans les États démocratiques ? C'est entre autres à cette question que **Rawls** s'efforce de répondre. Contre le capitalisme libéral et le socialisme bureaucratique, il développe une théorie de la justice qui consiste à établir les principes de fonctionnement de tout État démocratique. Là encore, la justice ne se définit pas comme une essence posée par avance, mais comme le fruit d'une procédure rationnelle.

Si la remise en cause de la raison conduite par **l'école de Francfort** se nourrit d'un diagnostic lucide sur notre monde, ne pas désespérer semble donc exiger tout de même de redonner une place à la raison, à ce qui fait de nous des hommes. Telle est la tâche poursuivie par **Habermas**, **Arendt** et **Rawls**. Toutefois, cela ne se fait pas sans difficultés dans un monde qui a peut-être définitivement perdu ses certitudes.

Chapitre 19

La France et les maîtres à penser

Le structuralisme a d'abord été appliqué à...

- ☐ La psychanalyse.
- ☐ La linguistique.
- ☐ Le marxisme.
- ☐ L'anthropologie.

Voir page 468

Foucault nous dit que...

- ☐ Dieu est mort.
- ☐ La morale est morte.
- ☐ L'homme est mort.
- ☐ Le désir est mort.

Voir page 474

Quel concept de Deleuze a été repris (et un peu détourné) à propos d'Internet ?

- ☐ La toile d'araignée.
- ☐ Le multicentrisme.
- ☐ L'épine dorsale.
- ☐ Le rhizome.

Voir page 479

L'un des ouvrages les plus connus de Deleuze se nomme...

- ☐ *L'Anti-Hégel.*
- ☐ *L'Anti-Héros.*
- ☐ *L'Anti-Œdipe.*
- ☐ *L'Anti-Conformiste.*

Voir page 481

Le logocentrisme, c'est la primauté de la parole sur...

- ☐ L'action.
- ☐ L'écrit.
- ☐ La pensée.
- ☐ La raison.

Voir page 484

Quel est le concept central de Derrida ?

- ☐ La décentralisation.
- ☐ La différance (avec un a).
- ☐ L'altérité.
- ☐ La déconstruction.

Voir page 485

Les structuralistes : Lacan, Lévi-Strauss, Althusser

Si Sartre, avec l'existentialisme, a fortement marqué la pensée française au XXe siècle, affirmant la liberté humaine comme absolue, aux lendemains de la Seconde Guerre et son cortège d'horreurs et de crimes, émerge également une volonté de faire « table rase » et de remettre en cause de manière critique les discours théoriques qui s'étaient jusqu'alors développés. Nietzsche, à la fin du siècle précédent, nous avait annoncé que notre civilisation était malade. Le spectacle de l'histoire semble bien lui donner raison. Avec Marx et Freud, il avait inauguré une ère du soupçon, dénonçant l'illusion de concepts aussi courants que la conscience, la liberté, la morale, le sujet...

Si nous voulons comprendre et dépasser ces crises du XXe siècle, ne faut-il pas alors reprendre ces matériaux critiques disponibles, le marxisme, la psychanalyse, la linguistique, pour tenter de repenser le monde et reconstruire un nouveau discours ?

Qu'est-ce que le structuralisme ?

Le point de départ de ce qu'on nomme le structuralisme est linguistique. Au début du XXe siècle, un linguiste suisse, Ferdinand de Saussure (1857-1913), révolutionne l'étude du langage. Alors qu'on ne s'intéressait essentiellement qu'à l'origine hypothétique des langues, il va faire porter son attention sur leur fonctionnement. Une approche naïve de la langue nous conduit à nous interroger généralement sur le rapport entre le nom et la chose. On se demande alors si le rapport entre les deux est conventionnel ou naturel. Saussure va montrer que la langue se compose de signes linguistiques. Un signe est une entité à deux faces qui unit non pas une chose et un nom mais un concept et une image acoustique, le signifié et le signifiant.

Les signes sont organisés les uns par rapport aux autres, ils constituent un système. Cela signifie simplement que les unités linguistiques dans le système d'une langue ne se définissent que par leurs relations avec les autres éléments. Par exemple, le mot « ferme », indépendamment d'un contexte, n'a pas d'identité. Il peut s'agir d'un nom ou d'un verbe. Maintenant, si nous ajoutons un article, « une ferme », nous pouvons mieux l'identifier.

Toute analyse doit donc prendre en compte le rapport de l'élément au tout et la relation

Biographie

Claude Lévi-Strauss

Claude Lévi-Strauss est né à Bruxelles de parents français, le 28 novembre 1908. Après ses études à Paris, il obtient l'agrégation de philosophie en 1931. Il est nommé deux ans après membre de la mission universitaire au Brésil, professeur à l'université de Sao Paulo (1935-1938). De 1935 à 1939, il organise et dirige plusieurs missions ethnographiques dans le Mato Grosso et en Amazonie.

Mobilisé en 1939-1940, il quitte la France pour les États-Unis où il enseigne à la *New School for Social Research de New York*. Rappelé en France, en 1944, par le ministère des Affaires étrangères, il retourne aux États-Unis en 1945 pour y occuper les fonctions de conseiller culturel auprès de l'ambassade. En 1949, il devient sous-directeur du musée de l'Homme. Il est nommé professeur au Collège de France, chaire d'anthropologie sociale, qu'il occupe de 1959 à son départ à la retraite, en 1982.

des éléments entre eux. Il faut s'attacher à la structure, d'où le terme de structuralisme. C'est ainsi une méthode nouvelle qui apparaît et qui va avoir une grande influence dans de nombreux domaines.

Lévi-Strauss et les structures de la parenté

Lévi-Strauss étudie les sociétés primitives et va montrer qu'elles sont un système de relations familiales sociales complexes, de structures de parenté. Il va alors appliquer à l'anthropologie les méthodes de la linguistique qui, partant du langage conscient, s'attachent à en dégager les structures inconscientes. Pourquoi partir de la langue ? Parce que la langue est une partie de la culture et que toutes les deux sont structurées selon le même modèle, mais aussi parce que le langage articulé n'est pas le seul moyen de communication. Dès lors, il faut considérer les structures de parenté observées dans les sociétés primitives comme une sorte de langage, c'est-à-dire comme un ensemble d'opérations destinées à assurer entre les individus et les groupes un certain type de communication.

Tous les systèmes de parenté remplissent une fonction primordiale qui consiste à codifier les règles du mariage entre familles. Certaines sociétés les organisent de manière systématique et contraignante : on parle alors de systèmes élémentaires. La parenté forme un système. Le principe de la prohibition de l'inceste va ainsi être présenté comme la clef de l'organisation sociale. Finalement, les individus ne sont pas libres de faire ce qu'ils souhaitent, il y a des structures invisibles qui déterminent quels liens sont possibles entre eux.

Althusser et les structures économiques

Les analyses marxistes avaient déjà distingué les infrastructures des superstructures (lire page 278). Il s'agissait alors de mettre à jour la structure cachée du capitalisme, qui n'est finalement que le résultat de rapports de force. Le marxisme mettait ainsi en évidence que c'est la structure économique qui régit en fait les rapports entre les individus, les échanges, mais aussi les idées. Les hommes ne sont donc que le résultat d'une structure économique et sociale qui leur préexiste. L'individu libre, auteur de lui-même, le sujet autonome disparaît alors derrière la structure sociale.

Ces analyses reprises à travers la notion de structure par un philosophe comme Althusser vont constituer un pan du structuralisme. Il va ainsi montrer que la structure économique est déterminée par ce qu'il nomme la théorie de la praxis, à savoir de la pratique collective. Cette

Biographie

Louis Althusser

Louis Althusser est né le 16 octobre 1918 en Algérie. Il intègre l'École normale supérieure en 1939, mais est fait prisonnier l'année suivante. Il passera le reste de la guerre au Stalag. Après la guerre, il est reçu à l'agrégation de philosophie. Il devient marxiste et entre au Parti communiste français en 1948, année où il devient assistant à l'École normale supérieure. Son influence sur les étudiants en philosophie de l'École sera très grande. Il y restera jusqu'en 1980. Son activité est entrecoupée de séjours dans des cliniques psychiatriques.

Le 16 novembre 1980, il étrangle son épouse dans leur appartement. Il est envoyé au centre hospitalier Sainte-Anne. La justice le déclare dément au moment des faits et pénalement non responsable. Il meurt le 22 octobre 1990.

Biographie

Jacques Lacan

Jacques-Marie Émile Lacan est né le 13 avril 1901. Il entreprend d'abord des études de médecine et choisit de se spécialiser en psychiatrie. Peu de temps avant, il commence une analyse. Il rejoint la Société psychanalytique de Paris (SPP) en 1934 et en est élu membre titulaire en 1938. Ses premières communications concernent son interprétation de l'épreuve du miroir. Après la Seconde Guerre mondiale son enseignement de la psychanalyse prend une grande importance. L'aspect polémique de certains de ses thèmes (retour à Freud), ses idées structuralistes et les innovations dans la technique de la cure (avec des séances courtes) vont amener plusieurs scissions avec la SPP. Lacan enseigne quasiment jusqu'à sa mort : successivement à l'hôpital Sainte-Anne, à l'École normale supérieure, puis à la Sorbonne. Il meurt le 9 septembre 1981.

pratique est la relation par laquelle, en transformant la nature ou l'environnement social par son travail, l'homme se transforme lui-même et détermine la structure économique. Althusser n'aura de cesse de démontrer, contre les tentations du gauchisme, que la pensée de Karl Marx est une science et non une doctrine émancipatrice.

Lacan : l'inconscient « structuré comme un langage »

En proposant une relecture des écrits de Freud, Lacan va utiliser les apports de la linguistique et du structuralisme. Si Freud a montré que l'inconscient était avant tout lié à une histoire individuelle, dans la seconde topique il évoque l'idée d'un inconscient primitif : le ça (lire page 331). Cela va conduire ses successeurs à parler d'inconscient structural. C'est ainsi que Lacan va montrer que l'inconscient est structuré comme un langage. Freud nous dit que l'inconscient primitif est ce qui parle au travers de nos symptômes. Lacan reprend le « ça parle » de Freud. Le ça est d'abord un discours. Les règles qui régissent l'inconscient sont les mêmes que celles qui régissent les langues. Peu importe ce que croit dire le malade, c'est l'inconscient qui parle.

La condensation et le déplacement correspondraient à la métaphore et à la métonymie (c'est-à-dire le remplacement d'un mot par un autre avec lequel il a un rapport logique.

Repère

Le stade du miroir

Lacan, dans son analyse, constate qu'entre 6 et 18 mois, l'enfant mis face à un miroir commence à reconnaître qu'il s'agit d'une image et que cette image est la sienne. Cette perception apparaît comme une anticipation de son unité, laquelle fondera son moi mais déterminera aussi celui-ci comme un autre. Du coup, il situe l'autre comme un alter ego. Par cette analyse, il nous montre que le petit enfant ne vient pas au monde avec un moi structuré. C'est en s'identifiant à l'image totale de l'unité que l'enfant se constitue comme sujet. On peut donc remettre ainsi en cause les philosophies du sujet. Le « Je » n'est pas constitué à la naissance de l'individu. Il est l'aboutissement d'une longue maturation qui passe par la conquête de sa propre image.

Exemple : « toute la ville en parle »). Il ne s'agit pas simplement de réhabiliter le rôle de la parole mais de parvenir à une analyse exacte de la relation inconsciente entre signifiant et signifié. Par exemple, l'enfant doit assimiler des signifiants arbitraires d'origine externe qu'il ne sait pas toujours mettre en rapport avec l'ensemble des signifiés informulés de ses désirs. Face à cette difficulté, il arrive alors que le symptôme joue le rôle de signifiant. En faisant ainsi appel à la notion de structure, Lacan critique l'autonomie du sujet dans la vie sociale.

Foucault, un structuralisme sans structure

L'existentialisme, avec des représentants comme Sartre, nous répète que l'homme est absolument libre (lire page 371). Or, un tel discours considère que cette notion d'homme existe de toute éternité, tout au moins depuis que l'homme existe. Mais quel sens donnons-nous à ce terme ? Parfois défini comme être de conscience, parfois comme être de raison, parfois comme étant composé d'une âme et d'un corps, il est présenté comme l'objet central de la philosophie. Kant résumait ainsi les trois questions centrales de la

philosophie (« Que puis-je savoir ? », « Que dois-je faire ? », « Que m'est-il permis d'espérer ? ») à une seule : « Qu'est-ce que l'homme ? » (lire page 230).
Mais cet homme dont nous parlons, qu'est-il ? Reprenons cette question, non pas en essayant de chercher une essence, mais plutôt en essayant de saisir quand et comment cette question est apparue.

Qu'est-ce que la folie ?

Lorsqu'on définit l'homme comme un être de raison, on rencontre immédiatement une difficulté dès qu'on s'intéresse à celui qui l'a perdue. C'est en ce sens que la réflexion de Foucault va commencer par un travail sur la folie. Il ne s'agit pas de répondre médicalement ici à la question « Qu'est-ce que la folie ? », mais de montrer que les questions, les discours et les pratiques face à la folie ne se sont pas toujours posés de manière identique à toutes les époques.
Par exemple, l'âge classique va priver le fou de la parole qu'il avait au Moyen Âge. On le rejette parce qu'il est celui qui trouble l'ordre. Il n'est pas un objet à étudier, mais un être à enfermer. Puis, au XIXe siècle, la folie va devenir l'objet d'un savoir, d'une étude anthropologique. On classe alors les différentes formes de maladies mentales. Le XXe siècle, avec le développement de la psychanalyse et de la psychiatrie, fera à son tour de la folie un objet d'étude.
À chaque fois, la raison, sur des modalités différentes, exclut ainsi la folie en la rejetant ou en essayant de la capturer.
En outre, on peut alors remarquer que si le rationalisme cartésien de l'âge classique est étranger à la folie, il l'est aussi aux sciences humaines. Ainsi, chaque période est animée par une grille du savoir qui rend possible ou non un certain discours. C'est ce que Foucault nomme l'*épistémè* d'une époque.

Biographie

Comprendre le pouvoir

Michel Foucault est né le 15 octobre 1926 à Poitiers. Normalien, agrégé de philosophie en 1951, il fait une thèse sur *L'histoire de la folie*. Il entreprend ensuite la généalogie de concepts comme la folie, la sexualité, la délinquance et le pouvoir. Professeur au Collège de France, il profite de sa notoriété pour mener un engagement qui fait de lui un digne successeur de Sartre : il fonde notamment le Groupe d'information sur les prisons (GIP), introduisant clandestinement des questionnaires en milieu carcéral. Il meurt en 1984, victime du sida.

Repère

Foucault archéologue

C'est avant tout à travers l'analyse des savoirs et de pratiques déterminées, la folie, la prison, la sexualité... que Foucault va radicalement renouveler les conceptions de l'histoire. C'est ainsi en archéologue qu'il va se présenter. En effet, le travail de l'archéologue consiste à fouiller et à comprendre la formation des objets, des pratiques et des discours constituant le savoir propre à une époque. La tâche ne consiste donc pas simplement à interpréter, mais à saisir une organisation d'ensemble. Bachelard nous a montré (lire page 410) les rapports entre l'état de la science à telle ou telle époque et la culture dans laquelle elle s'insère. Il s'attachait ainsi à étudier les conditions de son progrès. Dans un esprit non éloigné, Foucault va davantage s'interroger sur ses conditions d'apparition en montrant que chaque époque comporte un nombre de refus et de conceptions qui lui sont propres sans pour autant, de son côté, affirmer l'idée d'un progrès. Il ne s'agit donc pas ici d'une étude de la science mais d'une archéologie du savoir en général, qui va permettre aussi de montrer que les savoirs d'une époque déterminée ne sont pas séparables des pouvoirs qui les rendent possibles.

L'homme est mort

C'est essentiellement à travers une archéologie des sciences humaines développée dans *Les Mots et les Choses* que la pensée de Foucault va être l'objet d'un grand retentissement. Foucault se demande quelles sont les conditions dans lesquelles l'homme est devenu pour lui-même objet de science. Il montre ainsi que le discours sur l'homme est récent et résulte d'un changement d'*épistèmè*. Si le modèle du savoir à la Renaissance reposait sur une union des mots et des choses, si l'âge classique correspondait au règne de la représentation consommant la séparation des mots et des choses, le XIXe siècle voit apparaître de nouvelles disciplines, les sciences humaines, qui vont faire de l'homme un objet d'investigation scientifique.

Les sciences humaines apparaissent ainsi parce que l'homme apparaît à la même époque. Dès lors, Foucault peut annoncer la mort de l'homme, ce qui ne signifie pas la disparition des êtres humains, mais la disparition d'une *épistèmè*, d'une certaine modalité du

Repère

La libération sexuelle, un affranchissement du pouvoir ?

Avec la libération sexuelle, on pense spontanément que les hommes sont sortis de ce carcan qui consistait à inhiber les désirs. On tend alors à penser que l'homme est enfin affranchi d'un pouvoir aliénant. Pourquoi ? Parce que nous pensons que le sexe a été longtemps réprimé et qu'enfin, nous accédons à la liberté par la libération des désirs. Quelles sont les raisons d'une telle pensée ? Or, qu'est-ce que la libération sexuelle, sinon la libération apparente d'une parole, un discours possible sur les désirs ? Dire le sexe, ce n'est pas rechercher le plaisir, c'est commencer par avouer ses désirs. Dès lors, aborder la question de la sexualité à partir de la question de la parole et du désir, c'est s'inscrire dans l'héritage de la pensée occidentale chrétienne. En effet, qu'est-ce qu'avouer, sinon aller se confesser ! La psychanalyse, au XXe siècle, n'a fait que poursuivre cette logique de l'aveu. En avouant, on s'identifie. Le sujet qui s'identifie ainsi est finalement le résultat d'un pouvoir qui le constitue comme tel.
D'ailleurs, l'étude de la sexualité chez les Romains ou les Indiens nous montre qu'elle a été beaucoup plus orientée vers la recherche du plaisir. Finalement, il y a un paradoxe de la libération sexuelle puisqu'on cherche à s'affranchir d'un pouvoir répressif en faisant le jeu de ce pouvoir.

savoir. Puisque le modèle de représentation du savoir change, notre modèle peut être amené à disparaître.

Le pouvoir

Si la réflexion de Foucault va se porter aussi bien sur la folie et la sexualité que sur la prison, l'école ou l'hôpital, c'est parce qu'elle est intimement animée par la question du pouvoir. Tout comme l'homme est une invention récente, la sexualité entendue comme savoir et pratiques n'a pas toujours existé. Elle apparaît au XVIIIe siècle avec la montée de la bourgeoisie, trouve ses racines dans le christianisme et se développe avec la psychanalyse et la psychiatrie. Elle est alors liée à des stratégies de pouvoir : la technique de l'aveu en psychanalyse, les politiques démographiques là où la bourgeoisie se

construit un pouvoir différent de l'héritage par le sang de la noblesse.
Ainsi, le savoir n'est jamais séparé du pouvoir. Toutefois, le pouvoir n'est pas à comprendre comme ce qui est détenu, mais comme ce qui s'exerce à de nombreux niveaux de la société. C'est pourquoi Foucault parle de micropouvoirs qui permettent à tout moment de contrôler ce qui est dans la norme ou pas. Contrairement au pouvoir politique, qui est répressif, les micropouvoirs normalisent en s'appuyant à tout moment sur des savoirs. C'est ainsi que son étude sur les prisons dans son ouvrage *Surveiller et punir* va conduire Foucault à montrer en quoi c'est la prison elle-même qui fabrique le concept de délinquance, comme le pouvoir psychiatrique a produit celui de maladie.

Foucault héritier de Nietzsche ?

Finalement, constater que l'homme est une invention récente, qu'au cours de l'histoire nous rencontrons les concepts de sujet ou d'âme qui eux aussi sont des constructions, c'est souligner que ces concepts sont les produits des dispositifs du savoir-pouvoir. Dans sa démarche généalogique, Foucault est bien proche de Nietzsche. Le philosophe allemand n'est-il pas celui qui a écrit une *Généalogie de la morale* afin de mieux comprendre comment les concepts de faute, d'aveu, de dette... sont des constructions qui servent les intérêts des prêtres voulant maintenir leur puissance ?
Tous ces dispositifs circonscrivent l'espace dans lequel l'individu assujetti (le terme ne vient-il pas du mot sujet ?) peut et doit développer un rapport à soi et aux autres. Ainsi, on considère que l'âme est ce qui doit diriger le corps, le rendre docile. Cet assujettissement de l'individu a lieu non seulement dans son esprit mais aussi dans son corps. Les dispositifs qui règlent notre rapport à la sexualité sont bien en ce sens une police des corps.

Deleuze, penser la différence

Toute la philosophie ne fait que rechercher une unité stable derrière la diversité. Elle tend ainsi à dépasser les différences. Elle cherche alors à saisir ce qui est stable, ce qui est permanent. Telle est d'ailleurs notre représentation courante de la réalité. Or, la réflexion de Bergson doit ici être riche d'enseignements. Nous avons besoin de saisir les choses comme permanentes et immobiles pour agir.

Le devenir contre la stabilité

Une telle saisie de la réalité manifeste notre besoin d'utilité (lire page 334). Sans cesse, nous allons ainsi à l'essentiel, à ce qui peut être l'objet d'une connaissance stable. C'est ainsi que lorsque nous cherchons à connaître un objet, nous essayons de déterminer son essence, ce qui le constitue derrière les apparences et ce qui est commun entre lui et les objets similaires.

Finalement, nous ne connaissons des choses que des généralités. Mais pire encore, cette recherche de la permanence nous conduit à accepter des valeurs établies sans les interroger. Or, il faut revenir à l'enseignement d'Héraclite : rien ne se répète. La réalité est mouvante, elle est devenir (lire page 35).

Biographie

De l'histoire de la philosophie à la philosophie...

Gilles Deleuze est né à Paris le 18 janvier 1925. Il entreprend des études de philosophie et passe l'agrégation en 1948. Il s'engage alors dans une carrière d'enseignant. En 1969, il présente comme thèse principale, *Différence et Répétition* et comme thèse secondaire, *Spinoza et le problème de l'expression*. Il enseigna jusqu'à sa retraite, en 1987, à l'université de Vincennes Saint-Denis où son enseignement eut un succès retentissant. Atteint d'une grave maladie respiratoire, Gilles Deleuze se suicide le 4 novembre 1995.

Contre la dialectique

Hegel a tenté de penser ce mouvement, mais en prétendant penser la totalité, il s'efforce sans cesse de dissoudre les différences (lire page 252). En effet, le mouvement dialectique est un mouvement de réconciliation des contraires, des opposés, permettant de parvenir à un tout unifié. Hegel nous enseigne ainsi que l'histoire est celle de la Raison qui se sert des passions pour avancer.

Là où apparaissent d'abord des différences, ces dernières se réconcilient en un tout. Mais pour que cette avancée ait lieu, des tensions sont nécessaires. C'est ce que Hegel nomme le travail du négatif, à savoir la négation nécessaire de moments permettant de parvenir à la synthèse.

Finalement, que nous dit Hegel? Que la négation est nécessaire, que la souffrance est un passage obligé. Ne retrouve-t-on pas ici ce que condamnait Nietzsche, à savoir le discours du ressentiment? (lire page 314). Ce sont les prêtres qui ont besoin de ce discours sur la souffrance pour mieux asseoir leur puissance. Par un tel discours, ils nient la vie et sa puis-

Repère

Les influences

Deleuze a d'abord écrit en historien de la philosophie. Il s'est attaché à des auteurs comme Kant, Spinoza, Nietzsche, Leibniz avec des ouvrages qui, chaque fois, ont fait date. Ce premier travail a eu une grande influence sur sa pensée. Deleuze ne reprend pas à son compte certaines analyses, mais s'inspire de certaines pensées. Ainsi, il est difficile de ne pas voir dans son analyse sur le désir une influence de Spinoza (qui montre en quoi le désir est créateur de valeur) et de Nietzsche même s'il ne reprend pas à son compte l'éternel retour de celui-ci, en soulignant plutôt la répétition du devenir (lire pages 172 et 305). De même cet attrait pour la différence n'est pas sans faire penser aux analyses de Leibniz (lire page 164).

sance créatrice. La dialectique hégélienne n'est autre que l'idéologie du ressentiment qui tend à éteindre en chacun la puissance de créer et ne fait que valoriser la tristesse. Il faut donc bien réhabiliter le devenir, le multiple, la diversité, la différence. Le plus intéressant ce n'est pas l'identité, mais ce sont les rapports différentiels.

Contre le fantôme du sujet

En recherchant ainsi la stabilité, en s'attachant à ce qui est identique et non aux différences, la tradition idéaliste a construit la notion de sujet comme centre à partir duquel nous pensons, agissons et connaissons le monde. Descartes, le premier a inauguré cette histoire avec le *cogito* (lire page 147), Kant l'a poursuivie : le sujet est ce qui connaît, agit et espère (lire page 231). Mais de quoi parlons-nous lorsque nous invoquons ainsi le sujet ? Quel est ce sujet substance, cette personne que nous prétendons saisir ?
Hume a bien soulevé le problème (lire page 198). Quand je me retourne en moi-même, je ne saisis rien de cette substance dont les philosophes nous parlent. J'ai des impressions, je saisis au mieux des états, mais jamais un moi substance. Voilà encore un mirage de la métaphysique, un délire égocentrique. Nietzsche aussi nous disait déjà que la conscience était un mirage (lire page 309). L'homme n'est pas un sujet substance, il est événement, vie, intensité.

Vocabulaire

Le rhizome

Le mot vient du grec et signifie « touffe de racines ». Il désigne une tige souterraine, ordinairement horizontale, qui s'allonge en poussant soit des rameaux, soit des feuilles à l'une de ses extrémités, tandis qu'elle se détruit par l'autre.

Descartes, dans les *Principes*, parlait de l'arbre de la connaissance : « Ainsi toute la philosophie est comme un arbre, dont les racines font la métaphysique, le tronc est la physique et les branches qui sortent de ce tronc sont toutes les autres sciences qui se réduisent à trois principales, à savoir la médecine, la mécanique et la morale, j'entends la plus haute et la plus parfaite morale, qui, présupposant une entière connaissance des autres sciences, est le dernier degré de la sagesse. » En remettant en cause le sujet, (le *cogito*), c'est toute cette représentation qu'il s'agit de combattre. Le rhizome est finalement une antiméthode. Il n'y a pas de point d'origine, pas de principe premier qui commande la connaissance. La pensée ne peut s'en remettre qu'à l'expérimentation. C'est en ce sens que ce terme, et les analyses de Deleuze, sont parfois repris à propos d'Internet, le rhizome étant assimilé au réseau entendu comme un monde de relations non centralisées. En effet, réseau sans centre fixe, Internet se défait de tout principe d'autorité centralisée. Quoi qu'il en soit, il ne s'agit pas exactement du sens que Deleuze donne à ce terme.

Et autrui ?

Aussi séduisante soit-elle, cette pensée pose problème. En effet, si le sujet éclate, si l'idée d'un sujet substance n'est qu'une illusion, la notion de personne disparaît. Or, traditionnellement, nous pensons bien le rapport à l'autre comme un rapport entre sujets. L'autre est ainsi cette personne digne de respect. Tout l'enjeu était de sauver l'autre comme sujet pour ne pas en faire un objet. Mais l'autre n'est ni sujet ni objet. Lorsque l'autre surgit, c'est un nouveau monde possible qui m'apparaît. Le visage effrayé de la personne en face de moi qui regarde derrière moi me fait immédiatement saisir que le monde ne se réduit pas à ce que je perçois, qu'il y a un autre monde possible (une chose effrayante que je ne vois pas pour l'instant). L'autre est ce qui fait qu'il n'y a pas simplement mon monde, mais un monde.

Repère

Robinson seul sur son île

Deleuze a écrit une postface au roman de Michel Tournier, *Vendredi ou les Limbes du Pacifique*, dans laquelle il analyse cette question : « Qui est autrui ? » Car c'est bien l'expérience de la solitude que commence par faire Robinson. Face à cette solitude, il reconstruit d'abord un monde identique à celui qu'il a perdu avec ses règles, ses lois, ses rythmes. Puis, peu à peu, il commence à faire le deuil d'autrui. Il apprend à vivre sans autrui. Dès lors, lorsque ce deuil est accompli, Tournier fait dire à son héros : « Ma vision de l'île se réduisait à elle-même. » Sans la structure autrui, le monde se réduit à mon monde. Autrui est celui qui m'ouvre à d'autres mondes possibles, comme une monade qui accéderait en elle-même à d'autres mondes... (lire page 167).

Le désir : en finir avec papa-maman

En s'inscrivant dans la logique du ressentiment, dans la négation de la vie, toute la tradition métaphysique a ainsi défini le désir comme manque et comme souffrance. Déjà Platon, dans le *Banquet*, nous disait que désirer consiste à éprouver le manque de ce qu'on ne possède pas. Le désir est alors saisi dans une dimension négative. C'est une même approche que nous retrouvons dans la psychanalyse. Pourquoi ? Parce qu'elle ramène tout au complexe d'Œdipe. L'enfant désire la mère et le père est saisi comme un obstacle (lire page 51). Ce manque ne pourra donc pas être assouvi. Seuls le fantasme, le rêve ou la sublimation permettent de le faire. La psychanalyse, avec le complexe d'Œdipe, nous enseigne que le désir se nourrit de l'interdit.

Là encore, pour reprendre l'expression de Nietzsche, nous avons affaire à la morale des prêtres qui ne tiennent que le discours de la négation, de la culpabilité et de la souffrance. Hegel aussi, d'ailleurs, nous montrait que le rapport à autrui était un rapport de reconnaissance. C'est ainsi qu'il nous décrivait la dialectique du maître et du serviteur (lire page 256). Le désir se déployait dans une logique de négation.

Finalement, la psychanalyse ne fait que nous tenir le discours de la bourgeoisie répressive qui nous maintient sous le « joug de papa-maman » ! Or, le désir n'est pas manque, il est force d'affirmation, puissance de création.

Repère

Deleuze et Spinoza

Deleuze retient de Spinoza ce qu'on nomme son panthéisme à savoir cette idée que Dieu est la nature (lire page 175). Dieu n'est pas transcendant à la nature, il est immanent. La nature apparaît ainsi comme une machine qui ne ferait que « machiner machinalement les individus ». Comme Spinoza voyait le *conatus* comme ce qui faisait que l'homme, par le désir, persévérait dans son être, le désir est cette force créatrice qui nous dépasse, nous en tant qu'individus.

Vivre sans entraves ?

Il ne faut pas confondre désir et plaisir ! Bien au contraire, le plaisir est ce qui vient mettre fin au désir. Comme Foucault a pu nous le montrer (lire page 475), le désir est inséparable de dispositifs mis en place ou d'agencements qui lui permettent de s'exprimer.

Nous voyons cela en analysant l'exemple de l'amour courtois du Moyen Âge, qui met ensemble des échanges verbaux et non verbaux, des appels et des invitations jamais consommés, qui fonctionnent dans le prolongement de la séduction. Un tel amour repousse sans cesse le plaisir et pourtant, il est le processus même du désir.

Il ne s'agit donc en rien de réclamer que chaque individu peuple le monde des productions quotidiennes de son désir ni de trouver une justification à l'amour débridé. Bien au contraire, il n'y a pas d'affirmation du sujet dans le désir, parce que le sujet est une illusion. En d'autres termes, nous ne sommes pas la source de ce que nous pensons et faisons.

C'est en nous la puissance de la vie inorganique qui opère. Ainsi, tout ne se vaut pas. De nouvelles hiérarchies se créent, et si c'est bien la puissance d'affirmation du désir qui est la vie,

Anecdote

L'Anti-Œdipe à contresens

Juste après 1968, le livre de Deleuze et Guattari, *L'Anti-Œdipe*, a pu être récupéré comme annonçant et justifiant une volonté de « jouir sans entraves », assimilé à la revendication d'un hédonisme radical. Mais cette récupération n'est pas vraiment justifiée.

Repère

Deleuze, précurseur de l'altermondialisme ?

En 2000, Toni Negri (lire page 495), philosophe italien, et Michael Hardt publient *Empire*, un ouvrage dans lequel ils tentent de penser à nouveaux frais, comment penser les relations économiques et politiques à l'ère de la globalité et de la mondialisation. Montrant les transformations du capitalisme et des relations internationales depuis l'après-guerre, ils font appel au concept de multitude pour désigner l'ensemble des subjectivités productrices désirantes des opprimés. Ils voient en la pensée de Deleuze, qui nous décrit un monde sans centre (voir plus haut la notion de Rhizome), le moyen de se réapproprier le pouvoir d'agir. C'est en ce sens que la pensée de Deleuze, mais aussi bien sûr les analyses de Negri et Hardt peuvent être reprises par les mouvements altermondialistes qui voient, par exemple, dans les nouveaux réseaux de communication une machine de guerre.

cette hiérarchisation se fera en fonction de notre capacité à penser avec intensité. On retrouve bien ici quelque chose de la volonté de puissance nietzschéenne (lire page 313).

Quelle émancipation ?

Foucault a montré comment les sociétés disciplinaires s'étaient construites, comme discipline des corps et des âmes en créant des mondes clos, la famille, l'hôpital, l'école, l'armée… Mais l'observation nous conduit à remarquer dans ce domaine un changement. Nous passons des sociétés disciplinaires à des sociétés de contrôle. Les nouveaux moyens techniques permettent de « pister » des individus, de contrôler leurs faits et gestes. « Au mot d'ordre a succédé le mot de passe. » Les nouvelles machines à informer se sont développées.
Il ne s'agit pas alors de résister comme s'il nous était possible de lutter frontalement contre ces contrôles et les détruire de manière radicale, il faut prendre au sérieux ce que notre pensée du réel nous révèle. Nous venons de le voir, nos désirs s'expriment au travers d'agencements. En ce sens, ils sont faits des mêmes matériaux que les dispositifs de pouvoirs. Dès lors, l'émancipation ne peut passer que par un réagencement de ces matériaux pour en faire des machines de lutte.

Qu'est-ce que la philosophie ?

La philosophie ne cherche pas à saisir l'essence du monde. Nous l'avons vu, c'est la différence qu'il faut saisir, le devenir sans cesse autre. En outre, saisir le flux, la multiplicité, le devenir, suppose de savoir faire face à la nouveauté, à l'événement dans sa singularité. En ce sens, le philosophe est celui qui doit être capable de créer de nouveaux concepts. Ce n'est pas la vérité qui est alors critère de validité du concept. En effet, le concept lui-même est nécessairement flou et vague, puisqu'il est pris dans le flux et le devenir.

Derrida, la déconstruction est en marche

La philosophie aime opposer

Toute la tradition philosophique occidentale est construite à partir d'oppositions conceptuelles : le sensible et l'intelligible, la nature et la culture, la parole et l'écriture, le corps et l'âme… oppositions dans lesquelles on privilégie généralement un terme par rapport à l'autre : l'intelligible sur le sensible (Platon), la culture sur la nature (l'humanisme), la parole sur l'écriture (Socrate nous dit que la parole est vivante), l'âme sur le corps… Or, quand on se demande ainsi ce qui prévaut, on ne s'interroge d'ailleurs jamais sur la validité de ces oppositions.

Il faut sortir des oppositions

Philosopher va donc d'abord consister à dégager les oppositions implicites sur lesquelles la pensée est construite, cela dans le but de mettre en cause les présupposés de la métaphysique traditionnelle. C'est ainsi que dans son ouvrage, *De la grammatologie* (1967), Derrida va montrer comment, depuis Platon, la parole est préférée à l'écriture, l'intelligible au sensible. Il part ainsi légitimement du texte de Platon abordant cette question : le *Phèdre*. Platon y montre en quoi l'écriture est sans valeur, elle n'est qu'un supplément sans importance. Ne vaut que la parole, le *logos*, qui est le lieu de la vérité. L'écriture n'est pas vivante et c'est dans la parole que se manifeste la présence de celui qui pense. Socrate n'écrit pas, il parle, dialogue. Or, un tel rejet radical de l'écriture est-il légitime ?

Biographie

Plus reconnu à l'étranger qu'en France

Jacques Derrida est né le 15 juillet 1930 à El-Biar (Alger). En 1942, Le jour de la rentrée scolaire, il est exclu du lycée par l'application des lois antisémites. En 1947- 1948, il vient étudier à Paris. Élève à l'École normale supérieure, il passe l'agrégation en 1957. Il part alors enseigner comme assistant à l'université de Harvard (États-Unis) d'où il revient pour entrer à la Sorbonne et surtout pour effectuer son service militaire pendant la guerre d'Algérie. En 1964, il est nommé maître-assistant à l'ENS où il enseignera pendant une vingtaine d'années, devenant directeur d'études, tout en effectuant plusieurs séjours dans les plus prestigieuses universités américaines (Yale, John Hopkins). Ses premiers grands livres sont publiés en 1967, notamment *De la Grammatologie*, *L'Écriture et la Différence* et *La Voix et le Phénomène*. Parmi les principaux livres publiés ensuite, citons *La Dissémination* (1972), *Marges de la philosophie* (1972), *Glas* (1974), *L'Archéologie du frivole* (1976) et *La Carte postale* (1980). Il fonde en 1983 le Collège international de philosophie, préside dans les années quatre-vingt-dix le Parlement international des écrivains et poursuit son enseignement et ses publications, tant en France qu'aux États-Unis. Il est l'intellectuel français contemporain le plus connu dans les universités du monde entier. Il meurt le 9 octobre 2004 à l'âge de 74 ans.

Ce rejet repose sur un privilège spontanément accordé au *logos*. De là le terme de « logocentrisme », attitude qui consiste à rejeter l'écriture comme « l'autre » de la philosophie. L'écriture serait ainsi ce qui menace la philosophie comme le sophiste menace toujours le philosophe. La philosophie fait de l'écriture ce qui est étranger à la pensée, au *logos*. Or, l'étranger n'est-il pas toujours celui qui vient déranger, celui qui interroge les présupposés ? À partir de là, ne faut-il pas interroger de manière neuve le concept d'écriture ?

Qu'est-ce qu'un texte ?

L'opposition au logocentrisme, qui consiste à penser que la voix, la parole est plus présente que l'écriture, qui n'est qu'une copie, va conduire à élaborer de nouveau la notion de texte.

Citation

« Il n'y a pas de hors texte. »

Derrida va ainsi montrer qu'il y a en fait une primauté de l'écrit sur la parole, de la trace sur la voix. Le texte n'est pas que le reste sans vie de la parole synonyme de pensée. Au contraire, la pensée ne peut pas être séparée de l'écriture, le sens ne peut pas être séparé du signe. Les concepts ne peuvent donc pas être séparés, détachés du style, des phrases qui les portent et les mettent en scène. Lire les textes consiste alors à travailler les concepts. Un texte dit dès lors toujours plus que ce qu'il manifeste explicitement.

Cette réflexion invite alors à lire les aspérités des textes, leur richesse dans ce qui est dit et ce qui ne l'est pas parce que le sens n'est jamais immédiatement présent. De là l'idée de dépasser l'opposition traditionnelle entre la littérature et la philosophie. Là encore, il s'agit de s'opposer à l'idée d'une présence immédiate du sens dans la parole vive.

Après Heidegger…

Or ce privilège accordé à la parole, à sa présence immédiate, repose sur un présupposé. Heidegger, en opérant une critique de la métaphysique, nous a montré qu'elle reposait sur un privilège de la présence (lire page 353). Il nous montre bien en quoi la métaphysique a oublié la différence entre l'Être et l'Étant. La métaphysique en a déduit que ce que l'être suprême est, est aussi suprêmement présent. C'est ce que nous appelons l'éternité. Est éternel ce qui est parfaitement présent, ce qui ne change pas, ce qui demeure stable par-delà les changements.

Toute la réflexion de Derrida va ainsi se construire contre une métaphysique de la présence. Parce que le sens est toujours différé, parce que la vérité n'est jamais totalement donnée, il y a un écart qui laisse la place à de multiples lectures. Tout texte donne indéfiniment, mais aussi dissimule.

Qu'est-ce que la déconstruction ?

Le nom de Derrida est immédiatement associé à la notion de déconstruction qui a été reprise dans de nombreux domaines : la linguistique, la littérature, l'esthétique, la psychanalyse… La déconstruction n'est ni une méthode ni à proprement parler une philosophie. Elle ne consiste pas à dissoudre ou à détruire un discours. Elle est ce qui est à l'œuvre dans tout texte, dans tout discours. Elle est ce qui déborde le discours, qui veut maîtriser ce qui arrive.

Vocabulaire

La *différance*

On retrouve sous la plume de Derrida le terme de différence, mais avec une orthographe particulière, le « e » étant remplacé par un « a ». Il s'agit bien alors de distinguer la différence de la différance! Nous venons de le voir, l'écriture fonctionne comme une remise en cause de l'idéalisme et de la métaphysique de la présence. Un texte est toujours plus que ce qu'il manifeste explicitement, son sens est donc toujours différé, ajourné. Les mots et les signes ne peuvent jamais pleinement réaliser tout de suite ce qu'ils signifient. Un texte donné (essai, roman, article de journal) est le résultat de la différence entre les mots employés, plutôt que de la référence aux choses qu'ils représentent. Derrida suggère le terme de *différance*, sorte de mot-valise combinant « différence » et le participe présent du verbe « différer » : « différant ».

Pour comprendre cela, on peut revenir, une fois encore à la dialectique hégélienne. On n'en a jamais fini de discuter avec Hegel ! Hegel nous montre que la dialectique est ce qui dépasse les oppositions : le négatif n'est pas ce qui est détruit mais ce qui est un moment nécessaire et qui devient absorbé dans la réconciliation. Mais qu'advient-il quand ce mouvement de la dialectique s'enraye ? « Que serait un négatif qui ne se laisserait pas relever et qui, en somme, en tant que négatif, mais sans apparaître comme tel, sans se présenter, c'est-à-dire sans travailler au service du sens, réussirait ? »

La réflexion ne doit donc pas s'installer au-dehors des textes, tout d'abord parce qu'il n'y a pas de dehors, mais surtout parce que, en s'opposant simplement, elle participerait au mouvement dialectique. La réflexion est déconstruction, c'est-à-dire mise à jour de ce qui, au cœur du texte, au cœur de la pensée, ouvre de nouvelles perspectives, échappe à la maîtrise de la dialectique, au pouvoir de maîtrise. Toute pensée contient en elle-même sa propre déconstruction.

Quelle éthique est possible ?

Une telle réflexion ne peut pas être dénuée d'implications politiques. En effet, une remise en cause du logocentrisme qui tente ainsi de faire violence à la différence en la réduisant au même fait nécessairement écho à une réflexion éthique. Il s'agit donc de remettre en cause toute attitude violente qui s'attache à réduire l'autre au même. Lorsqu'il abordait la question de la morale, Kant, montrait qu'agir moralement consistait à agir selon une maxime dont on doit vouloir qu'elle devienne une maxime universelle de la nature (lire page 235). C'est ainsi qu'il nous disait que le mensonge était absolument condamnable. Si j'accepte qu'un mensonge, dans un cas particulier ait lieu, alors je considère qu'il y a un droit de mentir. La maxime perd son universalité.

Si nous pouvons suivre les analyses de Kant, il n'en demeure pas moins que de telles conclusions peuvent choquer. Kant nous dit : si je cache chez moi un compatriote poursuivi par l'armée ennemie et que cette dernière vient me voir, je ne dois pas mentir. Car dire que je dois mentir reviendrait à dire que le mensonge est moralement acceptable. En effet, je ne dois jamais « utiliser l'autre uniquement comme un moyen » et si je mens c'est bien ce que je fais. Comment accepter une telle position, mais aussi, comment la critiquer ?

Une hospitalité sans condition

On peut répondre que là, le mensonge est nécessaire parce qu'il permet de sauver une vie. Certes, nous dirait Kant, mais en faisant de la possibilité de mentir une loi universelle, nous allons à l'encontre de la morale ! Pourquoi ? Parce que l'autre est une personne, un sujet de droit, un être doté de raison digne de respect. Or, la position de l'autre comme « sujet de droit » n'est-elle pas un avatar du logocentrisme ? Il ne s'agit pas de nier tout droit à l'autre, mais de se demander si là réside la seule approche qu'on peut avoir de lui. Il s'agit donc de revenir à ce que signifie l'autre pour moi.

Pour reprendre l'exemple de Kant, on peut considérer que si je sais immédiatement ce que je dois faire, parce que l'impératif catégorique me le dicte, c'est qu'il n'y a pas de décision à prendre. C'est bien au contraire lorsqu'il y a de l'indécidable que la décision peut advenir. C'est en ce sens que Derrida reprend l'analyse que Kierkegaard fait du sacrifice d'Isaac (lire page 303). Abraham répond à Dieu : « Me voici », il se pose comme responsable en dehors de tout calcul possible. La décision responsable est une ouverture sur l'incalculable. Or, l'incalculable, c'est bien l'altérité infinie, c'est ce qui est radicalement autre et que je ne peux circonscrire dans aucun programme. Il y a ainsi une exigence de l'accueil de cette altérité, et c'est cela qui définit la responsabilité. En ce sens, Derrida nous montre qu'il y a une obligation de l'accueil de l'autre, une obligation de l'hospitalité sans condition.

Du pouvoir à la politique

D'une telle pensée, nous ne pouvons pas attendre un système qui nous livrerait les clefs de l'éthique ou de la politique. Pourtant, Derrida s'est, à de nombreuses reprises, engagé : contre la peine de mort, pour soutenir les réfugiés politiques ou les intellectuels menacés par le pouvoir… Cela ne l'a pas empêché de dévoiler d'une manière critique les fondements des droits de l'homme ou de la notion de souveraineté en montrant en quoi la déconstruction est à l'œuvre au cœur même de ces concepts. Jusqu'aux analyses sur les attentats du 11 septembre 2001, dans lesquelles il nous montre en quoi les notions de frontière, de territoire, de guerre explosent, et combien la raison démocratique est fragile.
Dès lors, il nous invite à repenser les questions du droit dans ses rapports à la force, du cosmopolitisme, de l'hospitalité ou de la citoyenneté comme un espace qu'il s'agit d'explorer à nouveau à la lecture, une fois encore, aussi bien de l'actualité que de la tradition afin d'espérer une démocratie sans frontière. Mais il ne s'agit pas d'attendre ici un système qui, en tant que système, refuserait toujours toute « pensée du dehors ».

À retenir

La fin des idoles métaphysiques ?

Au lendemain de la Seconde Guerre mondiale, les théories critiques que sont le marxisme et la psychanalyse vont être reprises à la lecture des avancées de la linguistique. Il s'agit alors de montrer à chaque fois que l'idée d'un sujet libre, se déterminant lui-même est une illusion. La structure possède une organisation logique mais implicite, un fondement objectif en deçà de la conscience et de la pensée. Ces théories vont ainsi entrer en concurrence avec les philosophies dites humanistes et la phénoménologie.
Lévi-Strauss montre qu'il y a des structures invisibles qui déterminent les liens que les individus entretiennent. Par une telle approche, il révolutionne l'anthropologie.
Althusser, héritier de Marx, nous montre comment, par son travail, l'homme se transforme lui-même et détermine les structures économiques. Son influence sera très grande dans le paysage intellectuel français des années soixante et soixante-dix.
Lacan, prônant un retour à Freud, dévoile comment l'inconscient est structuré comme un

langage. Il deviendra une figure centrale de la psychanalyse française, suscitant autant d'enthousiasme que de critiques.
Avec une telle approche, le sujet est chaque fois dépossédé de son autonomie. C'est bien une crise du sujet qui se déploie. Il s'agit alors de s'intéresser aux structures dans lesquelles l'homme s'inscrit. Des philosophes contemporains comme Habermas (lire page 445) poursuivent en un sens ce travail.
Pour **Foucault**, il ne s'agit pas de dégager des structures universelles de la société, mais de montrer que chaque événement est le résultat de multiples croisements. Pour cela, il se fait archéologue et va, assumant l'héritage de Nietzsche, réfléchir en généalogiste afin de montrer comment des discours et des pratiques ont pu se constituer à travers l'histoire. Ce n'est alors plus la mort de Dieu qu'il annonce, mais la mort de l'homme, ce qui signifie la fin de son règne comme origine. Ce dernier n'est finalement qu'un concept récent dans notre histoire et correspond à une certaine manière dont le pouvoir s'est exercé, à un certain discours qui est apparu au XVIIIe siècle. Par ses analyses, Foucault nous montre que le pouvoir est partout, puisqu'il devient ce qui produit des vérités. En étant sans cesse diffus, en se masquant dans les savoirs, les micropouvoirs deviennent alors parfois plus contraignants que le pouvoir politique. Ses analyses seront reprises, aussi bien en Europe qu'outre-Atlantique, par de nombreux courants qui verront dans cette approche les moyens d'opérer une critique de la société et une réappropriation dans le jeu des pouvoirs. Ses réflexions sur l'enfermement et la prison participeront à un début de prise de conscience des procédures aliénantes présentes dans notre société.
À la suite également des analyses nietzschéennes, **Deleuze** va opérer une critique du sujet, illusion métaphysique. Contre cette tradition qui cherche toujours à penser le même et l'identique, il va développer une pensée de la différence et du désir, non plus saisi comme manque mais comme puissance de création. Sa réflexion va consister à penser la différence et le flux là où, ayant perdu le sujet, les mondes deviennent multiples. Son œuvre aura un retentissement international. La globalisation, le développement des techniques de communication et d'information conduiront à une certaine reprise de ses analyses qu'on retrouve, par exemple, chez des philosophes contemporains comme Négri.
La pensée de **Derrida** est inséparable d'une critique du pouvoir, de la maîtrise propre à tout discours, à toute pensée, mais qui rencontre toujours en son sein ce qui la déconstruit. À la suite de Heidegger, à qui il reprend le concept de déconstruction, Derrida s'at-

tache à poursuivre une critique de la métaphysique et de toute pensée de la présence. La déconstruction ne se veut ni une méthode ni un système philosophique, mais plutôt une pratique. Ce concept sera repris dans de nombreux domaines (la littérature, la peinture, la psychanalyse) et fera fortune aux États-Unis, mais sera également l'objet de nombreuses attaques. La pensée de Derrida n'aura de cesse de refuser toute pensée systématique.

Ces courants philosophiques nés à partir des années cinquante en France conduisent donc à une remise en cause du sujet et de la tradition métaphysique. Leur retentissement sera parfois plus fort à l'étranger qu'en France même. Les États-Unis parleront ainsi de ***French Theory***. Ce qu'on nomme les *cultural studies* dans les pays anglo-saxons seront fortement influencées par ces analyses qui tendent à rejeter tout universalisme.

Chapitre 20

Et maintenant ?

Il ne s'agit pas ici de passer en revue tous les philosophes contemporains mais de faire part, après cette longue promenade, des interrogations qui continuent à se poser au XXIe siècle. L'histoire que nous avons entreprise est loin d'être terminée. Au XXe siècle, le savoir a connu de grands bouleversements (la théorie de la relativité, la génétique, etc.), l'histoire a connu de nouveaux régimes et de nouvelles catastrophes (les régimes totalitaires, la possibilité pour le monde de se détruire avec la bombe atomique…). Cela semble avoir mis fin à ce que Lyotard nomme les grands récits. La pensée moderne, qui naît avec Descartes, avait initié l'histoire d'un sujet qui partait à la conquête d'un monde qu'il allait connaître. Ce sujet devenait synonyme d'émancipation et de progrès avec les Lumières. L'histoire devenait alors, avec Hegel, l'histoire de l'esprit universel. À l'issue du XXe siècle, il semble bien que ces grandes histoires de la pensée moderne n'ont plus cours. C'est en ce sens que l'on va parler de post-modernité.

Quels bouleversements ?

Les progrès techniques, les bouleversements économiques, la mondialisation, la circulation de l'information conduisent les sociétés à chercher de nouveaux repères. Ils conduisent à la fois à une ouverture vers l'autre et à des replis identitaires. On se met à parler du choc des civilisations. Mais surtout, la démocratie n'apparaît plus nécessairement comme l'horizon indépassable. N'oublions pas cet avertissement de Hannah Arendt dans son effort pour penser la modernité et la crise de notre culture : des solutions totalitaires « peuvent fort bien survivre à la chute des régimes totalitaires, sous la forme de tentations fortes qui surgiront chaque fois qu'il semblera impossible de soulager la misère politique, sociale et économique d'une manière qui soit digne de l'homme ».
On ne peut ainsi ignorer de nouveaux débats.

Quels rapports à la nature ?

Heidegger dénonçait l'arraisonnement de la nature. Or, l'augmentation mondiale de la demande en énergie accélère les atteintes à l'environnement. Se développe ainsi une interrogation sur le « bon usage de la nature ».

Le philosophe allemand **Jonas** a inauguré en ce sens une réflexion écologique. Face aux développements techniques, il semble nécessaire d'imposer à l'éthique et à la politique une responsabilité nouvelle : tenir compte de l'avenir. Les technologies ne mettent pas seulement en péril l'environnement, mais aussi les possibilités de vivre. Parce que jusqu'alors, aucune éthique, aucune morale n'avaient saisi cet enjeu puisqu'elles portaient soit sur le « bien vivre », soit sur le rapport à l'autre. Désormais, dans le doute face aux conséquences de nos comportements, il faut adopter au regard de l'avenir une attitude pessimiste. Jonas va développer une éthique de la responsabilité et c'est de cette réflexion que naîtra entre autres ce qu'on nomme le principe de précaution.

> **Biographie**
>
> **Hans Jonas**
>
> Hans Jonas est né en Allemagne en 1903 et mort en 1993. Il a publié en 1979 *Le principe de responsabilité.*

Peut-on distinguer l'homme de l'animal ?

Alors que l'homme n'a eu de cesse de se définir comme un être de culture, les études récentes sur les animaux, en particulier les grands signes, conduisent à s'interroger à nouveau sur la séparation entre nature et culture.

Le philosophe australien **Singer** souligne ainsi que les hommes ont toujours maltraité les animaux sans aucune justification morale. Il suffit ici de se reporter à la théorie des animaux-machines de Descartes (lire page 150). Malgré Darwin, qui a montré la continuité entre les hommes et les autres grands singes, nous sommes toujours les héritiers de Descartes qui nous parlait des animaux-machines et, comme lui, nous invoquons le langage pour affirmer une distinction radicale entre nous et les autres animaux. Or, des études sur les grands

> **Biographie**
>
> **Peter Singer**
>
> Peter Albert David Singer est né à Melbourne en 1946. Il publie en 1975 *La libération animale.* Il est actuellement titulaire de la chaire d'éthique de l'université de Princeton, aux États-Unis.

singes ont montré qu'une mère enseignait des signes à son fils adoptif et qu'elle se faisait des signes à elle-même lorsqu'elle était seule.

Cela conduit Singer à parler de spécisme, désignant ainsi la discrimination qui privilégie les intérêts des membres d'une espèce au détriment de ceux d'une autre espèce. Tout comme nous ne devons pas faire de distinction de race et de sexe, le simple fait que les animaux n'aient pas notre réflexion intellectuelle ne semble pas justifier nos comportements.

Une telle approche n'est pas anecdotique : elle nous conduit à interroger de nouveau la place de l'homme dans la nature et ses rapports aux autres êtres vivants. Les interrogations éthiques surgissent alors immédiatement, avec leurs cortèges de réactions violentes. L'approche de Singer le conduira d'ailleurs à être parfois accusé d'appartenir à l'extrême droite.

Qu'est-ce que l'homme?

Ce n'est pas simplement en interrogeant l'animal et grâce aux progrès des sciences dans ce domaine que l'interrogation sur l'homme ressurgit. Le développement des sciences va voir naître au XXe siècle de nouveaux savoirs qu'on regroupe généralement sous l'appellation **« philosophie de l'esprit »**.

Celle-ci tente de comprendre les processus mentaux en abandonnant les approches classiques des philosophies de la conscience. Au croisement de savoirs multiples, elle s'applique au traitement de l'information qui permet à un organisme humain ou non humain de s'adapter de manière flexible à son environnement. Elle s'appuie aussi bien sur les neurosciences que sur la sociologie, la philosophie, la linguistique, afin de mieux comprendre les mécanismes de la pensée humaine et animale. Ce sont ainsi des phénomènes comme la perception, l'intelligence, le langage, le calcul, le raisonnement ou même la conscience qui sont de nouveau interrogés.

Que faire face aux nouvelles techniques?

Cette interrogation sur l'homme est également nourrie par le progrès des technologies donnant naissance à des questions bioéthiques. Le philosophe contemporain allemand **Sloterdjik** opère en ce sens une critique de la morale humaniste qui parcourt la tradition occidentale. Pourquoi? Parce que l'humanisme n'est pas parvenu à domestiquer la face animale de l'homme. À la suite de la *Lettre sur l'humanisme* de Heidegger, il publie en 1999 un texte qui va nourrir une grande polémique en Allemagne, en particulier avec Habermas : *Règles* *pour le parc humain*. Sloterdjik défend l'idée selon laquelle les capacités biotechniques de l'homme doivent conduire à promouvoir un nouvel humanisme intégrant les progrès de la génétique.

S'interrogeant sur les possibilités d'optimiser les naissances, il est rapidement accusé de défendre des thèses eugéniques. Toutefois, n'oublions pas que cette évolution a déjà commencé. La Chine ne privilégie-t-elle pas un sexe par rapport à un autre et parfois certains groupes ? La question est donc posée : quelle éthique pour notre monde contemporain ?

Toujours à la suite de Heidegger, il s'interroge également sur les transformations de notre rapport au monde. Il s'intéresse ainsi aux conditions par lesquelles l'homme peut rendre son monde habitable et s'efforce de penser les transformations de l'espace des origines à la mondialisation.

> **Biographie**
>
> **Peter Sloterdjik**
>
> Peter Sloterdjik est né en 1947 à Karlsruhe, en Allemagne. Il est actuellement professeur de philosophie et d'esthétique à Karlsruhe et au Beaux-Arts de Vienne, ainsi que président de l'Académie d'art et de médias de Karlsruhe. Il publie en 1983 la *Critique de la raison cynique* et, à partir de 1998, sa trilogie *Sphère* sur le rapport de l'homme à l'espace.

Est-on libre quand on est pauvre ?

La mondialisation et la transformation de l'économie impliquent bien sûr des interrogations politiques.

L'économiste indien **Amartya Sen** aborde la question de la pauvreté. Il montre ainsi que de nombreuses famines (par exemple, celle qui a fait trois millions de victimes au Bengale en 1943) ne sont pas dues à l'insuffisance de production de nourriture, mais à la pauvreté. S'il y avait de la nourriture pour tous, certains n'avaient pas les moyens de s'en procurer. Un tel constat conduit à remettre en cause le concept de liberté. À la liberté négative défendue par le libéralisme et qui, dans ces cas précis, ne résout rien, il oppose la liberté

> **Biographie**
>
> **Amartya Sen**
>
> Amartya Sen est né en 1933 à Santiniketan, en Inde. Professeur d'économie politique, il reçoit le prix Nobel en 1998. De 1998 à 2004, il a été directeur du Trinity College à l'université de Cambridge, puis professeur à l'université de Harvard.

positive (*capabilities*) qui renvoie à la capacité de bénéficier des biens. Une telle approche conduira à établir au sein de l'ONU un indice de développement humain se distinguant du PIB calculé pour chaque pays qui n'aborde la question que d'un point de vue économique.

Que faire face au capitalisme ?

Le développement du capitalisme et la mondialisation conduisent également à chercher les ressorts d'un nouveau discours critique. Le philosophe italien **Toni Negri** engage ainsi une réflexion sur les conditions d'émancipation au sein du nouvel ordre mondial. Les technologies nouvelles, comme la biotechnologie, la microélectronique et l'informatique, ont transformé les méthodes de production. L'ancienne foi dans les institutions collectivistes a disparu. Nous sommes passés de l'ère fordiste au post-fordisme.

Alors que l'impérialisme classique correspondait à l'expansion d'un État-nation en dehors de ses frontières, le nouvel impérialisme n'a plus de frontières. Il n'est pas américain, il est capitaliste. Nous voyons donc émerger une nouvelle forme de pouvoir qui n'a plus de centre. Le centre est partout. On peut ici penser aux analyses de Deleuze (lire page 476). Dès lors, il faut sortir des catégories traditionnelles de la politique : les notions de révolution, de lutte des classes… La question politique prend donc un tour nouveau. Il ne s'agit pas d'annoncer l'effondrement du système mais de se demander comment, dans ce nouvel ordre mondial, des résistances politiques sont possibles.

> **Biographie**
>
> **Toni Negri**
>
> Antonio Negri est né en 1933 à Padoue. Jeune professeur, il s'engage dès les années soixante à l'extrême gauche. Arrêté le 7 avril 1979 dans le cadre de la lutte antiterroriste, il sera blanchi des accusations les plus graves mais tout de même condamné à trente ans de prison. En juin 1983, il est élu député du Parti radical italien alors qu'il est emprisonné. Bénéficiant d'une semi-liberté, il s'enfuit en France, puis retourne en Italie pour purger sa peine. Il fait l'objet d'une libération définitive en avril 2003. Spécialiste de Spinoza et de Marx, il publie en 2000 *Empire* en collaboration avec Michael Hardt.

Du peuple à la multitude

Arendt pensait que cette transformation de l'espace conduisait à une disparition de la politique. Certes, la distinction entre les espaces publics et privés est de plus en plus floue,

Vocabulaire

Le Fordisme

Mode de production mis en place par Ford aux États-Unis au début du XXe siècle. Il consiste en une division du travail à la fois verticale (séparation entre conception et réalisation) et horizontale (parcellisation des tâches), avec mise en place du travail à la chaîne. La standardisation permet alors de produire en grandes séries à l'aide de pièces interchangeables. Cela s'accompagne, d'un point de vue économique, d'une augmentation du pouvoir d'achat des ouvriers afin de stimuler la demande de biens de consommation. Mais cette augmentation des salaires avait pour but principal de lutter contre la démission des ouvriers de plus en plus élevée avec l'apparition du travail à la chaîne.

mais cela n'empêche pas d'inventer de nouvelles formes démocratiques. La pensée moderne a toujours pensé qu'il n'y avait de politique qu'en réduisant les différences, en construisant une identité, celle du peuple. C'est ainsi que Rousseau, considère que le peuple doit d'abord se constituer en peuple. Tel est le fondement du contrat social. À la notion de peuple, Negri substitue celle de multitude. Grand lecteur de Spinoza il s'interroge pour savoir comment mettre en commun tout en gardant la force du singulier.

Une pensée pour l'altermondialisme ?

Cette question exige une analyse de la notion de pouvoir. Foucault a montré que le pouvoir n'était jamais ce qui se possédait, mais il a également montré en quoi le pouvoir s'exerçait au sein de tout un ensemble de dispositifs. S'inspirant de ces analyses, Negri interroge les rapports du pouvoir et de la vie, ce que Foucault nomme la biopolitique.

Le pouvoir s'est inscrit dans la vie, mais cette dernière affirme sans cesse sa puissance, sa capacité de création et d'invention comme nous le montrait déjà Spinoza (lire page 177). C'est à partir de ces capacités de résistance qu'il s'agit d'inventer de nouvelles pratiques. Le champ de la réflexion politique est donc ouvert. Les nouvelles logiques de production qui passent par des réseaux de coopération et d'échange transforment la donne. On comprend ainsi pourquoi les analyses de Negri nourrissent la réflexion de groupes altermondialistes.

Qu'est-ce que l'état d'exception ?

Également dans la lignée de Foucault, le philosophe italien **Agamben** nourrit la réflexion politique contemporaine. Il interroge les rapports entre le droit et la violence à travers la notion d'état d'exception. Dans sa réflexion politique, le philosophe allemand Carl Schmitt a thématisé cette notion. Montrant que la politique ne fonctionne pas avec les catégories de la morale telle que le bien et le mal, mais sur l'opposition entre l'ami et l'ennemi, il s'attache à montrer la nécessité de prévoir, au sein de toute constitution, un état d'exception permettant au « souverain » de se situer au-dessus des lois et de prendre les pleins pouvoirs lorsque la nécessité s'impose. Cette notion sera d'ailleurs reprise en France lors de la rédaction de la constitution de la Ve République avec l'article 16 donnant les pleins pouvoirs au chef de l'État.

Biographie

Giorgio Agamben

Giorgio Agamben est né à Rome en 1942. Il est aujourd'hui professeur d'éthique à l'université de Venise.

Le droit est-il violent ?

Agemben montre que cet état d'exception n'a plus rien d'exceptionnel parce que le pouvoir se porte désormais en permanence sur la vie, sur le simple fait de vivre. Il y a un lien constant entre la violence et le droit. Il suffit pour comprendre cela d'observer toutes les mesures de santé publique que les États modernes développent, le contrôle du travail, l'interdiction des drogues, le contrôle de l'immigration…Tel est le sens qu'Agamben donne à la biopolitique. Celle-ci porte sur la vie telle que les Grecs la désignaient, en dehors de toute dimension explicitement politique, « la vie nue ». Les politiques contemporaines exercent un pouvoir constant sur ce domaine et sont une violence exercée sur la vie. À cette violence, il faut opposer la puissance de la vie elle-même. La question politique devient alors celle des conditions de possibilité d'une communauté sans condition d'appartenance. Question éminemment contemporaine !

De nouvelles idéologies ?

Si nous prenons au sérieux l'avertissement de Hannah Arendt (lire page 491), nous savons que les idéologies n'ont pas disparu. Une philosophe slovène, **Žižek**, poursuit sa réflexion sur les idéologies contemporaines, sur notre place dans ce monde où le virtuel ne cesse de s'étendre, transformant notre rapport au réel. Il s'attache ainsi, à contre-courant, à réhabiliter le sujet. Le propre des régimes hégémoniques est la tendance à réduire les individus à leurs rôles sociaux. Seule la subjectivité semble donc offrir une résistance aux idéologies qui construisent un nouvel ordre mondial. Comment l'émancipation est-elle alors possible ? Comment rendre cohabitables des cultures ayant des valeurs éloignées ? La démocratie libérale est-elle vraiment une solution ? Peut-on prétendre imposer ses valeurs lorsqu'on n'a pas encore été en mesure de régler les problèmes internes à sa civilisation comme le chômage, l'intégrisme, l'intolérance ?

Biographie

Slavoj Žižek

Slavoj Žižek est né en 1949 à Ljubljana. Après des études en Slovénie, il étudie la psychanalyse à Paris. Engagé ensuite politiquement dans son pays auprès du parti Démocratie libérale slovène, il est connu comme conférencier ne redoutant pas de nombreuses controverses.

L'histoire continue...

Nous le voyons, l'histoire n'est pas finie. Après cette longue promenade, les mêmes questions reviennent : comment vivre ensemble ? Qu'est-ce que la nature ? Qu'est-ce que l'homme ? Qui est autrui ? Qu'est-ce que connaître ? Peut-être sont-elles posées autrement, mais l'urgence est finalement toujours la même…

Index

Faute de place, nous n'avons pas pu noter toutes les occurrences des noms.
• Les nombres en gras se réfèrent aux pages qui traitent de leur philosophie.
• Les noms en gras sont ceux des philosophes les plus souvent cités dans le livre.

A

B – C

D

E – F

G – H

Index